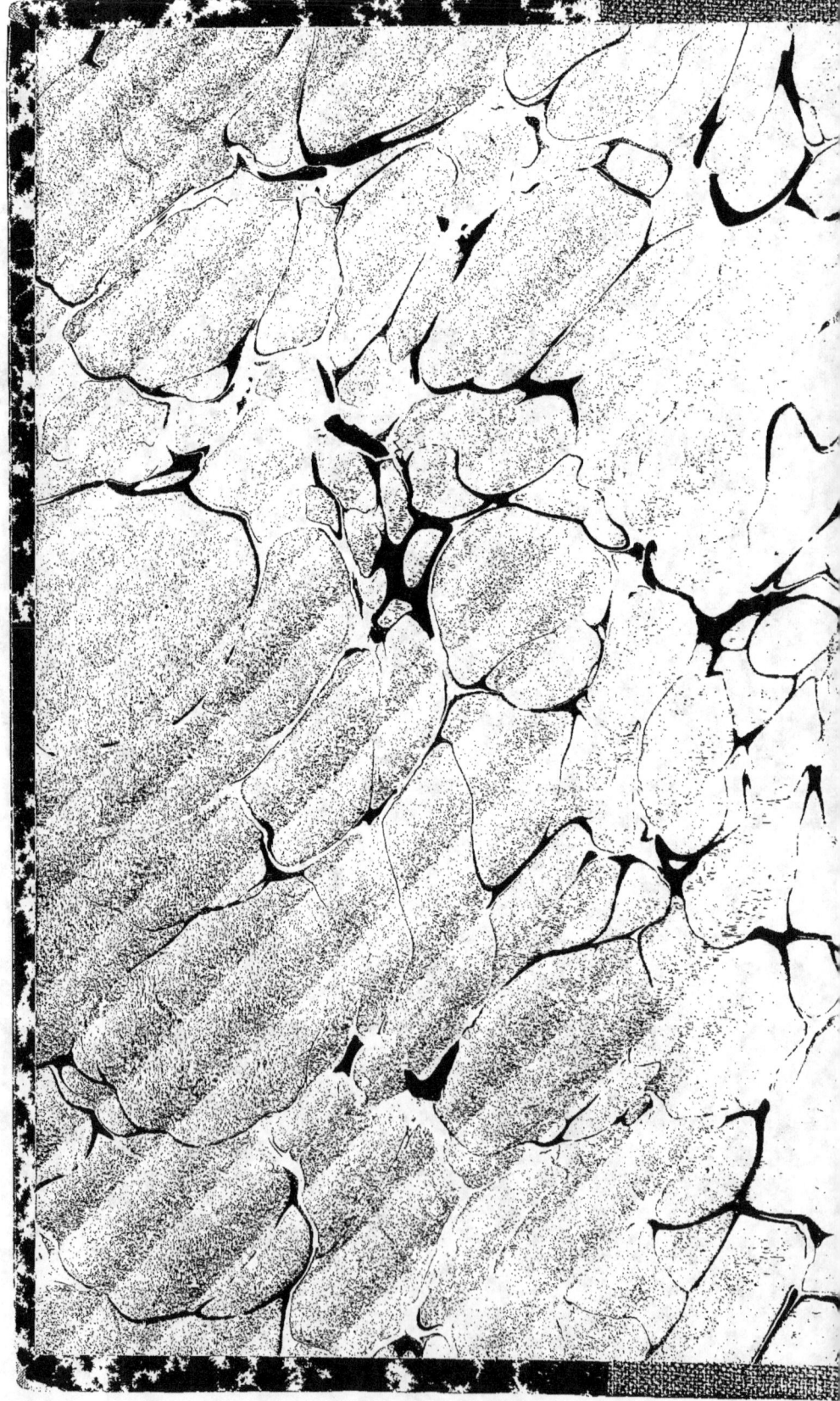

MÉMOIRES

DE

DANIEL DE COSNAC

A PARIS

DE L'IMPRIMERIE DE CRAPELET
RUE DE VAUGIRARD, 9

M. DCCC. LII

MÉMOIRES

DE

DANIEL DE COSNAC

ARCHEVÊQUE D'AIX
CONSEILLER DU ROI EN SES CONSEILS
COMMANDEUR DE L'ORDRE DU SAINT-ESPRIT

PUBLIÉS

POUR LA SOCIÉTÉ DE L'HISTOIRE DE FRANCE

PAR

LE COMTE JULES DE COSNAC

TOME SECOND

A PARIS

CHEZ JULES RENOUARD ET Cⁱᵉ
LIBRAIRES DE LA SOCIÉTÉ DE L'HISTOIRE DE FRANCE
RUE DE TOURNON, N° 6

M. DCCC. LII

EXTRAIT DU RÈGLEMENT.

Art. 14. Le Conseil désigne les ouvrages à publier, et choisit les personnes les plus capables d'en préparer et d'en suivre la publication.

Il nomme, pour chaque ouvrage à publier, un Commissaire responsable, chargé d'en surveiller l'exécution.

Le nom de l'Éditeur sera placé à la tête de chaque volume.

Aucun volume ne pourra paraître sous le nom de la Société sans l'autorisation du Conseil, et s'il n'est accompagné d'une déclaration du Commissaire responsable, portant que le travail lui a paru mériter d'être publié.

———

Le commissaire responsable soussigné déclare que l'Édition des Mémoires de Daniel de Cosnac, *préparée par* M. le comte Jules de Cosnac, *lui a paru digne d'être publiée par la* Société de l'Histoire de France.

Fait à Paris, le 24 juin 1852.

Signé Ch. LENORMANT.

Certifié,

Le Secrétaire de la Société de l'Histoire de France.

J. DESNOYERS.

NOTICE.

Les Mémoires que nous livrons à la publicité ne sont point une œuvre de pure imagination comme quelques-uns de ceux qui ont paru dans ces derniers temps; ils sont d'une origine authentique et irrécusable, et s'il n'y avait des preuves positives pour l'attester, leur simple lecture convaincrait suffisamment de cette vérité. Ils contiennent, sur les événements du xviie siècle, sur le prince de Conti et le cardinal Mazarin, sur le duc d'Orléans et sur Madame, des détails et des particularités qui n'ont pu avoir qu'un témoin oculaire pour narrateur.

On lit dans le *Nobiliaire* de Saint-Alais, au chapitre de la maison de Cosnac et à l'article de Daniel de Cosnac :

« Ce prélat a laissé, outre des ordonnances synodales, imprimées à Aix, en 1694, des Mémoires historiques qui sont restés manuscrits : ces Mémoires sont curieux et peuvent répandre beaucoup de lumière sur les affaires du temps. »

Le *Nobiliaire* de Saint-Alais, imprimé en 1818, peut paraître un témoignage d'une date un peu récente, bon seulement à démontrer au besoin que celui qui publie ces Mémoires n'en a pu être l'inventeur; mais nous avons des preuves plus anciennes.

L'édition de 1768 de la *Bibliothèque de France*, du père Lelong, continuée par Fevret de Fontette, donne la nomenclature de tous les ouvrages imprimés ou manuscrits, antérieurement connus; à l'article de Daniel de Cosnac, on lit :

« Histoire de Daniel de Cosnac, archevêque d'Aix, par le maréchal de Tessé (René de Froulay). On la trouve dans le recueil A. Elle est curieuse et remplie d'anecdotes. Le prélat est mort en 1708. *Il y a une autre vie manuscrite de M. de Cosnac, que l'on dit écrite par lui-même, et qui se conserve au château de Cosnac, en Limousin.* »

Voltaire, en 1756, exprimait dans sa correspondance le regret que les Mémoires de Cosnac ne fussent pas imprimés.

Une dernière preuve de leur authenticité se trouverait encore dans la double voie par laquelle ces Mémoires arrivent aujourd'hui à la publicité.

Aux jours de la Révolution, l'abbé de Cosnac, aumônier du roi, depuis évêque de Meaux et archevêque de Sens, mort au château de Cosnac, le 24 octobre 1843, emporta avec lui dans l'émigration les manuscrits de Daniel de Cosnac. Par suite des vicissitudes de la vie errante et agitée de l'exil, il en perdit une partie, et rapporta à son retour celle qu'il avait pu conserver et qui se trouva heureusement la plus considérable et la plus importante, puisqu'elle comprend, depuis l'année 1652 jusqu'à l'année 1685, toute la jeunesse de l'auteur et toute la portion de son âge mûr pendant laquelle il fut mêlé le plus activement aux affaires de la politique et de la cour. Ce même manuscrit contient un fragment qui se rapporte au temps où il était devenu archevêque d'Aix, et une pièce assez curieuse sous le titre de : *Mémoire des grâces qu'il a plu à Sa Majesté de faire à l'archevêque d'Aix*, qui sert à compléter l'ensemble de sa vie.

Ce manuscrit se termine par deux discours adressés à Louis XIV par l'auteur, en 1666 et en 1685, au nom des Assemblées générales du Clergé de France.

Quelque temps avant sa mort, notre vénérable parent, l'archevêque de Sens, lequel a laissé dans son diocèse et dans sa famille des regrets qui ne seront de longtemps effacés, nous remit le manuscrit de l'archevêque d'Aix, avec faculté de le faire imprimer. A une époque de publicité comme la nôtre, nous avons pensé que c'était, en quelque sorte, un devoir à remplir, que de ne pas laisser enseveli dans le secret d'une famille le récit de faits, toujours curieux et intéressants, souvent d'une haute importance, qui ajoute d'utiles documents à ceux que l'on possède sur l'histoire du grand siècle. Résolus dès lors d'entreprendre la réalisation de ce projet, pour rendre notre publication plus complète, nous fîmes des recherches dans de vieilles archives de famille abandonnées en désordre depuis la Révolution, pensant que nous y pourrions trouver des papiers relatifs aux Mémoires ou à leur auteur. Nous découvrîmes un manuscrit relié, dont la plus grande partie est écrite de la main de Daniel de Cosnac; il ne présente point un récit suivi, mais se compose d'une foule de pièces détachées, telles que: récit circonstancié de la mort d'Henriette d'Angleterre; discours et rapports aux Assemblées du Clergé de France et aux États de Provence; conflits avec le comte de Grignan, lieutenant général, et avec le parlement de Provence; difficultés avec le chapitre métropolitain; mémoires sur le refus des couvents de se soumettre à la visite de l'archevêque; lettres diverses. Ces nombreux matériaux, parmi lesquels nous avons fait un choix, forment aux Mémoires un précieux complément; ils font connaître l'importance et le mécanisme parlementaire généralement oubliés, de nos anciennes Assemblées du Clergé; l'époque de transition et la dernière lueur des assemblées des pays d'états, bien près d'être absorbées par la centralisation dans la grande unité française; l'immense influence du clergé d'alors sur les affaires politiques et administratives; les difficultés, injustes pour la plupart, que les prétentions de l'Église gallicane suscitèrent aux évêques, non-seulement dans leurs relations avec la cour de Rome, mais même dans l'administration de leurs propres diocèses; ils donnent enfin des appréciations familières, adressées à des amis, sur les vicissitudes de fortune éprouvées par l'auteur dans le cours de sa vie. A l'exception du récit de la mort de Madame, que nous avons inséré dans cette notice, on trouvera ces divers documents dans le dernier volume dont ils forment la seconde moitié.

Nous nous occupions à collationner ces diverses pièces et à faire dans les bibliothèques de Paris de nouvelles recherches dont nous destinions le résultat, soit à l'introduction, soit aux notes, lorsqu'une revue, *le Correspondant*, inséra en 1847 dans ses colonnes, une analyse rapide des Mémoires de Daniel de Cosnac trouvés à Die par le docteur Long et offerts à la Société de l'Histoire de France, qui se proposait de les publier. Cet article était du savant M. Lenormant, que la Société de l'Histoire de France a nommé depuis, conformément à ses statuts, commissaire responsable.

On peut juger quelle fut notre surprise d'apprendre que ces Mémoires, dont nous nous étions cru seul possesseur, se trouvaient aussi en d'autres mains. Nous entrâmes de suite en relation avec M. Desnoyers, secrétaire de la Société de l'Histoire de France, auquel nous fîmes connaître que nous avions également les Mémoires de Daniel de Cosnac, et que, d'après l'analyse qui avait paru du manuscrit envoyé par le docteur Long, il nous semblait que les deux rédactions ne se rapportant point à la même époque de sa longue carrière, formaient leur complément réciproque. En y réfléchissant, il pouvait ne point paraître extraordinaire qu'un exemplaire manuscrit se fût retrouvé dans une ville dont le siège épiscopal a été successivement occupé par trois évêques de la même famille : Daniel de Cosnac, auteur de ces Mémoires, évêque et comte de Valence et de Die, de 1653 à 1687, époque à laquelle il fut transféré à l'archevêché d'Aix; Gabriel de Cosnac, évêque de Die, depuis l'année 1702 jusqu'en l'année 1734, où il se démit de son évêché, et fut remplacé par Daniel Joseph de Cosnac, vicaire général de Paris, maître de l'oratoire du roi, évêque de Die en 1734, mort en 1742; c'est même de la bibliothèque du dernier que provient le manuscrit possédé aujourd'hui par le docteur Long. La Société de l'Histoire de France, comprenant que ces deux manuscrits imprimés l'un sans l'autre ne pouvaient offrir dès lors qu'une œuvre incomplète, nous fit proposer, par l'organe de son secrétaire, de nous admettre au nombre de ses membres et de nous charger de cette double publication. Nous acceptâmes ces offres qui plaçaient ces Mémoires sous les auspices d'une société composée d'hommes éminents et qui a déjà rendu à l'histoire de nombreux services.

Un obstacle imprévu s'opposa d'abord à la réalisation de ce plan : ce fut l'hésitation de M. Long à permettre que communication nous fût donnée de la copie des Mémoires envoyée par lui aux archives de la société. A peine avions-nous eu le temps de songer aux moyens de lever cet obstacle, que la révolution de 1848 éclata comme la foudre et fit ajourner tous nos projets de publication. Lorsque le calme fut revenu et qu'il fut possible de penser que les efforts triomphants de la société civilisée contre la barbarie, pourraient permettre à la vie intellectuelle et matérielle de renaître, à l'agriculture, à l'industrie, aux sciences, aux arts, aux lettres de reprendre leur cours, nous pensâmes que la voie la plus courte pour obtenir le consentement de M. Long serait de nous adresser directement à M. Long lui-même, et sa réponse nous apporta un plein consentement, à la condition, que nous remplissons scrupuleusement, de publier quelques notes ajoutées par lui à son manuscrit et que nous avons fait suivre de ses initiales D. L.

Tout obstacle ayant disparu, nous remîmes à notre tour au comité de publication de la Société de l'Histoire de France les manuscrits que nous possédions, et de son examen il résulta pour lui la conviction que les divers manuscrits, celui conservé par la famille de l'archevêque d'Aix et celui trouvé à Die, étaient également authentiques. L'un que nous intitulons *Première version*, s'étend sur les événements auxquels fut mêlée la jeunesse de l'auteur; l'autre que nous intitulons *Deuxième version*, est consacré surtout à ses dernières années; tous les deux renferment une partie commune, le récit du milieu de sa vie, mais il est diversement raconté dans la forme, quoique au fond l'on ne puisse trouver aucune différence essentielle. Lorsqu'on rencontre parfois ces différences, on s'aperçoit qu'elles proviennent d'une altération dans le souvenir des mêmes faits, quand elles ne viennent pas d'une intention motivée par la diversité des temps où l'auteur rédigea les deux versions de ses Mémoires. L'une paraît avoir été écrite pour la plus grande partie à l'Ile-Jourdain aux jours de son exil, et l'autre à Aix, au déclin de ses jours. Lors de la première, on était encore rapproché de l'époque de la Fronde, et l'on pouvait parler sans inconvénients de faits dont la mémoire était présente encore à tout le monde; lors de la seconde version, la puissance de Louis XIV était devenue si grande et si respectée, que rappeler le souvenir d'un temps où l'autorité royale avait été méconnue, eût été presque un crime; aussi l'archevêque garde-t-il dans cette dernière un silence absolu sur ces événements.

Par une conséquence toute contraire, lorsqu'il écrivait à Aix sa seconde version, on était éloigné des négociations politiques de l'année 1670 qui motivèrent la visite de Madame à son frère, le roi d'Angleterre, et le malencontreux voyage à Paris de l'évêque de Valence; aussi donne-t-il des détails plus précis sur la diverse nature des papiers privés et politiques qu'il fit disparaître, et sur le but de son voyage : toutes choses sur lesquelles, dans la première version, la proximité des faits qu'on tenait encore sous le mystère, sa disgrâce, le danger des indiscrétions, lui faisaient une loi de la circonspection la plus grande. On saisira à la lecture des Mémoires les plus notables différences; nous en avons dit assez pour faire comprendre le motif du comité de publication de la Société de l'Histoire de France, lorsqu'il a pensé que les deux versions devaient être textuellement imprimées sans opérer la fusion de leurs parties communes, dont le tour différent ajoute à l'ensemble un cachet d'intérêt et d'originalité.

Dans notre plan de publication, cette seconde version a

trouvé sa place entre la première version et le manuscrit des pièces détachées dont nous avons déjà parlé et dont l'authenticité est d'autant moins incontestable qu'elles se rapportent entièrement aux diverses circonstances des Mémoires, aux procès-verbaux des Assemblées du Clergé, et sont pour la plupart écrites de la main de l'auteur lui-même.

Le travail que nous avons exécuté, simplifié par la publication entière et textuelle des deux versions, a consisté seulement à joindre des annotations tirées des mémoires du temps, du *Mercure*, du *Recueil des Gazettes*, des procès-verbaux des Assemblées du Clergé de France, de Baluze, ou d'autres historiens, qui confirment les faits énoncés, déterminent les dates souvent omises, ajoutent des particularités intéressantes ou fournissent des rapprochements de nature à fixer l'attention du lecteur. Nous avons ensuite coordonné, suivant l'ordre des matières et des époques, le manuscrit des pièces détachées, dont la plupart n'ont ni titres ni dates, en les rapportant, par une analyse succincte, aux faits auxquels elles paraissent appartenir. De plus, nous avons pensé que l'auteur parlant longuement, dans sa seconde version, des preuves de noblesse qu'il fit pour entrer dans l'Ordre du Saint-Esprit, il serait curieux de publier à la suite des pièces détachées, ces preuves elles-mêmes, dont nous avons entre les mains l'original sur parchemin, orné d'écussons coloriés, devenu plus précieux par l'incendie, aux jours de la première révolution, du cabinet du Saint-Esprit, qui a détruit la plupart des titres semblables que les familles pouvaient posséder. Cette adjonction entre en compensation du retranchement que nous avons fait de la généalogie de la maison de Cosnac qui précède la première version des Mémoires, généalogie que la tradition rapporte avoir été dressée par Baluze, mais qui nous a paru avoir un caractère d'intérêt trop particulier pour faire partie de notre publication.

Nous nous attacherons dans le cours de cette notice à présenter le tableau d'ensemble de la vie de Daniel de Cosnac, et surtout à combler quelques lacunes à l'aide de documents puisés à diverses sources. Commençons par faire connaître son caractère. Bien qu'il ait passé une grande partie de ses jours auprès des princes et dans l'atmosphère de la cour, qu'il ait successivement exercé la plus grande influence sur le prince de Conti et sur le duc d'Orléans, qu'il ait été honoré au plus haut point de la confiance et de l'amitié de Madame, Henriette d'Angleterre, le premier gentilhomme de la chambre du prince de Conti, le premier aumônier de Monsieur n'avait rien de cette souplesse et de cette complaisance qui a été malheureusement dans tous les temps le moyen trop assuré de réussir dans les cours. Son caractère était fier et inflexible, son langage empreint souvent d'une brusque franchise; mais obligé de se soutenir contre les envieux et les cabales, il savait en compenser les inconvénients par une grande habileté dans sa conduite. Ses Mémoires, dans plus d'une circonstance, attestent cette disposition indépendante de son esprit, et nous avons de plus, à cet égard, le témoignage du duc de Saint-Simon, qui a écrit de lui : « Haut, hardi et libre, et qui se faisoit craindre et compter par les ministres. Cet ancien commerce intime de Madame dans beaucoup de choses, dans lequel le roi étoit entré, lui avoit acquis une liberté et une familiarité avec lui qu'il sut conserver et s'en avantager toute sa vie. » Chez lui pourtant cette indépendance n'excluait pas l'ambition ; beaucoup de lecteurs trouveront, non sans quelques motifs, qu'il en avait une trop ardente ; ils trouveront que pour un évêque il était bien vivement attaché à des intérêts temporels.

Nous devons ici faire un aveu : lorsque nous nous croyions seul possesseur des Mémoires, notre intention n'était pas de les faire connaître textuellement et dans leur entier. Nous les eussions livrés à la publicité sous ce titre : *Mémoires tirés des notes et papiers de Daniel de Cosnac*. Après la révélation faite par M. Long qu'il possédait un fragment des Mémoires, et la communication par lui faite à de nombreuses personnes, il n'était plus possible de donner une publicité incomplète, soit au manuscrit du docteur Long, soit à ceux que nous possédions. Ces Mémoires paraîtront en conséquence tels qu'ils sont sortis de la plume de leur auteur. La vérité historique y gagnera sans doute, mais elle pourra susciter plus d'une appréciation rigoureuse. Nous rappellerons cependant que lorsqu'on juge le caractère d'un homme, il est juste de faire la part de l'esprit du temps où il a vécu, c'est un milieu à l'influence duquel il est bien difficile de se soustraire entièrement. Le haut clergé sous Louis XIV était, en général, aussi occupé d'affaires de politique ou de cour, que d'affaires religieuses ; cependant l'évêque de Valence, l'archevêque d'Aix, en consacrant beaucoup de temps aux premières, fut bien loin de négliger les secondes ; il accomplit même des travaux importants. S'il n'avait pas dans sa conduite toute l'austérité qui sied aux pasteurs des âmes, il était néanmoins bien loin de suivre l'exemple de quelques-uns de ces prélats scandaleux, ses contemporains, qui, comme le cardinal de Retz, menaient de front l'exercice du saint ministère et les galanteries; il est à cet égard à l'abri de tout reproche et de tout soupçon; les Mémoires du temps ne cherchent même pas à élever de doutes; et s'il eût donné prise de ce côté, la critique ne l'eût certainement pas épargné.

Au reste, l'auteur, dans ses Mémoires, se montre sans fard tout entier, et avoue, avec une telle naïveté, des actes qui peuvent passer pour des fautes, que cette franchise même est la preuve la plus certaine de la pureté de ses intentions. Dans plus d'une circonstance, il aurait pu expliquer, colorer ses actes; mais il a dédaigné de les couvrir d'un vernis trompeur, pour se peindre tel qu'il était. Une remarque cependant doit fixer l'attention du lecteur : c'est que depuis l'époque où ces Mémoires ont été écrits, le sens des mots n'est plus ce qu'il était alors; en outre, dans le choix des termes, soit incorrection, soit vivacité d'impressions qui se reflétait dans son style, il en emploie habituellement de plus forts et même de plus exagérés que ceux dont on se servirait aujourd'hui pour exprimer les mêmes choses.

Un trait distinctif de son caractère est sa ponctualité sévère à remplir son devoir, seulement parfois il entend le devoir à sa manière. La conservation des droits temporels de ses évêchés lui paraissait un devoir qui marchait presque de pair avec ses obligations de veiller aux besoins spirituels de son troupeau, et lorsqu'il s'occupe de ces besoins pour combattre les protestants et surtout pour renverser leurs temples, il le fait, avec une énergie de zèle et de moyens qui rappellent trop peut-être le magistrat qui préside à l'exécution de la loi civile; cependant, après la révocation de l'édit de Nantes, pour arracher à l'hérésie et à la mort les protestants de ses diocèses poursuivis par la rigueur des ordonnances de Louis XIV, il déploya un zèle de charité digne d'un apôtre chrétien.

Tant qu'il fut attaché par ses charges à la personne des princes, persuadé que le devoir lui commandait envers eux le dévouement le plus absolu, il n'hésita jamais, malgré son ambition, à leur sacrifier ses intérêts personnels. Plus d'une fois, il s'exposa à rompre avec le cardinal Mazarin pour rester fidèle au prince de Conti; et pour faire du duc d'Orléans un prince considéré dans l'État, il ne craignit pas de heurter les vues de Louis XIV et de briser sa faveur d'homme de cour contre la politique du grand roi. Il y avait, dans son dévouement aux princes qu'il a servis, une idée empruntée (mais adoucie), aux traditions des temps féodaux où la royauté n'exerçant son pouvoir immédiat que sur les grands vassaux de la couronne, le premier devoir était d'obéir, même contre le roi, à son suzerain direct qui seul devait compte au souverain de sa conduite. Quant à ce que nous appellerions de nos jours ses opinions politiques, elles étaient contraires en principe au pouvoir absolu que la royauté tendait à s'arroger; il y avait dans son âme un certain levain de fierté blessée de voir la puissance ministérielle s'élever sur les débris de la puissance jadis respectée et parfois trop redoutable de la noblesse française; n'était-il pas le neveu du jeune et malheureux comte de Chalais que Richelieu avait offert en holocauste à sa propre autorité et à la prérogative royale? Aussi il faut voir avec quel dédain et parfois avec quelle irritation il parle des ministres qui ont illustré le règne du grand roi : ce ne sont que des gens attachés à de mesquins intérêts personnels, qui travaillent à nuire à tout le monde auprès du maître, pour se rendre plus nécessaires à ses yeux [1] ; c'est que, comme le marquis de La Fare, il n'aperçoit dans Colbert, dans Le Tellier, dans Lyonne, que des roturiers qui achèvent de déshériter la noblesse pour augmenter sans mesure l'autorité royale et préparer en réalité l'avénement de cette classe moyenne qui plus tard, devenue toute-puissante, a prouvé que si elle pouvait aider au renversement des trônes, elle était incapable de les soutenir.

On se tromperait pourtant si l'on croyait que l'archevêque d'Aix, dominé par cette disposition intime, s'est constamment tenu dans une opposition persévérante contre la marche du pouvoir. Il contribua de toute la puissance de son énergique activité à la conclusion de la paix de Bordeaux qui termina la Fronde, parce qu'il trouvait qu'elle était détournée bien loin de son but par l'alliance étroite du prince de Condé avec les étrangers, et parce qu'il était révolté des excès de la populace de Bordeaux dont le parti des princes s'était fait un dangereux auxiliaire. Après avoir résisté de toutes ses forces à l'ascendant du cardinal Mazarin, il finit par l'accepter dans l'intérêt même du prince de Conti. Après avoir cherché à faire du duc d'Orléans un prince puissant autour duquel la noblesse aurait pu se rallier, et essayé de donner jour à sa politique de gentilhomme, de trouver à l'autorité royale une pondération en dehors du parlement et du tiers état, convaincu par sa disgrâce de l'inutilité de ses efforts, il subit à son tour l'influence absolue du grand

---

[1] Voy. t. 1, p. 303-307, ses conseils à Monsieur pour sa conduite; il qualifie les ministres d'ennemis généralement de toute la France.

roi et devint, dans les Assemblées du Clergé de France et dans l'administration de ses évêchés, l'un des plus fermes soutiens de son autorité. Il lui a manqué, pour que les circonstances lui permissent de développer toutes les ressources qui étaient en lui, un théâtre plus vaste que celui de la maison de deux princes de la famille royale : il aurait rempli sans doute un rôle qui eût bien autrement marqué dans l'histoire, s'il avait été attaché à la personne du roi lui-même, tandis qu'une chance fâcheuse ne le plaça qu'auprès de deux princes bien petits en comparaison de leurs illustres frères : le prince de Conti, frère du grand Condé; le duc d'Orléans, frère de Louis XIV.

Son esprit était caustique et mordant, sa conversation enjouée et brillante ; on aimait ses saillies, on craignait ses boutades. Mme de Sévigné écrivait de lui à sa fille : « L'archevêque d'Aix a de grandes pensées; mais plus il est vif, plus il faut s'approcher de lui comme des chevaux qui ruent et surtout ne rien garder sur votre cœur[1]. » Le mouvement était dans sa nature, il avait une vivacité prodigieuse; aussi dans un temps où les épitaphes malignes étaient fort en vogue, où on avait écrit pour le cardinal Mazarin :

> Ci gît l'Éminence deuxième,
> Dieu nous garde de la troisième !

à la mort de l'archevêque d'Aix, on lui fit celle-ci :

> Requiescat ut requievit.

Daniel de Cosnac était de petite taille, ses traits étaient irréguliers; l'abbé de Choisy nous a tracé de sa personne une esquisse peu flatteuse qui ne s'accorde pré-

---

[1] Lettre datée de Paris le 19 janvier 1689.

cisément pas avec un portrait du temps peint par Lefebvre, gravé par Boulanger en 1666, dont quelques rares exemplaires existent encore. Ce portrait, œuvre d'un graveur célèbre, sans rien présenter de ce qui peut s'appeler un beau visage, offre pourtant un ensemble agréable par son expressive physionomie. Il avait, il est vrai, alors en sa faveur le charme que donne toujours la jeunesse, et qui plus tard emporté par les années n'empêcha plus de ressortir l'irrégularité de ses traits amaigris. On doit le croire en regardant un autre portrait gravé à Aix au temps de sa vieillesse; mais cette fois il avait contre lui, et l'âge et le médiocre talent d'un artiste de province [1].

La vie de Daniel de Cosnac avait été semée de trop d'événements intéressants et souvent bizarres pour ne pas trouver d'historiens. L'abbé de Choisy en a retracé dans ses Mémoires les traits principaux d'une manière gaie, spirituelle et empreinte d'une verve comique; la rédaction en a été aussi attribuée au maréchal de Tessé, qui non-seulement avait connu l'archevêque d'Aix, mais avait dû entendre parler de lui en Espagne d'une manière toute particulière par la princesse des Ursins. Quelques éditions portent en tête les initiales du maréchal.

Une troisième opinion, qui s'est produite dans l'in-

---

[1] Ces deux portraits sont conservés au cabinet des estampes de la Bibliothèque Nationale; le premier a pour légende : *Daniel de Cosnac, Valentiniensis et Diensis episcopus, Soyonensis princeps. (Cl. le Febvre pinxit, J. Boulanger sculpsit.* 1666.) Ses armes sont gravées au bas du portrait.

Le second portrait également armorié porte en exergue : *Daniel de Cosnac, archevêque d'Aix.* Au-dessous du portrait on lit cette inscription : *J. Cundier major Aquensis sculpsit. Offerebat humilissimus et obsequentissimus cliens et famulus Gaspard Regnaud loci de Jocis.*

téressant rapport sur les travaux de la Société de l'Histoire de France, présenté par M. Desnoyers, son secrétaire, à la séance générale du 13 mai 1850, attribuerait ce récit à Daniel de Cosnac lui-même; ce qui a servi sans doute de fondement à cette idée, qui n'était qu'un effet d'une impression première, c'est que l'auteur ayant écrit deux versions de sa vie, pourrait bien en avoir rédigé une troisième. Pour notre compte, nous ne pouvons partager cette opinion, parce que tandis qu'on ne remarque entre la version écrite à l'Ile-Jourdain et celle qui fut écrite à Aix, que des différences telles qu'une erreur de mémoire explicable ou une intention motivée, ont pu les produire; au contraire, entre les Mémoires et le récit de l'abbé de Choisy, il se trouve des différences essentielles, des erreurs de fait que Daniel de Cosnac n'aurait pu commettre. Pour ne citer que les plus importantes, dans le récit attribué, soit à l'abbé de Choisy, soit au maréchal de Tessé, on met sur le compte de Daniel de Cosnac la réussite du mariage du prince de Conti avec la nièce du cardinal Mazarin; dans ses Mémoires, au contraire, l'auteur cite plusieurs occasions dans lesquelles sa vive opposition à ce mariage faillit lui faire perdre la faveur du prince de Conti. Au sujet du libelle contre la réputation de Madame que l'évêque de Valence fit disparaître, le récit de Choisy donne pour héros du roman le roi lui-même, tandis qu'il s'agissait du comte de Guiche, ainsi que les Mémoires le disent d'une manière positive. Il attribue la disgrâce de Daniel de Cosnac à l'irritation que causait au duc d'Orléans l'exil du chevalier de Lorraine; or, en ce moment même, le chevalier était auprès du prince, à l'apogée de sa faveur. On y rencontre enfin des erreurs de temps difficiles à admettre de la part de Daniel de Cosnac lui-même. Ainsi il est dit que lors du voyage de Madame en Angleterre, le séjour forcé de l'évêque de Valence dans son diocèse durait depuis plusieurs années, tandis qu'il n'y en avait pas deux encore; de même, quand il est dit que son exil à l'Ile-Jourdain dura quatorze ans, tandis que sa durée fut de deux années et huit mois, ainsi qu'il la fixe lui-même, sans parler des preuves qui jaillissent à cet égard des faits mêmes qu'il raconte. Notre opinion personnelle est que le récit généralement attribué à l'abbé de Choisy n'est point l'œuvre de Daniel de Cosnac, mais garde une vive empreinte de sa conversation. Le style est plus animé que celui de ses Mémoires, qui est plus lourd et plus embarrassé qu'on ne pouvait l'attendre de la part d'un homme que son esprit vif et léger a grandement contribué à rendre célèbre; aussi quel que soit l'auteur de cet écrit, il a été évidemment tracé par une personne qui a vu de près l'archevêque d'Aix et a pris sur le fait sa manière de raconter, si elle n'a pas toujours retenu les faits eux-mêmes avec une exactitude parfaite. A ce point de vue, ce fragment des Mémoires de Choisy renferme un double intérêt par la collaboration involontaire qu'a dû lui donner Daniel de Cosnac; il trouvera sa place à la suite de la seconde version de ses Mémoires, pour que le lecteur ait à la fois un aperçu plus complet de sa vie, l'idée du genre de son esprit et la facilité immédiate de se former lui-même une opinion.

Pour conduire le récit de l'auteur des Mémoires jusqu'à la fin de sa vie, nous avons joint à notre publication les fragments des Mémoires du duc de Saint-Simon, relatifs soit à Daniel de Cosnac, soit au comte et à la comtesse d'Egmont ; ils suivent l'archevêque d'Aix depuis les dernières années de sa vieillesse jusqu'au moment de sa mort. Il nous a suffi de joindre par quelques liaisons rapides ces fragments épars, pour en former un ensemble.

Les autres ouvrages dans lesquels il est question de Daniel de Cosnac sont, la plupart, des Mémoires du XVII° siècle, notamment ceux de mademoiselle de Montpensier, de Gourville, du marquis de La Fare, les Mémoires politiques et militaires composés par l'abbé Millot sur les notes et papiers du maréchal de Noailles, l'Histoire des grands officiers de la couronne, par le P. Anselme, les Nobiliaires, entre autres celui de Moréri. Le *Recueil des Gazettes* et le *Mercure* s'occupent de lui dans de nombreuses occasions ; les biographies d'hommes célèbres lui ont consacré des articles, ainsi que les auteurs de notices sur le prince de Conti, sur le duc d'Orléans, frère de Louis XIV, et sur la princesse Henriette d'Angleterre ; mais il n'a été rien écrit d'aussi complet que l'ouvrage que nous faisons paraître, et si l'on trouve que l'archevêque a trop usé du privilége des auteurs de mémoires, qui est de parler beaucoup d'eux, il faut aussi reconnaître l'avantage de cette méthode, qui nous fait vivre de la vie des siècles qui ne sont plus, en nous plaçant au point de vue particulier de ceux qui, témoins des événements, les ont jugés avec leurs impressions du moment et non avec cette raison froide et cet esprit toujours systématique de l'historien qui, voyant les faits à distance, en saisit mieux l'ensemble, mais aussi s'attache trop souvent à les ployer à ce qu'exige une thèse politique ou sociale.

Daniel de Cosnac était le troisième fils de François

de Cosnac et d'Éléonore de Taleyrand. Il naquit vers l'année 1630, au château de Cosnac en Limousin. Cadet de famille, il fut de bonne heure destiné à la profession ecclésiastique, dans laquelle la voie lui avait été tracée par deux évêques de Tulle, de sa famille, et par Bertrand de Cosnac, évêque de Comminges, nonce en Espagne en 1356 et 1370, cardinal en 1371. Il reçut une éducation soignée, commencée à Brive et à Périgueux et terminée à Paris, au collége de Navarre. Son père ne pouvait, ainsi que l'auteur nous l'apprend, le pousser à la cour, où il n'était pas retourné depuis la triste catastrophe de son beau-frère, le comte de Chalais. Livré pour ainsi dire à ses propres forces, quoique bien jeune, il dut à lui-même et à la protection du duc de Bouillon, son parent, d'être placé dans la maison du prince de Conti, près duquel il ne tarda pas à obtenir la charge de premier gentilhomme de la chambre. On était alors engagé dans les troubles de la Fronde ; Daniel de Cosnac dut le suivre à Bordeaux où, conjointement avec la duchesse de Longueville sa sœur, et la princesse de Condé, sa belle-sœur, ce prince se mit à la tête de la Fronde de province, pour appuyer les efforts du prince de Condé, du côté de la Flandre, à la tête des Espagnols.

Le prince de Conti était peu fait pour le grand rôle auquel l'appelaient les circonstances : d'un caractère faible et irrésolu, l'esprit mobile et soumis à toutes les impressions, il n'avait rien des qualités ni des défauts nécessaires à un chef de parti. Enclin au plaisir, d'un esprit fin et délicat, ami des lettres et des arts, il était né, malgré quelques velléités guerrières, pour le calme de la vie civile, cherchait à s'entourer d'hommes d'esprit et leur donnait de préférence les charges de sa maison. Sans parler de son amitié pour le duc de La Rochefoucaud, le célèbre auteur des *Maximes*, pour le beau et aimable duc de Candale, pour le spirituel archevêque de Sens, et nous bornant au cercle le plus intime de sa petite cour, nous y remarquons : Sarrasin, un des flambeaux de l'hôtel de Rambouillet, dispersés par le souffle de l'ouragan politique, qui fut peut-être l'homme de cette époque si féconde en beaux esprits, le plus aimable, le plus séduisant, et dont la conversation était semée des traits les plus piquants; Guilleragues, gentilhomme bordelais, type d'exquise politesse, conteur agréable, maniant sans blesser la fine raillerie; il poussa loin sa fortune dont le premier essor, dû à l'amitié de l'auteur des Mémoires, le conduisit plus tard à l'ambassade de Constantinople. C'est à lui que Boileau adressa, en 1675, son épître sur le bonheur véritable, commençant par ces vers :

> Esprit né pour la cour, et maître en l'art de plaire,
> Guilleragues, qui sais et parler et te taire.

Un semblable entourage devait aller singulièrement aux allures d'esprit du jeune abbé de Cosnac, et le temps qu'il passa attaché à la personne du prince de Conti, excepté vers la fin, lui parut toujours le plus heureux de sa vie.

La portion des troubles de la Fronde à laquelle l'auteur a pris part offre d'autant plus d'intérêt que les historiens, absorbés par l'attention qu'ils donnent aux événements qui se sont passés à Paris, ont négligé la Fronde de province, qui cependant s'est prolongée plusieurs mois après la pacification complète de la capitale.

Il est à regretter que l'auteur des Mémoires ait passé

avec trop de légèreté sur les considérations politiques auxquelles devaient donner lieu les événements qu'il rapporte et que son esprit était bien capable d'apprécier. Cette négligence peut être attribuée à deux motifs : les Mémoires furent écrits à une époque où Louis XIV avait déjà accoutumé ses sujets à s'incliner devant les faits politiques sans en approfondir les causes ; en second lieu, aux temps des grandes choses, lorsque les peuples ont conservé toutes leurs forces viriles, on agit plus qu'on ne raisonne ; aux temps des petites choses, au contraire, lorsque les nations déclinent, on parle beaucoup et on agit peu.

La Fronde est une des époques de notre histoire les plus curieuses à étudier. Les temps de troubles et de révolutions répondent, chez les peuples, aux crises maladives qui, chez les individus, dénoncent un vice d'organisation intérieure ou un dérangement produit par des causes anormales. Cette surexcitation de cinq années, à laquelle est resté le nom de *Fronde*, soit comme expression caractéristique de son esprit, soit parce que les mécontents portaient à leur chapeau, en signe de reconnaissance, une cordelière en forme de fronde, avait pour cause les atteintes portées par le pouvoir royal à la constitution organique, primitive et traditionnelle, si ce n'est à la constitution écrite de la France. Le mot de *constitutionnalité* est de date moderne, mais le fait est aussi ancien que notre monarchie. Depuis les assemblées du Champ de Mai, où la nation, représentée par ses guerriers, votait les subsides, approuvait ou rejetait les lois proposées, jusqu'à la forme plus régulière des États-Généraux, formés des députés des trois ordres, la France posséda toujours des garanties contre l'extension abusive du pouvoir; seulement, le caractère dominant de la représentation nationale était alors aristocratique; il est devenu bourgeois de 89 à 1848; la révolution de Février tendait à le rendre exclusivement démocratique, comme si le génie ardent de notre nation devait toujours la jeter dans les extrêmes, et ne jamais lui permettre de donner satisfaction à des intérêts légitimes sans en sacrifier d'autres.

La politique des rois de France, dont, par une aberration irrésistible et bizarre de l'opinion, leurs derniers descendants ont recueilli les épines et jamais les fruits, a eu pour but constant la ruine de la puissance aristocratique, rivale ambitieuse de leur autorité. Louis XI avait porté un coup terrible à la puissance féodale des fiefs et des châteaux; la minorité de Louis XIII vit porter le coup de grâce à la puissance féodale des conseils. Les États-Généraux ouverts le 20 octobre 1613 et terminés au mois de mars 1614, furent les derniers de l'ancienne monarchie jusqu'à ceux où s'est amoncelé l'orage de la révolution française. Le député du clergé qui harangua le jeune Louis XIII, gagné par la régente, proclama l'inutilité, le danger même des Assemblées, et bientôt cet évêque était premier ministre. Cet évêque était Richelieu personnifiant dans son nom une phase décisive des transformations de la monarchie. Cependant, comme il faut que tout pouvoir, quelque absolu qu'il puisse être, rencontre quelque part un contrôle, ce contrôle nécessaire passa au Parlement, dont les fonctions judiciaires auraient dû former l'unique attribution, mais qui saisit avec empressement le moment de s'immiscer dans les affaires publiques. Deux fois le pouvoir lui en offrit l'occasion, en s'adressant à lui pour établir deux régences de femmes : à la mort de Henri IV et à celle de Louis XIII. Bientôt la puissance parlementaire devint aussi insupportable à la royauté que l'avait été la puissance féodale. Le trésor est épuisé par les frais de la guerre contre l'Espagne ; il faut le remplir ; mais le Parlement refuse l'enregistrement des édits bursaux ; le peuple, dans tous les temps ennemi des impôts, se déclare en sa faveur ; la cour, voulant essayer un coup de vigueur, fait arrêter le conseiller Broussel ; la populace de Paris se soulève, le coadjuteur marche à sa tête, et le 26 août 1648 voit éclore la journée des Barricades.

Dès lors les partis se dessinent : l'esprit français par ses saillies, ses épigrammes, ses chansons, dissimule vainement la gravité de la lutte qui commence. Trois partis sont en présence : la royauté et le Parlement se défient et se menacent ; un troisième adversaire se lève : la noblesse prétend reconquérir ses droits. Dans une assemblée de ses membres elle redemande l'institution des États-Généraux ; elle n'a devant elle : d'une part, que la régence d'une femme ; de l'autre, que des magistrats plus habiles à opiner sur leurs chaises curules qu'à porter le harnois des combats ; la noblesse tient l'épée : si elle sait marcher unie, la victoire est à elle. Il lui manque un chef pour réussir ; le grand Condé qu'elle veut mettre à sa tête, intrépide dans les combats, irrésolu de caractère, sait mieux gagner une bataille que mûrir dans le conseil les combinaisons qui préparent les succès politiques. La cour a pour ministre le rusé Mazarin ; il a déjoué les cabales des Importants et des Petits-maîtres, il saura bien encore triompher de ses ennemis. Pour les combattre il s'allie tour à tour à la noblesse et au Parlement, et les affaiblit l'un par l'autre. Le prince de Condé, incertain de sa conduite, tantôt avec la cour, tantôt contre elle, ne paraît agir que pour la satisfaction de griefs personnels et l'on peut dire qu'il a failli à la mission que la noblesse avait prétendu lui donner. S'il l'eût remplie, la révolution française, mais une révolution monarchique, se fût accomplie cent quarante ans plus tôt avec un caractère analogue à la révolution d'Angleterre sous le roi Jean, lorsque les barons lui firent établir la grande charte comme double garantie des droits de la couronne et des droits de la nation. La France aurait pu dès lors jouir sans danger des libertés dont elle s'est souvent montrée jalouse sous la forte égide de la royauté héréditaire de mâles en mâles, et il lui eût été possible d'avancer sans secousses dans la voie des réformes que la marche du temps aurait pu faire juger nécessaires. Loin de là, la royauté, sans obstacles, mais aussi sans soutiens, reprend cet empire sans limites que Richelieu lui avait donné, empire fatal à elle-même, qui doit un jour la conduire à la mort[1].

Après des alternatives de revers et de succès qu'il serait trop long et qu'il est inutile de rapporter ici, le roi rentre dans Paris pacifié, le 21 octobre 1652. La Fronde se réfugie dans les provinces; Condé cette fois est franchement avec elle, mais loin de se laisser guider par des vues politiques, il ne songe qu'à se venger de l'emprisonnement de Vincennes. Il achève de faire perdre à la Fronde son caractère national en contractant l'alliance de l'Espagne, et en allant en Flandre se mettre lui-même

---

[1] Nous avons développé ces idées dans une brochure sur la situation que nous avait créée la république de 1848, intitulée : *République, socialisme et pouvoir*; Lecou, éditeur, 1849.

à la tête des troupes de cette nation, pendant que son frère prend le commandement nominal de la Guienne révoltée. C'est à cette portion peu connue de l'histoire que se rapportent les Mémoires de Daniel de Cosnac; ils y ajoutent de précieux documents. On y verra par quelle marche concentrique l'armée royale, qui avait commencé ses opérations militaires en Limousin, se rapprocha successivement de Bordeaux bientôt enveloppé dans un étroit réseau, complété du côté de la mer par l'armée navale du duc de Vendôme. Pendant ce temps, cette ville est livrée aux excès d'une lâche populace; les conspirations pour faire tomber le parti des princes, les projets pour lui donner une vigueur nouvelle se croisent et se combattent. L'auteur des Mémoires, partisan de la paix, est gravement compromis par le résultat avorté de l'une des conspirations. Lenet, agent du prince de Condé, tout dévoué à son maître, le comte de Marsin qui commande les troupes, pour relever le parti qui décline, non contents de l'alliance espagnole, méditent celle de l'Angleterre. Le parlement de Bordeaux, par leur inspiration, envoie des conseillers traiter avec Cromwell. Peut-être de graves complications s'en seraient suivies, si la paix à laquelle ils furent forcés de souscrire à l'improviste, n'eût fait avorter leurs coupables combinaisons. Au milieu de ces agitations, le prince de Conti, avec son caractère léger, alternativement dévot et voluptueux, passionné pour sa sœur la duchesse de Longueville, se brouille et se raccommode tour à tour avec elle, commence avec une dame de Bordeaux une intrigue passablement scandaleuse pour un prince ecclésiastique; il est vrai que, destiné au cardinalat, il n'avait encore que le simple titre d'abbé sans avoir reçu les ordres.

Las enfin d'une guerre qui trouble son amour de la tranquillité et du plaisir, blessé de la direction exclusive qu'impriment aux affaires Lenet et Marsin, humilié du mépris du prince de Condé qui le tient en dehors de toute influence, il prête l'oreille aux conseils incessants du premier gentilhomme de sa chambre, et conclut le 24 juillet 1653 un traité de paix avec les ducs de Vendôme et de Candale, généraux de l'armée royale.

La paix de Bordeaux dont le principal honneur revient à Daniel de Cosnac, termina la Fronde et fut un service éminent rendu à la monarchie. Le texte du traité prouve que le parti des princes disposait encore de forces considérables; de plus, l'Angleterre pouvait se rendre à l'appel du parlement de Bordeaux et faire courir à la France de nouveaux périls, en remettant le pied dans les provinces que ses souverains avaient jadis possédées.

Peu de jours après la signature du traité, le prince de Conti impatient de quitter Bordeaux, en sort, même avant le terme assigné, pour se rendre dans une de ses terres, au château de la Grange près de Pézénas, en Languedoc. Un projet germe dans sa tête, la pensée ne lui en appartient pas, mais il s'en est emparé avec ardeur; elle vient de l'intendant de sa maison, de Sarrasin, dont l'esprit agréable, subtil, insinuant, n'a pas de peine à persuader. Tout son désir est d'obtenir le commandement de l'armée du roi qu'il a vue rangée en bataille pour lui faire honneur dans une plaine près de Bordeaux, et dont l'aspect brillant et martial laisse bien loin en arrière celui des troupes mal équipées, mal payées du parti qu'il vient de quitter. Le moyen de réussir est de renoncer à ses bénéfices, au cardinalat qui l'attend, et d'épouser une nièce du premier ministre, de Mazarin, qui, suivant l'expression du temps, envoyait faire en Italie des recrues de nièces toutes les fois qu'il s'agissait de soumettre, par une pacifique conquête, quelque prince ou quelque grand seigneur à son autorité. L'auteur des Mémoires s'oppose de la manière la plus vive, mais sans succès, à une alliance qu'il regarde comme contraire à l'honneur du prince. Sarrasin et Langlade sont envoyés à Paris pour jeter les bases de l'union projetée, tandis que le prince de Conti charme à Montpellier les ennuis de l'attente par des plaisirs sur lesquels l'auteur eût mieux fait de jeter un voile, s'il ne s'était cru sans doute obligé par la fidélité de l'historien.

Un des faits les plus intéressants du séjour du prince de Conti à la Grange est, sans contredit, la présence de Molière à la tête d'une troupe de comédiens ambulants, se voyant préférer une autre troupe conduite par un obscur rival. Il dut enfin la faveur de représenter seul sur le théâtre de la Grange à l'auteur des Mémoires, qui devint peut-être ainsi une des causes premières de sa gloire.

Le prince de Conti reçoit l'autorisation de rejoindre la cour à Paris, et, à peine arrivé, appose le dernier sceau à la puissance du ministre, en épousant la nièce d'un homme sans nom que le vent d'Italie et la fortune avaient poussé à l'aventure sur nos rivages. Quoique moins redouté, Mazarin était aussi puissant que Richelieu dont la nièce, Mlle de Maillé, était aussi devenue la femme du prince de Condé. A partir de ce moment, nous verrons l'auteur des Mémoires, las d'une résistance inutile, finir par se ranger lui-même parmi les satellites d'une étoile destinée à ne plus pâlir, et qui ne devait s'éteindre que pour faire place aux éblouissants rayons du soleil de Louis XIV.

Daniel de Cosnac, le jour même du mariage, remet au marquis de Villars sa charge de premier gentilhomme de la chambre devenue, auprès d'un prince marié, incompatible avec son caractère. Quoique n'étant encore que simple tonsuré, il compte persévérer dans la carrière qu'il a embrassée, et ne tarde pas à recevoir, le 24 juin 1654, après un sermon prêché devant la cour, le brevet de l'évêché de Valence demandé pour lui par le prince de Conti, et obtenu bien plus comme récompense de ses services politiques qu'en raison de sa participation à un mariage auquel il n'avait cessé de faire jusqu'au bout l'opposition la plus compromettante pour ses intérêts. Il obtint en même temps le brevet de conseiller d'État.

La manière un peu vive dont Daniel de Cosnac poursuivit, avec toute l'ardeur de ses vingt-quatre ans, sa nomination à l'évêché de Valence, préférablement à celui de Saint-Flour, est plaisamment racontée par l'abbé de Choisy; l'auteur en parle dans ses Mémoires d'un style plus sérieux; mais le fond reste le même. L'évêque de Valence resta quelques années encore attaché à la maison du prince de Conti, sans titre officiel, par pure reconnaissance, pour rétablir les affaires du prince que la mort de Sarrasin avait laissées en désordre, pour suivre ses intérêts à la cour pendant les absences nécessitées par le commandement de l'armée de Catalogne, et par la présidence des États de Languedoc que le roi lui avait donnée.

Ici se place un fait sur lequel les Mémoires gardent le silence, et auquel pourtant l'auteur prit une certaine part, puisqu'il fut chargé d'apporter au roi la délibération des États de Languedoc contre les duels. On sait toute l'importance qu'attachait Louis XIV à l'abolition de ce préjugé ; on connaît les édits sévères qu'il publia pour le réprimer, et le demi-succès qu'il obtint, puisqu'on vit, entre autres exemples, le duc de Navailles pouvoir refuser, sans se déshonorer, l'appel du comte de Soissons. Nous allons donner les documents que nous avons trouvés dans le *Recueil des Gazettes* et qui peuvent être considérés, pour ainsi dire, comme ayant le mérite de pièces inédites.

On y lit sous la rubrique du 6 février 1655 :

« La semaine passée, l'évêque de Valence présenta au roi une lettre du prince de Conti portant, entre autres choses, que tous les gentilshommes qui ont entrée aux États de Languedoc et ceux qui se sont trouvés auprès de lui, ont unanimement protesté, en présence des évêques de la province, par un acte qu'ils ont signé et envoyé à Sa Majesté, de refuser toutes sortes d'appels, et que ces États ont résolu qu'aucun gentilhomme ne pourroit avoir parmi eux de voix délibérative qu'il n'en eût fait autant ; même qu'en cas de refus, il sera exclu pour jamais : ce qui n'a pas peu resjouy notre grand monarque, de voir que le soin qu'il prend depuis quinze mois d'abolir cette pernicieuse coutume par les lettres que Sa Majesté a escrites elle-même de tous côtés, ne lui réussit pas moins heureusement que toutes ses autres entreprises, tant pour la gloire de l'Église que l'intérêt de l'État. »

Suivent les lettres du roi, du prince de Conti, et la déclaration des États.

LETTRE DU ROI AU PRINCE DE CONTI.

« Mon cousin, vous connoîtrez assez par ce que vous dira le sieur de Boucherat touchant les duels, la résolution dans laquelle je persiste d'abolir ce pernicieux usage dans mon royaume. Il vous en doit aussi proposer les moyens pour profiter de l'occasion favorable qu'en présente l'assemblée des États de Languedoc, que je crois vous exhorter suffisamment d'embrasser avec beaucoup de soin et de chaleur; ajoutant à l'honneur que vous y devez acquérir, et que je souhaite que vous partagiez avec moy, l'asseurance que vous ne sauriez faire chose qui me soit tant à cœur ni plus agréable. Ainsy vous me ferez plaisir de m'apprendre le succès qu'aura votre zèle ; ce que attendant, je prierai Dieu qu'il vous tienne, mon cousin, en sa sainte et digne garde.

« A Paris, le seizième décembre 1654.

« Louis. »

LETTRE DU PRINCE DE CONTI AU ROI.

« Sire, selon l'ordre que j'ai receu de Votre Majesté, j'ai fait assembler tous les gentilshommes qui ont entrée aux États de Languedoc et ceux qui se sont trouvés en cette ville, lesquels ayant appris avec plaisir le désir qu'a Votre Majesté qu'ils refusent toutes sortes d'appels, en ont signé l'acte de protestation que j'envoye à Votre dite Majesté, en présence de MM. les archevêques et évêques de cette province. Les États doivent résoudre au premier jour qu'aucun gentilhomme n'aura voix délibérative dans lesdits États qu'il n'ait signé la même chose, et en cas de refus qu'il en sera exclu pour jamais. J'ai aussi écrit, conformément à la volonté de Votre Majesté, à MM. les comtes Bioure et du Roure, et à M. de Cornisson, sénéchal de Toulouse, afin qu'ils fassent signer tous les gentilshommes de leur département, et mandé à MM. de Bougy et de Mérinville d'en faire faire autant à tous les officiers de votre armée de Catalogne. Je continueray de disposer à la même chose ceux qui viendront me voir pendant mon séjour en cette province. Et cependant je supplie très-humblement Votre Majesté d'estre persuadée qu'il n'y aura jamais personne qui reçoive ses commandemens avec une obéissance plus parfaite que moy, qui les fasse exécuter avec tant de zèle, ny qui soit avec un plus profond respect, Sire, de Votre Majesté le très-humble, très-obéissant et très-fidelle sujet et serviteur,

« Armand de Bourbon.

« A Montpellier, ce 19 janvier 1655. »

LETTRE DU ROI AU PRINCE DE CONTI.

« Mon cousin, j'ay receu tant de joye de ce que vous avez fait contre les duels, et je sçay si bon gré à tous ceux qui vous ont secondé dans cette affaire, que je considère comme la mienne propre, que je ne puis différer de vous en rendre ces témoignages. Je ne doute point que les États n'aient consumé la délibération qu'ils avoyent méditée, et qu'en conséquence d'icelle ils n'excluent ceux qui auront esté si aveuglez et imprudens que de croire se rendre recommandables par le refus de signer une protestation que tant de gentilshommes plus braves et plus signalez qu'eux ont desjà souscrite. C'est ce que j'attends de la fermeté de leur zèle, que vous saurez fort bien exciter ainsi que vous avez déjà commencé de faire. Je prieray Dieu cependant qu'il vous tienne, mon cousin, en sa sainte et digne garde.

« Escrit à Paris, le troisième février 1655.

« Louis. »

ACTE SIGNÉ PAR LA NOBLESSE DU LANGUEDOC.

« Les soussignés font, par le présent écrit, déclaration, publication et protestation solennelle, de refuser toutes sortes d'appels et de ne se battre jamais en duel pour quelque cause que ce puisse être, et de rendre toutes sortes de témoignages de la détestation qu'ils ont du duel comme chose tout à fait contraire à la raison, au bien et aux lois de l'État, et incompatible avec le salut et la religion chrestienne; sans pourtant renoncer au droit de repousser par toutes voyes légitimes les injures qui leur seroient faites, autant que leur profession et leur naissance les y obligent; estant aussi toujours prests d'éclaircir de bonne foy ceux qui croiroyent avoir lieu de ressentiment contr'eux et de n'en donner sujet à personne, etc.,

« Armand de Bourbon; Bellefond; de Chasteauneuf, baron des Estats; Tournel, baron des Estats; Cl. de Rebé, baron des Estats; Ganges, baron des Estats; Villars, premier gentilhomme de la chambre du prince de Conti; Canaples; Calvisson; Breguigni, escuyer du prince de Conti; Maureillan; de Mierles; Duperier; Lavardens; Barbesieus; Chémeraut; Fabrègues; le chevalier de Caderousse; Carbourt de Montbars; Saint-Martin; Gramont, baron des Estats; le chevalier de Terlon; Barrabes; Viverousset Tremolet; Delabaulme; Castelnau; Valon; Convertis; Haulteroche; Loubatières; Dumon Nostre Dame; Villecul; Rodes; Nescies des Rochers; Le Mesnil, capitaine des gardes du prince de Conti; Le Bernet; Montmiralt de Combas; de Belsunce; du Buisson; Anisac; de Bermond; Dalmeras; Malville; Antissac; Lartier; Senneville; Dangenoust; d'Auterive; Saint-Maurice; de La Treille; Bernas; Laribe; La Vaqueresse; Baudan; Montarnaud, et plusieurs autres dont on n'a pu lire les noms. »

L'évêque de Valence passa presque constamment à la cour le période de temps pendant lequel il resta attaché, sans fonctions titulaires, au prince de Conti ; admis au jeu de la reine mère, Anne d'Autriche, et à l'intimité du Cardinal, il prit part à une foule d'événements qu'il rapporte dans ses Mémoires.

Les commotions politiques laissent toujours après elles un levain de discordes. Le parlement de Paris, ramené au silence par la fermeté dont Louis XIV avait fait preuve d'une manière si ostensible à son égard, gardait une sourde rancune. Les parlementaires entêtés et les mécontents de la cour et de Paris se groupaient autour de M. de Bellièvre, premier président, ennemi déclaré du cardinal Mazarin. Le ministre s'effraye des dangers nouveaux qui peuvent surgir. Daniel de Cosnac intervient entre le Cardinal et le Premier Président, il sait prendre ce dernier par son faible qui était la vanité, et son adresse obtient une réconciliation. Un autre parlement, celui du Dauphiné, appuie le refus de cette province de payer un subside : la cour veut sévir ; l'évêque de Valence s'efforce de ménager les droits de la couronne et les intérêts de la province, et pour mettre fin à la position pénible de ceux des membres du parlement que le roi avait mandés à la suite de la cour, il n'épargne ni soins, ni voyages, ni dépenses, et parvient à terminer heureusement ces difficultés.

L'auteur sauve par la hardiesse de ses démarches la tête du comte de Barbezières. Pendant un séjour momentané dans son diocèse, il reçoit à Valence le duc de Candale, et les deux rivaux d'influence auprès du prince de Conti se séparent en se promettant une amitié qui eût été fragile, sans doute, comme le sont les amitiés de cour, si elle n'eût été mise à l'abri des épreuves par la mort inopinée de ce jeune et brillant seigneur. Il sollicite à la cour pour les intérêts du prince de Conti, lui fait avoir de grandes charges, des terres, des pensions, double et triple ses revenus, lui obtient, presque malgré lui et malgré le Cardinal, le gouvernement du Château-Trompette, et veut le lui conserver avec une insistance qui exige, pour être bien comprise, que l'on songe que l'art des siéges ne faisant que commencer à naître, rendait la possession des places fortes bien autrement importante qu'elle ne l'est aujourd'hui. Gourville, qui se mêle de toutes choses, arrache adroitement la démission du Château-Trompette, et à partir de ce moment apparaît l'ingratitude du prince de Conti, qui abreuve d'injustices et de dégoûts un serviteur dévoué, dont le seul tort était de le vouloir trop bien servir, mais dont l'imprudence fut de laisser trop voir son ascendant sur le prince, dont l'amour-propre, habilement excité par une coterie, finit par se blesser au vif. La princesse de Conti se joint à son mari; l'évêque de Valence songe à se retirer; mais la reconnaissance qu'il ne perd jamais l'engageait à retarder encore, lorsque le prince de Conti demande son exil et voit sa mauvaise intention échouer contre le crédit de l'évêque prévenu à temps par la duchesse de Mercœur, et soutenu par le Cardinal, par la reine mère et par le roi lui-même. L'évêque de Valence donne alors une preuve bien rare de ce que peuvent la volonté ferme du devoir et l'oubli des ressentiments: par vengeance peut-être, c'est à lui-même que le prince de Conti s'adresse pour obtenir du Cardinal le commandement de l'armée d'Italie à la place du duc de Mercœur, dont la femme vient de donner à l'évêque un si grand témoignage d'attachement et d'estime. L'épreuve était cruelle pour une âme sensible et reconnaissante ; mais Daniel de Cosnac ne crut pas pouvoir refuser, il demande la destitution du duc, l'obtient, et fait à la duchesse l'aveu de ce qu'il vient de faire. Cette nouvelle la désespère ; mais elle lui répond qu'elle eût cessé de l'estimer, s'il en eût agi autrement [1].

L'évêque de Valence, dégagé des liens qui le retenaient dans la maison du prince de Conti, achète, pour ainsi dire malgré lui, la charge de premier aumônier de Monsieur, frère de Louis XIV, sur les instances de la reine mère et du cardinal Mazarin, qui, jaloux du crédit que prenait chaque jour le surintendant Fouquet, voulait empêcher le frère de celui-ci d'obtenir cette charge. Il se décide sur un incident de minime importance, mais qui semble prouver chez le jeune prince une fermeté que la suite ne tardera pas à démentir.

Pendant les deux ou trois premières années, l'évêque de Valence fut peu assidu à remplir ses nouvelles fonctions, et séjourna presque constamment dans son diocèse.

De Valence il se rendit à Lyon pour assister à l'entrevue des deux cours de France et de Savoie, et fut un des premiers à apprendre, par une parole échappée au Cardinal qui se croyait seul avec la reine, que le mariage projeté entre le roi et la princesse de Savoie était abandonné en raison de l'espoir nouveau d'obtenir la main de l'infante Marie-Thérèse d'Espagne. L'année suivante, en 1660, l'évêque de Valence accompagna la cour aux

[1] Voy. sur cette disgrâce de l'auteur, outre les deux versions de ses Mémoires, ses deux lettres insérées parmi les *Pièces détachées*, t. II, p. 439 et 442.

Pyrénées, afin d'assister à la célébration de cette union, pour laquelle il fut chargé d'adresser aux royaux époux l'allocution d'usage. A son retour à Paris, il fut témoin, non sans quelques regrets, de la mort du cardinal Mazarin, emportant avec lui la promesse de la restitution de deux bénéfices qu'il lui avait remis dans un moment d'abandon généreux.

Du mariage de Monsieur avec la princesse d'Angleterre, célébré en 1661, date l'époque où l'évêque de Valence s'attacha plus particulièrement à la personne de ce prince. En qualité de son premier aumônier, il bénit son union avec la descendante des Stuarts, avec la fille de l'infortuné Charles Ier. La princesse d'Angleterre, sauvée encore enfant des mains sanglantes des rebelles, avait passé ses jeunes années à l'école du malheur sous l'aile de sa royale mère, Henriette de France, fille d'Henri IV. Tout à coup l'horizon s'éclaircit : un remords s'est emparé du fils de l'usurpateur, Monk salue de son épée fidèle le souverain légitime de l'Angleterre, Charles II pose sur son front la couronne; presque en même temps la princesse Henriette, sa sœur, devient la compagne du duc d'Orléans. Louis XIV multiplie autour d'elle les splendeurs et les fêtes, la jeune princesse en est l'ornement; mais sous ces apparences trompeuses la fille des Stuarts ne trouva point le bonheur.

Monsieur, bien fait de sa personne, d'une jolie figure, n'avait de culte que pour sa propre beauté; son âme était incapable de comprendre les nobles sentiments. Si la nature a été si avare de ses dons les plus précieux envers Philippe d'Orléans, il ne faut pas l'en accuser seule, son éducation avait eu pour but de développer et non de combattre ses inclinations mauvaises. Mazarin, porté par sa position à se comparer sans cesse avec le cardinal de Richelieu, craignait de trouver dans le frère de Louis XIV un autre frère de Louis XIII, et croyait entendre à l'avance la sourde rumeur des conspirations. Pour calmer ses inquiétudes, il avait choisi, pour gouverneur du prince, le maréchal du Plessis, homme de quelque réputation à la guerre, mais d'une capacité médiocre et dont le dévouement à ses intentions lui était connu. Anne d'Autriche avait concentré sur le roi, son fils aîné, son affection maternelle; d'ailleurs, se conformant toujours aux vues de son ministre, elle laissa sans peine le jeune Philippe passer sa vie au milieu de ses filles d'honneur, empruntant leurs goûts et même leur costume. Cette étrange manie avait alors des sectateurs; l'abbé de Choisy, pendant sa scandaleuse jeunesse, en fut un des héros, et dans la partie restée longtemps inédite de ses Mémoires, adressée sous forme de lettre à la marquise de Lambert, il fait le récit suivant d'un bal donné au Palais-Royal :

« Monsieur le commença avec Mlle de Brancas, qui étoit fort jolie (ç'a été depuis la princesse d'Harcourt), et un moment après il alla s'habiller en femme, et revint au bal en masque : tout le monde le connut. D'abord il ne cherchoit pas le mystère, et le chevalier de Lorraine lui donnoit la main ; il dansa le menuet et s'alla asseoir au milieu de toutes les dames. Il se fit un peu prier avant que d'ôter son masque; il ne demandoit pas mieux, et vouloit être vu. On ne sauroit dire à quel point il poussa la coquetterie en mettant des mouches, en les changeant de place, et peut-être que je fis encore pis. Les hommes, quand ils croient être beaux, sont une fois plus entêtés de leur beauté que les femmes. »

Ce jeune prince avait peu d'énergie naturelle, on l'amollit encore davantage; le sentiment du courage, dont plus tard cependant il a donné des preuves, était peu développé dans son cœur, on l'éloigna des occasions qui pouvaient le faire naître; loin d'avoir de l'ambition, il ne ressentait pas même ce noble penchant qui porte tout homme à se distinguer; au lieu de lui inspirer cette ardeur qui lui manquait, on dirigea son esprit vers les petites choses, on le noya dans les bagatelles. Ainsi s'étaient passées l'enfance et l'adolescence du duc d'Orléans; la lecture des Mémoires fera connaître si son âge mûr répondit à ces commencements.

Louis XIV, héritant à l'égard de son frère des vues de son ministre, l'éloignera constamment des affaires, lui refusera toujours un gouvernement de province, le verra avec peine, grâce à de bons conseils, saisir quelques occasions de se distinguer. On ne saurait se défendre d'un mouvement de surprise, lorsque l'on considère la politique du grand roi à l'égard d'un prince qui méritait si peu de défiance.

L'évêque de Valence se berça longtemps de l'espoir de faire du duc d'Orléans un prince digne de Madame, un prince considéré dans l'État, par son courage dans les armées et son jugement éclairé dans les conseils. On a déjà reconnu combien d'obstacles étaient à vaincre pour arriver à ce but en avant duquel le caractère efféminé de Philippe d'Orléans et la politique de Louis XIV venaient se dresser comme autant d'infranchissables barrières. Le premier aumônier de Monsieur se met à l'œuvre avec ardeur, donne des conseils, rédige des instructions écrites, accompagne le prince à sa première campagne, et joignant l'exemple au précepte, le mène dans la tranchée sous le feu de l'ennemi ; il entretient avec Renaudot une correspondance pour faire insérer dans les gazettes des bulletins destinés à célébrer le courage du prince et à faire briller l'auréole de gloire qu'il rêve autour de son nom ; il conçoit enfin le projet de placer la couronne de Naples sur la tête du duc d'Orléans. Cette entreprise se présentait avec des chances bien autrement favorables que celles de la folle tentative du duc de Guise en 1648 ; elle aurait pu réussir, si Monsieur avait eu un caractère plus entreprenant, et sans l'opposition de Louis XIV, qui paraît avoir failli, en cette occasion, au but qui dirigeait sa conduite envers son frère. Si l'évêque de Valence eût vu l'accomplissement de ses desseins, quelle influence il eût exercée, sans le savoir, sur les destinées de la France !

Jetons actuellement un coup d'œil sur l'intérieur de la maison du duc d'Orléans : nous y trouvons la gracieuse figure de Madame, trop souvent ombragée des teintes de la tristesse ; d'abord la froideur, ensuite une indigne passion du prince viennent empoisonner sa vie ; elle-même, pour dire la vérité tout entière, par une conduite plus légère que coupable, autorise à un certain point les mauvais procédés dont elle souffre. Cette princesse, que le roi avait dédaignée dans son enfance, avait acquis depuis un charme indéfinissable qui ravissait plus encore que sa beauté ; rien n'égalait la séduction de son regard, la grâce de sa personne et l'amabilité de son esprit. Elle ne dédaignait pas de plaire, cédant facilement à ce dangereux entraînement qui porte les femmes à se faire gloire des passions qu'elles font naître, quand elles se sentent la vertu de ne les point partager ; il y avait chez elle irréflexion de jeunesse et une teinte d'esprit romanesque alors de mode dans une cour où le roi commençait à donner l'exemple des galanteries; il y avait aussi une certaine fierté d'âme mal entendue qui au dire de l'auteur des Mémoires, lui faisait envisager un devoir comme une bassesse et lui persuadait que son rang la mettait au-dessus de certaines règles de convenance à l'usage des autres femmes.

Au milieu de tant de périls nés de la conduite de Monsieur, de son propre caractère, de son entourage, où brillaient de l'éclat le moins pur Mmes de Monaco, de Coetquen, de Thianges, sœur de Mme de Montespan, elle sut pourtant, malgré des apparences légères, conserver intact l'honneur du nom de son mari. Mme de La Fayette qui, de son consentement, écrivit ses romanesques faiblesses, preuve qu'elle ne les considérait que comme un amusement en quelque sorte innocent, rapporte ses dernières paroles à Monsieur à l'heure suprême de la mort, à l'heure où l'on peut garder le silence, mais où le mensonge expire sur les lèvres : « Hélas, Monsieur, vous ne m'aimez plus il y a longtemps; mais cela est injuste : je ne vous ai jamais manqué. » Les lettres écrites par Madame à l'évêque de Valence et à Mme de Saint-Chaumont, sont un document curieux à consulter pour parfaitement connaître son caractère; l'auteur en a transcrit un certain nombre dans la première version de ses Mémoires, et se contente de dire qu'il les possède dans la seconde; elles sont le portrait d'Henriette d'Angleterre, tracé par elle-même; elles la font voir dans l'abandon de l'intimité, innocente dans sa conduite et profondément malheureuse. Sa dernière lettre surtout, datée du 26 juin 1670, à son retour d'Angleterre, est l'expression la plus frappante des chagrins qui venaient assaillir cette aimable princesse au milieu de sa joie passagère et de ses triomphes.

Parmi un essaim d'adorateurs qui environnent Madame, un jeune seigneur de la cour ne sut pas imposer à son ambition, plutôt qu'à son amour, les bornes respectueuses qu'il n'aurait pas dû franchir. La calomnie s'empare de quelques indices, un libelle de nature à noircir la réputation de Madame s'imprime en Hollande, l'évêque de Valence fait disparaître la fâcheuse édition, rendant ainsi à la princesse le service le plus précieux pour l'honneur d'une femme. On peut remarquer que l'auteur se fait peu valoir dans l'une et l'autre version de ses Mémoires pour l'importance de ce service ; l'abbé de Choisy, tout en donnant des détails moins précis, est beaucoup plus explicite à cet égard.

La disparition de ce libelle ne fut pas aussi complète que l'abbé de Choisy et l'auteur des Mémoires ont paru le croire ; mais pour le moment il n'en fut plus question et c'était l'essentiel. Cet opuscule a reparu plus tard sous le titre de *la Princesse ou les amours de Madame* imprimé parmi les œuvres de Bussy-Rabutin, bien que rien n'établisse qu'il en ait été l'auteur. On le trouve pour la première fois dans l'édition de 1754 de son *Histoire amoureuse des Gaules*. Charles Patin, fils du célèbre Guy Patin, qui fut envoyé par Daniel de Cosnac en Hollande pour lui rapporter l'édition tout entière, a été accusé d'en avoir gardé plusieurs exemplaires et de les avoir distribués à des amis infidèles. Quoi qu'il en soit de l'accomplissement plus ou moins scrupuleux de sa mission, ce qu'il y a de certain c'est que sa destinée en subit une fâcheuse influence. Sur une dénonciation des syndics de la librairie de Paris, il fut traduit devant la juridiction du Châtelet en 1668 et condamné aux galères, peine à laquelle il n'échappa que par la fuite en se réfugiant en Italie, où il est mort, en 1693, professeur à l'université de Padoue. L'auteur du Dictionnaire des anonymes et pseudonymes français incline à croire que le vrai motif de sa disgrâce fut d'avoir détourné quelques exemplaires du libelle; cependant comme témoignage en faveur de Charles Patin, il cite un fragment de la première version des Mémoires manuscrits de Daniel de Cosnac qui lui ont été communiqués, dit-il, par un ami[1], preuve nouvelle, que nous ferons remarquer en passant, de la connaissance que l'on a eue de tout temps de l'existence des Mémoires que nous publions, mais argument bien faible en ce qui concerne Charles Patin, car ce passage dans lequel l'auteur se borne à lui donner un certificat d'intelligence, n'offre rien de bien concluant. La Correspondance administrative sous le règne de Louis XIV[2] renferme les lettres de rémission accordées à Charles Patin en 1681 par Louis XIV, lettres dont il ne profita pas et dans lesquelles il est dit que le roi le relève de la condamnation qu'il avait encourue par suite de la haine des syndics de la librairie qui, voulant se venger de ce qu'il avait fait imprimer des ouvrages ailleurs qu'à Paris, l'avaient accusé d'avoir frauduleusement introduit en France des livres prohibés. Mais alors, quand on connaît la mission qu'il avait reçue et le but louable de cette introduction, on a droit de s'étonner que Louis XIV l'ait laissé succomber sous

---

[1] *Dictionnaire des anonymes et pseudonymes français*, édit. de 1823, t. II, n° 7294.

[2] *Correspondance administrative sous le règne de Louis XIV*, par Depping, édit. de 1851, t. II.

d'injustes poursuites, ou, pour expliquer d'une manière satisfaisante la conduite du monarque, on est forcé de revenir à cette pensée que la protection royale s'était retirée, parce que la mission n'avait pas été remplie avec toute la fidélité qu'on était en droit d'attendre du mandataire.

L'heure des disgrâces a sonné pour l'évêque de Valence. Le chevalier de Lorraine, jaloux de son empire sur Monsieur, travaille à sa perte et réussit sans peine, grâce au déplorable ascendant qu'il a su conquérir lui-même. Les intrigues se croisent, le chevalier devient amoureux de Mlle de Fienne, fille d'honneur de Madame; le duc d'Orléans pour couper court à une passion qui lui enlève son favori, chasse Mlle de Fienne. L'évêque de Valence, qui a usé dans son récit de la plus grande réserve à l'égard du prince et du chevalier, laisse échapper un seul mot qui fait assez connaître la vérité lorsqu'il raconte que Madame fut étrangère à l'expulsion de sa fille d'honneur : « Mlle de Fienne, publiant cela partout, donna lieu aux ennemis du chevalier de Lorraine de dire que la jalousie de Monsieur avait exigé ce sacrifice du chevalier, et ce mauvais discours fit un terrible tort à la réputation de tous les deux. » Madame fait saisir la cassette de Mlle de Fienne pour y trouver des lettres qui puissent perdre le chevalier; elle charge l'évêque de Valence d'en prendre connaissance et de mettre à part les plus importantes. Il a la faiblesse de consentir à ce que veut une princesse à laquelle il ne sait pas refuser, et cet acte devient le prétexte, sinon le motif réel, de son exil dans son diocèse. Louis XIV était bien aise de soustraire son frère à une influence qui contrariait ses desseins; l'évêque de Valence avait mal fait sa cour, en s'efforçant de relever le duc d'Orléans de son abaissement.

L'abbé de Choisy donne à cet égard un précieux renseignement ; lorsque le roi eut appris du duc d'Orléans lui-même que c'était l'évêque de Valence qui lui avait conseillé d'aller à la tranchée au siége de Tournay, il lui dit : « *Mon frère, son conseil n'était pas trop obligeant pour moi ; mais il ne vous conseillait pas mal pour vous.* » Ce mot résume tout le mystère de la disgrâce de Daniel de Cosnac qui, s'il n'eût pas déplu au roi, aurait pu facilement résister aux effets de sa défaveur auprès du prince. Mais lorsque Monsieur, dominé par son indigne favori, veut éloigner celui qui a toujours été fidèle à ses intérêts véritables, Louis XIV n'hésite pas à se faire l'instrument de son aveugle colère ; le chevalier de Lorraine peut régner sans ombrage jusqu'au jour où le roi le frappe à son tour, non parce qu'il déshonore son frère, mais parce que, dans sa folle confiance, il a inspiré au prince quelques sujets de mésintelligence avec le roi. Taillant ainsi à son gré dans la maison du duc d'Orléans, Louis XIV prétend mieux assurer son empire sur son frère, dont le mécontentement ne se traduit jamais que par quelques bouderies d'enfant et des réceptions au Palais-Royal, où il se figure que l'on vient pour lui, tandis que l'on s'y rend pour entourer Madame.

L'évêque de Valence vend sa charge, quitte la cour et, à peine arrivé dans son diocèse, écrit à un ami, en réponse à une lettre de condoléance, une lettre que nous avons insérée parmi les *Pièces détachées*[1], qui donne un curieux aperçu sur les sentiments que son cœur éprouvait de l'ingratitude d'un prince auquel il s'était dévoué

---

[1] T. II, p. 445. L'auteur s'était borné à donner un résumé très-succinct de cette lettre dans la première version de ses Mémoires, t. I, pag. 375.

tout entier, sur sa difficile résignation, ses liaisons dans la maison de Monsieur, les fausses cabales dont on l'avait accusé. La première version des Mémoires renferme les principales et précieuses lettres [1] de la correspondance suivie que Madame et la marquise de Saint-Chaumont, à partir de cette époque, entretinrent entre elles et avec Daniel de Cosnac. Mme de Saint-Chaumont, sœur du maréchal de Gramont et tante du comte de Guiche, enveloppée dans la disgrâce de l'évêque de Valence et exilée comme lui, continuait, de concert avec Madame, à prendre chaudement son parti et lui envoyait les lettres que cette princesse lui écrivait.

Cette correspondance roulait sur les regrets de Madame d'être privée d'un serviteur dévoué, sur ses chagrins domestiques, sur le chapeau de cardinal qu'elle voulait obtenir pour Daniel de Cosnac par l'intermédiaire du roi d'Angleterre; enfin, sur son prochain voyage de l'autre côté du détroit, dont elle lui confia le secret important. Elle avait exigé que Louis XIV en exclût Louvois, qu'elle n'aimait pas; il est néanmoins certain que le roi consulta son ministre; il prit aussi l'avis du maréchal de Turenne, dont l'indiscrétion avec Mme de Coetquen a été révélée par les mémoires du temps. Quant à Monsieur, il fut convenu, de part et d'autre, qu'on le tiendrait dans une ignorance complète. La confiance que Madame avait placée dans l'évêque de Valence explique son vif désir de l'entretenir d'une affaire qui intéressait au plus haut point son royal frère, pour lequel elle avait toujours ressenti une sincère amitié. Il s'agissait d'unir, par un traité, la France et l'Angleterre contre la Hollande,

[1] T. 1, p. 401 et suivantes.

et Louis XIV avait jeté les yeux sur Madame comme sur la négociatrice naturelle de cette alliance. En qualité de sœur, cette princesse pouvait hésiter à engager son frère dans une union moins populaire, en Angleterre, que celle de la Hollande, et, au sortir d'une révolution, il convenait de ménager les esprits; en qualité de Française, de petite-fille de Henri IV, elle ne pouvait que souhaiter une alliance qui permettait au roi de France de réparer la brèche faite à ses conquêtes par le traité d'Aix-la-Chapelle. C'est pour le consulter sur ces hésitations que son cœur éprouva sans doute, qu'elle dut si fortement insister pour faire venir à Paris l'évêque de Valence, malgré sa disgrâce; elle voulait aussi qu'il lui rapportât les lettres trouvées dans la cassette de Mlle de Fienne, dont l'évêque était resté dépositaire, comptant s'en servir, en ce moment qu'elle jugeait opportun, pour empêcher à jamais le retour du chevalier de Lorraine.

Sur d'aussi irrésistibles instances, Daniel de Cosnac entreprit son malencontreux voyage. Les papiers importants dont il était porteur, faillirent tomber, au moment de son arrestation, entre les mains des agents de Louvois; il nous apprend dans ses Mémoires, mais avec des détails qu'il a, par délicatesse, un peu moins circonstanciés que ne l'ont fait l'abbé de Choisy et le duc de Saint-Simon, comment il parvint à les faire disparaître. Il fut obligé de quitter Paris, presque mourant, sans avoir vu Madame, et sa résidence forcée dans son diocèse fut changée en un exil rigoureux à l'Ile-Jourdain, en Languedoc.

Cependant Madame part pour l'Angleterre, et rapporte bientôt à Louis XIV l'heureux traité, dont les conséquences furent l'humiliation de la Hollande et la paix de Nimègue, qui a fait monter à son apogée la gloire et la puissance de la France. Après ce service signalé, Madame est toute-puissante, elle va faire rappeler l'évêque de Valence, elle va lui faire donner le chapeau de cardinal; mais la nature ou le poison n'accordent à cette jeune princesse que huit jours de triomphe terminés par ce cri éloquent et funèbre qui retentit encore : « Madame se meurt, Madame est morte ! »

Le récit de la mort de Madame que l'auteur n'a point inséré dans le cours de ses Mémoires et qui forme un épisode contenu dans le manuscrit des pièces détachées, trouve ici sa place naturelle. Daniel de Cosnac ne fut point témoin de cette fin touchante; mais l'attachement qu'il avait voué à cette princesse est un sûr garant du soin qu'il mit à recueillir des détails exacts.

« Dimanche, vingt-neuf juin [1], à cinq heures du soir, Madame sentit tout à coup des douleurs extrêmes et si violentes qu'elle se tint d'abord très-assurée de sa mort. Elle se fit mettre au lit et manda M. le curé de Saint-Cloud, auquel elle fit sa confession.

« Monsieur envoya aussitôt faire prier Dieu dans l'église de Saint-Cloud; on exposa le Très-saint Sacrement, et on fit les prières accoutumées.

« Parmi ses douleurs insupportables, elle levoit souvent les yeux au ciel et disoit : « Pourvu que ces dou-
« leurs me servent de pénitence, je suis consolée. »

« Elle disoit à diverses reprises : « Mon Dieu, je ne
« demande point la vie, mais seulement votre volonté;
« si vous me rendez la santé, que ce soit pour mieux
« vivre. »

[1] De l'année 1670.

« Parmi tous ces sentiments, quoiqu'elle n'ait jamais paru avoir le moindre regret de la vie qu'elle perdoit dans une si grande jeunesse, elle fut toujours soigneuse de prendre et de demander tous les remèdes nécessaires.

« Elle demanda le crucifix sur lequel la reine, sa belle-mère, avoit rendu le dernier soupir, et comme il lui fut présenté, elle dit en levant les yeux au ciel : « Que « je suis malheureuse, mon Dieu, de n'avoir pas tou-« jours mis en vous ma confiance ! »

« Elle demanda aussi un chapelet sur lequel il y avoit des indulgences pour les agonisants, s'avisant ainsi d'elle-même de tout ce qui regardoit l'heure de la mort.

« Le roi et la reine étant venus, cette princesse leur parla avec une présence d'esprit incroyable et leur dit en peu de paroles les choses du monde les plus touchantes.

« Elle fit effort pour embrasser Leurs Majestés, et dit au roi qui lui témoignoit quelque espérance, que la première nouvelle qu'on lui diroit à son lever seroit celle de sa mort.

« Le roi avoit le cœur si serré, qu'à peine pouvoit-il parler, si bien qu'il fut contraint de se retirer. Madame lui dit : « Embrassez-moi, Monsieur, pour la dernière « fois. Ah ! Monsieur, ne pleurez pas, vous m'attendri-« riez. Vous perdez une fort bonne servante. » Elle ajouta qu'elle avoit toujours plus craint de perdre ses bonnes grâces qu'elle ne craignoit la mort.

« On ne peut exprimer combien fut touchant tout ce qu'elle dit à Monsieur, ni aussi combien ce prince fut ému des maux qu'elle souffroit et du péril extrême où il la voyoit.

« Elle songeoit beaucoup au roi, son frère, et à la peine qu'il auroit s'il savoit l'état où elle étoit. Elle dit à M. l'ambassadeur d'Angleterre : « Écrivez au roi, « votre maître, qu'il perd la personne du monde qui l'ai- « moit le plus. »

« On n'a jamais vu ni de meilleurs sentiments, ni une présence d'esprit plus entière ; ayant vu M. de Creuille très-affligé, elle lui dit : « Adieu, Creuille, adieu ! »

« On lui parla de quelqu'un dont elle avoit eu quelque mécontentement, elle dit en joignant les mains : « Je « lui pardonne de tout mon cœur. »

« A onze heures du soir, le mal pressant, elle envoya quérir avec un grand empressement M. Feuillet[1], cha- noine de Saint-Cloud ; elle lui dit : « Vous voyez, « Monsieur Feuillet, à quel état je suis réduite. — Très-bon « état, Madame, lui répondit-il ; vous confesserez à pré- « sent que toute créature doit être soumise à Dieu. — Il « est vrai, mon Dieu, répondit Madame avec un sentiment « de douleur très-vif, il est vrai que jusqu'ici je vous ai « très-peu connu, » et demanda si elle avoit assez de temps pour profiter de cette connoissance. Il lui dit qu'elle pouvoit l'espérer, pourvu qu'elle employât le peu qui lui restoit de vie à faire pénitence. Il lui représenta très-fortement les obligations que le chrétien contracte par le saint baptême, et le crime qu'il court lorsqu'il

---

[1] Après la mort de Madame, l'abbé Feuillet, qui s'est fait une certaine célébrité par son zèle apostolique, prononça l'oraison funèbre de cette princesse dans l'église de Saint-Cloud ; il a donné une relation de ses derniers moments que l'on trouve dans l'ouvrage intitulé : *Mémoires inté- ressants pour servir à l'histoire de France, ou tableau historique, chronolo- gique, pittoresque, ecclésiastique, civil et militaire des maisons royales, châ- teaux et parcs des rois de France*, par Poncet de La Grave, t. III, édit. de 1789.

en viole les sacrés vœux. Madame le pria de la confesser, ce qu'il fit en l'aidant, autant que le temps le pouvoit permettre, à faire une confession entière. Il fut surpris des sentiments que Dieu inspiroit à cette princesse pendant ce temps et du langage qu'elle lui tenoit, très-éloigné de celui qu'on entend à la cour. Elle lui demanda avec grande instance le Saint-Sacrement, s'il la jugeoit capable de le recevoir. Il donna ordre qu'on avertît M. le curé, et lui parla tout haut pendant ce temps-là avec beaucoup de force, l'exhortant à s'humilier sous la puissante main de Dieu qui alloit anéantir toute cette trompeuse grandeur. « Vous n'êtes, lui disoit-il, qu'une mi-« sérable pécheresse, qu'un vaisseau de terre qui va tom-« ber et qui se cassera en pièces. — Il est vrai, dit cette « princesse. » Il l'assura que tous ses péchés passés ne lui faisoient point de peur, pourvu qu'elle en eût une sincère douleur et une ferme résolution de ne les plus commettre. Il lui représenta que Dieu ne s'arrêtoit ni à l'heure, ni au temps, et que le larron avoit obtenu une si grande miséricorde au dernier moment de sa vie. A ces paroles de consolation, elle témoigna une grande joie. Il lui présenta la croix qu'elle avoit demandée, qu'elle baisa fort humblement. Il l'exhorta puissamment à mettre sa confiance en ce sang qui avoit expié les péchés du monde. En ce temps, on apporta Notre-Seigneur, elle l'adora et dit tout haut : « Mon Dieu, que je suis indigne « que vous visitiez une si misérable pécheresse! » Elle dit son *Confiteor*, et reçut le Saint-Sacrement avec beaucoup de consolation et de révérence; puis elle pria d'elle-même M. le curé de lui apporter l'Extrême-Onction pendant qu'elle avoit le jugement libre. Elle réitéra plusieurs fois cette demande, disant toujours qu'elle désiroit recevoir ce sacrement avec connoissance. Comme on l'eut apporté, on lui proposa un remède; elle dit qu'elle vouloit bien le remède, mais préférablement l'Extrême-Onction. M. Feuillet la prépara à recevoir ce dernier sacrement suivant les intentions de l'Église, il lui expliquoit toutes les prières, qu'elle faisoit avec les prêtres, quand on lui appliquoit les saintes huiles; elle-même tira sa cornette, ouvrit son estomac, étendit ses mains et les présenta; elle fit plusieurs actes de foi, d'espérance et d'amour de Dieu.

« Elle entendit quelqu'un qui dit : « Madame est « mieux. — Hélas! dit-elle, ils me trouvent mieux parce « que je n'ai plus la force de me plaindre. » Elle demanda à quelle heure Jésus-Christ étoit mort. « A trois « heures, lui dit-on. — Peut-être, repartit-elle, qu'il me « fera la grâce de mourir à pareille heure. » M. Feuillet lui dit qu'il falloit supporter la vie et attendre la mort avec patience.

« Elle supplia Monsieur de se retirer, afin, disoit-elle, qu'elle ne pensât plus qu'à Dieu. Les médecins lui donnèrent une médecine qu'elle prit; et M. l'évêque de Condom [1], que Monsieur avoit mandé, étant venu, elle commanda qu'on le fît approcher; elle témoigna satisfaction de le voir. Il lui dit en l'abordant : « Madame, « l'espérance! » Elle se tourna de son côté et lui répondit: « Je l'ai tout entière, je suis résolue à la mort, je suis « soumise à Dieu, je veux ce qu'il veut, j'espère en sa « miséricorde. » Ce prélat, autant ravi de la pureté de ses sentiments qu'étonné d'un si triste spectacle, se prosterna en terre avec toute l'assistance, et ayant invité

---

[1] Bossuet.

Madame à s'unir à son intention, il fit une prière à Dieu pour demander la rémission des péchés par le sang de Jésus-Christ crucifié, représentant à cette princesse que si Dieu nous traitoit selon la rigueur de sa justice, nous ne devions attendre que l'enfer et la damnation éternelle; mais qu'elle ne devoit espérer que miséricorde et que grâce, pourvu qu'elle mît toute sa confiance au mérite et en la bonté d'un tel Sauveur. Elle dit : « Mon « cœur vous répond. — Vous voyez, lui dit-il, Madame, « ce que c'est que le monde, vous le voyez par vous-même ; « n'êtes-vous pas bien heureuse que Dieu vous appelle à « son éternité ? » Elle témoigna par une action bien marquée qu'elle ressentoit ce bonheur.

« Il lui fit faire plusieurs actes, à quoi elle répondit toujours par des paroles courtes et précises, et ayant un peu discontinué pour ne la fatiguer pas, Madame lui dit : « Ne croyez pas que je n'écoute point parce que « je tourne la tête ; je suis fort attentive, continuez. » Alors lui ayant demandé si elle ne vouloit pas professer jusqu'au dernier soupir la foi catholique, apostolique et romaine, elle dit : « J'y ai vécu, et j'y meurs. »

« L'ayant avertie que les personnes de son élévation devoient un grand exemple au monde, particulièrement en la présence de Dieu et devant ses autels, qu'il falloit qu'elle lui demandât pardon de toutes les irrévérences qu'elle y avoit commises, et qu'elle lui en fît réparation, elle dit : « Je le fais de tout mon cœur. »

« Madame témoignant qu'elle souffroit beaucoup, il lui dit : « Il faut unir vos souffrances avec celles de Jésus-« Christ, en expiation de tant de péchés. » Elle dit : « C'est ce que je tâche de faire ; » et un peu après, lui montrant le crucifix, il lui dit : « Voilà, Madame, Jé-

« sus-Christ qui vous tend les bras; voilà celui qui vous
« donnera la vie éternelle, et qui ressuscitera ce corps
« qui souffre tant. » Elle répondit : « *Credo! credo!* »
Puis, ayant demandé un peu de repos avec ce même
sourire et cette même douceur dont elle accompagnoit
ordinairement ses paroles, cet évêque alla près de la
fenêtre. Très-peu de temps après, elle dit à M. Feuillet :
« C'en est fait, rappelez M. de Condom. » Il approcha,
et la voyant fort changée, il lui dit en trois mots :
« Madame, vous croyez en Dieu, vous espérez en Dieu,
« vous l'aimez. » Il lui entendit dire très-distinctement :
« De tout mon cœur. » Il lui présenta le crucifix, lui
disant qu'en embrassant Jésus-Christ, elle pratiquoit
tout ensemble tous les actes de la piété chrétienne. Elle
le prit, le baisa avec beaucoup de ferveur, et le tint elle-
même pressé sur ses lèvres, jusqu'à ce que son bras
tomba par foiblesse, et le crucifix en même temps. Il le lui
fit encore baiser, disant : « *In manus tuas.* » Elle avoit
perdu la connoissance, et expira assez doucement, après
l'espace d'un *Miserere*, parmi les prières qu'on faisoit
autour de son lit, et les lamentations de tout le monde.

« Ainsi mourut à l'âge de vingt-six ans, qu'elle avoit
accomplis depuis quelques jours, cette princesse, plus
grande par son cœur et par son esprit que par sa naissance, sans avoir jamais témoigné, dans une telle surprise, aucun trouble, aucune foiblesse, non plus qu'aucune ostentation. Tout ce qu'elle disoit venoit naturellement et sans effort, et on ressentoit, en la voyant et
en l'écoutant, que c'étoit son cœur qui parloit. Toute la
France, qui la regrette au dernier point, est édifiée de
sa piété et étonnée de la grandeur et de la fermeté de
son courage. »

On sait que Madame mourut à la suite des douleurs violentes qu'elle ressentit après avoir bu un verre d'eau de chicorée. Mille bruits d'empoisonnement coururent aussitôt : les uns soupçonnèrent le duc d'Orléans, dont la mésintelligence avec Madame était connue; Mlle de Montpensier raconte que Madame étant souffrante quelques jours avant son embarquement pour l'Angleterre, il avait eu la dureté de lui dire, « qu'on lui avoit prédit qu'il auroit plusieurs femmes, qu'en l'état où étoit Madame, il avoit raison d'y ajouter foi ; » d'autres accusaient le chevalier de Lorraine, qui aurait envoyé d'Italie un subtil poison avec lequel le marquis d'Effiat, son complice, avait frotté, dit-on, l'intérieur du gobelet d'argent dont se servait Madame; beaucoup prétendaient entrevoir entre le duc d'Orléans et son favori une infernale entente. La princesse elle-même se crut empoisonnée et en exprima la pensée. Quoi qu'il en soit d'un mystère qui ne sera jamais éclairci, on peut remarquer que l'auteur des Mémoires, dont l'attachement pour Madame doit rendre le témoignage d'autant moins suspect, loin d'émettre aucun soupçon d'empoisonnement à l'égard de personne, signale même la conduite convenable du duc d'Orléans dans cette triste catastrophe. L'opinion que Madame avait succombé à une mort naturelle eut ses partisans, moins nombreux peut-être, par cet unique motif que le public aime généralement mieux croire aux grands crimes et aux événements extraordinaires. Mlle de Montpensier rapporte que les médecins déclarèrent qu'elle était morte du choléra-morbus [1]. Cette opinion cependant ne paraît pas avoir

---

[1] Mlle de Montpensier dut emprunter cette opinion à l'abbé Bourdelot,

prévalu parmi les personnes de la cour d'Angleterre; car lord Montague, ambassadeur de Charles II, apprenant que le chevalier de Lorraine avait obtenu l'autorisation de reparaître à la cour, laissa éclater son indignation dans une lettre à son ministre, le comte d'Arlington, dont nous extrayons un fragment accablant, qui se trouvait en chiffres :

« Je n'écris présentement que pour rendre compte à Votre Grandeur d'une chose que je crois pourtant que vous savez déjà : c'est que l'on a permis au chevalier de Lorraine de venir à la cour, et de servir à l'armée en qualité de maréchal de camp.

« Si Madame a été empoisonnée, comme la plus grande partie du monde le croit, toute la France le regarde comme son empoisonneur, et s'étonne avec raison que le roi de France ait si peu de considération pour le roi notre maître, que de lui permettre de revenir à la cour, vu la manière insolente dont il en a toujours usé avec cette princesse pendant sa vie........ »

Daniel de Cosnac qui n'a donné aucun détail sur la mort de Madame dans le cours de ses Mémoires, et qui s'est borné à énoncer cet événement accompagné de ses profonds regrets, le fait suivre dans sa première version d'un portrait de cette princesse habilement tracé. Le président Hénault l'a jugé digne de figurer dans son Abrégé chronologique de l'histoire de France, dans lequel il en a inséré la plus notable partie, tout en indiquant la source où il l'avait puisé.

---

médecin, qui a écrit dans ce sens une relation de la maladie, mort et ouverture du corps de Madame. On la trouve au t. III des Mémoires publiés par Poncet de La Grave que nous avons indiqués dans une note précédente (p. xlix).

En perdant Madame, l'évêque de Valence vit s'évanouir l'espoir de toucher au terme de son exil. Selon toutes les probabilités, pour échapper à l'ennui de sa solitude de l'Ile-Jourdain, lieu dénué de toutes ressources, il y écrivit la plus grande partie de la première version de ses Mémoires; il y note avec soin tous les membres de l'épiscopat qui lui donnèrent quelques marques de souvenir, soit en lui écrivant, soit en le visitant dans ce triste séjour, et se plaint amèrement de ceux qui le laissèrent en oubli. Il conclut pendant ce temps le mariage de l'aîné de ses neveux, François, marquis de Cosnac, avec Marguerite d'Aubeterre, petite-fille du maréchal de ce nom, et fille du comte d'Aubeterre, lieutenant général des armées du roi; il célébra lui-même ce mariage, en 1671, au château de La Serre, près de l'Ile-Jourdain.

Ce fut peu de temps après ce mariage qu'il reçut l'autorisation d'aller à Toulouse suivre quelques affaires d'intérêt pendantes devant le parlement de cette ville. Il y passa quatre ou cinq mois, au bout desquels le roi lui permit de retourner dans son diocèse. L'auteur nous apprend, dans la seconde version de ses Mémoires, que la durée de son exil fut de deux ans et huit mois; commencé en 1670, il dut en conséquence se terminer vers la fin de l'année 1672, ou au plus tard dans les premiers mois de l'année 1673. Ainsi se trouve détruite la grave erreur de l'abbé de Choisy, qui prétend que l'exil de l'évêque de Valence à l'Ile-Jourdain dura quatorze ans; nous trouvons une nouvelle preuve de l'inexactitude commise par l'abbé de Choisy dans une lettre adressée de Valence par Mme de Sévigné à sa fille; nous allons en citer un fragment curieux sous plusieurs rapports :

NOTICE.

Valence, vendredi 6 octobre 1673.

« Mon unique plaisir consiste à vous écrire, la paresse du coadjuteur est bien étonnée de cette sorte de divertissement. Vous êtes à Salon, ma pauvre petite, vous avez passé la Durance, et moi je suis arrivée ici. Je regarde tous les chemins qui vous verront passer cet hiver, et je fais des remarques sur les endroits difficiles. Le plus sûr, dans l'hiver, est une litière; il y a des pas où il faut descendre de carrosse ou périr. M. de Valence m'a envoyé son carrosse avec Montreuil et Le Clair pour me laisser plus de liberté. J'ai été droit chez le prélat, il a bien de l'esprit; nous avons causé une heure, ses malheurs et votre mérite ont fait les deux principaux points de la conversation. Il a deux dames de ses parentes avec lui. J'ai vu un moment les filles de Sainte-Marie et madame votre belle-sœur; sa belle abbesse se meurt, on court pour l'abbaye : une grosse fièvre continue au milieu de la plus grande santé, voilà qui est expédié. J'ai soupé chez Le Clair avec Montreuil, j'y suis logée. M. de Valence et ses nièces, fort parées, sont venus me voir, etc. »

Cette lettre démontre surabondamment que si l'exil de l'évêque de Valence n'avait pas cessé dès l'année 1672, il avait fini au plus tard dans les premiers mois de l'année 1673; elle contient de plus une appréciation de son esprit par un juge bien compétent, et un aperçu intéressant sur l'intérieur de sa maison.

Montreuil[1] était son secrétaire : d'un caractère vif et

[1] L'abbé Mathieu de Montreuil, fils d'un avocat au parlement de Paris, était un bel esprit formé à la célèbre école de l'hôtel Rambouillet. Il portait le petit collet, sans être engagé dans les ordres; ce costume était

léger, sa tournure d'esprit devait plaire infiniment à Daniel de Cosnac; Mme de Sévigné, dans une lettre à Ménage, l'accuse d'être douze fois plus étourdi qu'un hanneton; il était poëte et poëte aimable, quoiqu'un peu maltraité par Boileau, qui a dit malicieusement dans son *Art poétique* :

> On ne voit point mes vers, à l'envi de Montreuil,
> Grossir impunément les feuillets d'un recueil.

Montreuil cependant écrivit pour Mme de Sévigné jouant au colin-maillard, ce joli madrigal :

> De toutes les façons vous avez droit de plaire,
> Mais surtout vous savez nous charmer en ce jour;
> Voyant vos yeux bandés, on vous prend pour l'amour,
> Les voyant découverts, on vous prend pour sa mère.

Nous ignorons en quelle qualité Le Clair était attaché à l'évêque de Valence; quant aux deux nièces dont parle Mme de Sévigné, elles devaient être Suzanne de Cosnac, morte abbesse de Vernaison au diocèse de Valence, et probablement la marquise de Cosnac, fille du comte d'Aubeterre, mère de la comtesse d'Egmont.

Une visite comme celle de la marquise de Sévigné devait être précieuse pour l'évêque de Valence qui, accoutumé à la vie agitée des affaires et de la cour, était sans doute bien aise chaque fois qu'un incident venait rompre pour lui la monotonie de la vie de province. Il ne parle cependant pas de cette visite dans ses Mémoires, probablement parce qu'elle n'amena aucun autre événement digne d'être rapporté que de lui faire passer quelques moments agréables, et aussi parce que Mme de Sévigné

---

alors le passe-port presque obligé des hommes de lettres pour avoir leurs entrées dans le grand monde.

n'avait point alors la célébrité posthume que ses lettres lui ont acquise depuis.

Quelques années auparavant, Daniel de Cosnac avait reçu dans son diocèse une visite dont il parle longuement, celle du cardinal Chigi, qui allait à Paris adresser au roi des excuses publiques au nom du pape Alexandre VII, son oncle, pour l'insulte faite dans Rome à l'ambassadeur de France. Cette réception occasionna entre le duc de Lesdiguières, gouverneur du Dauphiné, et l'évêque de Valence, une querelle de préséance que ce dernier sut habilement faire tourner à son avantage auprès du roi, malgré le mauvais vouloir que lui témoignèrent les ministres.

De l'année 1673 à l'année 1681, l'évêque de Valence séjourna constamment dans son diocèse, s'occupant des devoirs de ses fonctions avec le zèle et l'activité qu'il savait apporter aux choses dont il se mêlait. Il faisait de fréquentes tournées pastorales pour stimuler la foi des catholiques et obtenir des conversions parmi les protestants très-nombreux en Dauphiné. Il s'efforçait de réduire le nombre de leurs temples, et ceux qu'on avait établis contrairement aux ordonnances tombèrent tous sous son marteau vigilant.

Il songeait si peu à quitter cette vie d'un nouveau genre, qu'il refusa d'être nommé député à l'Assemblée du Clergé de 1680, et n'accepta pour celle de 1682 que sur une lettre de l'archevêque de Paris, qui lui écrivit que tel était le désir du roi. Il reparut donc à la cour, fut reçu avec bonté par Louis XIV, qui se défendit d'avoir pris part aux persécutions dont il avait eu à souffrir ; il revit le duc d'Orléans, et eut avec lui un éclaircissement que sa brusquerie lui fit terminer par une boutade dont ce prince parut blessé ; ensuite il se livra exclusivement aux affaires importantes qui avaient motivé la convocation extraordinaire de l'Assemblée de 1682.

Avant de nous occuper de la part que Daniel de Cosnac prit à cette Assemblée, il est nécessaire de revenir en arrière pour rappeler qu'il avait été député à deux autres Assemblées ; nous présenterons ainsi dans un tableau d'ensemble la vie religieuse de l'auteur. Comme il est bien plus connu pour avoir participé à une foule d'événements étrangers à sa profession, nous devons à sa mémoire de constater que s'il s'est plus illustré dans les affaires du monde que dans les travaux de l'Église, ce n'est pas qu'il ait négligé ces dernières occupations. Les procès-verbaux des Assemblées du Clergé auxquelles il fut député, prouvent qu'il en était un des membres les plus occupés et même les plus considérables. A cet égard, la découverte que nous avons faite du manuscrit des *Pièces détachées* est d'autant plus précieuse, qu'il renferme une partie considérable de ses travaux.[1] ; et comme dans les deux versions de ses Mémoires l'auteur parle d'une manière très-succincte de ses occupations assidues aux Assemblées dont il fut membre, le récit de sa vie fût resté incomplet sous ce rapport important.

Les Assemblées du Clergé de France étaient de deux sortes : les grandes Assemblées auxquelles assistaient quatre députés par province ecclésiastique, deux du premier ordre, c'est-à-dire deux évêques, et deux du second ordre ; les petites Assemblées auxquelles il n'assistait par province qu'un député de chaque ordre. Dans

---

[1] Voy. ses discours et rapports aux Assemblées du Clergé, t. II, pag. 260 et suivantes.

les premières, dites du Contrat, parce qu'on y renouvelait le contrat passé avec le roi pour le payement des rentes de l'hôtel de ville, on s'occupait principalement des intérêts religieux, et en général de toutes les affaires importantes dont le clergé avait à se mêler; dans les secondes, dites des Comptes, réunies plus particulièrement en vue des intérêts administratifs et financiers du Clergé, on examinait les comptes du receveur général. Les présidents étaient toujours choisis parmi les députés du premier ordre, les secrétaires parmi ceux du second. Ces fonctions étaient électives; mais lorsque François de Harlay fut transféré de l'archevêché de Rouen à celui de Paris, il obtint facilement de Louis XIV, en faisant valoir son zèle à le servir, la présidence à vie des Assemblées, en ayant soin de faire exclure de la députation les cardinaux et archevêques plus anciens que lui. Le Clergé consentit à cette dérogation à ses droits. François de Harlay étant mort le 6 août 1695, le Clergé rentra à l'Assemblée de 1700 dans l'exercice de son droit d'élection; mais en 1705 le cardinal de Noailles fit revivre les prétentions de François de Harlay, se déclara lui-même seul président, et empêcha l'insertion au procès-verbal des protestations des députés de plusieurs provinces. Les Assemblées avaient lieu tous les cinq ans, une grande et une petite alternativement; le roi convoquait en outre des Assemblées extraordinaires toutes les fois que les intérêts de l'État le lui faisaient juger nécessaire. Pendant l'espace de cinquante-deux années, à divers intervalles, Daniel de Cosnac parut à ces Assemblées auxquelles il fut huit fois nommé député; ce sont les Assemblées de 1655, 1665, 1682, 1685, 1690, 1695, 1701 et de 1707.

La durée de ces Assemblées était indéterminée ; les unes ne restaient réunies que pendant quelques mois, d'autres se prolongeaient au delà d'une année; aussi doit-on remarquer en faveur des habitudes de résidence de Daniel de Cosnac dans ses diocèses, qu'à part le temps de ses débuts dans l'épiscopat, où il fut fort assidu auprès du prince de Conti, et trois ou quatre années qu'il passa auprès du duc d'Orléans pour y remplir d'une manière plus suivie les fonctions de sa charge, il ne paraissait guère à la cour que pendant la tenue des Assemblées, ou pour quelques voyages nécessités par des affaires provinciales qui ressortissaient souvent des attributions épiscopales, dans un temps où la séparation du pouvoir spirituel et du pouvoir temporel était loin d'être aussi tranchée qu'aujourd'hui.

A l'Assemblée de 1655, la première à laquelle assista l'évêque de Valence, les évêques de Viviers et de Grenoble s'opposèrent à sa réception, sur ce motif qu'il n'avait pas encore pris possession de son évêché avant les élections faites pour la députation ; le premier se désista, et le second fut débouté de son opposition. Durant la tenue de cette Assemblée, qui fut très-longue, puisqu'elle ne fut terminée qu'au mois de mai 1657, l'évêque de Valence s'occupa assez assidûment des questions qui s'y traitèrent, dont les principales furent l'examen des cinq propositions de Jansénius et les difficultés survenues dans l'administration du diocèse de Paris, par suite de l'emprisonnement du cardinal de Retz; il était cependant détourné fréquemment des travaux de la députation par le soin des affaires du prince de Conti et par les inquiétudes que lui causaient les cabales formées contre lui. Le 11 février 1656, Anne de Lévis de Ventadour, archevêque de Bourges, l'excusait de n'avoir pu prendre congé avant de partir pour le Languedoc, par ordre du roi, et annonçait son prochain retour. L'affaire dont il paraît s'être le plus occupé lui était personnelle, il s'agissait d'un conflit de juridiction avec le présidial de Valence; l'évêque en saisit l'Assemblée, qui nomma des commissaires et appuya la demande présentée au conseil du roi.

A l'Assemblée du Clergé, ouverte le 6 juin 1665 et terminée le 14 mai 1666, le rôle de Daniel de Cosnac s'agrandit : il fut membre de diverses commissions ; la lecture des procès-verbaux constate la part active qu'il prit aux délibérations. On sait que cette Assemblée a puissamment agi contre les protestants par toutes les voies qui lui étaient permises, notamment en provoquant la destruction d'un grand nombre de temples. Quoique les envahissements du jansénisme et la bulle *Unigenitus* fissent alors grand bruit, il en fut peu question, à part le soin que prit l'Assemblée de faire réformer la déclaration du roi obligeant les ecclésiastiques à signer le Formulaire par-devant les lieutenants généraux des lieux où étaient situés les bénéfices. Le Clergé croyait alors avoir à se plaindre des envahissements de l'autorité temporelle sur les choses de son domaine, particulièrement de la prétention élevée par Colbert, d'obtenir un dénombrement de ses biens. L'évêque de Valence ne craignit pas, dans cette circonstance, de se faire passer auprès de Louis XIV pour un esprit difficile; il produisit, à l'appui de son opposition, des déclarations authentiques des rois de France.

L'auteur fit dans cette Assemblée les démarches nécessaires pour la reconstruction de la cathédrale de Die.

Le procès-verbal du 23 juillet 1665 expose que l'évêque de Valence se plaignit de ce que les lettres d'impositions de vingt-quatre mille livres n'étaient pas payées, par suite des difficultés soulevées par les intendants du Dauphiné, et qu'un secours extraordinaire serait nécessaire. On lit dans le procès-verbal du 29 avril 1666 : « L'évêque d'Usez rapporte qu'il a été à Versailles faire les réclamations dont l'Assemblée l'a chargé en faveur de l'évêque de Valence, et qu'il a obtenu du roi que la somme de seize mille livres serait imposée en trois termes, pour rebâtir la cathédrale. » L'auteur rapporte que Colbert, qui ne lui garda point rancune de son opposition dans l'affaire du dénombrement des biens du Clergé, lui remit lui-même l'arrêt du conseil rendu pour cet objet. L'évêque de Valence réclama encore une somme de trois mille livres au nom des héritiers de son prédécesseur, pour remboursement des dépenses que celui-ci avait été obligé de faire, étant avec l'archevêque de Rouen et les évêques d'Autun et de Léon, membre d'une commission chargée d'adresser à la cour de très-humbles remontrances contre un arrêt du parlement de Paris, qui violait les immunités des évêques par la proscription du cardinal Mazarin. L'Assemblée alloua la somme pour être employée par Daniel de Cosnac aux réparations des églises de son diocèse, suivant la destination que voulait lui donner son prédécesseur.

L'évêque de Valence fut chargé d'adresser au roi la harangue de clôture de cette Assemblée : il la prononça à Saint-Germain le 17 avril 1666. Elle figure en tête des diverses pièces insérées à la suite des Mémoires. Ce discours est remarquable par son style, bien supérieur à celui de tous les autres écrits du même auteur; il est remarquable surtout par les considérations qu'il contient sur les libertés de l'Église gallicane et par les rapprochements qu'il provoque avec la situation du Clergé sous le dernier règne, par rapport au pouvoir temporel. On voit dès cette époque, d'un côté le gouvernement invoquer en sa faveur et contre les intérêts de la religion, les libertés de l'Église gallicane qu'il veut interpréter à sa manière; de l'autre, l'épiscopat obligé de se défendre contre ces libertés dont on veut faire une arme contre l'Église. Il faut noter dans ce même discours la demande du rétablissement des conciles provinciaux, comme étant un des plus solides remparts de la foi. Enfin, l'évêque de Valence insiste fortement auprès du roi sur cette vérité, que l'Église seule peut faire prévaloir par son enseignement le respect du principe d'autorité, sans lequel tous les gouvernements sont impossibles. Il paraît que ce discours fut applaudi comme il méritait de l'être; nous pouvons en citer, entre autres témoignages, ce fragment emprunté au procès-verbal de la séance de l'Assemblée du 18 avril 1666 :

« Monseigneur l'archevêque de Sens est entré et a dit
« que la compagnie étoit si satisfaite d'avoir ouï si bien
« haranguer hier Monseigneur de Valence, et l'appro-
« bation étoit si publique à la cour, qu'il n'avoit pas de
« paroles assez fortes pour exprimer le ressentiment
« qu'elle en avoit, et qu'il le prioit de sa part de la
« donner pour la faire imprimer.

« A quoi Mondit seigneur de Valence a répondu que
« la seule gloire qui lui reste est celle d'avoir obéi à la
« compagnie. »

L'évêque de Valence trouva moyen de se multiplier

par ses nombreux travaux à la célèbre Assemblée de 1682, dans laquelle furent formulés les droits de l'Église gallicane. L'intelligence de ses divers discours et rapports, que nous avons insérés à la suite des Mémoires, exige que nous tracions un rapide historique de cette Assemblée. Le but de sa convocation extraordinaire était l'arrangement des différends survenus entre le roi et l'Église de France, entre l'Église de France et le pape, au sujet de la régale, droit par lequel les rois de France, pendant la vacance d'un archevêché ou d'un évêché, en percevaient les revenus et disposaient des bénéfices qui étaient à la nomination de l'évêque défunt. Tous les évêchés n'étaient pas également soumis à ce droit de la couronne; plusieurs du moins s'en prétendaient exempts, particulièrement ceux qui étaient situés dans les provinces de Languedoc, de Guienne, de Provence et de Dauphiné. Les rois contestaient ces exemptions, et la querelle fut envenimée par un arrêt rendu en 1608 par le parlement de Paris, qui déclarait que le roi avait droit de régale sur l'église de Belley, comme sur toutes les autres de son royaume. Le clergé s'émut d'un arrêt qui, à propos d'un jugement particulier, tranchait la question dans un sens général et absolu. Il en porta ses plaintes à Henri IV, lequel, par une déclaration du mois d'octobre 1609, sursit pour un an au jugement de tous les procès pendants sur la régale. Ce prince ayant péri l'année suivante, le clergé renouvela ses plaintes auprès de Louis XIII, qui réduisit l'étendue de la régale en la bornant à la simple collation par le roi des bénéfices vacants, et en réservant tous les revenus pour les successeurs; mais on ne trancha point encore la question au fond, en déterminant quels étaient les évêchés ou bénéfices exempts ou astreints au droit de régale : on se contenta encore, par des arrêts de 1617, 1618 et 1638, de surseoir à toutes les procédures. A l'avénement de Louis XIV, la question n'avait pas fait un seul pas ; pour ajourner une solution difficile, de nouveaux arrêts de 1651, 1654 et 1666 ordonnèrent de surseoir à toutes les poursuites et enjoignirent à toutes les provinces et à leurs églises de produire leurs titres d'exemption dans les trois mois, sous peine de déchéance. Chaque Assemblée du clergé ne manquait jamais de nommer des commissions d'examen et d'opposer ses doléances aux prétentions de la couronne, notamment l'Assemblée de 1670, qui avait chargé l'archevêque d'Embrun, Charles Brulart de Genlis, d'adresser au roi de respectueuses remontrances. Enfin Louis XIV, pour mettre fin à toutes les procédures pendantes, à toutes les prétentions élevées, donna ses déclarations de 1673 et de 1675 portant que toutes les églises de son royaume sont sujettes à la régale, et que les archevêques et évêques qui n'ont pas fait enregistrer leur serment, le feront dans le délai de deux mois.

Ces déclarations, qui prétendaient trancher d'autorité des difficultés épineuses, au lieu de terminer les différends, furent l'étincelle qui alluma l'incendie. Les évêques d'Aleth et de Pamiers firent paraître plusieurs ordonnances contre ces déclarations, et portèrent leurs plaintes au pied du trône pontifical. Comme ils refusèrent de faire enregistrer leurs serments, les bénéfices à leur nomination, dont les titulaires vinrent à mourir, furent donnés par le roi comme vacants en régale. On vit se croiser aussitôt dans une effroyable confusion, d'un côté, les excommunications contre les bénéficiers irrégulièrement institués; de l'autre, les confiscations, les exils, les emprisonnements, voire même les condamnations à mort pour soutenir les droits de la couronne. Le pape, inquiet des doctrines indépendantes de l'Église de France à l'égard de la cour de Rome, ne manqua pas de répondre à l'appel des évêques d'Aleth et de Pamiers; il fulmina trois brefs, dans lesquels il qualifiait d'injustes les déclarations de Louis XIV, reconnaissait comme canoniques les ordonnances des évêques d'Aleth et de Pamiers, condamnait celles que l'archevêque de Toulouse, métropolitain, avait lancées contre ce dernier. Sur ces entrefaites, les deux évêques d'Aleth et de Pamiers vinrent à mourir; la mort du premier termina les différends qui concernaient son diocèse, la mort du second devint le signal d'une confusion plus grande encore. Tout le clergé de ce diocèse entreprit avec ardeur de soutenir la cause de l'évêque défunt. L'on vit lutter grands vicaires contre grands vicaires : d'une part, ceux qu'avait élus le chapitre; d'autre part, ceux qu'avait institués l'archevêque de Toulouse, en qualité de métropolitain. L'autorité royale recourut à la force, le chapitre fut dissipé, plus de quatre-vingts curés emprisonnés, exilés ou obligés de se cacher. Le parlement de Toulouse alla jusqu'à condamner à mort le P. Cercle, grand vicaire nommé par le chapitre. De son côté le pape fulmina quatre nouveaux brefs contre l'archevêque de Toulouse en faveur du chapitre de Pamiers.

L'Assemblée de 1682 avait pour objet la conciliation de ces nombreux différends. L'évêque de Valence fut nommé membre de la commission qui devait examiner la célèbre affaire de Pamiers et de Toulouse. Cette grave contestation entre le roi et le clergé se termina par un compromis accepté par les deux parties. Un des principaux motifs de l'opposition du clergé à la collation des bénéfices en régale était que la plupart des bénéfices entraînant charge d'âmes, beaucoup de sujets indignes pouvaient être pourvus, et qu'en outre, l'autorité temporelle était incompétente pour conférer une juridiction spirituelle. Louis XIV fit donc paraître, le 24 janvier 1682, un édit confirmant le droit de régale sur toutes les provinces du royaume, mais ordonnant que nul ne pût être pourvu en régale à des bénéfices conférant charge d'âmes, s'il n'avait l'âge, les degrés et autres capacités prescrites par les canons de l'Église. En retour, l'Assemblée consentit solennellement à l'extension de la régale par un acte du 3 février 1682.

Les différends avec la cour de Rome furent d'une conciliation bien autrement difficile. Le roi et le clergé remis d'accord, se tournèrent contre le pape qui avait blessé par son intervention violente dans l'affaire de Toulouse et de Pamiers à la fois la souveraineté temporelle de la couronne, et les libertés alors si chères à l'Église gallicane. Les délibérations de l'Assemblée prirent donc une autre tournure ; elle se mit à examiner quelles étaient les limites du pouvoir temporel et du pouvoir spirituel, les attributions de l'autorité pontificale et les bornes de son infaillibilité. On fut ainsi amené, sans y avoir songé d'abord, à la célèbre déclaration gallicane de l'Église de France, aux fameux quatre articles rédigés par Bossuet, qui apparaît comme la grande figure de l'Assemblée de 1682. L'évêque de Valence était membre de la commission de la juridiction ecclésiastique ; il prononça un discours sur les limites du pouvoir des papes[1],

---

[1] Voy. *Pièces détachées*, t. II, p. 298.

dont la lecture prouve qu'il s'était fortement imprégné des griefs de l'Assemblée. Il n'était pas le seul à tenir un langage qui nous étonne aujourd'hui ; ne sait-on pas que Bossuet, auquel revient une si grande part dans les résolutions qui furent prises, rédigea, au nom de l'Assemblée, une lettre adressée au clergé de France, dont l'inflexible fermeté était telle que dans un but de conciliation Louis XIV s'opposa à ce qu'elle fût envoyée [1] ?

Innocent XI s'émut des dispositions du clergé de France, et fit paraître, le 11 avril 1682, un bref qui cassait tout ce que l'Assemblée avait décidé au sujet de la régale. Le président en rendit compte le 9 mai suivant ; depuis ce jour les séances furent interrompues jusqu'au 23 juin, où il fut donné lecture d'une lettre du roi qui ajournait l'Assemblée au mois de novembre suivant. Cette seconde session n'eut pas lieu, afin de laisser tomber les animosités et d'éviter de pousser les choses trop avant.

Dans cette même Assemblée de 1682, Daniel de Cosnac avait aussi été membre de la commission des annates, componendes et changements de juges.

On se plaignait généralement des abus des annates, taxes perçues à Rome pour la consécration des évêques. L'origine de cet usage remontait à une bulle de Jean XXII, qui réservait au saint-siége les revenus de la première année de la vacance de tous les bénéfices.

Les componendes étaient ainsi nommées parce qu'elles étaient des taxes réglées par composition. Lorsqu'un bénéficier ne remplissait pas son devoir, les fruits étant

---

[1] La suppression de cette lettre fut cause qu'elle n'a été connue qu'en 1778, où elle a paru pour la première fois dans l'édition des œuvres de Bossuet, publiée par D. Déforis.

mal perçus et sujets à restitution, il composait à la daterie de Rome, afin d'en pouvoir garder une partie ; or, comme ces fruits appartiennent à l'Église et aux pauvres, on objectait que la taxe perçue à Rome n'était pas canonique.

Enfin un dernier grief contre la cour de Rome était sa tendance, dans un but d'accroissement d'autorité, à enlever les ecclésiastiques à la juridiction de l'ordinaire pour évoquer directement devant elle la connaissance de leurs causes.

On verra à la fin des Mémoires les divers discours ou rapports de l'évêque de Valence sur ces questions. Il conclut pour les componendes à ce que les sommes versées par les bénéficiers, cessant d'être perçues à Rome, fussent remises entre les mains des ordinaires pour être employées par eux conformément aux canons de l'Église. Pour les changements de juges, il demande que le pape lui-même renonce, par une constitution, à évoquer directement devant lui les causes dont le jugement en premier ressort appartient aux ordinaires, c'est-à-dire aux évêques diocésains, et il sollicite une déclaration du roi, défenseur naturel des libertés de l'Église gallicane, qualifiant nulles et abusives toutes les commissions qui ne seraient pas adressées aux évêques diocésains. L'évêque de Valence fit encore un rapport favorable sur le livre de M. Gerbais, député à l'Assemblée par la province de Vienne. Cet ouvrage, dont les doctrines très-gallicanes avaient été déférées à l'examen du clergé, faisait alors sensation.

Daniel de Cosnac se signala dans l'administration de ses diocèses de Valence et de Die par son zèle à combattre le protestantisme qui comptait de nombreux adeptes dans le Dauphiné et dans le Vivarais, dont une partie dépendait de l'évêché de Valence, et par son infatigable ardeur à détruire leurs temples. Il n'employait ni la force ni la violence; mais, les édits royaux à la main, il faisait une guerre sans merci à ceux qui avaient été élevés contre les ordonnances, et tous, avant même la révocation de l'édit de Nantes, avaient complétement disparu. On lit dans le *Mercure galant* du mois de mai 1685:

« Le zèle qu'il a (Louis XIV) pour faire reconnoître la vraie religion dans toute la France, lui donnant un juste discernement pour le choix des prélats capables de la soutenir, fit tomber le sien sur messire Daniel de Cosnac, à présent évêque de Valence et comte de Die. Sa maison est fort illustre et a donné des cardinaux à l'Église. Pour sa personne, je n'ai point d'autre éloge à vous en faire qu'en vous disant que depuis qu'il a été nommé par Sa Majesté, il n'a rien épargné pour détruire l'hérésie dans son diocèse. Un très-grand nombre de temples que l'on y a abattus par le soin qu'il a pris de faire voir les contraventions manifestes aux édits et aux déclarations du roi, parlent mieux de sa gloire que tout ce que je pourrois vous en dire, sans qu'il soit besoin que je vous fasse souvenir de celle qu'il s'acquit dans une des dernières Assemblées du Clergé dans laquelle il ne donna pas moins de marques de sa piété que de son esprit. »

Le *Mercure* raconte ensuite avec de longs détails la destruction du temple de Montélimart, et la plantation, en grande pompe, sur son emplacement, d'une croix érigée par l'évêque de Valence, en présence des consuls et des populations assemblées; il donne ensuite les nombreuses pièces de vers écrites à cette occasion en l'honneur du prélat; nous nous bornerons au fragment suivant de l'une d'elles qui nous a paru la meilleure, et dont l'auteur était un jeune gentilhomme qui n'est point indiqué par d'autre désignation :

> Illustre et grand prélat dont la sagesse exquise
> Sert avec tant d'éclat d'ornement à l'Église
> . . . .
> . . . .
> Ton œil veillant à tout, l'hérésie aux abois
> Apprend de nos édits à respecter les lois,
> Et tandis que Louis, pour ouvrir la campagne,
> Enlève en conquérant Luxembourg à l'Espagne,
> Qu'au superbe Génois il fait craindre ses coups,
> Ton zèle lui prépare un triomphe plus doux.
> Déjà Montélimart t'en fournit la matière ;
> C'est par toi que son temple est réduit en poussière.
> L'hérétique en frémit, et le voyant tomber,
> Avec tout le parti s'attend à succomber.
> Poursuis, et nous verrons bientôt d'autres miracles ;
> Ta piété jamais ne craignit les obstacles ;
> On lui résiste en vain, cent temples abattus
> Ont assez à la France annoncé tes vertus !

L'évêque de Valence fut membre de l'importante Assemblée du Clergé réunie le 25 mai 1685, qui préluda à l'un des actes les plus célèbres et les plus graves du règne de Louis XIV. La grande affaire de cette Assemblée fut de rechercher les moyens d'anéantir à jamais le protestantisme. On trouve à chaque page des procès-verbaux des preuves du zèle et des travaux du prélat. Nommé, suivant son désir, membre de la commission chargée de l'examen des affaires concernant la religion prétendue réformée, il en fut même choisi pour chef, malgré le constant usage qui n'attribuait qu'aux archevêques la présidence des commissions. Il appuie les réclamations d'un sieur de La Ramière, déshérité à la fois par son père et par un proche parent pour s'être converti ; il s'entend avec le marquis de Seignelai, secrétaire d'État, au sujet de la manufacture d'Abbeville dont les ouvriers catholiques avaient été expulsés par les ouvriers protestants; il poursuit encore la démolition des temples et obtient du roi l'autorisation de détruire les deux derniers qui restaient dans son diocèse; il présente à l'Assemblée un rapport sur les mesures générales à prendre contre le protestantisme, mesures pour lesquelles il demande l'intervention de l'autorité royale; il adresse à Louis XIV, le 14 juillet 1685 au nom de l'Assemblée, une harangue dont l'intérêt historique est d'autant plus grand qu'elle est une complète apologie des efforts du roi pour détruire le schisme, et le dernier stimulant employé par le clergé pour obtenir des mesures plus décisives encore qui se traduisirent, le 22 octobre de la même année, par la révocation de l'édit de Nantes [1].

On ne peut voir sans quelque douleur une religion qui doit convaincre par la vérité et la douceur, servir de prétexte à des conversions obtenues par la violence, par les armes, par les édits persécuteurs. Parmi les protestants, beaucoup revinrent à la foi de leurs pères; mais la plupart, cédant à la crainte, leur retour ne présente aucun de ces caractères dont la religion peut s'applaudir; les autres refusant de se soumettre à des lois qui prétendaient régir despotiquement la conscience de l'homme, dernier asile de sa liberté, ou se laissèrent entraîner à une insurrection coupable, ou en s'expatriant, portèrent chez les nations voisines leurs talents, leurs industries, leurs capitaux. On a cru longtemps découvrir dans Mme de Maintenon l'instigateur secret qui

---

[1] Voy. cette harangue (t. II, p. 316) parmi les diverses pièces des Assemblées du Clergé.

avait poussé le roi à ces mesures extrêmes, mais elle
paraît les avoir seulement acceptées dans leur principe
sans les avoir provoquées, et, bien moins encore, sans
en avoir approuvé les excès. Nous devons à M. le duc
de Noailles, dans son histoire de Mme de Maintenon [1], la
rectification d'une erreur qui avait acquis, pour ainsi
dire, force de vérité, et dont nous trouvons l'irrécusable
réfutation dans cette lettre à son frère dans laquelle,
sans songer certainement à composer son rôle pour la
postérité, elle lui disait, après avoir blâmé ses violences
contre les protestants de son gouvernement de Cognac :
« Ni Dieu ni le roi ne vous ont donné charge d'âmes,
sanctifiez la vôtre et soyez sévère pour vous seul. » Cette
mesure désastreuse à tant d'égards s'explique par l'entraînement puissant et si souvent aveugle de l'opinion,
auquel tout absolu qu'il était, Louis XIV cédait souvent
à son insu ; elle s'explique encore par les remords
qu'il éprouvait de sa conduite légère et de ses désas-
treux exemples pendant les plus belles années de sa
vie ; et d'un extrême passant à l'autre, il croit mieux
assurer, par l'exagération de son zèle, un salut dont il se
préoccupe. Enfin sa conduite impolitique trouvait peut-
être une excuse politique dans son désir d'aplanir les
difficultés toujours existantes avec le saint-siége par une
mesure qu'il supposait devoir lui être agréable. Fausse
prévision : malgré le bref de félicitations qu'Innocent XI
se crut obligé d'adresser au monarque, ces différends se
prolongèrent encore durant bien des années. Il restait
au clergé de France un rôle magnifique à remplir, c'é-

---

[1] Voy. l'*Histoire de Mme de Maintenon*, par M. le duc de Noailles, t. II,
p. 455 et suivantes.

tait de refuser l'holocauste que le roi voulait jeter à ses pieds; s'il ne le fit pas, il faut sans doute faire la part des époques de ferventes croyances qui sont peu tolérantes. Le protestantisme avait failli naguère renverser le vrai culte des autels; plus que le clergé de France, il donnait en Angleterre la mesure de son esprit d'intolérance.

Si l'évêque de Valence se fait l'organe des sentiments de l'Assemblée, ce n'est point que les mesures de violence fussent dans son caractère; bien au contraire, il s'est signalé par une conduite tout opposée. Il combattit corps à corps le protestantisme, mais la croix et l'évangile à la main. Comme souvent il faut faire connaître à des esprits peu éclairés la source de leurs erreurs, l'évêque de Valence, s'apercevant du peu d'efficacité d'une logique sévère pour les convaincre, employa plus d'une fois la causticité de son esprit à faire ressortir le côté ridicule de leurs croyances, et obtint par ce moyen les résultats les plus inespérés.

On lit à ce sujet dans les *Mémoires politiques et militaires*, publiés par l'abbé Millot, sur les notes et papiers du maréchal de Noailles :

« Malgré les travaux infatigables des missionnaires secondés par l'évêque de Nismes, malgré la présence des troupes et la démolition des temples, les conversions n'étoient pas cependant aussi fréquentes qu'on l'avoit d'abord espéré. D'Aguesseau l'écrivoit au duc de Noailles, et tentoit de son côté les moyens d'une sage politique. Il lui apprenoit que l'évêque de Valence réussissoit mieux dans le Dauphiné; que ce prélat ayant commencé avec peu de fruit par de bonnes raisons, dont il étoit fort capable, en donnoit à ses auditeurs de proportionnées à leur intelligence, qu'on ne pouvoit entendre sans rire, mais qui convertissoient ces sortes de gens. »

Lorsque la révocation de l'édit de Nantes eut occasionné une révolte des protestants du Dauphiné, et que des commissions condamnaient à mort tous ceux qui avaient été pris les armes à la main, l'évêque de Valence obtint du roi la grâce de la vie pour ceux qui se convertiraient, et se mit à parcourir le Dauphiné et le Vivarais sur les pas des exécuteurs pour obtenir les abjurations des prisonniers.

En 1687, Daniel de Cosnac fut promu à l'archevêché d'Aix presque malgré lui : il aurait préféré rester à Valence où ses travaux et ses services lui avaient procuré une existence douce et facile au milieu de ses diocésains; mais les désirs de Louis XIV étaient des ordres auxquels on ne résistait pas. L'archevêché d'Aix ne le séduisait sous aucun rapport; les habitants passaient pour être d'un caractère frondeur et difficile; les revenus étaient moindres que ceux des évêchés réunis de Valence et de Die, et les dépenses beaucoup plus fortes. Cette dernière considération, sur laquelle insiste l'auteur des Mémoires, peut donner lieu à des réflexions peu bienveillantes de la part de ceux qui aiment à trouver les membres du clergé en opposition dans leur conduite avec leurs enseignements; ils pourront l'attribuer à l'amour des richesses mondaines; mais des juges moins prévenus conviendront qu'il est profitable à la religion elle-même que ceux qui doivent enseigner la charité aient les moyens d'en donner l'exemple; de plus, l'archevêché d'Aix avait des prérogatives de l'ordre administratif et politique qui entraînaient des voyages, des dépenses et une représentation indispensables. Une considération d'une autre nature que pourraient alléguer des personnes scrupuleuses et bien intentionnées, c'est que les différends avec la cour de Rome empêchant alors les nouveaux évêques d'être préconisés, l'évêque de Valence n'aurait pas dû accepter la nomination du roi, et surtout ne pas prendre l'administration de son nouveau diocèse. Si Daniel de Cosnac eut tort en cette circonstance, il erra du moins en communauté avec l'Église de France, qui ne pensait pas que les diocèses dussent être privés de pasteurs à cause de différends qui roulaient en majeure partie sur des intérêts temporels; les évêques de Valence et de Die, successeurs de Daniel de Cosnac, dont les deux évêchés furent séparés, ceux de Bazas, de Rodez, d'Aire, de Vence et d'Ypre, les archevêques d'Alby et de Toulouse, se trouvèrent dans le même cas. Daniel de Cosnac prit simplement le titre d'archevêque nommé d'Aix jusqu'à sa préconisation, qui n'eut lieu qu'en 1693, et il ne prêta serment au roi en sa nouvelle qualité que le 11 juin 1695.

L'auteur des Mémoires eût préféré à l'archevêché d'Aix l'archevêché d'Alby; mais il fut donné à M. de La Berchère, depuis peu archevêque d'Aix. Comme ce prélat avait mal réussi en Provence, où il s'était heurté à son désavantage contre les dispositions peu bienveillantes de ses diocésains, le roi était bien aise de mettre à sa place un homme d'énergie sur lequel il pût compter pour faire marcher selon ses vues une province alors reconnue comme une des plus ingouvernables; c'est ce qu'il témoigna à Daniel de Cosnac en lui disant, lorsqu'il l'obligea à accepter cet archevêché : « *Vous êtes bien homme pour eux.* »

Une des raisons qui avaient accru la réputation d'indocilité des habitants de la Provence et indisposé l'esprit du monarque, était leur conduite au temps de la Fronde. Ils avaient fait prisonniers le comte d'Alais, leur gouverneur, et le duc de Richelieu, général des galères; enfin le parlement d'Aix avait offert à celui de Paris un secours de quinze mille hommes. La pacification de 1653 n'avait pas réussi à rendre le calme à cette province; les Marseillais avaient opposé une malveillance obstinée au duc de Mercœur, leur gouverneur, qui s'était vu obligé de restreindre les libertés municipales devenues un instrument de désordres entre les mains des factieux; aussi en 1660 Louis XIV était-il entré dans Marseille par une brèche faite à ses remparts, pour donner à ses habitants une marque éclatante de son mécontentement, et leur prouver l'irrésistible puissance de son autorité.

Le nouvel archevêque eut, en effet, dès le premier jour de son installation, à commencer une existence de luttes multipliées qui eussent découragé tout autre que lui; mais comme Louis XIV, qui avait la connaissance des hommes, l'avait prévu, Daniel de Cosnac n'était pas d'un caractère à se laisser abattre; il fit tant et si bien, qu'il finit par avoir raison de tous ses adversaires. La cruelle nécessité des luttes dans lesquelles il se trouva engagé provenait, non-seulement du caractère des Provençaux, mais encore de la faiblesse ou de l'incurie de ses prédécesseurs qui avaient laissé perdre ou usurper la plupart des prérogatives inhérentes à la dignité de l'archevêque d'Aix.

Il eut à combattre à la fois les prétentions de M. de Grignan, archevêque d'Arles, à la présidence des États, le mauvais vouloir de son frère, le comte de Grignan, lieutenant général de la province, les usurpations de l'université d'Aix, la fierté et les envahissements du parlement, l'indépendance du chapitre, la révolte ouverte des couvents contre son autorité. On ne lui épargna ni les injures, ni les libelles; mais lorsque l'autorité royale voulut punir les coupables, l'archevêque implora avec succès sa clémence et eut lieu, dit-il, de s'en repentir.

Dans le manuscrit des pièces détachées se trouvent rapportées, une foule de pièces relatives à ces différends. On fera bien de lire à la suite des Mémoires ces documents que nous avons rangés par ordre de matières et de dates.

Les pièces qui concernent l'Assemblée des Communautés ou États de Provence ne sont pas les moins curieuses de cette collection; d'une part, parce que plusieurs se rapportent à un différend qui a valu à la littérature quelques lettres de dépit de la marquise de Sévigné; d'autre part, parce qu'elles sont un précieux monument qui constate l'état d'épuisement où était tombée la Provence par suite des guerres de Louis XIV, et fait connaître quelle était alors la mesure des libertés provinciales[1].

C'est ici le lieu de remarquer la supériorité du régime administratif de l'ancienne France sur celui de la révolution de 89. Les provinces comme le Languedoc, la Provence, la Bourgogne, la Bretagne, avaient des états particuliers, les villes, des assemblées, où étaient traitées avec promptitude et connaissance de cause les affaires provinciales et locales. Depuis, la centralisation administrative qu'il faut distinguer de la centralisation po-

---

[1] Voy. les discours, mémoires et remontrances relatifs aux États de Provence, t. II, pag. 331 et suivantes.

litique, tout en maintenant ou en créant certains conseils
électifs, leur a enlevé toutes attributions sérieuses, afin
de fortifier le pouvoir central aux dépens des intérêts
généraux. Cette centralisation, dont on semble comprendre aujourd'hui l'excès, et dont se sont emparés
avec tant d'ardeur les gouvernements qui se sont succédé depuis la première révolution, a été pour eux le principe d'une force abusive et d'une désespérante faiblesse;
la base leur manquant, elle a facilité leur renversement,
chacun d'eux n'ayant pu opposer à ses adversaires que la
résistance impuissante du colosse d'airain aux pieds d'argile[1].

La Provence, de tous les pays à états, était celui qui
jouissait en 1687 de la représentation la moins large; le
caractère ombrageux de ses habitants, et la politique de
Richelieu qui travaillait de longue main à la centralisation du pouvoir, avaient été le double motif qui l'avaient
fait restreindre en 1639. Depuis lors cette province,
privée de ses États proprement dits, composés des trois
ordres, n'avait plus qu'une Assemblée, dite des Communautés, formée des procureurs du clergé, de la noblesse, et d'une cinquantaine de députés des communes.
Les attributions de ces Assemblées étaient restées les
mêmes que celles des anciens États; mais avec cette
essentielle différence que leur existence, au lieu d'être
un droit imprescriptible, n'avait plus que le caractère
d'un privilége octroyé et révocable. Ces attributions
consistaient premièrement dans le vote des impôts,
et ensuite dans l'examen et la décision de tous les

---

[1] Nous avons exposé cette importante question dans une brochure intitulée : *De la décentralisation administrative*, par le comte Jules de Cosnac.
Dentu, éditeur, 1844.

intérêts particuliers à la province. L'Assemblée des Communautés se réunissait tous les ans à Lambesc; les fonctions des députés étaient gratuites; mais les frais de leur voyage étaient payés sur les revenus de la province. L'archevêque d'Aix, président des États, en qualité de procureur né du pays, avait conservé le même privilége dans l'Asssemblée des Communautés; en cas d'absence, il était remplacé par le plus ancien prélat. Le gouverneur, ou à sa place le lieutenant général de la province, faisait l'ouverture de la session par un discours qui était suivi de celui du commissaire du roi; le président prenait ensuite la parole au nom de l'Assemblée, puis le détail des affaires était exposé par un procureur de robe. Après cette première séance, le gouverneur ou le lieutenant général n'avaient plus droit d'entrée, à moins d'avoir des communications ou des ordres à transmettre de la part du roi.

On verra dans les Mémoires comment M. de Grignan, archevêque d'Arles, ayant rempli par *interim* les fonctions de président de l'Assemblée, prétendait enlever définitivement ce privilége à l'archevêque d'Aix. Il avait de puissants appuis pour le soutien de ses prétentions; son frère aîné, le comte de Grignan, gendre de la marquise de Sévigné, exerçait sur les députés, en qualité de lieutenant général de la province, toute l'influence que donne le double titre de dépositaire et de représentant de l'autorité du roi; en outre, il possédait à la cour des amis en crédit. Tous ces moyens mis en jeu avec ardeur ayant abouti à une défaite, la mortification de l'archevêque d'Arles en fut d'autant plus vive; à tel point que ne pouvant supporter d'être réduit à siéger sur un simple banc, tandis que l'archevêque d'Aix présidait sur un fauteuil, il prit le parti de se retirer. Les pièces détachées insérées à la fin du second volume renferment le discours adressé pendant la tenue de l'Assemblée de 1689, par Daniel de Cosnac, à l'archevêque d'Arles, à l'occasion de sa retraite; l'on y sent percer sous les dehors de la politesse la plus exquise et même de la louange, une spirituelle et mordante ironie [1].

Mme de Sévigné blâma vivement cette excessive susceptibilité qui sacrifiait à un sentiment d'amour-propre l'influence sur les Assemblées du comte de Grignan, par l'intermédiaire de son frère; voici ce qu'elle en écrivait à sa fille :

Aux Rochers, 26 octobre 1689.

« Vous avez présentement M. d'Arles; il m'a écrit de Paris, je lui ferai réponse à Grignan; et comme il me parle de son abdication, je n'hésiterai point à lui mander ce que j'en pense, quoique ce soit une chose faite, et qu'il me dise que M. de Pomponne et M. de Vins l'ont approuvée; il est si aisé d'escroquer des approbations qu'elles ne doivent pas faire une autorité. Il me mande que cela n'étoit bon que pour M. de Grignan, je ne veux que cela pour le confondre : n'est-ce donc rien que d'être bon à son aîné dans une place comme celle-là? Il n'aura qu'à voir combien cela fera plaisir à M. d'Aix, pour juger combien cela est mauvais à M. de Grignan. Et depuis quand un Grignan compte-t-il pour rien d'être utile à sa maison? Eux, que vous dites qui en aiment jusqu'à la moindre goutte, sous quelque figure que ce puisse être, n'ont-ils point assez marqué dans les

[1] T. II, p. 338.

occasions publiques qu'ils ne sont qu'un? D'où vient qu'il plaît à M. l'Archevêque de se démentir et de renoncer à cette belle et heureuse réputation ? Je trouve comme vous qu'il faut être pointilleux, pour être blessé d'un petit morceau de bois sur un banc, qui fait la différence des places, qui ne tombe ni sur la personne ni sur le nom, et qui n'est fondée, dans cette Assemblée seulement et pendant quelques jours, que sur les rangs de l'archevêque d'Aix et de l'archevêque d'Arles. Cela doit-il faire prendre la résolution de parler au roi, comme un homme qui a fait longtemps un sacrifice, dont le poids et le dégoût lui sont enfin devenus insupportables? Est-il possible que le roi soit entré véritablement dans cette peine; et qu'il n'ait point été surpris que l'honneur de le servir, qu'on avoit tant fait valoir en prenant cette place, ne puisse plus le soutenir contre un chagrin qui n'est que dans son imagination ? Enfin, ma fille, je suis blessée de cette abdication, et je souhaite à celle-là le même repentir qu'aux autres, afin de nous venger. Mais je vous en dis tant que j'y renverrai M. l'Archevêque, s'il me fait l'honneur de vouloir que je lui dise mon sentiment sur ce qu'il me mande, et je ne lui ferai qu'une légère mention de cet article dans ma réponse. »

Aux Rochers, 9 novembre 1689.

« Je crois que M. d'Arles recevra à Grignan la lettre que je lui écris; répondra-t-il bien aisément sur cette noble fierté que je blâme, et qui lui fait sentir personnellement une préférence de siége qui ne regarde que son bénéfice, et qui déshonore aussi peu l'abbé de Grignan, qu'elle honore l'abbé de Cosnac? Enfin, ma fille, ce sont des tours d'imagination où l'on ne sauroit que faire, etc. »

Lorsque Daniel de Cosnac eut ressaisi l'autorité qui appartenait de droit aux archevêques d'Aix, l'administration de la Provence changea de face ; l'ordre, la régularité, l'économie dans les dépenses firent place au désordre et au gaspillage des deniers publics. L'exécution de toutes les délibérations prises par les Assemblées lui fut rendue, et il obtint même du conseil du roi une notable extension de prérogatives, en se faisant attribuer la signature de tous les mandats de dépenses payables par le trésorier de la province. Ces changements ne furent pas vus par tout le monde d'un œil bien favorable; ainsi on lit dans le journal manuscrit de Dangeau, du 17 août 1688 :

« M. l'archevêque d'Aix a gagné un grand procès contre toute la Provence ; on ne délivrera aucun mandat qui ne soit signé de lui ; et dans les Assemblées de la province, il aura un fauteuil et les autres archevêques et évêques seront sur un banc; il vouloit être traité de Monseigneur par les députés de l'Assemblée, mais il n'a pas gagné cet article. »

L'archevêque d'Aix usa de désintéressement en refusant d'accepter de la province aucun émolument pour ses fonctions de président des Assemblées, ainsi que l'usage en était établi dans les autres pays d'états ; il reçut du roi, en compensation, l'abbaye de Saint-Taurin d'Évreux. A propos de cette abbaye, Mme de Sévigné qui, depuis les discussions avec les Grignan, n'était plus avec Daniel de Cosnac dans les termes de sa lettre datée de Valence le 6 octobre 1673, continue à le poursuivre avec cette animosité piquante, particulière aux femmes dont l'amour-propre a été blessé, soit dans leur personne, soit dans celle de ceux qui leur tiennent de près; elle l'accuse cette fois d'être Gascon :

Aux Rochers, 20 novembre 1689.

« Votre M. d'Aix a une abbaye de six mille livres de rente qui étoit à l'abbé de Soubise; il vous dira qu'elle en vaut douze; rabattez la moitié, etc. »

La réponse à cette insinuation se trouve dans le journal de Dangeau (11 novembre 1689), témoignage d'autant moins suspect que d'après la citation que nous avons faite plus haut, cet écrivain paraît peu favorable à l'archevêque d'Aix :

« Le roi a donné l'abbaye qu'avoit M. de Soubise à l'archevêque d'Aix. Le roi lui en avoit promis une bonne pour le dédommager de ce qu'il avoit perdu en quittant son évêché, car Valence vaut dix ou douze mille livres de plus qu'Aix. Cette abbaye est dans Évreux, et vaut douze ou quinze mille francs. »

Cette occasion n'est pas la seule où Mme de Sévigné, dans sa correspondance, maltraite sans trop d'égards ceux qui avaient eu le malheur de déplaire soit à elle, soit aux siens; l'esprit de famille était chez elle un culte qu'elle ne savait pas assez modérer, mais que, malgré son excès on peut considérer comme préférable à l'indifférence moderne qui a succédé sur ce point aux sentiments d'autrefois. En 1673, l'évêque de Marseille, Forbin-Janson, ayant contribué à faire rejeter, par l'Assemblée des Communautés de Provence, les frais de courrier réclamés par le comte de Grignan pour envoyer au roi le cahier de remontrances, Mme de Sévigné écrivait à Arnauld d'Andilly : « Tout ce que vous saurez entre ceci et là, c'est que si ce prélat, qui a le don de gouverner les provinces, avoit la conscience aussi délicate que M. de Grignan, il seroit un très-bon évêque ; *ma basta.* » Or, cette insinuation s'adressait à un vertueux prélat, adoré des pauvres, et élevé depuis, par son mérite, à la dignité de cardinal.

Les différends de l'archevêque d'Aix avec les Grignan ne durèrent que pendant les premières années ; il paraît qu'ils se mirent ensuite en bonne intelligence. Une des difficultés que le comte de Grignan, sans doute à cause de son frère, avait suscitées à l'archevêque, roulait sur une remontrance au roi, présentée par l'Assemblée des Communautés ; il prétendait que les articles de ce cahier ne pouvaient être dressés que par son autorité. Daniel de Cosnac n'eut pas de peine à lui démontrer que ce serait enlever au roi tout moyen de connaître la vérité, dans le cas où il y aurait des plaintes à porter contre les dépositaires de son pouvoir, qui se garderaient bien de lui transmettre de semblables doléances. Nous sommes seulement forcés de convenir, avec M. de Grignan, que ce qui nous paraît le moins régulier dans ce cahier, c'est qu'il avait été rédigé en dehors de la tenue de l'Assemblée.

Les discours prononcés par l'archevêque d'Aix aux Assemblées des Communautés roulent, en général, sur des questions de finance, sur des subsides à accorder pour aider Louis XIV dans la dépense de ses guerres. On voit que la Provence est épuisée par les efforts qu'elle a déjà faits, et que le président de l'Assemblée est obligé, pour animer les députés à voter de nouvelles charges, d'exciter à la fois leur patriotisme et leur amour-propre de province, de faire valoir les nombreux avantages qu'ils ont retirés du gouvernement du roi par l'extension du commerce, la construction de nouveaux ports, la sécurité intérieure, le triomphe du catholicisme sur l'hérésie. L'archevêque est prodigue de louanges envers Louis XIV; mais ses sujets pouvaient bien être sincèrement éblouis de la grandeur d'un monarque qui résumait en lui et reflétait au dehors tout l'éclat de son règne. Ces discours ont le mérite d'être courts et de présenter un exposé de la politique du temps à un point de vue que nous appellerions aujourd'hui parlementaire.

Les différends de l'archevêque d'Aix avec l'Université roulèrent sur des usurpations faites par ses membres au détriment de l'autorité que lui conféraient ses fonctions de chancelier. Les opposants s'appuyaient sur de prétendus priviléges particuliers à l'université d'Aix ; mais l'archevêque fit condamner ces prétentions par arrêts du conseil du roi, et remit cette université sur le pied de toutes les autres du royaume.

Les difficultés avec le parlement de Provence [1] furent d'une nature peu grave. D'abord ce corps avait entrepris avec nombre d'habitants de la ville d'Aix de soutenir l'Université, chacun pouvant trouver son avantage dans les abus qui s'étaient introduits; ensuite le Parlement s'offensa de ce que l'archevêque marchant dans les processions entouré de personnes de sa maison, il en résultait que ces personnes avaient le pas sur lui, et il re-

---

[1] Voy. *Discours et mémoires adressés au parlement de Provence*, t. II, p. 366 et suivantes.

fusa de suivre la procession de Noël ; cette susceptibilité fait le sujet d'une lettre de reproches écrite par Daniel de Cosnac au Parlement. Enfin, d'après une autre lettre adressée par l'archevêque à un ministre qui n'est pas nommé, mais qui devait être le marquis de Croissy, chargé des affaires de Provence, il paraît que dans une affaire criminelle concernant un curé, le Parlement avait empiété sur les droits de la juridiction ecclésiastique ; la conclusion de cette affaire ne nous est pas connue.

Le chapitre, entraîné par l'exemple, voulut aussi tenter le sort des luttes ; il prétendait intervenir dans l'administration du diocèse en dehors des règles admises, il voulait être arbitre souverain du cérémonial ; il mettait obstacle à la plupart des actes et décisions de l'archevêque par des appels qualifiés comme d'abus directement adressés au vice-légat d'Avignon ; il troublait le cours de la juridiction ordinaire en refusant de reconnaître la compétence du tribunal ecclésiastique d'Aix, pour se soumettre au jugement irrégulier de commissions nommées par le légat, de telle sorte que l'archevêque d'Aix fut obligé d'avoir recours à l'autorité du roi pour mettre à néant des entreprises qui détruisaient l'autorité épiscopale et violaient les libertés de l'Église gallicane [1].

Il paraît que l'archevêque eut aussi quelques démêlés avec un des curés de son diocèse ; nous n'en avons trouvé aucune trace dans le texte des Mémoires, ni parmi les documents détachés ; mais nous en devons la connaissance aux bienveillantes communications que nous a

---

[1] Voy. *Mémoires relatifs au chapitre métropolitain de la ville d'Aix*, t. II, p. 374 et suivantes.

faites M. Rouard, bibliothécaire de la ville d'Aix, et qui proviennent d'une histoire inédite de cette ville par de Haitze, conservée en manuscrit dans la bibliothèque du président de Méjanes, aujourd'hui réunie à celle de la ville d'Aix. L'archevêque, pour tâcher de mettre un terme aux injures et aux libelles qui le poursuivaient et contre lesquels il avait, d'après ce qu'il dit dans ses Mémoires, refusé l'assistance de l'autorité royale, voulut se servir des armes canoniques, et fit publier contre ses détracteurs un monitoire dans lequel il menaçait de fulminer l'excommunication contre les désobéissants. Les curés du diocèse publièrent le monitoire dans leurs paroisses respectives, un seul refusa d'en faire la publication. Il s'ensuivit un incident que nous allons emprunter à l'historien contemporain de Haitze, lequel appartenait à la phalange des ennemis du prélat. Notre impartialité d'historien nous oblige à donner ce passage et quelques autres; si la manière dont le curé manifesta son éclatante opposition n'est pas d'un goût parfait, ni justifié par les habitudes de tempérance dont Daniel de Cosnac était homme de trop d'esprit et de trop bon ton pour jamais s'écarter en se livrant à de grossières jouissances, du moins elle donne un curieux aperçu de l'indépendance d'allure des opposants et des formes qu'ils croyaient pouvoir employer :

« Le curé du Saint-Esprit (c'est une paroisse de la ville) convaincu des observations qu'il avoit faites par avance, ne voulut pas qu'on fît dans son église d'autre fulmination que celle de déclarer hautement les *désobéissants* excommuniés, *suivant la sentence de l'archevêque nommé*. Sa conduite fut approuvée, et lui fit d'abord une distinction d'estime générale. Au contraire, celle des curés de Saint-Sauveur et de la Madeleine fut blâmée, et fit voir qu'ils étoient peu versés dans leur métier. Les intelligents, pour la plupart, étoient d'avis que les gens du roi devoient appeler comme d'abus de cette procédure; mais ceux-ci n'étoient pas aussi hardis qu'il le falloit pour entreprendre contre l'archevêque. Ce prélat, quelques jours après, manda près de lui tous les supérieurs des maisons tant religieuses qu'ecclésiastiques, auxquels il ordonna d'enjoindre aux confesseurs de leur dépendance de questionner les pénitents sur le contenu du monitoire, et de refuser l'absolution à ceux qui ne voudroient pas révéler. Cependant, ayant su que le curé du Saint-Esprit n'avoit pas fait la fulmination de la même manière que ses collègues des autres paroisses, il lui fit signifier un ordre exprès pour la faire de même le dimanche prochain. Il n'oublia pas dans ses commandements à ce curé d'y faire mention que le roi étoit intéressé dans cette affaire, afin de pouvoir, par cet endroit, l'engager absolument à exécuter ce qu'il désiroit. C'étoit là le grand relief qu'il donnoit à toutes ses entreprises, et qu'on prenoit aussi pour un refrain de parade. Mais dans ce cas, la parcelle du monitoire auroit dû implicitement désigner la chose, elle étoit trop importante pour être oubliée. Quant à l'article où les termes de *personnages constitués en dignité* étoient employés, il ne pouvoit que faire allusion à l'archevêque et au pro-chancelier Julliac. La raison en étoit qu'il étoit dit ensuite *qu'on en feroit tant qu'on les obligeroit de sortir de la ville*. Le dimanche suivant, le curé du Saint-Esprit ne manqua pas, pendant la célébration de la messe paroissiale, de fulminer l'excommunication solennelle. L'assemblée étoit extraordinaire dans cette église, pour voir de quelle manière ce curé se démêleroit de cette

affaire. Plusieurs des autres paroisses s'y étoient rendues pour être spectateurs de cette fulmination. Elle fut faite par ce pasteur avec toute l'exactitude apparente, et toute la soumission possible aux ordres du prélat. Il ne dit rien du sien, et n'oublia pas un mot de toute la sentence d'anathème. A toutes les cérémonies, il faisoit observer que la sentence le vouloit ainsi. De sorte qu'il fit comprendre par là qu'il n'avoit pas intention de faire aucune fulmination; mais que ce qu'il en faisoit n'étoit que pour contenter le prélat irrité. Il avoit aussi bonne raison de se remettre du tout à la teneur de la sentence, puisqu'elle avançoit des propositions qui n'étoient pas soutenables en saine théologie. Cela étoit de ce qu'elle disoit que les excommuniés avoient perdu la foi; ce qu'on ne sauroit soutenir. La preuve en est la pratique de l'Église qui n'oblige pas les excommuniés qu'elle absout, de faire aucune abjuration. A la fin, ce curé, pour décrier tout ce qu'il venoit de faire et le faire bien sentir aux auditeurs, fit semblant de congédier ceux qui étoient venus à ce cérémonial; puis, comme il vit qu'une grande partie étoit déjà sortie, il cria à ceux qui étoient à la porte de faire rentrer le monde, pour leur donner connoissance d'une circonstance de la sentence qu'il avoit oubliée. Comme chacun fut rentré, il déclara qu'il avoit omis de publier la dernière ligne de la sentence, de laquelle il fit aussitôt lecture, dont la teneur étoit : *Donné à Aix au palais archiépiscopal le* 29 *septembre* 1692, *après midi.* « Ces deux derniers mots, » ajouta-t-il, « que
« vous pouvez lire aux copies affichées, et auxquels il
« faut bien prendre garde, signifient que Monseigneur
« l'évêque de Valence avoit dîné lorsqu'il prononça cette
« sentence. » Après cela, l'auditoire sortit en disant, qu'il

ne falloit pas d'autre observation pour faire comprendre ce qu'on devoit penser d'un jugement en matière criminelle comme celui-là. »

Si l'archevêque d'Aix eut ses ennemis et ses détracteurs, il eut aussi ses défenseurs et ses amis. Il s'établit entre eux une polémique de petits vers et de chansons, dont le bon goût ne fit pas toujours les frais. Le père Lelong signale dans sa *Bibliothèque de France*, l'existence d'une apologie en vers de Daniel de Cosnac, qui se trouve dans un livre intitulé : *La vérité découverte par le Mercure d'Aix, malgré les ténèbres obscures des médisans sacriléges*. L'originalité du titre, presque autant que l'intérêt que nous y attachions pour rendre cette notice plus complète, nous faisait désirer de connaître ce livre que nous avions vainement cherché dans les bibliothèques de Paris; c'est encore M. Rouard qui a eu l'obligeance de le rechercher dans la bibliothèque de Méjanes et de nous le faire connaître. Il est exclusivement consacré à l'éloge du roi et de l'archevêque, et se divise en deux parties : la première a pour titre :

Le Mercure d'Aix pour un trimégiste[1] *sacré contre des aventureux médisans, par des odes, par des sonnets, par des stances, par des épigrammes, par des quatrains, sixains, énigmes, emblèmes, oracles, rondeaux et chansons.*

Le S. D. S. D. C. Ch. th. D.

Non quantum, sed ex quanto.

A Aix, chez Guillaume le Grand, imprimeur à la place des Prêcheurs, 1692, in-12, 75 pages.

[1] Ce mot qu'on emploie pour désigner certains caractères d'imprimerie, signifiait aussi en vieux français *trois fois grand* (*trismégiste*, τρὶς μέγιστος).

La seconde partie, reliée avec la première, est intitulée :

La vérité découverte par le Mercure d'Aix, malgré les ténèbres obscures des medisans sacriléges.

<small>Susurrones, detractores Deo odibiles. I ad R. v. 29.</small>

Le ciel ne peut souffrir des médisans l'engeance,
Son bras est toujours prêt pour en tirer vengeance.

Seconde partie :

Le S. D. S. D. C. Ch. th. D.

A Aix, chez Guillaume le Grand, imprimeur. 1693, 92 pages.

L'auteur, suivant l'opinion de M. Rouard appuyée sur les initiales qui sont en tête des deux parties, serait le sieur de Serizanis, docteur canonique, chanoine théologal d'Aix.

Pour donner une idée de son œuvre, nous croyons qu'il sera suffisant et curieux de transcrire ici le commencement et la fin de l'épître dédicatoire qui est en tête de la première partie :

A mon auguste Trimégiste, félicité et gloire.

O l'illustre du temps; le bonheur de l'Église,
Brillant de la sagesse aux saints prélats promise,
Cosnac dont la vertu fait le charme des cieux,
Dont la morale fait le doux plaisir des Dieux;
En déplaise à l'enfer qui vient d'armer l'envie
Contre l'éclat pompeux de ta divine vie;
Si le vice t'avoit propice à son humeur,
Il éclateroit moins en brutale fureur.
. . . .
. . . .
Agréez, Monseigneur, de ma muse l'effort.
A faire son devoir, l'on n'a jamais nul tort.
  Monseigneur,
  De votre grandeur,
  Dévoué serviteur.
   Le théologal de votre sainte église d'Aix.

Des éloges presque compromettants par leur exagération et leur médiocrité, nous allons retourner à la critique, plus favorable peut-être à l'archevêque par la manière acerbe dont elle se produit et qui laisse percer une évidente partialité. C'est encore à de Haitze que nous ferons cet emprunt :

« Année 1694. — L'archevêque tint son premier synode diocésain, qui a peut-être été en même temps le dernier. La célébration en fut faite le treize du mois d'octobre. Il y publia ses premières ordonnances pour la police de son diocèse. Le concours de monde fut grand, parce qu'on savoit qu'il devoit lui-même monter sur la tribune sacrée pour faire l'oraison exhortatoire aux pasteurs des églises particulières du diocèse. Il la fit aussi très-dignement, et peut-être qu'aucun ne parla jamais mieux sur ce sujet. On l'admira, et il surprit l'auditoire lorsqu'il protesta de l'entier attachement qu'il vouloit avoir au gouvernement de son église; mais, à partir de là, il ne se mit pas beaucoup en peine d'effectuer cette louable protestation, et retourna à ses premières affections temporelles, pour se mêler, suivant l'expression de l'Évangile, comme les gens du siècle, de l'ensevelissement des morts; car de vingt et une années de régie de notre église, ou comme grand vicaire[1], ou comme archevêque, il ne lui arriva que quatre fois d'y passer l'année entière. Quant à ses ordonnances synodales, elles étoient très-canoniques, quoique contraires

---

[1] L'auteur appelle régie en qualité de grand vicaire tout le période de temps pendant lequel l'évêque de Valence, avant d'avoir reçu ses bulles, administra le diocèse d'Aix en qualité d'archevêque nommé.

au temps. Le Parlement refusa de les homologuer sans les avoir fait examiner[1]. »

Ces ordonnances synodales, toutes de police ecclésiastique, concernaient les séminaires, la tenue et les habits du clergé, les religieux, les prônes, etc. Elles forment un volume[2], conservé dans la bibliothèque de Méjanes, qui est resté comme une preuve et un monument de la sollicitude de l'archevêque pour l'accomplissement de ses devoirs épiscopaux. Elles servent pourtant de texte à l'historien pour exprimer des critiques sur lesquelles nous laissons aux lecteurs à prononcer. Daniel de Cosnac donne dans ses Mémoires l'explication des nombreux voyages, que ses fonctions annuelles de président des États de Provence et ses fréquentes députations aux Assemblées du Clergé l'obligeaient de faire à la cour. Il était aussi entraîné sans doute par les usages contemporains ; chaque époque présente ses écueils : l'épiscopat moderne eût-il les mêmes faiblesses que celui du grand siècle, qu'il lui eût été impossible, dans les derniers périodes que nous avons traversés, de se livrer aux mêmes entraînements. Il faut se souvenir que l'on était dans un temps où Boileau, dans une épître au roi, pouvait se servir de cette comparaison :

> Mais à l'ambition d'opposer la prudence,
> C'est aux prélats de cour prêcher la résidence.

Les difficultés les plus graves que l'archevêque d'Aix

[1] De Haitze. Année 1694. L. XXIV, ch. L, p. 863.
[2] Ordonnances synodales de monseigneur l'illustrissime Daniel de Cosnac, archevêque d'Aix, publiées dans son premier synode diocésain le 13 octobre 1694 (blason de l'archevêque et vignette). Aix, par la veuve Charles David et Antoine David, imprimeurs du roi, du clergé et de la ville, 1694. — Petit in-4° de 73 pages.

eut à surmonter dans son diocèse, vinrent de la part d'un certain nombre de couvents qui refusèrent de se soumettre à sa visite et lui fermèrent les portes de leurs églises quand il s'y présenta. Leur conduite était inspirée par deux motifs : l'archevêque voulait réformer, à leur grand déplaisir, certains abus; de plus les ordres réguliers prétendaient soutenir les doctrines ultramontaines, base de leurs exemptions et de leurs priviléges, contre les maximes de l'Église gallicane; ils se sentaient donc d'avance assurés, dans de certaines limites, de l'appui du souverain pontife. L'archevêque ayant puni leur résistance par l'interdiction de cinq de leurs églises, ils se pourvurent à Rome pour obtenir la levée de l'interdiction, sans que l'archevêque fût entendu. Du reste, bien loin d'oser émettre une approbation ou un blâme en une matière si spéciale et si délicate, nous renvoyons les lecteurs compétents à l'examen des documents eux-mêmes, qui se trouvent au manuscrit des pièces détachées [1]. On y lira un Mémoire très-circonstancié qui renferme un bref du pape Clément XI, adressé à Daniel de Cosnac, et la réponse qu'il y fit; une lettre au pape des supérieurs chefs d'ordres, dans laquelle tout en cédant plusieurs points en litige avec l'archevêque, ils s'obstinent à lui refuser le droit de visiter le Saint-Sacrement. Enfin, le pape ne nommant point de juges, et le roi ne voulant point décider, on verra l'arrêt du parlement de Provence pour contraindre les religieux à ouvrir à l'archevêque les portes de leurs églises, et le procès-verbal d'exécution; puis l'ordonnance par laquelle, après cette visite

---

[1] Voy. *Pièces détachées*. Couvents du diocèse d'Aix, t. II, p. 380 et suivantes.

forcée, l'archevêque d'Aix leva l'interdit des cinq églises, en permettant aux fidèles d'y venir entendre la messe, sous défense faite aux religieux de la prédication et de la confession. Tous ces différends se terminèrent par une visite que les religieux vinrent faire à l'archevêque pour lui apporter le désaveu de leur conduite ; en retour de cette démarche le prélat les rétablit dans l'exercice de leurs fonctions. Le couvent le plus obstiné fut un couvent de religieuses de Saint-Dominique, dans lequel les plus grandes irrégularités s'étaient introduites, et qui refusait de se soumettre à la visite pour la clôture. Ces religieuses furent condamnées par le souverain pontife, et poussèrent la rébellion jusqu'à appeler comme d'abus au futur concile de la décision du pape lui-même. Louis XIV fit exécuter les volontés du souverain pontife à leur égard par l'intendant de la province.

Ce fait, d'une résistance obstinée des ordres réguliers contre l'évêque diocésain, ne fut point, comme on le pourrait croire, un fait isolé provoqué par une ambition d'autorité et par une humeur peut-être un peu querelleuse, dont Daniel de Cosnac donna quelquefois des preuves. L'histoire de cette époque nous fournit plus d'un exemple de semblables conflits ; et ce qui n'est pas le moins curieux à remarquer, c'est que les couvents de religieuses furent en général les plus acharnés dans ces luttes.

Le grand Bossuet lui-même, dans son diocèse de Meaux, ne fut pas exempt du refus des couvents de se soumettre à sa visite. Après y avoir contraint, sans de trop grands obstacles, les abbayes de Faremoustier et de Rebais, il entama avec l'abbaye de Jouarre une lutte, où il finit par l'emporter, après avoir éprouvé une telle résistance que sa victoire fut un véritable triomphe. L'abbaye de Jouarre avait, en effet, des priviléges bien autrement authentiques que ceux dont prétendaient se prévaloir certains couvents de la ville d'Aix : une sentence arbitrale de 1225, rendue par le cardinal romain, légat du saint-siége, et même insérée dans le *Corps du Droit canonique*, maintenait l'abbesse et l'abbaye dans l'exemption la plus entière vis-à-vis des évêques de Meaux. Bossuet appela comme d'abus de cette sentence devant le parlement de Paris, qui, après sept audiences consécutives consacrées aux plaidoiries, la déclara nulle et abusive par arrêt du 26 janvier 1690. Pour obtenir l'exécution de l'arrêt et se faire ouvrir les portes fermées des églises, l'évêque de Meaux se présenta avec accompagnement de l'autorité civile; et l'abbesse, la princesse Henriette de Lorraine, pour échapper à l'humiliation de sa défaite, se démit en faveur de sa parente Anne-Marguerite de Rohan-Soubise. La nouvelle et jeune abbesse, soumise d'abord, voulut ensuite relever l'étendard abattu des priviléges de l'abbaye; mais Bossuet, par la douceur et une correspondance empreinte de sentiments de conciliation et de dignité, la ramena promptement à la soumission la plus entière [1].

La correspondance de Bossuet avec l'abbé de Rancé et avec Mme de Soubise, abbesse de Jouarre, atteste toute l'importance qu'il attachait à son droit d'évêque, à la destruction de ce qu'il appelait le scandale de l'exemption de Jouarre, et la grandeur des obstacles qu'il eut à surmonter; car derrière la résistance des couvents était

---

[1] Voy. sur ces faits l'Histoire de Bossuet par le cardinal de Bausset, t. II, p. 344 et suivantes; t. IV, p. 158.

l'appui caché de la cour de Rome, qui, généralement mécontente de l'épiscopat français, et plus particulièrement des évêques qui avaient pris part aux résolutions de l'Assemblée de 1682, était bien aise de conserver en France une influence directe par l'intermédiaire des ordres réguliers ne relevant que d'elle seule. Cet appui explique et atténue singulièrement, si même il ne la justifie pas, la conduite des couvents, moins rebelles au fond qu'ils ne paraissaient l'être, puisqu'en résistant aux évêques ils ne faisaient que céder à la pression d'une autorité supérieure.

Comme archevêque d'Aix, Daniel de Cosnac fut membre de quatre Assemblées du Clergé : celles de 1690, 1695, 1701 et de 1707. Dans ces Assemblées, comme dans les précédentes, il fut nommé membre des commissions chargées des affaires les plus importantes; seulement leur nature était changée depuis que la révocation de l'édit de Nantes et la cessation, depuis 1693, de toute hostilité prononcée avec la cour de Rome, avaient mis fin aux grandes questions concernant le protestantisme, la régale et la fixation des droits de l'Église gallicane. Dans ces Assemblées, l'archevêque d'Aix fit toujours partie de la commission des Contrats et Moyens, chargée de toutes les affaires de finance, revenus, taxes, subsides et dons gratuits, ainsi que de ce qui concernait le renouvellement décennal du contrat de payement de la portion des rentes de l'Hôtel de Ville assignées sur le Clergé.

A l'Assemblée de 1690, il ne se passa rien de remarquable; le clergé vota, à la demande du roi, un subside de douze millions.

L'archevêque d'Aix fut accompagné à l'Assemblée de 1695 par son neveu, Gabriel de Cosnac, depuis évêque de Die, alors prévôt de la métropole d'Aix, et député pour le second ordre; celui-ci fut nommé, dans le cours de cette Assemblée, Agent général du Clergé de France, pour l'Assemblée de 1700. Ils firent tous les deux partie de la commission des Contrats et Moyens dont Daniel de Cosnac fut choisi pour président. Les procès-verbaux font fréquemment mention des travaux auxquels se livra l'archevêque d'Aix. Un don de dix millions fut accordé au roi, ainsi qu'un subside annuel de quatre millions qui devait durer jusqu'à la fin de la guerre. Le roi, ayant fait examiner les dégradations commises dans les bois du clergé, par contravention aux édits, réclamait une indemnité que le clergé crut devoir fixer à quatre millions, décidant que cette somme serait levée sur ses biens par le moyen des traitants. L'archevêque d'Aix fut seul à ouvrir l'avis d'opérer un emprunt pour éviter l'intervention onéreuse des gens de finance; mais cet avis ne fut pas partagé dans un temps où les idées modernes sur le crédit public ne faisaient que commencer à naître. L'Assemblée obtint l'enregistrement de l'édit du mois d'août 1695, concernant la juridiction ecclésiastique. Ce fut pendant le cours de cette session que mourut François de Harlay de Chanvalon, archevêque de Paris, depuis longtemps président des Assemblées. Investi au plus haut point de la confiance de Louis XIV, il communiquait au Clergé l'impulsion que désirait le monarque.

L'Assemblée de 1701 fut convoquée extraordinairement pour des demandes de subsides; l'archevêque d'Aix, toujours membre de la commission des Contrats et Moyens, fut en outre chargé de la révision du procès-verbal. Il reçut la mission d'adresser au roi un discours de condoléance sur la mort de son frère le duc d'Orléans. C'était pour Daniel de Cosnac une mission délicate que d'avoir à prononcer les dernières paroles sur la tombe d'un prince qui avait été la cause de sa disgrâce, ou pour parler comme lui, de ses malheurs. Cette harangue n'est point dans ses manuscrits; mais, afin de donner un ensemble complet des actes et des écrits de l'auteur, nous l'avons insérée parmi les pièces détachées, telle que nous l'avons textuellement transcrite des procès-verbaux de l'Assemblée.

Ce discours ne répond pas à l'intérêt qu'on pouvait en attendre d'après la position de l'orateur et la connaissance intime qu'il avait eue du duc d'Orléans; mais ce fut pour lui sans doute un motif de s'en tenir à des généralités, afin d'échapper aux difficultés de la situation.

Ce fut immédiatement après la clôture de l'Assemblée de 1701 que le roi accorda à l'archevêque d'Aix l'abbaye de Saint-Riquier. Cette Assemblée est la dernière dont parle Daniel de Cosnac dans ses Mémoires, à la rédaction desquels il mit fin à peu près vers ce temps; mais il fut encore membre d'une autre Assemblée, celle de 1707, qui précéda de moins d'une année l'époque de sa mort. Quoiqu'il fût d'un grand âge, on voit par la lecture des procès-verbaux, qu'il n'en avait pas moins conservé la promptitude et la lucidité de son esprit. Le cardinal de Noailles, successeur de François de Harlay à l'archevêché de Paris, proposa d'élire à la présidence l'archevêque d'Aix, qui refusa, et le cardinal de Noailles fut nommé. Cette Assemblée était extraordinairement convoquée dans un but tout spécial.

Pour soutenir les dépenses de ses guerres, Louis XIV avait créé des billets de monnaie à l'occasion des refontes faites en 1701 et en 1704. Le public, rendu confiant par l'exact payement, à leur échéance, des premiers billets émis, s'était accoutumé à négocier les autres comme des lettres de change; mais les fonds ayant manqué pour leur remboursement, ces billets furent renouvelés à longs termes, et pour soutenir leur cours, on ordonna qu'il en entrerait un quart dans tous les payements, excepté dans les recettes du roi. Cette mesure n'empêcha pas ces billets de perdre une partie de leur crédit, qui s'altéra bien plus encore par l'émission de nouveaux billets de monnaie, en avril 1705, destinés à acquitter les promesses de la caisse des emprunts. Pour relever ce papier, on y attacha un intérêt de sept et demi pour cent, ce qui aurait pu suffire et au delà, si le trésor n'avait pas été dans l'impossibilité, non-seulement de rembourser le capital, mais de payer même les intérêts. Il fallut donc recourir à de nouveaux moyens pour soutenir la valeur des billets; on en convertit pour une somme de vingt-cinq millions en promesses des fermiers généraux, payables en cinq ans; il s'ensuivit un agiotage qui ne fut profitable qu'aux gens de finance. Ceux-ci retirèrent les billets de la circulation en faisant éprouver aux détenteurs soixante ou quatre-vingts pour cent de perte, et les passèrent ensuite en compte au roi sur le pied de leur capital : ce fut la source de bénéfices scandaleux, qui furent recherchés par la chambre de justice sous le règne suivant. A bout de moyens et d'expédients, Louis XIV prit le parti de recourir au Clergé, qui ne refusait jamais le concours de ses biens et de sa bonne volonté au soulagement des pénuries de l'État. A la séance du 24 mars 1707, Daniel de Cosnac ouvrit, au nom de la province ecclésiastique d'Aix, l'avis, suivi par toutes les autres provinces, de retirer pour trente-trois millions de billets de monnaie, et fut nommé membre de la commission chargée d'examiner les clauses du contrat à passer avec le roi. Il fut décidé que le Clergé ouvrirait un emprunt de trente-trois millions au denier vingt-deux, dont le payement serait reçu en billets de monnaie non convertis en promesses des fermiers généraux; il restait encore dans la circulation pour cent soixante-treize millions de ces billets. En garantie, le roi aliéna quinze cent mille livres de revenu à prendre sur la ferme générale des postes; le Clergé prit soin de stipuler que cette aliénation était faite à titre d'engagement et non à titre de vente, le roi ne rentrant jamais dans les biens engagés que par un remboursement effectif, tandis que l'omission de la moindre formalité suffisait pour rendre nulle la vente des biens de la couronne.

Ces conventions ne furent que partiellement exécutées; afin d'arriver à une libération plus rapide, on profita, en 1709, de l'abondance des métaux précieux apportés en France par le commerce de la mer du Sud, pour procéder à une nouvelle refonte des monnaies. Il fut déclaré que ceux qui apporteraient cinq sixièmes en espèces, et un sixième en billets de monnaie, seraient payés en totalité avec les nouvelles espèces; par suite, à l'Assemblée de 1710, les engagements réciproques de l'État et du Clergé furent réduits au prorata des avances réelles faites par le Clergé.

Dans sa vieillesse, Daniel de Cosnac paraît avoir repris la vie de cour, interrompue pour lui par sa disgrâce chez le duc d'Orléans et par la mort de Madame, avec cette notable différence, qu'au lieu d'être importun et suspect à Louis XIV, comme il l'avait été pendant le temps qu'il resta attaché à la personne de Monsieur, il possédait au plus haut degré la faveur du monarque. Le motif qui le rapprocha de la cour à un âge où la fin des illusions du monde en éloigne souvent ceux qui ont été les plus ardents à en poursuivre la chimère, était la mission annuelle d'apporter au roi le cahier des délibérations des États de Provence; ainsi chaque année lui voyait faire un voyage à Versailles et à Paris.

Ce fut pendant l'un de ses fréquents séjours qu'il conclut et célébra lui-même, le 25 mars 1697, le mariage de sa petite-nièce Angélique de Cosnac avec le comte d'Egmont, duc de Gueldre..., grand d'Espagne, dernier descendant d'une maison princière alliée à toutes les maisons souveraines de l'Europe[1]. L'auteur dans ses Mémoires s'étend assez longuement sur ce mariage pour

---

[1] On lit dans le *Mercure galant* de mai 1697 :

« Vous savez sans doute que M. le comte d'Egmont a épousé Mlle de Cosnac. Ce mariage fut célébré dans la paroisse de Saint-Sulpice par M. l'archevêque d'Aix, oncle de la mariée. C'est une demoiselle pleine de bonnes qualités qui a été élevée plusieurs années auprès de Mme la princesse des Ursins, ci-devant Mme la duchesse de Bracciano, et il ne faut point d'autre témoignage pour être persuadé de son mérite et de sa vertu. Elle est d'une maison très-ancienne. En l'année 1368, le pape Urbain V envoya Bertrand de Cosnac, évêque de Cominges, nonce en Espagne, et après la mort de ce pape, Grégoire XI lui fit exercer le même emploi et le nomma cardinal en 1370. Ce fut lui qui fit la paix entre les rois d'Aragon et de Castille, et à son retour il mourut à Avignon, en 1374. Pour M. le comte d'Egmont, toute l'Europe connoît la grandeur de sa naissance. Sa maison est la principale de la Hollande; elle a eu des ducs de Gueldres dès l'année 1425, et ses alliances ont été avec tout ce qu'il y a de grand dans l'Europe, avec la maison de Bourbon, de Bourgogne, de Brunswick, de Lorraine et plusieurs autres. Ceux de cette maison ont possédé à la cour des rois et des empereurs les plus grands emplois et ont eu le commandement des armées dans les guerres les plus importantes. Mme la comtesse d'Egmont ayant été conduite à la cour quelques jours après son mariage, elle fut présentée au roi par S. A. R. Mme la Duchesse,

qu'il ne nous reste à ajouter aucun détail. L'archevêque d'Aix avait concentré sur sa nièce, dernier rejeton de la branche aînée de sa maison, toutes ses affections de famille et avait cherché à lui procurer, selon l'expression du temps, un grand établissement, sans trop se préoccuper des dettes énormes léguées au comte avec l'immense héritage de ses ancêtres. D'ailleurs les dettes faisaient assez volontiers partie de l'apanage d'un grand seigneur, lorsque la noblesse de l'Europe, avec le privilége de verser son sang sur les champs de bataille, avait celui d'entretenir des troupes levées à ses frais et de se ruiner au service de son pays. La comtesse d'Egmont obtint le tabouret chez le roi; le duc de Saint-Simon dit dans ses Mémoires que ce fut une faveur particulière, les grands d'Espagne n'ayant point de rang à la cour de France. Le comte d'Egmont, général de la cavalerie espagnole et brigadier de la cavalerie de France, avait la Toison d'or ainsi que ses pères. Saint-Simon trace ainsi son portrait : « C'étoit un homme fort laid, de peu d'esprit, de beaucoup de valeur, d'honneur et de probité, et qui s'appliquoit fort à la guerre. » Il mourut à Fraga, en Catalogne, sans laisser d'enfants de son mariage avec Angélique de Cosnac, et son nom après lui ne s'est per-

---

et Sa Majesté lui donna les honneurs qu'elle veut bien accorder aux personnes de son rang. »

La *Gazette*, dans son numéro du 30 mars, avait annoncé ce mariage en ces termes :

« Le 25, le comte d'Egmont, seul prince qui reste de cette ancienne maison, épousa dans l'église de Saint-Sulpice la demoiselle de Cosnac, fille unique du marquis de Cosnac et de Marguerite-Louise de Lussan, comtesse d'Aubeterre et marquise de Grignols ; l'archevêque d'Aix, grand-oncle de la demoiselle, fit la cérémonie. Le roi avoit signé le contrat le jour précédent, aussi bien que les trois princes enfants de France. »

pétué que par les femmes ; ce nom passa, ainsi que la grandesse, au fils de sa sœur, qui avait épousé Nicolas Pignatelli, duc de Bisaccia.

La duchesse de Bracciano, de la maison de La Trémoille, devenue célèbre sous le nom de princesse des Ursins, avait élevé Angélique de Cosnac qu'elle aimait comme tout ce qui tenait à son premier mari, Adrien-Blaise de Talleyrand, prince de Chalais, cousin germain de Daniel de Cosnac, qui fut contraint de quitter la France, en 1663, à cause de son duel contre La Frette, le chevalier de Saint-Aignan et le marquis d'Argenlieu. La princesse de Chalais le suivit en Italie où il mourut. Elle épousa en secondes noces, en 1675, le duc de Bracciano, prince romain et du Saint-Empire, chef de la puissante famille des Orsini ou des Ursins. Après la mort de son second mari, elle vendit le duché de Bracciano et adopta le nom de princesse des Ursins. Daniel de Cosnac fut, durant tout le cours de sa vie, dans d'étroites relations avec la princesse des Ursins, qui avait commencé à Rome, étant encore duchesse de Bracciano, le rôle politique qu'elle a continué depuis avec tant d'éclat. Le manuscrit des pièces détachées contient, à cet égard, un document curieux : c'est la copie d'une lettre ou mémoire de l'archevêque d'Aix au roi, au nom de la duchesse, pour lui demander de la mettre en état de soutenir les dépenses auxquelles l'obligent ses voyages de Rome à Paris, et son zèle à servir à Rome les intérêts de la France; ce mémoire est motivé sur l'insuffisance de ses ressources provenant à la fois de la ruine dont était menacé le duc son mari, et du peu de biens qui lui restaient des débris de la grande fortune des La Trémoille[1].

[1] Voy. ce document aux *Pièces détachées*, t. II, p. 153.

En 1701, l'archevêque d'Aix reçut de Louis XIV la plus haute faveur de la cour, faveur d'autant plus enviée qu'elle ne pouvait être conférée qu'à un petit nombre d'élus ; il fut nommé commandeur de l'ordre du Saint-Esprit sans l'avoir sollicité et même à son insu, d'après le duc de Saint-Simon, dont les témoignages flatteurs sont si rares, que lorsqu'il en donne ils peuvent bien avoir quelque poids. L'archevêque d'Aix, avant son admission dans l'Ordre, devait présenter les preuves de noblesse exigées par les statuts ; il se fit un point d'amour-propre, qu'il explique avec complaisance, de faire des preuves bien au delà de celles des trois degrés de noblesse strictement nécessaires, et même sur lesquelles on ferma plus d'une fois les yeux [1]. Ces preuves lui furent d'autant plus faciles à présenter, qu'il en avait réuni les éléments pour le mariage de sa nièce. On sait que l'ordre du Saint-Esprit, fondé par Henri III dans le but de s'attacher plus étroitement les grands seigneurs de la cour trop disposés à se jeter dans les factions, était un ordre en quelque sorte religieux qui obligeait même à l'observation de certaines pratiques de dévotion. Daniel de Cosnac fut reçu dans la chapelle de Versailles, le 15 mai 1701, avec le maréchal de Tallard et Henri-Charles de Cambout, duc de Coislin, évêque de Metz, premier aumônier du roi. Le père Anselme, dans son *Histoire des grands officiers de la couronne*[2], rend compte de cette promotion. On trouve aussi dans la *Gazette* du 21 mai 1701, le récit de cette cérémonie [3].

---

[1] Voy. le procès-verbal authentique de ces preuves, t. II, p. 455 et suivantes.

[2] T. IX, p. 250.

[3] « Versailles, 20 mai. — Le 15, Sa Majesté, revêtue du grand collier

Le don fait par Louis XIV de l'ordre du Saint-Esprit à l'archevêque d'Aix marque l'apogée de sa faveur; il obtint encore l'évêché de Die pour son neveu Gabriel de Cosnac, agent général du Clergé de France. L'archevêque d'Aix était alors un des personnages importants de la cour; vanté par le charme de son esprit, recherché à cause de son crédit, appuyé par de grandes alliances, tous ses pas, toutes ses démarches étaient constatés comme faits intéressants : s'il officie devant la cour, la *Gazette* en fait part à ses lecteurs [1]; s'il a des conférences avec la princesse des Ursins, Saint-Simon se livre aux conjectures sur les destinées de l'Espagne. Il dut rédiger à peu près à cette époque un mémoire sur les diverses et nombreuses faveurs qu'il avait reçues du roi; cette pièce qui se trouve à la suite de la première ver-

de l'Ordre, les huissiers portant leurs masses, et accompagnée de Mgr le Dauphin, de Mgr le duc de Bourgogne, de Mgr le duc de Berry, de Monsieur, de M. le duc de Chartres, précédée des chevaliers et des officiers de l'Ordre, et suivie des cardinaux et prélats associés à l'Ordre, se rendit en la chapelle du château et entendit la grand'messe célébrée par l'archevêque duc de Reims. L'archevêque d'Aix et l'évêque de Metz, premier aumônier de Sa Majesté, qui avoient été nommés pour remplir les deux places vacantes de commandeurs prélats de l'Ordre, furent reçus; et le comte de Tallart, lieutenant général de ses armées, lieutenant général du Dauphiné, gouverneur du pays de Foix, et ci-devant son ambassadeur extraordinaire en Angleterre, fut aussi reçu chevalier.

« Mgr le duc de Bourgogne et Mgr le duc de Berry communièrent dans la même chapelle par les mains de l'abbé de Vaubecourt, aumônier de Sa Majesté. »

[1] Gazette du 6 juin 1705. — « Le 30 du mois dernier, l'après-dînée, le roi, accompagné de Mgr le Dauphin, de Mgr le duc de Bourgogne, de Mme la duchesse de Bourgogne, de Mgr le duc de Berry, entendit dans la chapelle du château vêpres chantées par la musique, où l'archevêque d'Aix officia.

« Le 31, Sa Majesté entendit la grande messe célébrée par l'archevêque d'Aix; l'après-dînée, vêpres où le même prélat officia. »

sion de ses Mémoires est adressée à deux cadets de sa famille qui après l'extinction de la branche aînée de sa maison tombée en quenouille dans la personne de la comtesse d'Egmont, doivent continuer son nom. Les recommandations et les enseignements qu'il leur adresse sont intéressants à connaître comme traits caractéristiques de l'esprit d'une époque où l'on considérait les traditions de devoir et de famille comme le legs le plus précieux qu'on pût laisser à ses arrière-neveux [1].

C'est vers l'année 1701 que l'archevêque a cessé la rédaction de ses Mémoires; nous devons regretter qu'il ne les ait pas poussés quelques années plus loin; les aperçus donnés par le duc de Saint-Simon démontrent qu'il aurait pu nous fournir encore des documents précieux pour l'histoire. Confident de la princesse des Ursins, fort avant dans la confiance de Mme de Maintenon, il eut, par ses conseils, une grande part dans les affaires politiques de l'Espagne au moment où la maison d'Autriche cessait d'y régner pour faire place aux Bourbons.

Le testament de Charles II, roi d'Espagne, avait appelé à lui succéder le duc d'Anjou, second fils du Dauphin et petit-fils de Louis XIV. Dans l'intérêt de la France et dans celui de son petit-fils dont la jeune inexpérience placée dans des conditions si difficiles avait besoin d'appui, Louis XIV désirait tenir de près la main au gouvernement des Espagnes. Comme ses ambassadeurs ne pouvaient entrer d'une manière assez intime dans le secret du palais de l'Escurial, il résolut après le mariage de Philippe V avec la princesse de Savoie, de se servir du ministère d'une femme pour l'accomplissement de ses

---

[1] Voy. ce mémoire, t. Ier, p. 438.

vues. Son choix tomba sur la princesse des Ursins qui était très-propre à remplir ce rôle important par son esprit, son habileté déjà éprouvée, son expérience mûrie par les années, et par la connaissance qu'elle avait de la langue espagnole. Il lui fit donner la charge de *camarera mayor* auprès de la nouvelle reine, qui ne tarda pas à accorder à la princesse des Ursins une confiance et une amitié sans bornes.

Les Espagnols généralement mécontents de n'être plus gouvernés par un prince de la maison d'Autriche, ne sentaient que plus vivement la jalousie de voir les Français en possession de tout crédit auprès de Philippe V et de toute influence sur la direction des affaires. La princesse des Ursins s'aperçut bien vite de cette faute de la politique de Louis XIV, qui, en voulant gouverner trop ostensiblement son petit-fils, pouvait compromettre sa royauté nouvelle. L'abbé d'Estrées se conduisait plutôt en ministre de la monarchie espagnole qu'en ambassadeur du roi de France; non-seulement il avait entrée au conseil, mais parfois il allait même jusqu'à prendre des décisions dont le roi d'Espagne n'était informé qu'après coup. Mme des Ursins s'attacha au contraire à faire donner aux Espagnols une plus grande part aux affaires, afin de les attacher au jeune roi et par suite aux intérêts de la France.

Lorsque Philippe V fut obligé d'aller à Naples pour défendre cette annexe de la monarchie espagnole contre les ennemis qui l'attaquaient, il laissa la reine à Madrid avec l'autorité de régente, et la princesse des Ursins, son premier ministre, s'appliqua avec plus d'autorité que jamais à faire prévaloir sa prévoyante politique. A son retour, Philippe V, loin de blâmer la reine et la princesse des Ursins, voulut marcher dans la même voie ; mais Louis XIV, aigri par les rapports envenimés de l'abbé d'Estrées, lui écrivit à plusieurs reprises des lettres pleines de reproches, sur ce qu'il appelait sa folle prétention de savoir gouverner lui-même, se plaignant vivement de ce que la princesse des Ursins avait cessé d'agir suivant ses intentions. L'abbé d'Estrées profita habilement des préventions qu'il avait fait naître contre Mme des Ursins, dans l'esprit de Louis XIV, pour la perdre tout à fait. D'après le duc de Saint-Simon, comme elle avait l'habitude de lire et même de signer les dépêches de l'ambassadeur de France à sa cour, l'abbé d'Estrées, ayant voulu se soustraire à ce contrôle, elle aurait fait saisir ses dépêches à la poste et les aurait ouvertes ; d'après d'autres narrateurs, ce serait l'abbé lui-même qui lui aurait dressé un piége en lui faisant signer une dépêche, dans les circonstances suivantes : Le conseil du roi d'Espagne avait décidé la levée d'une somme de douze millions pour être affectée à l'entretien des troupes dont l'état était des plus pitoyables ; la princesse des Ursins ayant eu la plus grande part à cette décision, l'abbé d'Estrées lui demanda de signer la dépêche, qu'il envoyait à Versailles, pour annoncer cette nouvelle. Elle refusa ; mais l'abbé fit si bien, qu'il la détermina à signer, en lui disant que le roi ne lui avait fait donner une charge en Espagne que pour qu'elle s'y mêlât des affaires, et qu'elle avait la même autorité que lui pour signer une dépêche. L'abbé d'Estrées se prévalut de cette imprudence pour écrire au roi que les exigences de la princesse des Ursins n'avaient plus de bornes ; qu'elle prétendait supplanter son ambassadeur jusque dans ses fonctions les plus spéciales ; enfin, il profita de l'occasion pour redire la calomnie tant de fois répétée, qu'elle voulait ruiner en Espagne les intérêts de la France.

Ces machinations eurent tant de succès, que Louis XIV, outré contre la princesse des Ursins, lui envoya l'ordre de quitter l'Espagne et d'aller en Italie, avec défense de revenir en France. La reine d'Espagne, au désespoir, obtint, comme une faible compensation de la perte que son cœur éprouvait, le rappel de l'abbé d'Estrées, qui fut remplacé par le duc de Gramont. L'ordre de ne plus reparaître en France était le comble de la disgrâce pour la princesse des Ursins, et cette personne, naguère si puissante, se trouvait sans amis à la cour qui osassent parler pour elle, tant on craignait d'encourir la disgrâce du roi en témoignant quelque sollicitude pour celle dont la chute paraissait devoir être sans retour. L'archevêque d'Aix, plus zélé et moins timide, ne craignit pas d'affronter le péril auquel nul courtisan n'eût osé s'exposer, celui de pouvoir déplaire, et fit si bien ou fut si heureux, qu'il obtint du roi le changement du lieu d'exil de la princesse des Ursins et la permission pour elle de se retirer à Toulouse. Ce premier pas était le plus difficile; aussi l'archevêque fit-il consentir bientôt le roi au retour de la princesse à Paris. Elle y arriva le 4 janvier 1705, et vint habiter l'hôtel de la comtesse d'Egmont, chez laquelle l'archevêque d'Aix demeurait également. Il paraît que le duc d'Harcourt et le maréchal de Tessé travaillèrent de concert avec Daniel de Cosnac au rappel de Mme des Ursins, ce qui valut plus tard au maréchal une grande faveur en Espagne; il se pourrait que cette communauté d'efforts ait été le fondement d'une connaissance intime, qui aurait fait attribuer au maréchal de Tessé, s'il n'en est pas réellement l'auteur, le fragment historique dont la paternité est restée indécise entre lui et l'abbé de Choisy.

La princesse des Ursins n'eut pas de peine à se justifier auprès du roi, et même y réussit si bien, que du jour de sa première entrevue, il ne dépendit plus que de sa volonté de retourner à Madrid. Les faits, d'ailleurs, parlaient pour elle; le duc de Gramont, successeur de l'abbé d'Estrées, avait trouvé les affaires d'Espagne bouleversées par le départ de la princesse, et tenté de vains efforts pour les rétablir. Comme Français, il ne pouvait plaire aux Espagnols; de plus, il était devenu personnellement insupportable à la reine qui ne lui pardonnait pas d'avoir rencontré la princesse des Ursins partant pour l'exil, et d'avoir pris à son égard l'attitude si familière aux courtisans envers les personnes disgraciées. Le duc de Gramont, voyant l'impossibilité de se maintenir à son poste, parla le premier de rappel, et fut incontinent pris au mot; Amelot, marquis de Gournay, conseiller d'État, fut envoyé à sa place. Pour que le triomphe de la princesse des Ursins fût complet, il fallait qu'elle revînt à Madrid; c'était l'objet des vœux les plus ardents de la reine d'Espagne, c'était le désir de Mme de Maintenon, qui, par elle, avait la connaissance directe des affaires; mais la princesse hésitait à se confier de nouveau au destin hasardeux d'une périlleuse grandeur. Elle rencontrait, à Paris, des affections de famille, un entourage brillant et empressé parmi tout ce que la cour offrait de plus illustre, et le flatteur quoique incertain mirage d'un rôle plus éclatant encore; il fallut que son frère, le duc de Noirmoustier, et l'archevêque d'Aix, se réunissent pour lui persuader de remplir jusqu'au bout sa haute mission politique.

La princesse des Ursins partit de Paris vers la fin de juillet de l'année 1705. Le roi et la reine d'Espagne accoururent au-devant d'elle à plusieurs lieues de Madrid; elle rentra dans sa charge, aussitôt abandonnée par la duchesse de Bejar, qui avait été nommée pour la remplacer. Son crédit, plus grand que jamais, fit prévaloir ses vues qui étaient de laisser aux Espagnols l'administration de leur pays; et Louis XIV, reconnaissant l'impossibilité de diriger de loin les détails, consentit enfin à ne plus faire agir son influence que dans les grandes occasions. Tout le monde sait que cette puissance de la princesse des Ursins aboutit à une catastrophe éclatante, lorsque Philippe V, ayant épousé en secondes noces Élisabeth Farnèse, princesse de Parme, la nouvelle reine la fit enlever et conduire hors d'Espagne pour se soustraire de prime abord à un ascendant qu'elle redoutait.

En 1707, le duc de Savoie étant entré en Provence à la tête d'une armée qui y commit beaucoup de ravages, le maréchal de Tessé établit à Aix son quartier général pour rassembler un corps de douze mille hommes qu'il conduisit au-devant de l'ennemi. Ce commandement du maréchal de Tessé, en Provence, établit un nouveau rapprochement entre l'archevêque d'Aix et le maréchal, dont on peut induire encore des conjectures à l'égard de l'histoire attribuée à ce dernier.

Ici s'arrêtent les derniers documents que nous avons pu réunir sur Daniel de Cosnac. Il mourut à Aix, le 18 janvier 1708, âgé de près de quatre-vingts ans; il comptait cinquante-quatre années d'épiscopat, et était alors le plus ancien évêque de France [1]. Il conserva jusqu'à la fin son étonnante activité, ainsi que la plénitude de ses facultés; on en voit la preuve dans ses travaux à la dernière Assemblée du Clergé, à laquelle il assista peu de mois auparavant. Il fit des legs aux deux hôpitaux de la ville d'Aix et à son séminaire. Il avait exercé avec succès, mais non sans obstacles, l'autorité religieuse et l'autorité civile, deux autorités difficiles à réunir, et dont la séparation est préférable au point de vue de la religion elle-même. Dans le cours de son existence, il fit assez de

---

[1] La *Gazette* et le *Nouveau Mercure* annoncent ainsi sa mort :

« *Recueil des Gazettes.* Paris, 4 février 1708. — Messire Daniel de Cosnac, archevêque d'Aix, commandeur de l'ordre du Saint-Esprit, mourut à Aix le 18 du mois dernier, dans la quatre-vingt-unième année de son âge. Il étoit le plus ancien évêque de France. »

Nouveau Mercure. Février 1708. — « Je croyois finir cet article, mais voici encore une mort; c'est celle de M. l'archevêque d'Aix, Daniel de Cosnac, abbé de Saint-Riquier et commandeur des Ordres de Sa Majesté, mort à Aix, le 18 de janvier, à l'âge de quatre-vingts ans. Il avoit été auparavant évêque de Valence et de Die. Lorsqu'il fut fait archevêque d'Aix, on sépara en deux l'évêché qu'il quittoit. M. de Montmorin, aujourd'hui archevêque de Vienne, fut fait évêque de Die, et à présent, c'est messire Gabriel de Cosnac, neveu du défunt, qui jouit de cet évêché. Celui de Valence fut donné à messire Guillaume Bochard de Champagny, mort à Paris durant l'Assemblée du Clergé qui a précédé celle de l'année passée et à qui a succédé messire Jean Catelan, aujourd'hui évêque de Valence. Mme la princesse d'Egmont, veuve du feu prince d'Egmont, est sa nièce. Sa Majesté, sans attendre le temps ordinaire de la promotion qui ne devoit se faire qu'à Pâques, a nommé peu de jours après qu'on eut reçu la nouvelle de sa mort, messire Gaspard de Vintimille du Luc, évêque de Marseille, pour lui succéder, et a donné en même temps l'évêché de Marseille à M. l'abbé de Poudeux, agent général du Clergé et neveu de M. l'évêque de Tarbes.

« L'abbaye de Saint-Riquier, vacante par la mort du feu archevêque d'Aix, n'est point encore donnée; mais le roi a transporté sur cette abbaye la pension de trois mille livres qui avoit été donnée à M. l'abbé d'Apremont sur l'archevêché de Rouen qui par là en demeure déchargé. »

choses pour remplir plusieurs vies ; mais il a moins écrit qu'il n'a agi ; il prêcha avec succès devant la cour plusieurs sermons qui n'ont pas été conservés. Les seuls ouvrages que nous ayons de lui sont le Recueil d'ordonnances synodales, dont nous avons parlé, et les Mémoires et discours que nous publions, et qui modifieront sur beaucoup de points l'opinion que l'on s'est généralement faite d'un prélat dont l'esprit fut plus léger que le caractère.

Le lecteur remarquera une grande différence entre le style des deux versions des Mémoires et celui des discours et lettres de l'auteur ; tandis que le style des deux versions est généralement un peu pesant et diffus, celui des discours est au contraire hardi, énergique, sa période arrondie, exempte d'exubérances inutiles ; celui des lettres, coloré, expressif et piquant ; dans ces dernières, on reconnaît l'auteur livré à sa nature dans l'intimité de ses amis ; dans ses discours, c'est sa nature plus étudiée, plus élevée, et l'on sent mieux, par la noblesse de l'expression, la profondeur et l'à-propos de la pensée, ce dont il eût été capable s'il eût donné plus de fini à ses Mémoires au lieu de les reprendre à deux fois. Nous regrettons, avec l'abbé de Choisy, que l'on n'ait pas recueilli un plus grand nombre de ses reparties et de ses nombreuses saillies, qui, au moins autant que les divers événements auxquels il fut mêlé, ont conduit son nom à la célébrité par la réputation d'un esprit enjoué et mordant, et d'une conversation charmante. A défaut des bons mots qu'on n'a pas conservés, on lui en a prêté, notamment celui-ci, qui ne peut être authentique, puisque saint François de Sales était mort plusieurs années avant la naissance de Daniel de Cosnac, mais il rentre assez dans le genre de son esprit :

« M. de Cosnac, archevêque d'Aix, étoit très-vieux quand il apprit qu'on venoit de canoniser saint François de Sales : « Quoi ! s'écria-t-il, M. de Genève, mon an-
« cien ami ? Je suis charmé de la bonne fortune qu'il
« vient de faire; c'étoit un galant homme, un aimable
« homme, et même un honnête homme, quoiqu'il tri-
« chât au piquet, où nous avons souvent joué ensemble.
« — Mais, Monseigneur, lui dit-on, est-il possible
« qu'un saint friponne au jeu ? — Ho ! répliqua l'arche-
« vêque, il disoit pour ses raisons que ce qu'il gagnoit
« étoit pour les pauvres[1]. »

Comte Jules de COSNAC.

[1] *Loisirs d'un homme d'État et Dictionnaire historique*, t. VII, 1810.

MÉMOIRES

DE

DANIEL DE COSNAC

MÉMOIRES
DE
DANIEL DE COSNAC.

PREMIÈRE VERSION.

Si la Providence m'avoit élevé au-dessus ou abaissé au-dessous de ma naissance, je me flatterois que ce qui m'est arrivé depuis mon entrée dans le monde pourroit amuser ou instruire ; mais ma vie, quoique longue et plus remplie que ne l'est ordinairement celle d'un seul homme, n'a été que la vie d'un particulier qui ne doit pas s'attendre que les hommes fassent assez d'attention sur lui pour profiter de ses fautes. Je n'écris donc ces Mémoires que pour ceux qui m'aiment, et pour justifier dans leur esprit quelques endroits de ma vie, dont ils pourroient avoir conçu des idées peu favorables pour moi.

Ce n'est pas que je prétende par une vanité ridicule faire passer toutes mes actions pour les effets d'une prudence consommée, ni donner à ma conduite les bons succès que, même les plus habiles, ne doivent souvent qu'au hasard ; je sais me faire plus de justice, et, content d'écrire partout la vérité, je laisse à ceux qui me liront, le droit et la liberté de me juger. Les personnes qui m'ont connu, verront bien que je ne me suis pas fardé, et me reconnoîtront encore, et les autres ne pourront sans injustice, ou sans envie, douter des choses que j'avance. Car, outre que mes témoins sont en si grand nombre, qu'on ne croira jamais que j'aie pu les corrompre tous, il s'en trouve parmi eux d'une telle importance et si illustres, qu'on jugera facilement qu'il ne seroit pas aisé de leur imposer, ni de les surprendre.

Le bien de mes parents étoit assez considérable pour leur faire naître l'envie de pousser leur fortune à la cour. Mais le malheur du comte de Chalais[1], mon oncle, qui, maître de la garde-robe du roi Louis XIII, périt misérablement par des intrigues de cour, fit renoncer mon père à toute ambition : ne pouvant plus se flatter d'être agréable au cardinal de Richelieu, il se retira dans sa province. Ainsi, mon nom n'ayant pas été fort connu dans ces derniers temps, je crois que je dois dire que je suis né gentilhomme d'une des plus anciennes maisons de Limosin, dont la noblesse se prouve par dix-sept générations de mâle en mâle, sans mésalliance, sans interruption, sans changements

---

[1] Henri de Talleyrand, comte de Chalais, frère d'Éléonor de Talleyrand, mère de Daniel de Cosnac, favori de Louis XIII, s'était distingué par sa valeur aux siéges de Montpellier et de Montauban. Ayant trempé avec la duchesse de Chevreuse, dont il était l'amant, et avec le duc d'Orléans dans une conspiration contre Richelieu, le cardinal l'accusa d'avoir conspiré contre le roi lui-même, et le livra à une commission tirée du parlement de Bretagne. Condamné à mort, Chalais eut la tête tranchée à Nantes, le 19 août 1626. Il était âgé de vingt-six ans.

de nom, d'armes, ni de terres. Mon frère aîné[1], suivant la coutume de notre province, ayant presque tout le bien de la maison, le second[2] se trouvant peu d'inclination pour les lettres, mes parents, dès mes premières années, me destinèrent à la profession ecclésiastique, et regardèrent comme une succession certaine pour moi des bénéfices de cinq ou six mille livres de rente possédés par un de mes oncles[3].

Je commençai mes études à Périgueux. Je les continuai à Paris dans le collége de Navarre. Je pris le degré de bachelier en Sorbonne, et je fus examiné, approuvé et reçu pour entrer en licence. Mais, me trouvant encore beaucoup plus jeune qu'on n'est d'ordinaire après avoir fait toutes ses études, me sentant d'ailleurs une grande aversion pour la province, je pris la résolution d'aller voir la première ville du monde, et de connoître une cour qui avoit pour maître le chef de

---

[1] Armand, marquis de Cosnac, mestre de camp du régiment de Cosnac, infanterie; ce régiment, qu'il avait équipé à ses frais, fit sous ses ordres les campagnes d'Italie depuis l'année 1656, et fut licencié en 1660, après la paix des Pyrénées.

[2] Clément de Cosnac, enseigne de la compagnie des gens d'armes du prince de Conti; il mourut des suites d'une blessure qu'il reçut au combat de Solsona en Catalogne. Le *Recueil des Gazettes* du 15 septembre 1655 rend compte en ces termes de ce fait d'armes, en donnant par erreur à Clément de Cosnac le titre qui appartenait à son frère aîné : « Le marquis de Cosnac, entre les gens d'armes du prince de Conti, fut dangereusement blessé d'un coup de pistolet à travers le col. » Le numéro du 30 septembre 1655, qui contient des détails plus circonstanciés sur ce combat, cite parmi ceux qui se sont distingués par leur bravoure : « le marquis de Cosnac, enseigne des gens d'armes de Conti, lequel eut aussi un cheval tué sous lui. »

[3] Clément de Cosnac, né le 15 mars 1596, bachelier de Sorbonne, prieur de Croixe, prévôt de Gumont et archiprêtre de Brive.

la profession que j'avois embrassée. Langlade[1] fut le premier à qui je communiquai ce dessein : je n'avois point d'amis en qui j'eusse plus de confiance ; nous avions passé nos premières années dans le collége, et il s'étoit formé entre nous une liaison d'amitié qui s'étoit fortifiée par l'âge et par le temps : il l'approuva. Le duc de Bouillon[2] pouvoit me donner des lettres de recommandation pour m'en servir auprès des cardinaux de sa connoissance. Comme il avoit fait quelque séjour à Rome dans le temps qu'il fut nommé général des armées du pape Urbain VIII, il y avoit fait beaucoup d'amis et y avoit acquis un grand crédit. L'honneur qu'un de mes aïeux a eu d'être beau-frère des seigneurs de Turenne, et celui qu'avoit ma mère, Éléonor de

---

[1] Langlade, baron d'Ausmières, né au château de Limeuil en Périgord, était secrétaire du duc de Bouillon ; après la mort du duc il devint secrétaire du cabinet du cardinal Mazarin. On lit à son sujet dans les Mémoires de Gourville : « Il était fort amoureux de Mme de Saint-Loup qui lui fit un jour accroire qu'une croix avait été gravée sur sa main par une intervention miraculeuse. Ils affectaient tous les deux une grande dévotion ; ayant une fois cependant Gourville à dîner, bien que ce fût un jour de carême, ils se faisaient servir devant eux un potage gras et des volailles, faisant servir devant Gourville un potage maigre et de la morue ; ils citèrent force passages de saint Augustin, et s'excusèrent fort sur leur santé. Langlade épousa Mlle de Campagnac, et mourut, dit-on, de dépit de ce que Louvois passant près de sa maison de campagne en Poitou ne voulut pas s'y arrêter. »

[2] Le duc de Bouillon, de la maison de La Tour, était seigneur de la vicomté de Turenne en Limousin ; il était frère aîné du maréchal de Turenne.

Le cardinal de Retz, dans ses Mémoires, dépeint le duc de Bouillon en ces termes : « M. de Bouillon était d'une valeur éprouvée et d'un sens profond. Je suis persuadé, par ce que j'ai vu de sa conduite, que l'on a fait tort à sa probité quand on l'a décriée. Je ne sais si l'on n'a point fait quelque faveur à son mérite en le croyant capable de toutes les grandes choses qu'il n'a point faites. »

Talleyrand de Chalais, d'appartenir au duc de Bouillon, me fit espérer que j'obtiendrois facilement cette grâce. Je chargeai Langlade de cette petite négociation. Quand il en parla à son maître, il le chargea de me représenter que le voyage de Rome lui paroissoit une chose assez inutile ; qu'il falloit qu'une personne comme moi, qui avoit moins de biens que de naissance, songeât à établir sa fortune ; qu'à Rome la plupart des cardinaux eux-mêmes cherchent un patron, et qu'au lieu d'aller perdre du temps en Italie, il me conseilloit de m'attacher à M. le prince de Conti[1] qui, par sa qualité et par l'état des affaires de France, se trouvoit non-seulement à la tête des affaires du clergé, mais le seul prince ecclésiastique qui pût faire la fortune d'un ecclésiastique de qualité, le cardinal Mazarin se trouvant hors du royaume[2]. Il eut même la bonté pour moi, d'ajouter que le bonheur qu'il avoit eu de rendre quelque service à MM. les princes pendant leur prison[3], lui faisoit espérer que M. le prince de Conti

---

[1] Armand de Bourbon, prince de Conti, frère cadet du grand Condé ; il était pourvu de nombreux bénéfices, destiné au cardinalat, mais n'était point encore engagé dans les ordres.

[2] En 1651, le cardinal Mazarin avait été obligé de céder momentanément à la répulsion générale et à l'arrêt du parlement de Paris qui prononçait son exil. Après s'être rendu au Havre pour ouvrir lui-même les portes de leur prison aux princes, dont il espérait ainsi s'attirer la reconnaissance, il s'était retiré à Bruehl, château sur les bords du Rhin, dans lequel l'électeur de Cologne lui avait offert un asile. Malgré son éloignement, il avait conservé sa puissance dans les conseils d'Anne d'Autriche.

[3] Le duc de Bouillon appartenait au parti des princes. En 1650, il avait reçu dans son château de Turenne la princesse de Condé et le duc de La Rochefoucauld ; il les suivit à Bordeaux où ils résistèrent longtemps aux troupes assiégeantes commandées par le maréchal de la Meilleraye, qui suivait le parti du roi.

ne refuseroit pas un homme de sa main; qu'il s'offroit de me présenter, et qu'il espéroit réussir.

Je trouvai qu'en effet cet établissement me seroit plus avantageux que le voyage de Rome. J'attendis quelques mois dans Paris l'effet de la proposition qui m'avoit été faite; mais y voyant naître tous les jours de nouvelles difficultés, par l'opinion qu'on avoit que M. le prince de Conti alloit épouser Mlle de Chevreuse[1], et en ce cas jugeant bien que des ecclésiastiques seroient fort inutiles auprès de ce prince, je pris le parti de me retirer dans ma province, pour y attendre ce que deviendroit ce mariage. Deux mois après que j'y fus arrivé, je reçus une lettre de Langlade qui me donnoit avis que le mariage étoit rompu; que je pouvois revenir à Paris, où je trouverois mon affaire assurée. J'y arrivai le jour que MM. les princes en sortirent pour se retirer à Saint-Maur. Dans ce temps,

---

[1] Marie de Rohan, veuve de Charles d'Albert, premier duc de Luynes, avait épousé en secondes noces le duc de Chevreuse, de la maison de Lorraine; sa qualité de favorite de la reine Anne d'Autriche la fit exiler par Richelieu. De retour en France après la mort de ce ministre, au moment de la réaction politique que voulaient imprimer au gouvernement le duc de Beaufort et les *importants*, on la crut destinée à avoir le plus grand crédit. L'attente générale fut bien trompée quand on vit l'accueil froid que lui fit la reine mère, décidée à suivre, avec l'aide du cardinal Mazarin, la politique qu'elle avait détestée durant toute la vie de Louis XIII.

Mlle de Chevreuse, fille du duc de Chevreuse et de Marie de Rohan, avait pris une part active aux intrigues de la Fronde. Elle passait pour n'être pas insensible à la galanterie du coadjuteur. Un jour, quelques misérables apostés par les princes l'ayant assaillie de propos injurieux à la sortie d'une séance du parlement, le lendemain les bourgeois de Paris se réunirent au nombre de quatre mille pour l'accompagner, et pour donner, en la protégeant, un éclatant témoignage de sympathie pour leur archevêque.

M. le duc de Bouillon témoigna le peu de satisfaction qu'il avoit de MM. les princes, et, au lieu de les suivre dans leur retraite, il parut entièrement attaché aux intérêts de la reine. Ce contre-temps m'auroit fort éloigné de l'espérance d'entrer chez M. le prince de Conti, si Langlade ne se fût avisé d'une autre voie. M. le duc de Bouillon avoit conservé de grandes mesures et une grande liaison avec M. le duc de La Rochefoucauld [1], qui étoit tout-puissant sur l'esprit de M. le prince de Conti. Langlade obligea son maître de proposer à M. de La Rochefoucauld qu'il me présentât à M. le prince de Conti. M. de La Rochefoucauld le promet, me présente dans Saint-Maur, me fait accepter : me voilà donc attaché à ce prince.

J'avoue que, quelques jours après, il me vint de grands dégoûts de cette nouvelle qualité. Je me voyois fort au-dessous de deux ou trois ecclésiastiques qui certainement n'avoient pas plus de naissance que moi, et qui même, ce me sembloit, n'avoient pas plus de mérite. J'étois camarade de sept ou huit autres qui n'avoient ni mérite, ni naissance; j'étois sans fonction, je n'avois part à rien, et je ne pouvois pas me consoler par l'espoir de l'avenir. Comme j'avois été donné par une personne qui étoit dans d'autres intérêts que ceux de mon maître, je ne pouvois douter

---

[1] François, duc de La Rochefoucauld, connu d'abord sous le nom de prince de Marsillac, épris de la duchesse de Longueville, était entré dans le parti de la Fronde pour plaire à cette princesse. Il a laissé un recueil célèbre de Maximes et des Mémoires historiques. Le cardinal de Retz lui refuse dans ses Mémoires toute capacité pour les affaires politiques ; il prétend qu'il aurait mieux fait de se contenter de passer pour le courtisan le plus poli et pour le plus honnête homme de son siècle.

que je ne fusse suspect; car il étoit visible que M. de La Rochefoucauld n'étoit, pour ainsi dire, que la cause seconde de mon entrée. Je me trouvois à la cour d'un prince que je n'avois la liberté de voir que durant ses repas. Toutes ces fâcheuses réflexions me donnoient de temps en temps des pensées sombres et chagrines, et ensuite des tentations très-fortes de l'abandonner. Je crois même qu'enfin j'y aurois succombé, si Langlade, par ses conseils et par les espérances qu'il me donnoit de moments en moments d'une meilleure fortune, n'eût adouci mes déplaisirs et ne m'eût soutenu.

Cette inquiétude où j'étois de me voir attaché à un prince pour qui je n'avois pas encore conçu une grande inclination, me fit recevoir avec quelque espèce de joie une marque de son mépris que j'aurois eu bien de la peine à digérer, si je ne l'avois considérée comme une occasion très-propre à me dégager d'un lieu où j'étois peu satisfait.

M. le prince de Conti étant sur le point de partir pour s'en aller à Mourron commencer cette guerre civile qui a coûté tant de sang à la France[1], donna, en ma présence, à chacun de ses domestiques[2], l'or-

---

[1] On était alors en 1652; les troubles de la Fronde avaient cessé dans Paris, mais la guerre civile s'était rallumée plus vive dans les provinces. Le prince de Condé était sur le point de laisser la direction de la guerre de Guienne au prince de Conti, son frère, à la princesse de Condé, sa femme, à la duchesse de Longueville, sa sœur, pour aller en personne se mesurer contre Turenne aux combats de Bléneau et du faubourg Saint-Antoine.

[2] Le mot de domestique avait à cette époque, comme pendant tout le moyen âge, une signification différente de celle d'aujourd'hui. Les gentilshommes de la suite des souverains et des princes s'hono-

dre de ce qu'il devoit faire. Je fus le seul auquel il ne dit rien, ni ne fit rien dire. Il me donna lieu par là de juger qu'il me traitoit comme une personne ou suspecte ou inutile. J'allai dès ce moment trouver Langlade, à qui j'exagérai avec tant d'aigreur l'injure que j'avois reçue, qu'il connut bien que toutes les raisons de politique et d'intérêt qu'il pourroit m'alléguer, ne feroient sur mon esprit aucune impression. Je le priai de faire agréer à M. le duc de Bouillon que je me retirasse d'un lieu où j'étois si peu considéré ; mais, sitôt que je le vis, il me dit que la considération de mon établissement devoit m'empêcher de me laisser emporter si vite à mes premiers mouvements ; que c'étoit encore une chose douteuse de quel côté pencheroient ses affaires ; qu'il n'étoit pas si fort assuré des bonnes intentions de la reine qu'il ne pût se rengager dans les intérêts de MM. les princes ; et, qu'en ce cas, il seroit bien aise de me trouver dans un lieu où il pourroit ne m'être pas inutile ; et que, s'il demeuroit à la cour, il me donnoit sa parole de m'y appeler aussitôt que sa fortune l'auroit mis en état de contribuer à la mienne.

Cette manière honnête avec laquelle M. le duc de Bouillon me parla, me fit passer par-dessus tant de dégoûts. J'allai trouver M. le prince de Conti à Mourron, où j'arrivai quelques jours après lui. Je fus reçu si froidement de ce prince que, quelque résolution que j'eusse prise de souffrir et d'attendre l'effet des dernières promesses de M. le duc de Bouillon, je sen-

---

raient du titre de domestiques qui les désignait, ainsi que l'étymologie l'indique suffisamment, comme des personnes attachées à leurs maisons.

tis non-seulement renaître, mais encore augmenter mes premières inquiétudes, et je ne pus jamais résister à la forte envie qui me vint de quitter une cour qui m'étoit si peu favorable.

Comme M. le prince de Conti partoit pour s'en aller à Bourges, j'allai prendre congé de lui pour me retirer tout à fait, et ce congé me parut accordé de sa part sans beaucoup de répugnance. Dans le moment que je me disposois à partir, un de mes amis en avertit madame de Longueville[1], qui étoit demeurée à Mourron. Soit qu'elle considérât que le peu de satisfaction que j'avois reçue pourroit donner quelque déplaisir à M. le duc de Bouillon qu'elle vouloit encore ménager, soit qu'elle vît que la guerre civile devoit commencer dans une province où j'avois des parents considérables et qui pourroient servir à ce parti, elle résolut de ne rien oublier pour m'engager de nouveau avec monsieur son frère. Elle me fit appeler et exigea de moi que je m'en allasse à Bourges pour parler encore une fois à lui.

En ce temps-là, M. le prince de Conti avoit, pour tout ce que désiroit sa sœur, une si grande déférence qu'il suivoit tous ses sentiments, n'agissoit que par ses conseils, ne vivoit et ne respiroit que pour elle. Elle me chargea d'une lettre pour rendre à M. le prince de Conti. Je ne sais pas ce qu'elle contenoit; mais,

---

[1] Anne de Bourbon, qui joua le rôle le plus actif dans les troubles et les guerres de la Fronde, était sœur du prince de Condé et du prince de Conti; elle avait épousé Henri d'Orléans, duc de Longueville, sixième descendant du fameux Dunois, bâtard de Louis, duc d'Orléans, frère de Charles VI. La duchesse de Longueville répara par la piété exemplaire des dernières années de sa vie les légèretés de conduite de sa jeunesse.

aussitôt qu'il eut achevé de la lire, quoiqu'il fût plus de minuit, il me commanda de demeurer et fit retirer tous ses autres domestiques. Dès qu'il se vit seul, il me fit des caresses si extraordinaires, me témoigna tant d'envie que je m'attachasse à lui, qu'elles suspendirent tout mon chagrin, et qu'elles m'engagèrent à y répondre par les protestations les plus vives et les plus respectueuses.

Deux jours après, il m'envoya en Guienne pour instruire M. le Prince de l'état auquel étoit réduite la province de Berri, pour lui porter des lettres importantes qu'il venoit de recevoir de Provence, et pour en rapporter des nouvelles de Guienne. Je trouvai M. le Prince à Agen. Je rendis compte de ma commission, et, en le suivant par son ordre dans toutes les villes de son gouvernement qu'il visitoit, nous apprîmes que le roi avoit poussé M. le prince de Conti hors de la province de Berri, et que lui et Mme de Longueville se retiroient en Guienne. Cette nouvelle m'obligea de quitter M. le Prince pour aller au-devant de mon maître, que je trouvai à Coutras. Il continua à me traiter assez obligeamment; mais, dans un temps de guerre, je me voyois un domestique fort inutile. Je n'avois aucune part ni dans les affaires publiques, ni dans les secrets de mon maître : cela ne convenoit ni à mes vues, ni à mon caractère. Je cherchois un établissement plus utile et plus agréable, et je ne m'accommodois pas d'une vie si oisive et si languissante. Ainsi, je ne pouvois raisonnablement former d'autres desseins chez M. le prince de Conti que d'attendre l'effet des promesses obligeantes de M. le duc de Bouillon. J'appris alors avec beaucoup de joie que la reine et le cardinal Mazarin avoient rendu justice à son mérite, et qu'il avoit la confiance entière de l'une et de l'autre. Mais, à peine eus-je le loisir de me flatter de la pensée que je pourrois par son moyen sortir honorablement d'un lieu où j'étois avec peu de satisfaction, que j'appris la nouvelle de sa mort. Elle me fut extrêmement sensible, non-seulement par la reconnoissance que je devois à ce grand homme, mais encore par la perte que je faisois en sa personne de toutes mes plus solides espérances. Je me voyois fort jeune avec peu de bien, sans patron, sans expérience, n'ayant que quelque savoir et quelque connoissance de l'histoire ecclésiastique et de la théologie, talents fort peu considérés et de fort peu d'usage auprès d'un prince qui, quoique d'église, menoit une vie fort opposée à sa profession. Je me trouvois donc auprès de lui tout à fait inutile, et, selon les apparences, incommode.

Ces réflexions firent renaître dans mon esprit pour la troisième fois l'envie de me retirer, et je l'aurois sans doute suivie, si mon aversion naturelle pour ma province, augmentée encore par le goût que j'avois pris pour la cour pendant le peu de temps que j'y avois demeuré, ne m'eût fait résoudre à tenter les derniers efforts pour éviter le malheur de m'en aller faire un séjour éternel en Limosin. Je pris donc alors le parti de servir le Prince avec plus d'assiduité que je n'avois fait dans le temps où j'avois d'autres espérances, bien résolu, ou de m'en détacher pour une bonne fois si je recevois du dégoût, ou de m'y établir solidement tout à fait si, par de bons traitements, on me donnoit lieu de m'y plaire.

Je n'avois pas suivi M. le prince de Conti dans tous les voyages qu'il avoit faits à l'armée ; je voulus le suivre dans celui qu'il fit en ce temps-là à Périgueux. J'eus un peu plus d'empressement auprès de sa personne, et je fus même assez heureux pour l'entretenir, dès le premier jour, plus que je n'avois fait depuis un an que j'étois à lui. Je m'aperçus dans cette conversation que je ne lui étois pas désagréable, et que, si je voulois en prendre le soin, je me ferois considérer plus que je n'avois été jusque-là. J'appris, dès ce soir-là même, qu'il avoit parlé de moi avec assez d'estime, et en effet, le lendemain, il me reçut tout autrement qu'il n'avoit accoutumé. Comme il reconnut que souvent, par discrétion, je me retirois d'auprès de lui de peur d'être incommode, il me dit que je pouvois entrer dans les heures les plus particulières. Cette manière douce, honnête, obligeante, commença à m'engager d'inclination auprès de ce prince, car j'avoue que jusque-là mes intérêts seuls m'y avoient attaché ; mais, dès ce moment, je me dévouai à lui tout entier.

Barbézières-Chémeraut et Sarrasin[1] étoient alors ses favoris et les seuls qui entroient dans ses plaisirs. Le premier lui en proposoit de toutes les manières ; il

[1] Sarrasin était dans la maison du prince de Conti en qualité de secrétaire des commandements ; sans naissance, il devait cette place à la protection de M. de Chavigny, secrétaire d'État, auquel il avait su plaire. Il consacrait à écrire le peu de moments qu'il dérobait à ses plaisirs. Ses principaux ouvrages sont : *la Conspiration de Valstein, la Pompe funèbre de Voiture ; l'Histoire de Dunkerque; S'il faut qu'un jeune homme soit amoureux ; Opinions du nom et du jeu des échecs; Dulot vaincu ou la Défaite des bouts-rimés.* Boileau disait : « Il y a dans Sarrasin l matière d'un excellent esprit ; mais la forme n'y est pas. »

avoit de l'esprit et assez de cour; artificieux, hardi, fort bien fait de sa personne, il étoit peu sévère sur la probité et ne gardoit ni règle ni mesure dans sa conduite. Sarrasin, connu pour être l'homme du monde qui avoit le plus d'esprit le plus agréable, étoit fin, adroit et avoit assez de bon sens; mais il étoit fourbe et intéressé au delà de toute expression. Ces deux hommes paroissoient liés d'une amitié étroite; mais elle n'étoit sincère qu'autant qu'elle peut l'être entre deux personnes de cette humeur. Comme ils sentoient leur crédit, ils en étoient si fiers qu'ils n'eussent pas aisément reçu un tiers dans leur amitié. J'aurois tenté inutilement aussi de songer à entrer dans les plaisirs du prince; mon humeur m'en éloignoit autant que ma profession, et quand je l'aurois pu, la prudence me défendoit de donner quelque ombrage à ces deux favoris, qui, sur le moindre sujet de jalousie, m'auroient fait perdre jusqu'aux avantages que j'avois déjà acquis d'avoir mes entrées un peu plus libres, et d'être un peu plus considéré que les autres. Ainsi, loin de former des desseins pour m'élever, je voyois que j'avois besoin de toute ma conduite pour me maintenir même dans le poste de subalterne.

Cet état ne m'étoit pourtant pas si agréable que je ne souhaitasse d'en sortir. Dans cette pensée, je ne vis d'autre expédient que de m'insinuer dans l'esprit de mon maître, sans éclat et sans bruit, par mon zèle et par ma complaisance.

M. le prince de Conti, en ce temps-là, tomba malade d'une fièvre fort longue et fort opiniâtre. L'assiduité que j'eus pendant tout ce temps fit pour moi dans son cœur un effet admirable.

Ses favoris étoient tous deux fort sujets à leurs plaisirs. Comme ils avoient des habitudes qui les attachoient plus agréablement que le service et l'entretien d'un malade, quoique ce malade fût un prince du sang et leur maître, ils se dispensoient de se trouver dans sa chambre beaucoup plus souvent que moi, qui faisois tout mon plaisir de mon devoir. Leurs absences étoient si fréquentes et mon attachement si remarquable, que, quelque volonté qu'eût M. le prince de Conti pour ces messieurs, il ne put s'empêcher de faire réflexion sur la différence qu'il y avoit entre leur affection et la mienne, et de me faire souvent confidence du peu de satisfaction qu'il avoit de leur conduite. J'écoutois toujours ses plaintes et recevois ses louanges avec beaucoup de modération. D'un côté, je craignois de désobliger deux hommes qui pouvoient se mettre mieux que jamais dans son esprit au premier jour, et, de l'autre, je croyois qu'il étoit plus honnête de ne point affecter de faire parade de mon service.

Cette maladie fit naître dans l'esprit de M. le prince de Conti une forte envie de vivre selon sa profession d'ecclésiastique. Son cœur fut vivement touché des sentiments d'une vraie piété. Il passa les premiers jours de sa convalescence ou dans la prière, ou dans la lecture de l'histoire ecclésiastique et des conciles. Comme j'avois autrefois donné beaucoup de temps à cette étude, je fus le seul confident de ses plaisirs; et Barbézières et Sarrasin se virent beaucoup moins puissants et moins nécessaires que moi. Je voyois de moment à autre augmenter ma faveur et diminuer celle de ces messieurs. Dans les premiers jours, ils proposèrent inutilement les divertissements passés. Comme l'humeur de ce prince le portoit à prendre toutes choses avec violence, sa dévotion étoit austère, et ces adroits favoris jugèrent bien qu'ils étoient perdus, s'ils ne suivoient l'inclination de leur maître. Dès lors, on vit ces deux raffinés hypocrites blâmer hautement le vice qu'ils pratiquoient en secret, et servir chaque jour publiquement à la messe de M. le Prince, avec une dévotion aussi affectée que peu exemplaire : car tout le monde, excepté le prince, connoissoit les motifs qui les obligeoient d'en user de la sorte. Ils surent se maintenir quelque temps par cette voie, et, comme un prince jeune et naturellement enclin à la vie voluptueuse semble être hors de son élément quand il s'en est séparé, ils n'eurent pas beaucoup de peine à réveiller en lui ses premières inclinations pour les plaisirs. Chacun d'eux reprit donc son premier poste avec plus de facilité qu'il ne l'avoit perdu, et je me vis aussi inutile que je l'avois été. Tout ce qui me resta de cette courte faveur ce fut d'être traité plus honnêtement, et de leur dérober de temps en temps quelques petites confidences que je ménageois avec toute la prudence d'un homme de vingt-deux ans.

Comme je m'étois assez bien conduit avec nos deux favoris, dans le temps où j'avois été plus nécessaire et plus agréable qu'eux, et que j'avois évité avec un soin extrême de leur donner de la jalousie, lorsqu'ils furent rétablis, ils ne songèrent point à détruire mon petit crédit; je crois qu'ils me regardèrent comme un homme qui avoit assez d'assiduité auprès du maître pour leur donner le loisir et la liberté de satisfaire leurs goûts, et qui n'avoit pas assez d'expérience et de capacité pour

leur ravir leurs postes et se rendre confident de ses
plaisirs. La différence de nos professions me mettoit à
couvert de leur envie. Ils considéroient que je rem-
plissois une place qu'aussi bien un autre auroit occupée,
et que cet autre leur auroit peut-être donné plus de
peine que moi. Je menois une vie assez douce, sans
ennemis, content de mon maître, et même il me sembloit être assez en état d'obtenir de lui quelque grâce.

La première que je demandai fut celle de faire les
fonctions de maître de chambre, le jour du baptême
de feu M. le duc de Bourbon[1]. Cette cérémonie se devoit faire avec grand éclat, M. le Prince ayant voulu
que la ville de Bordeaux donnât le nom à son fils.
M. l'abbé de Sillery[2], qui étoit maître de chambre de
M. le prince de Conti, avoit été arrêté quelque temps
auparavant dans Pierre-Ancise, en allant porter quelques ordres à son maître en Provence. Je regardai
comme une chose honorable et avantageuse de faire
ce jour-là les fonctions de sa charge. Je considérois
que si M. l'abbé de Sillery prenoit l'amnistie comme
le bruit avoit couru, n'ayant point d'autre moyen de
sortir d'une prison fort ennuyeuse, je prenois comme
une espèce de possession de cette charge que je désirois ardemment, non-seulement parce que c'étoit la
première de la maison, mais plus encore parce que c'é-
toit la seule qui fût convenable à ma profession. J'ob-

[1] Cet enfant, fils du prince de Condé et de Clémence de Maillé,
fut baptisé à Bordeaux le 8 février 1653 ; il fut porté par le comte
de Marsin et tenu par le premier jurat, comme parrain, au nom de la
ville, et par la duchesse de Longueville, sa tante, comme marraine.
On le nomma Louis de Bordeaux.

[2] L'abbé de Sillery descendait de Nicolas Bruslard, marquis de Sillery,
chancelier de France sous Henri IV.

tins d'abord avec assez de facilité cette grâce ; mais j'eus bien de la peine à me la conserver.

L'abbé de La Hillière qui étoit attaché à M. le prince de Conti depuis le commencement des dernières guerres civiles, désira le même honneur que j'avais demandé. Il l'avoit suivi dans tous ses voyages, et la familiarité qu'il avoit acquise auprès du prince m'auroit donné de la peine, si, pendant le séjour de Bordeaux, il ne se fût beaucoup plus attaché à une fille de Mme de Longueville nommée Terméli, qu'il a depuis épousée, qu'à faire sa cour à son maître. Aussi, dans cette conjoncture, ne se trouvant pas assez fort de lui-même, il employa le crédit de Mme de Longueville qui, comme je l'ai déjà dit, avoit un absolu pouvoir sur monsieur son frère. Cette princesse, incessamment sollicitée par cette fille, parla si fortement en faveur de cet abbé que, malgré l'inclination qu'avoit pour moi M. le prince de Conti, j'eus lieu de croire que ce qui m'arriveroit de plus avantageux dans cette concurrence, ce seroit que nous aurions de belles paroles, et mon rival l'honneur que je désirois. Pour éviter la honte qui eût suivi ce refus, je suppliai M. le prince de Conti que, s'il étoit résolu d'accorder cette grâce aux pressantes sollicitations de madame sa sœur, au moins il accordât à mon fidèle attachement quelque apparence d'honneur qui pût faire connoître au public que mon maître n'avoit point de mépris pour moi. Je lui représentai que l'abbé de La Hillière n'ayant au-dessus de moi ni qualité, ni services qui dussent lui faire avoir cette préférence, Mme de Longueville étoit trop juste pour trouver mauvais qu'après m'avoir fait espérer cette grâce, il remît au sort à décider entre nous deux à qui appartiendroit cet honneur.

M. le prince de Conti avoit envie de me contenter, mais il ne pouvoit se résoudre à rien faire qui fût opposé aux volontés de madame sa sœur. Quoique l'expédient que je lui avois proposé lui plût, il falloit le consentement de cette princesse pour s'en servir. Je dis à M. le prince de Conti qu'il l'obtiendroit sans difficulté, s'il avoit la bonté de lui représenter qu'il s'étoit déjà engagé à moi, avant qu'elle eût songé à le prier pour un autre. La chose fut ainsi résolue. Je passai la nuit dans des soupçons que je croyois bien fondés, mais que je reconnus très-injustes. Le lendemain M. le prince de Conti prit lui-même le soin de nous faire tirer au sort. Je fus plus heureux que mon rival; mais ce qui m'en toucha le plus, je fus redevable de ma bonne fortune bien moins au hasard qu'à la bonne volonté du prince. Il m'avoit averti de la manière dont il falloit me conduire pour réussir infailliblement. Quoique j'eusse assez ponctuellement observé ce qu'il m'avoit dit, la crainte qu'il eut que je tombasse dans quelque méprise, l'obligea de me faire encore signe en présence de l'abbé de La Hillière, qui eut le regret de se voir déchu de sa prétention, et de s'apercevoir que son maître étoit de concert avec moi contre lui. Je fis donc la charge de maître de chambre dans cette cérémonie, et comme je l'avois prévu, j'eus ensuite la commission de la faire durant l'absence de l'abbé de Sillery. Cette charge, dans toutes les autres fonctions, étoit importante par l'honneur et par l'autorité qu'elle donnoit dans la maison de ce prince; mais elle l'étoit beaucoup plus par l'attachement et par la familiarité qu'elle donnoit auprès de sa personne. Comme son humeur étoit fort particulière, et sa santé fort délicate, il passoit des jours entiers dans sa chambre. Ainsi ceux qui avoient à parler à lui, étant obligés de parler à moi, cette charge étoit d'un grand commerce et me donnoit une grande facilité pour entrer dans ses affaires et dans ses secrets. Sitôt qu'il étoit seul avec ses confidents, j'affectois de sortir par respect, et quand je me trouvois obligé d'y rentrer, c'étoit toujours avec tant de circonspection que ma manière d'agir plaisoit fort à mon maître, et ne donnoit aucun ombrage à nos deux favoris.

Je l'accoutumai à moi peu à peu, et si bien que, lorsque j'étois seul avec lui, ce qui arrivoit très-souvent, il me donnoit bien autant de connoissance de ses plus secrètes pensées qu'à ses deux confidents déclarés. Souvent même, le peu d'assiduité qu'ils avoient, et quelques petits sujets de plaintes qu'ils donnoient à ce prince, me faisoient comme l'arbitre de leur sort, et me mettoient en état de décider de l'estime et de l'amitié qu'il devoit avoir pour eux. Leur bonheur alors ne me faisoit point envie. Leur état, quoique plus heureux en apparence et plus éclatant, ne me paraissoit ni si solide, ni si agréable que le mien. Je ne me sentois pas assez fort pour prendre sur moi le poids des affaires du parti et de la maison; j'avois assez d'honneur pour ne pas désirer l'intendance des plaisirs, et j'aurois agréablement borné mon ambition à demeurer dans l'état paisible où j'étois; mais il étoit bien mal aisé de vivre tranquillement auprès d'un maître naturellement trop facile, dont toutes les passions étoient violentes et qui prenoit aisément toutes les impressions que ses deux confidents entreprenoient de lui donner.

Je ne sais si ce fut l'envie de cette trop grande autorité que Mme de Longueville avoit sur l'esprit de monsieur son frère, qui poussa Chémeraut à rendre à cette princesse de méchants offices, ou si, jugeant bien par sa conduite qu'il se feroit haïr d'elle, la crainte qu'il en eut l'obligea de la prévenir et de songer à ruiner cette grande intelligence; mais il sut, avec tant de sujet et d'adresse, donner de la jalousie à M. le prince de Conti contre elle, et après avoir fait naître cette passion dans l'esprit du monde qui en étoit le plus susceptible, il sut si bien l'y nourrir et l'y faire croître, qu'il n'eut point de peine à le porter ensuite à toutes les extrémités où se porte un cœur qui en est fortement prévenu. M. le prince de Conti commença à lui témoigner le mécontentement qu'il avoit par quelques paroles injurieuses et par quelques invectives, et ensuite il survint entre ces deux personnes une aigreur si forte et si publique, qu'étant dans une même ville, ils ne se voyoient pas.

Sarrasin instruit de l'humeur de son maître, qui vouloit que ses gens entrassent dans tous ses intérêts et qu'ils épousassent toutes ses passions, persuadé d'ailleurs du pouvoir que Mme de Longueville auroit sur cet esprit, toutes les fois qu'elle voudroit prendre le soin de lui plaire, se ménageoit, selon son génie fin et intéressé, avec beaucoup de politique et peu de bonne foi. Il applaudissoit aux emportements de son maître, et les approuvoit en sa présence ; et en particulier, il donnoit des avis à Mme de Longueville de tout ce qui se disoit et se faisoit contre elle, et sacrifioit ainsi le plus adroitement et le plus secrètement qu'il pouvoit son bon maître et son cher ami Chémeraut. Pour moi, j'avois le bonheur que Mme de Longueville et nos deux favoris croyoient que j'étois ignorant de tout ce qui se passoit, et quand mon maître me faisoit, en particulier, quelques confidences et quelques plaintes, je les écoutois avec un grand respect, sans me mêler de décider ni pour ni contre, et je ne répondois que par des protestations de fidélité et d'un attachement inviolable à son service. J'évitois également de perdre le respect à Mme de Longueville comme Chémeraut, et de trahir mon maître comme Sarrasin. Cependant l'animosité de M. le prince de Conti alloit si loin et pouvoit faire de si méchants effets contre l'honneur de Mme de Longueville, que cette princesse jugea qu'il étoit important, et pour le bien du parti et pour son intérêt particulier, de se mettre bien avec monsieur son frère. Elle savoit par expérience qu'il n'étoit pas au pouvoir de ce prince de résister à ses caresses. En effet, dès qu'elle eut un peu modéré sa trop grande fierté, on vit la colère de ce prince apaisée, et dès les premières avances d'amitié qu'elle lui fit, elle s'en retourna maîtresse absolue d'une personne qui, un moment auparavant, ne parloit que par menaces et ne songeoit qu'à la vengeance. Jamais foible amant ne fut plus soumis à une impérieuse maîtresse que le fut ce frère à sa sœur, et jamais faveur ne fut plus tôt évanouie que celle de Chémeraut, qui, ne pouvant tenir contre une si puissante et si agréable ennemie, prit assez prudemment le parti de s'en aller à l'armée[1].

---

[1] Pendant que les princes et leur état-major résidaient à Bordeaux, la

Dès que Mme de Longueville sut que Chémeraut s'étoit retiré, ne voyant plus personne qui pût animer M. le prince de Conti contre elle, elle ralentit les soins qu'elle venoit de prendre pour le ménager et pour le radoucir. Elle étoit bien aise de s'épargner les peines que lui donnoit la conduite de cet esprit naturellement inquiet et jaloux. Elle avoit bien affaire ailleurs de son esprit et de ses pensées. Ainsi, comme c'étoit bien la crainte et non pas l'inclination qui l'avoit obligée à se remettre bien avec monsieur son frère, se voyant délivrée de cette nécessité pressante, elle ne se soucia plus de se contraindre. Elle ne pouvoit croire que ce prince eût de lui-même assez de force pour la haïr et manquer de considération pour elle, et se fioit un peu trop à ce pouvoir qu'elle avoit eu si longtemps sur son esprit. Cependant, comme ce prince n'étoit revenu de ce grand emportement que dans l'espérance qu'il seroit mieux traité, la jalousie revint insensiblement dans son cœur, lorsqu'il s'aperçut que Mme de Longueville, après son raccommodement, ne prenoit aucun soin d'effacer les mauvaises impressions qu'elle lui avoit données. Il est vrai que cette jalousie fut plus modérée que dans le temps où elle étoit aigrie par Chémeraut; mais pourtant elle parut assez forte pour devoir inspirer à cette princesse une juste crainte de ses suites, si dans ce temps elle n'eût pris la résolution de négliger tout ce qui en pourroit arriver, aimant beaucoup mieux s'exposer aux effets de la haine de son frère qu'à ceux de son amitié.

guerre civile était allumée en Limousin, en Périgord et en Guienne. Les troupes royales tendaient à se rapprocher successivement de Bordeaux pour en entreprendre le siége.

Elle vit donc les commencements de cette seconde rupture avec tant d'indifférence et d'insensibilité, qu'elle souffrit que Chémeraut vînt reprendre auprès de lui cette place de favori dont elle avoit eu tant d'empressement de le chasser. Quoique la faveur de ce confident, depuis son retour, fût beaucoup plus grande qu'elle n'avoit été autrefois, et que l'aigreur de M. le prince de Conti fût plus forte, cette princesse ne témoigna ni inquiétude de cette faveur de Chémeraut, ni douleur de cette aversion du prince. Je crois qu'elle auroit été longtemps dans cette indolence, s'il ne fût arrivé une affaire qui l'obligea de pousser Chémeraut et de prendre de là une occasion de satisfaire tout à la fois son honneur et sa haine.

Cet homme n'étoit pas mal propre à se faire aimer pour peu qu'il en voulût prendre le soin. Une fille[1] de Mme de Longueville, nommée La Chastre, l'aima, et comme il étoit hardi et sans jugement, il poussa sa passion sans respect ni du lieu, ni de la personne qu'elle servoit, et causa, par le malheur et l'imprudence de cette fille, un si grand scandale, que Mme de Longueville ne put plus avec honneur dissimuler son ressentiment contre Chémeraut.

Elle n'étoit pas auprès de monsieur son frère en un état qui lui permît d'en espérer des grâces; mais il y avoit tant de justice à ce qu'elle vouloit demander, qu'elle ne doutoit point qu'elle n'y dût réussir. Elle étoit si fort animée qu'elle voulut elle-même venir demander

---

[1] Une fille d'honneur. Depuis Catherine de Médicis, l'usage s'était introduit à la cour de placer à la suite des reines et des princesses du sang un certain nombre de jeunes filles nobles qu'on appelait filles d'honneur.

à son frère la punition de cet homme. M. le prince de
Conti avoit été le confident et même le conseiller des
amours de son favori, et sur les plaintes que madame
sa sœur lui fit, il voulut traiter la chose de bagatelle,
mais voyant la colère de cette princesse montée à un
point qui lui donnoit de la frayeur, considérant l'honneur de sa maison, la honte qu'une telle action impunie pourroit lui causer, et par-dessus tout cela, touché
de quelques paroles de tendresse que cette princesse
sut adroitement mêler parmi ses plaintes, il promit
d'éloigner Chémeraut; mais dès qu'il ne voyoit plus
Mme de Longueville, il se moquoit avec Chémeraut
des promesses qu'il avoit faites. Cependant, comme
le bon office que Mme de Longueville m'avoit rendu
à Mourron m'inspiroit autant de reconnaissance que
son mérite et sa naissance me donnoient de respect
pour elle, je prenois grand soin de si bien ménager ma
conduite qu'elle ne pût déplaire à cette princesse, ni
choquer Chémeraut qui étoit le favori de mon maître.
J'avois heureusement évité jusqu'alors de prendre
parti; mais je me voyois à tout moment réduit à me
déclarer ou pour l'un ou pour l'autre, et c'est ce qui
me paroissoit également dangereux.

Dans cette extrémité que mon peu d'expérience me
faisoit regarder comme un écueil où je pourrois voir
échouer ma fortune, je pris la résolution de me mettre
à l'abri dans quelque endroit éloigné jusqu'à ce que
l'orage, que je connoissois tout prêt à fondre, fût passé.
Je feignis donc d'avoir reçu un courrier qui venoit
m'avertir que mon père étoit dangereusement malade,
et qu'il désiroit avant sa mort avoir la consolation de
me voir. Je fus avec toutes les marques d'un fils affligé

porter ma lettre supposée à M. le prince de Conti, et je sus si bien lui représenter mon devoir et lui exagérer ma douleur, que malgré la peine qu'il avoit à me laisser partir dans un temps où il croyoit que je lui serois nécessaire, il m'accorda la permission de faire ce voyage que je disois ne devoir être que de huit jours. J'avois laissé à Dumesnil, capitaine de ses gardes, des ordres secrets et une adresse pour m'avertir de ce qui se passeroit pendant mon absence, et ne m'éloignant que de vingt lieues[1] de Bordeaux, j'attendois à presser mon retour ou à le retarder, selon les nouvelles que je recevois.

A peine étois-je arrivé chez mon père, qu'un valet de pied de chez M. le prince de Conti vint m'apporter des ordres de sa part de l'aller retrouver au plus tôt. J'appris par la lettre de ce prince le départ de Chémeraut qu'enfin Mme de Longueville avoit obtenu par ses importunités, mais qui pouvoit s'appeler plutôt une absence qu'une disgrâce. Je remarquai dans son style une grande passion de me voir auprès de lui, comme me croyant la seule personne en qui, pour lors, il pût prendre une entière confiance. Je cachai au valet de pied le mieux que je pus le véritable état de mon père, et dans la crainte que cet homme ne fût plus clairvoyant qu'il ne me convenoit, je lui donnai assez pour l'obliger à faire l'aveugle, et je le fis repartir presque aussitôt qu'il fut arrivé.

J'écrivis à M. le prince de Conti que j'allois tout quitter pour lui obéir. En effet je partis le lendemain.

---

[1] Lieues d'alors qui étaient plus du double de nos lieues de poste d'aujourd'hui.

J'allois à petites journées sous prétexte de mon peu de santé, mais dans la vérité, pour attendre sur le chemin des nouvelles qui m'informeroient encore mieux de toutes choses. En passant par Sarlat, je trouvai l'armée de M. le Prince qui venoit de prendre cette ville[1]. J'allai rendre visite à M. de Marsin[2] qui commandoit cette armée; cet homme me reçut si incivilement que cette visite fut le fondement d'une aversion qui, dans la suite, fit beaucoup d'éclat en public, et en particulier, quelque tort à ce général. J'arrivai à Bordeaux également souhaité de M. le prince de Conti et de Mme de Longueville.

Depuis le départ de Chémeraut, ce prince n'avoit personne à qui se pouvoir plaindre de madame sa sœur, ce qui étoit une grande contrainte pour lui. Il n'y avoit pas un seul de ses domestiques en qui il prît créance, et il ne se familiarisoit avec aucun d'eux; et

[1] Sarlat fut pris dans les premiers jours d'avril 1653; son gouverneur, M. de Chavagnac, dont le frère, qui a laissé des Mémoires, servait dans les rangs opposés, fut fait prisonnier après avoir failli être assassiné. Sa femme et son fils périrent à coups d'arquebuse.

[2] Jean Gaspard, comte de Marsin, naquit en 1610 d'une famille de Liége. Son attachement pour le prince de Condé l'ayant rendu suspect, le cardinal Mazarin lui avait ôté la vice-royauté de Catalogne pour la donner au duc de Mercœur. Pendant la captivité des princes, Marsin fut enfermé au château de Pignerol. Lorsque le grand Condé quitta la Guienne pour aller combattre sans succès à Blénau et au faubourg Saint-Antoine, et se mettre ensuite à la tête des Espagnols dans les Pays-Bas, il laissa au comte de Marsin, en qui il avait toute confiance, le commandement de ses troupes. Après la paix de Bordeaux, ce général fut rejoindre le prince de Condé dans les armées espagnoles, et ne rentra en France qu'en 1672, à condition que Louis XIV lui donnerait quarante mille écus et une compagnie de gens d'armes pour son fils, issu de son mariage avec Marie de Balzac d'Entraigues. Marsin mourut en 1673. Son fils fut naturalisé et nommé maréchal de France en 1703.

Sarrasin qui eût été le seul à y prétendre, non-seulement lui étoit suspect par l'attachement qu'il avoit auprès de Mme de Longueville ; mais les preuves de son infidélité étoient devenues si claires qu'il ne pouvoit plus le souffrir. D'autre côté, Mme de Longueville étoit bien aise de mon arrivée et de ma nouvelle faveur. Elle la regardoit comme un obstacle insurmontable au retour de Chémeraut, qu'elle craignoit encore et avec raison. J'avois toujours gardé avec elle, comme je l'ai déjà dit, toute la circonspection possible. Depuis qu'elle avoit eu la bonté de me retenir auprès de monsieur son frère, je la regardois, en quelque façon, comme ma bienfaitrice. Ainsi persuadée que j'allois être attaché à ses intérêts, elle n'étoit point fâchée que je remplisse la place de Chémeraut. Dans une conjoncture si favorable, je ne pouvois manquer d'être bien reçu de l'un et de l'autre. M. le prince de Conti, après m'avoir fait mille démonstrations d'amitié, me raconta tout ce qui s'étoit passé, avec tant de plaintes contre madame sa sœur, que son aversion me parut être à son dernier période. Il me dit qu'il avoit fait défense à tous ses domestiques d'aller chez elle, et que m'aimant autant qu'il faisoit, et voulant à l'avenir avoir une entière confiance en moi, il croyoit bien que je ne ferois aucune difficulté de ne lui rendre point visite. Il me parla assez indifféremment de Chémeraut, et assez légèrement du déplaisir que son éloignement lui causoit. Mais il s'emporta fort contre Sarrasin dont il prétendoit avoir été trahi, et sa colère fut si violente qu'il me commanda de lui aller porter de sa part l'ordre de se retirer.

Sarrasin étoit peu sûr dans son amitié, il régloit sur

son utilité les mouvements de son cœur. J'avois beaucoup plus de raison de me réjouir de sa disgrâce que de l'empêcher ; mais quoiqu'elle me fût avantageuse, l'amitié que j'avois pour mon maître l'emporta sur mes intérêts. Je considérois que cet homme, par l'agrément de son esprit, étoit comme nécessaire auprès du prince, et cette réflexion me fit naître l'envie de l'y retenir. Je songeai d'ailleurs que quand il sauroit que je lui avois rendu un service si important, peut-être il auroit pour moi plus de fermeté et plus de fidélité qu'il n'en avoit eu pour ses autres amis. Enfin je m'imaginai que, ruiné de réputation, au point où il étoit dans l'esprit du maître, il ne pourroit jamais prendre la première place dans son cœur. Toutes ces réflexions m'obligèrent, après avoir écouté fort paisiblement les ressentiments de M. le prince de Conti, de lui représenter que je n'avois pas pour Sarrasin une amitié si tendre que sa considération pût m'obliger à lui rendre de bons offices, et que connoissant son peu de probité, j'étois bien éloigné de faire une liaison particulière avec un tel homme, mais que je ne pouvois m'empêcher de le regarder comme une personne nécessaire pour son divertissement ; qu'ainsi j'osois lui représenter qu'il devoit le garder comme un esprit agréable, et non pas comme un fidèle domestique à qui il pût confier ses affaires et ses secrets. Cependant mes remontrances n'eurent point d'effet, et tout ce que je pus faire fut de différer la chose au lendemain.

Comme j'avois fort à cœur les défenses qui m'avoient été faites de voir Mme de Longueville, je commençai à penser aux moyens de les faire révoquer. Je m'étois flatté de l'espérance que je pourrois rétablir quelque union, du moins apparente et de bienséance, entre ce prince et cette princesse. Cet ordre trompoit mes mesures, et j'en étois fâché. Je songeois que Mme de Longueville se rétabliroit quand elle voudroit dans cette plénitude de puissance qu'elle avoit eue si longtemps auprès de son frère, et qu'elle n'avoit perdue que par une négligence volontaire, et qu'en ce cas, si elle n'étoit informée que j'avois témoigné de la douleur de cette mésintelligence, elle me perdroit infailliblement. Il me parut peu honnête et très-dangereux de la voir secrètement, et même de lui faire parler, après les défenses d'un maître qui me montroit tant de confiance. Dans cette perplexité, je pris le parti de témoigner à M. le prince de Conti que la défense qu'il m'avoit faite m'affligeoit et me touchoit sensiblement, non pas par l'attachement que j'avais aux intérêts de madame sa sœur, pour laquelle je n'en aurois jamais qu'autant qu'il me l'ordonneroit lui-même, mais parce que cela me marquoit le peu de confiance qu'il avoit en moi, me traitant comme le reste de ses domestiques dont il pouvoit avoir sujet de se plaindre ou de se défier. Je voulus encore lui représenter que peut-être il ne lui seroit pas inutile que je rendisse quelquefois mes respects à Mme de Longueville. Je pourrois mieux que personne lui connoître l'intérêt qu'elle avoit de se conserver l'amitié d'un tel frère, et en même temps lui faire craindre les malheurs qui lui pourroient arriver de la continuation de leur désunion; mais quoique je me servisse des termes les plus tendres et les plus puissants, quoique j'employasse son propre intérêt pour tâcher de faire révoquer un ordre que je trouvois si fâcheux et si dur,

je connus bien que mes raisonnements ne lui plaisoient
pas. Il répondit avec chagrin à toutes les assurances
que je lui donnois de ma fidélité pour sa personne.
A la fin pourtant, il me permit de rendre mes devoirs à madame sa sœur; mais ce ne fut qu'après la
protestation que je lui fis que, dès son premier ordre,
il verroit mon obéissance; et même la manière dont il
m'accorda cette permission forcée, me fit aisément
comprendre qu'il la révoqueroit bientôt.

Je fus ensuite chez Mme de Longueville. Dès qu'elle
m'aperçut, elle me fit entrer seul dans son cabinet, et
avec les paroles du monde les plus flatteuses et les plus
obligeantes, ce qu'elle savoit faire mieux que femme
de France, elle me témoigna qu'elle avoit de la joie
de me voir en l'état où elle me voyoit auprès de son
frère. Elle me dit avec cet air agréable et insinuant
qu'elle étoit ravie que M. le prince de Conti eût choisi
pour ami un honnête homme qui aimeroit sa gloire et
seroit attaché à ses véritables intérêts. Elle me fit ses
plaintes de la conduite que monsieur son frère tenoit
avec elle, de la peine qu'elle avoit eue de faire chasser
Chémeraut, dont elle me parla avec tout le ressentiment
imaginable. Ensuite elle me dit que, connoissant M. le
prince de Conti comme je devois le connoître, je pouvois bien juger que son amitié n'étoit pas la chose du
monde la plus sûre, et redoublant en cet endroit ses
caresses, elle me dit qu'elle espéroit que je l'avertirois
de toutes les choses que M. le prince de Conti me con-
fieroit, afin qu'agissant de concert avec elle, je pusse
me conserver par ses conseils et par son secours, dans
le poste que j'occupois. Je répondis avec tout le respect possible aux choses engageantes que cette prin-

cesse me dit ; je marquai une passion si sincère de voir
rétablir une parfaite intelligence entre elle et monsieur
son frère, et une si grande envie d'y travailler, que je
crus qu'elle devroit être satisfaite de mon respect et de
mon zèle. Mais comme je ne répondois pas si précisément qu'elle désiroit touchant la correspondance
qu'elle exigeoit de moi, elle me pressa avec tant d'instance, que je me trouvai contraint de lui dire que je
la suppliois de ne trouver pas mauvais que je me con-
servasse son estime, ce que je ne pouvois sans doute
faire qu'en demeurant fidèle à mon maître ; j'ajoutai
que je saurois bien, parmi mes devoirs, lui garder le
respect et lui rendre les services que je lui devois ; mais
que je ne pouvois jamais me résoudre à trahir les secrets d'autrui, ni m'engager à promettre des choses
qu'il me seroit honteux de tenir. Je ne sais si une réponse si simple et si sincère parut crue et brusque à
Mme de Longueville, et si la surprise qu'elle en eut lui
donna du dépit ; mais elle me répondit avec assez d'aigreur : «Non, monsieur, je ne trouve point cela mauvais ; mais ne trouvez pas mauvais aussi que, dans les
occasions, j'appuie d'autres intérêts que les vôtres, et
que je cherche des amis moins scrupuleux et plus solides. — Il est juste, madame, lui repartis-je, que
Votre Altesse suive ses inclinations, et je me trouve
bien malheureux de ce que l'honneur et la foi m'obligent à perdre votre amitié que j'achèterois de bon cœur
à tout autre prix. » Et après avoir fait une profonde
révérence, je me retirai.

Je ne crus pas que je fusse obligé de rendre compte
à M. le prince de Conti de tout le détail de cette conversation; je lui dis seulement que j'avois eu l'honneur

de rendre visite à madame sa sœur, et qu'ayant satisfait à ce respect que je lui devois, je ferois à l'avenir mon devoir envers lui ; que je n'aurois plus l'honneur de la voir que par son commandement, et que, si j'avois désiré le jour de devant qu'il me traitât mieux que ses autres domestiques, je prétendois bien me distinguer encore plus par mon obéissance que par ses bontés. Ce compliment fut reçu avec beaucoup de démonstration de joie et d'amitié, et ne contribua pas peu à achever de me donner toute sa confiance ; il m'avoua que tout ce que je lui avois dit le jour précédent sur le sujet de Mme de Longueville lui avoit fait beaucoup de peine, et, après m'avoir fait cent protestations d'amitié, il m'accorda la grâce de Sarrasin que je ne lui avois demandée que pour son propre intérêt.

Depuis ce jour-là, je me trouvai une espèce de favori assez établi pour pouvoir même disputer cette place à Chémeraut. Je craignois pourtant son retour, et quoique j'eusse obtenu là-dessus plusieurs déclarations en ma faveur, je ne pouvois être en pleine sûreté, connaissant la facilité de mon maître et l'ascendant que cet homme avoit sur son esprit. Cette jalousie troubloit un peu la douceur de ma naissante fortune. J'eusse bien désiré que l'esprit de M. le prince de Conti eût été un peu plus radouci pour Mme de Longueville, non-seulement pour la considération que j'ai toujours eue pour cette princesse, mais encore parce que, si elle eût été en crédit auprès de monsieur son frère, elle s'en seroit servi pour éloigner Chémeraut une bonne fois sans retour. Je faisois tout ce que je pouvois pour diminuer cette aigreur, et insensiblement l'esprit de M. le prince de Conti devenoit plus calme ; il y a grande apparence que l'avis qu'on en donna à Chémeraut l'obligea à partir du Poitou. Il craignit sans doute que, si cet accommodement venoit à se faire, son exil ne fût éternel; il hasarda de venir à Bordeaux sans en avoir donné connoissance à M. le prince de Conti. Il vint un soir chez ce prince dans le temps où on ne s'attendoit pas de le voir, et où même, ce me sembloit, il n'étoit pas trop souhaité; cependant il fut beaucoup mieux reçu que je n'eusse souhaité, et il me parut presque avec le même pouvoir qu'il avoit lorsqu'il étoit parti.

Après que l'ardeur des premières caresses fut passée, je m'aperçus qu'il y avoit quelque changement. Chémeraut n'avoit la liberté de voir M. le prince de Conti que la nuit, le respect qu'il devoit à Mme de Longueville ne permettoit pas qu'il se montrât le jour, ni qu'on le reçût en public, et cette princesse, ayant été avertie de son retour, recommença à presser monsieur son frère de le chasser. Enfin, soit par le pouvoir seul de Mme de Longueville, soit par quelques autres considérations qui s'y mêlèrent, je vis tout à coup diminuer sa faveur, et j'eus ordre de lui dire qu'il se retirât et qu'il sortît de Bordeaux dans une heure.

J'obéis avec assez de diligence à ce commandement. Jamais homme ne parut plus surpris, ni plus irrésolu que ne le fut Chémeraut. Je lui dis qu'enfin Mme de Longueville avoit obtenu de M. le prince de Conti, quoique avec peine, l'ordre que je lui portois de se retirer; mais que la chose étoit si bien résolue que même, s'il étoit plus de deux heures dans Bordeaux, il seroit arrêté. D'abord, il me dit qu'il n'obéiroit point qu'il n'eût reçu lui-même ce commandement de la bouche de M. le prince de Conti; mais lui ayant fait connoître qu'il étoit impossible qu'il pût avoir cette satisfaction, et que j'étois chargé de lui en ôter l'espérance, il s'emporta dans des injures si grandes et si atroces contre son bienfaiteur, que, quand il n'auroit été coupable d'aucun autre crime que celui-là, il auroit mérité le traitement qu'il recevoit. J'écoutai ses plaintes avec toute la modération possible, et je souffrois tous ses emportements sans y rien répondre, et, après que je crus qu'il s'étoit assez agité, je lui demandai froidement ce qu'il désiroit que je disse à M. le prince de Conti sur l'ordre que je lui avois apporté de sa part. Il persista à jurer qu'il n'obéiroit point, qu'il étoit à M. le Prince, et point du tout à M. le prince de Conti, qu'ainsi il n'y avoit que M. le Prince, son maître, qui eût le pouvoir de le chasser du parti. Après cela, il demanda encore la liberté de voir M. le prince de Conti et de prendre congé de lui, me prenant à partie et m'accusant d'avoir été gagné par Mme de Longueville pour lui porter un tel ordre. Je ne fis pas semblant de prendre garde à ce qu'il disoit; je lui dis seulement qu'il me paroissoit impossible de voir M. le prince de Conti; mais que, puisqu'il vouloit demeurer, et qu'il croyoit que son séjour à Bordeaux serviroit à ses affaires, il feroit peut-être bien; qu'en effet la seule chose qu'il devoit craindre, c'étoit qu'on le mît en prison, mais que cela n'étoit rien, puisqu'il en sortiroit aisément en épousant cette fille qu'il avoit abusée; que La Chastre étoit fille de qualité, que sans doute il l'aimoit, et que par le mariage toutes choses se rétabliroient à son avantage. Dès qu'il entendit parler de mariage, il lui prit une si grande frayeur qu'il me dit qu'il vouloit bien s'en aller, mais que la seule grâce qu'il demandoit à M. le prince de Conti, c'étoit quelque argent pour se retirer, n'ayant pas un sou pour faire son voyage. Je m'offris à lui pour aller représenter sa nécessité à M. le prince de Conti; j'ajoutai pourtant que mon sentiment étoit qu'il ne devoit pas demander cette grâce s'il pouvoit trouver le moyen de s'en passer; que s'il vouloit accepter une centaine de pistoles, je les avois à son service et les lui offrois de bon cœur, étant touché du fâcheux état où il se trouvoit. Je lui représentai qu'il n'étoit pas aisé d'obtenir cette grâce de ce prince, quand une fois il avoit commencé à maltraiter les gens; qu'un refus n'étoit pas plaisant à essuyer; qu'ainsi, s'il pouvoit se contenter de cette somme, je croyois qu'il devoit éviter d'avoir cette obligation à ce prince. Chémeraut goûta fort ma raison et accepta mon offre. Je lui donnai mes cent pistoles sur-le-champ avec beaucoup de joie. Il crut que ce prêt m'engageroit dans ses intérêts, et que je consentirois bien plus agréablement à son retour, lorsque je verrois qu'il m'en reviendroit cent pistoles qu'il savoit être alors une somme considérable pour moi. Il me fit mille protestations d'amitié auxquelles je n'ajoutai point de créance; aussi espérois-je de n'en avoir pas besoin. Je le vis partir avec bien plus de joie d'avoir cent pistoles en bourse, que de chagrin d'avoir perdu les bonnes grâces d'un maître, sur l'amitié duquel il avoit fondé les espérances d'une fortune considérable, soit que cela vînt de son peu de bon sens, soit qu'il se persuadât de regagner facilement son poste au premier jour.

Après ce départ, que je jugeai sans retour, je me

trouvai beaucoup mieux affermi. Je commençai à prendre connaissance des affaires du parti, et il ne se faisoit rien dans la ville et dans l'armée dont je ne fusse informé. Je sus par une lettre qu'on écrivit à M. le prince de Conti du camp qui étoit aux environs de Bergerac, que M. de Marsin ayant frappé un officier qui lui avoit parlé de la part des troupes avec un peu de hauteur, toute l'armée avoit témoigné du mécontentement de cette action, et qu'il étoit à craindre qu'ayant déjà reçu quelque échec[1], toutes les troupes ne se jetassent dans le parti du roi. M. de Marsin écrivit en même temps que cette affaire n'étoit rien, et qu'il apaiseroit cette mutinerie dans vingt-quatre heures par le châtiment de quelques séditieux. Comme je n'aimois point M. de Marsin à cause du mépris qu'il avoit eu pour moi dans Sarlat, je ne fus pas fâché de cette occasion de lui nuire. J'exagérai son emportement, et je m'opiniâtrai fort à soutenir que M. le prince de Conti devoit aller à l'armée apaiser lui-même cette sédition, et que c'étoit une affaire importante; qu'il devoit profiter de cette occasion pour se rendre le maître de l'armée, où il n'étoit presque pas reconnu ; qu'il auroit toute sa vie un déplaisir mortel si, ayant pu empêcher par sa présence la perte de ses troupes, il les abandonnoit par sa paresse ; que M. le Prince ni le public ne lui pardonneroient jamais une telle faute, qu'il y alloit de sa gloire et de son intérêt de faire ce voyage. Enfin je sus si bien mettre au jour toutes mes raisons que, quoiqu'il eût beaucoup de répugnance

---

[1] La petite ville de Saint-Justin venait d'être prise, et les troupes du colonel Balthasar avaient été vigoureusement poursuivies par le chevalier d'Aubeterre.

à ce voyage, il s'y résolut et partit le lendemain. A son arrivée[1], il trouva que les choses étoient encore plus aigries qu'on ne le lui avoit mandé, que cette armée étoit toute remplie de mécontents et que l'on avoit à craindre un soulèvement général. M. le prince de Conti ralentit le ressentiment des plus animés par sa douceur et par ses caresses, et M. de Marsin s'étant retiré dans Bordeaux, toutes choses demeurèrent calmes; les troupes furent employées à la prise de plusieurs places de peu de considération[2], et, dans le

[1] Le prince de Conti arriva à Bergerac, où était le quartier général, le 18 juin 1653.
[2] Bourdeilles et le château de Fories.

Le colonel Balthasar battait en même temps, près de la rivière de l'Isle en Périgord, les marquis de Montausier et du Plessis-Bellière, lieutenants du comte d'Harcourt, qui venait de quitter furtivement le commandement de l'armée du roi pour aller s'enfermer dans Brisach, et faire, de cette place, ses conditions avec la cour dont il était mécontent.

Le comte d'Harcourt fut immédiatement remplacé par le duc de Candale. Ce choix fut fait au préjudice des droits de généraux plus anciens; mais le cardinal Mazarin affectionnait particulièrement le duc de Candale, auquel il souhaitait depuis longtemps de donner une de ses nièces en mariage. Si l'intérêt politique eût été le seul mobile du cardinal dans cette circonstance, il eût demandé peut-être un choix moins antipathique aux habitants de Bordeaux, qui avaient reporté sur le fils la haine qu'ils avaient eue contre le père. En 1649, le duc d'Épernon, père du duc de Candale, étant gouverneur de la Guienne, avait excité le mécontentement de sa province par la construction de plusieurs forts sur la Dordogne, et notamment de la citadelle de Libourne. Six mille Bordelais, autorisés par arrêt du parlement, furent en armes attaquer les travailleurs et détruire leurs ouvrages; ils revenaient à Bordeaux joyeux et fiers de leur expédition, lorsqu'ils se trouvèrent face à face avec les troupes du gouverneur, qui les massacrèrent sans qu'il en échappât presque un seul. Aussi une des conditions de la paix, en 1650, avait été que le gouvernement de la Guienne serait ôté au duc d'Épernon; on lui avait donné en conséquence celui de Bourgogne, et on avait nommé à sa place le prince de Condé. A un autre point de vue, le choix du duc de Candale pouvait aussi être considéré comme un coup de vigueur destiné à intimider les révoltés:

temps qu'on se disposoit à entreprendre quelque chose de plus grand, M. le prince de Conti fut obligé de se retirer à Bordeaux sur les avis qu'on lui donna des conjurations qu'on avoit découvertes.

Il apprit qu'il y avoit deux partis dans Bordeaux, celui de l'Ormée et celui de Messieurs du parlement[1];

mais, dans le premier moment, il n'eut d'autre effet que de donner une nouvelle activité à la guerre civile.

[1] Comme le parti du parlement se subdivisait en deux, il y avait, pour préciser davantage, trois partis dans la ville de Bordeaux. On les désignait ainsi : la grande Fronde, la petite Fronde et l'Ormée.

La grande Fronde était composée de ceux des conseillers du parlement et de leurs partisans qui étaient dévoués à la personne des princes depuis le commencement des troubles. Ils avaient, en 1650, entraîné le parlement de Bordeaux à envoyer le conseiller Voisin s'entendre avec le parlement de Paris pour réclamer la liberté des princes, prisonniers à Vincennes. Ils avaient continué à donner des preuves de leur dévouement lors du siége de Bordeaux, qui fut fait la même année par le maréchal de La Meilleraye. En 1653, leur zèle était resté le même. Les principaux d'entre eux étaient : MM. de Trancas, de Guyonnet, de Mitrat et de Gondrin.

La petite Fronde était formée des conseillers attachés avant tout à leurs priviléges. Leur participation à la révolte avait pour motif le soutien du droit, ou, pour mieux dire, de la prétention des parlements à s'immiscer dans les affaires de l'État. Les plus marquants étaient : MM. de Némon, de La Chaise et Le Rousseau. Les conseillers de la petite Fronde, effrayés des excès de la populace et peu soucieux des intérêts des princes, furent les premiers à se soumettre lorsque, par ordre du roi, le parlement de Bordeaux fut transféré à Agen.

L'Ormée était la réunion tumultueuse de tout ce que la ville renfermait de gens portés au pillage et à tous les désordres. Indifférents à l'ambition des princes et aux priviléges parlementaires, ils ne cherchaient, dans la révolte, qu'un moyen de satisfaire leurs mauvais instincts, et s'entretenaient dans un état continuel d'exaltation par une haine aveugle du nom de Mazarin. Cette faction tirait son nom d'une première émeute qui, chassée de devant la porte de l'hôtel du gouvernement, s'était portée dans un endroit planté d'ormes, près du château du Hâ, lieu qui était devenu le rendez-vous habituel de ses réunions. L'Ormée fut à son origine secrètement favorisée par les princes, qui l'envisagèrent comme un moyen de

que la ville étoit partagée, qu'on en étoit venu si avant que chaque parti avoit mené du canon, et qu'on avoit tiré de part et d'autre avec une si grande animosité qu'il y avoit eu beaucoup de morts.

Une nouvelle si importante obligea M. le prince de Conti à quitter toutes ses entreprises de guerre pour aller tâcher d'apaiser par sa présence et par son autorité les désordres de cette ville, dans laquelle résidoient toutes les forces du parti. En arrivant il trouva que l'Ormée avoit pris le dessus, et que le parlement avoit été chassé de la ville.

Les chefs de l'Ormée étoient Villars[1], avocat, et le nommé Dureteste, solliciteur de procès. Ce dernier remplissoit la place du premier président dans le Palais, et, avec quelques gens de sa cabale, s'asseyoit tous les jours sur les fleurs de lis pour rendre la justice. Il recevoit de grands applaudissements du peuple, parce que, sur les plaintes que faisoient une infinité d'artisans que les présidents et les conseillers leur devoient le travail et les fournitures qu'ils avoient faits dans leurs maisons, sans que depuis vingt ans ils eussent pu tirer aucun payement, ce juge sévère ordonna qu'on allât se saisir des meubles des débiteurs, et qu'en les distribuant à leurs prétendus créanciers jusqu'à concurrence de ce qu'ils assuroient leur être dû, le reste fût pour les frais de justice. La providence divine ne laissa pas

retenir, par la crainte de ses violences, tous ceux qui auraient pu songer à abandonner leur parti.

[1] Quelques écrivains, entre autres l'auteur des notes de la collection des Mémoires pour servir à l'histoire de France publiée par Michaud, ont, à tort, confondu Villars, chef de l'Ormée, avec le marquis de Villars, père du maréchal. Il est question du marquis de Villars dans la suite de ces Mémoires.

impunis ces iniques jugements. Elle permit que ces gens, qui durant la guerre, avoient tranché des souverains, fussent, après que la paix fut faite, soumis à leurs sujets et payassent bien cher les violences qu'ils avoient exercées. On ne tarda pas longtemps à se lasser du terrible tribunal; on en craignit avec raison les suites. Chaque jour on découvroit quelque nouvelle conjuration qui se faisoit pour détruire ce nouveau parlement.

Celle qui fit plus d'éclat fut la conjuration du père Ithier, gardien des Cordeliers de Bordeaux, à présent évêque de Glandève[1]. J'avois fait connoissance avec ce religieux dès que j'arrivai dans Bordeaux, et il y avoit entre nous une liaison d'amitié assez particulière, qui m'avoit engagé à lui confier mes secrets, et même de lui demander des conseils, et pour ce qui regardoit ma conduite, et pour les affaires du parti. Je l'avois trouvé fort honnête homme et de bon sens, et, jugeant qu'il ne me seroit pas inutile auprès d'un maître auprès duquel le mieux établi avoit toujours besoin d'aide, je l'avois obligé à venir faire la cour à M. le prince de Conti, et j'avois supplié le prince de le recevoir comme une personne de mérite qui avoit beaucoup de crédit dans Bordeaux. Le père Ithier lui plut; il prêcha avec succès en présence de Mme de Longueville, et, s'étant ensuite attaché à notre cour, il devint un homme important et eut toute la confiance du prince de Conti. Elle fut portée si loin que, dans le voyage qu'il fit à l'armée durant cette émotion des troupes, il confia à ce

[1] Jean-Dominique Ithier, évêque de Glandève, le 21 juin 1654; mort en septembre 1672.

religieux tous les papiers qu'il avoit. Je crois qu'en ce temps le père Ithier agissoit de bonne foi avec nous, et que dans son âme il étoit aussi porté pour le service des princes, qu'il le paroissoit être par ses actions et par ses discours ; mais depuis étant sollicité par M. l'évêque d'Amiens, qui avoit été cordelier, qui lui avoit envoyé le père Bertaud[1] du même ordre, il entreprit de chasser les princes de Bordeaux, porté, à ce qu'il a dit depuis, par l'attachement qu'il avoit de tout temps à la personne de la reine, et par son devoir, mais beaucoup plus à la dignité qu'il possède, et qu'il a, ce me semble, un peu trop méritée. Il crut que le meilleur moyen dont il pût se servir pour faire réussir son dessein, étoit d'engager Villars, chef de l'Ormée, qu'il connoissoit un peu. Il lui proposa sans détour et sans précaution de trahir les princes, de se rendre maître d'une des portes de la ville et de la livrer aux troupes du roi, qu'on feroit avancer pour cet effet. Il falloit des récompenses considérables et bien pressantes pour engager un homme dans une entreprise aussi hardie et aussi périlleuse ; le père Ithier n'avoit à donner que des espérances d'une grande fortune. Il devoit bien prévoir qu'il n'étoit pas vraisemblable qu'un homme qui étoit maître de la ville par son crédit et par son adresse, qui faisoit tous les jours des gains immenses, ne quitteroit pas aisément un bien qu'il trouvoit réel et solide pour se repaître des belles promesses d'un moine. Aussi Villars ne feignit d'approuver les

[1] Le P. Bertaud ou Bertod était gardien des Cordeliers de Brioude ; mais depuis longtemps mêlé à diverses intrigues des troubles et des guerres de la Fronde, il n'habitait plus son couvent. Il a laissé des Mémoires sur le siége de Bordeaux, et en particulier sur la conspiration du P. Ithier.

propositions de ce Père que pour découvrir plus facilement tout son secret, et, après s'être bien instruit et avoir pris jour pour exécuter l'entreprise, il vint la déceler à M. le prince de Conti.

Ce prince fut surpris, lorsqu'il apprit que ce religieux, qu'il avoit honoré de son amitié et de sa confiance, avoit formé le dessein de le trahir et même de l'exposer au danger où une telle entreprise pouvoit l'envelopper. Il eut la bonté de me le dire le même jour qu'il le sut. Cette action, que je trouvois noire, me donna de l'horreur et de l'indignation contre le père Ithier; dans mes premiers mouvements, j'aurois souhaité une punition exemplaire de ce crime. Mais peu après, faisant réflexion sur cette affaire, songeant que j'avois reçu des services considérables de cet ami, et voyant sa perte comme inévitable pour une entreprise qu'après tout son devoir et sa conscience rendoient, en quelque sorte, légitime, j'eusse souhaité de le pouvoir faire avertir qu'il se retirât. Je songeois que, dans des conférences que nous avions eues ensemble, je lui avois témoigné quelque désir de porter M. le prince de Conti à faire sa paix avec la cour. Je craignis que ce religieux, pour se rendre moins criminel, ne parlât de moi dans ses interrogatoires, et qu'il ne dît que son intention n'avoit jamais été que de travailler à remettre M. le prince de Conti bien avec Leurs Majestés conformément aux entretiens qu'il avoit eus avec moi sur ce sujet. Je ne doutois pas que s'il parloit de moi je ne fusse perdu sans ressource, et je prévoyois qu'il ne seroit plus au pouvoir de M. le prince de Conti de me garder auprès de sa personne, ni peut-être même de me garantir de la fureur du petit peuple. J'avoue que, dans un tel embarras, si j'avois eu quelques personnes à qui j'eusse pu me fier, je ne sais si je n'aurois pas trahi le secret de mon maître pour sauver la vie de mon ami et ma fortune; mais, ne sachant à qui me découvrir dans une si délicate et si importante conjoncture, et faisant d'ailleurs réflexion qu'en sauvant cet homme, j'exposois la vie d'un maître qui me traitoit avec tant de bonté, je ne pus me déterminer à rien, ni former aucune résolution.

Je passai la nuit dans d'étranges inquiétudes, et enfin je me vis réduit à attendre avec douleur le succès de ce qui pouvoit arriver. Le lendemain M. le prince de Conti me dit que le père Ithier, étant sorti de son cloître à dessein de me rendre visite, avoit été arrêté à l'entrée de la rue où je logeois; qu'il avoit été conduit chez Mme de Longueville, où l'on commençoit à l'interroger, et que son procès lui seroit fait dans le jour. Je témoignai à M. le prince de Conti que j'avois bien de la joie de le voir délivré d'un aussi grand danger que celui auquel il eût été sans doute exposé, si ce religieux eût réussi dans son entreprise. Mais, après cela, je ne pus m'empêcher de témoigner le déplaisir que je ressentois de voir un homme qui avoit été mon ami exposé à mourir d'une mort aussi ignominieuse que celle qu'on lui feroit souffrir. Je crus même, voyant qu'il n'étoit plus en état d'exécuter ses pernicieux desseins, qu'il n'étoit point contre mon devoir de supplier M. le prince de Conti de vouloir bien lui être favorable; mais ce prince me marqua si fortement que je ne devois point parler pour cet homme, que je jugeai bien qu'il ne tireroit point un fort grand secours de mon amitié. Ce pauvre Père, dans les interrogatoires qu'on lui fit, répondit avec tant de foiblesse, de crainte et de trouble, qu'ayant avoué beaucoup plus de mal qu'il n'avoit eu dessein d'en faire, on n'eut pas grand'-peine à instruire son procès.

Dès le lendemain il fut jugé par une espèce de conseil de guerre, qui étoit composé des principaux officiers de l'armée qui se trouvèrent dans Bordeaux, et de quelque canaille du petit peuple. Comme le conseil étoit fort nombreux, on ne put pas achever les opinions dans une seule séance; on remit au lendemain; mais tous ceux qui avoient opiné jusque-là ayant été d'avis de la mort, il ne paroissoit plus d'espérance de sauver ce religieux. Heureusement pour lui, le lendemain se trouva la fête de Notre-Dame de mars; ainsi il fallut remettre l'affaire encore au jour suivant. Ce petit espace de temps donna lieu à quelques personnes de chercher les moyens de sauver la vie au père Ithier. Mme de Longueville s'y employoit avec grand succès, et, soit que vingt-quatre heures suffissent pour ralentir le feu de la colère, soit que les esprits les plus animés eussent, en quelque façon, assouvi les premiers désirs de leur vengeance en opinant à la mort, le jour qu'on revint aux opinions, il fut condamné seulement à faire amende honorable en cinq ou six endroits de la ville, et à être renfermé le reste de sa vie entre quatre murailles, au pain et à l'eau.

Quoique cet arrêt ne fût guère moins rigoureux que celui qui auroit condamné à la mort, il ne plut pas à ce peuple naturellement cruel, et on eut toutes les peines du monde à garantir ce religieux de la fureur d'une populace qui vouloit à toute force le déchirer. Les choses allèrent si loin que, le jour qu'on lui fit exécuter son arrêt, il fallut faire entourer et suivre la charrette où il étoit par des compagnies de gens de guerre, afin de contenir le peuple, qui, n'osant plus se jeter sur lui, chercha à se satisfaire par des imprécations et par des injures. Après avoir fait amende honorable, il fut renfermé dans un cachot de la Maison de ville. Tous les Cordeliers furent mis dans un bateau et bannis de Bordeaux. La première nuit ils pillèrent le village où ils couchèrent, et y causèrent beaucoup plus de dommages que les soldats les plus déterminés n'auroient pu faire. M. le prince de Conti l'a réparé depuis en rendant aux habitants la valeur de ce qui leur avoit été pris, et c'est une des plus grandes restitutions qu'il ait faites.

Quand le père Ithier fut dans sa prison, j'employai avec succès pour lui des offices que je n'avois pu lui rendre dans les premiers temps de son malheur. Si dès lors je ne pus le délivrer, je fus du moins assez heureux pour adoucir la rigueur de ses souffrances, dont il m'a toujours paru depuis fort reconnoissant.

Trois jours auparavant, M. le prince de Conti avoit déclaré hautement qu'il feroit jeter par les fenêtres ceux qui lui parleroient de paix. Malgré cette menace, cette conjuration me donna lieu de lui parler du danger où étoient exposés ceux qui prenoient un parti contraire à leur devoir. Je commençai à jeter dans son esprit des semences d'une paix que je désirois passionnément, un peu pour mon intérêt, et beaucoup pour l'intérêt de mon maître. Si son état présent ne me paroissoit pas fort heureux, ni son autorité fort solide, l'avenir me donnoit encore de plus grandes inquiétudes.

Il falloit cependant me conduire en cela avec beaucoup de prudence, n'osant jeter que des paroles en l'air, dans l'espérance qu'elles pourroient un jour produire leur effet. Je me maintenois dans la confidence de ce prince par mon zèle et par mon assiduité, et, comme personne ne pouvoit lui parler que par mon moyen lorsqu'il étoit dans sa chambre, il ne se passoit rien auprès de sa personne dont je ne fusse informé; souvent lui-même il avoit la bonté de m'en faire confidence, et souvent je prenois la liberté de lui demander ce qu'il ne me disoit pas, et il ne le trouvoit pas mauvais. Je m'étois si bien établi dans sa chambre que tout ce qu'il y avoit de valets me rendoit compte de ce qui s'y passoit. Un matin que je me promenois dans le jardin de la maison où il logeoit en attendant qu'il fût éveillé, on vint m'avertir que M. d'Angerville, enseigne de ses gardes, lui avoit fait demander une audience secrète, et qu'il l'avoit fait entrer. La juste défiance où j'étois de l'humeur inconstante du prince m'obligeoit à ne rien négliger. Je m'en allai droit à sa chambre; j'y trouvai Angerville à genoux au-devant de son lit, dans une conversation qui me parut assez animée et assez particulière; je crus même m'apercevoir que ma présence les troubloit, cela m'empêcha d'avancer et me fit tenir à la porte. Cet entretien fut assez long. Angerville s'étant retiré, je demeurai dans le même endroit où j'étois, rêvant à ce qui pouvoit avoir donné matière à ce long et secret entretien, et attendant que le prince m'ordonnât de m'approcher; il rêva aussi pendant quelque temps, et enfin il m'appela. Je m'approchai de son lit, il retomba dans une profonde rêverie, et puis tout d'un coup il me demanda ce que j'avois fait le matin. Je lui rendis compte de tout ce qui m'étoit arrivé, jusqu'au temps que j'étois entré dans sa chambre. Pendant ce récit, je remarquai qu'il avoit l'esprit fort distrait; il demeura quelque temps en cet état, puis il me dit : « J'ai eu une grande conversation avec Angerville. » Là, il demeura tout court. « Je l'ai vu, lui répondis-je, je crois même savoir tout ce qu'il vous a dit, et je vais vous l'apprendre : car, s'il vous est libre, monsieur, de me cacher vos affaires, il ne m'est pas libre à moi de vous cacher ce que je pense. Je vois bien que je n'ai plus l'honneur d'être votre confident, mais je veux bien que vous soyez le mien : Angerville vient de vous proposer une maîtresse. » Je pris garde que M. le prince de Conti rougit à ce discours. Cela me donna la hardiesse d'ajouter : « Je connois Angerville : c'est un homme peu propre à vous entretenir d'aucune affaire de conséquence, de l'humeur dont il est; mais il s'est mis dans la tête de devenir important par quelque intrigue d'amour. » Le prince n'eut pas la force de me désavouer cette vérité. Il me raconta non-seulement toutes les propositions qu'Angerville lui avoit faites pour le mettre en état d'être infailliblement aimé de Mme de Calvimont; mais il me dit même qu'il avoit exigé deux choses de lui : la première, qu'il ne me diroit jamais rien de cette affaire; la seconde, qui ne m'étoit pas moins sensible que l'autre, qu'il donneroit le premier bénéfice vacant de sa nomination à un frère ecclésiastique qu'il avoit. Je me divertis fort du service et de la nature de la récompense; mais, comme je crus que cette folie n'auroit pas de suite, et que, d'ailleurs, j'ai toujours eu beaucoup de honte, bonne ou mauvaise, pour ces sortes de choses, je ne cherchai point à m'éclaircir des résolutions que ce prince avoit eues avec Angerville. Cependant j'appris deux jours après par M. le prince de Conti même, qu'étant allé au rendez-vous qu'Angerville lui avoit ménagé, il avoit réussi dès sa première déclaration. Il me fit donc confidence du peu de vertu de cette femme. Cependant, comme elle étoit une des plus belles de France, cet amusement devint une occupation continuelle ou une fort grande passion; je n'en fus pourtant entièrement éclairci que par un grand éclat que la jalousie du prince lui fit faire sur quelque ombrage qu'il eut d'Angerville même. Il lui fit défendre d'entrer chez Mme de Calvimont, et à elle de le souffrir. Ce prince me raconta les sujets de plainte et de soupçon qu'il avoit contre Angerville, et me parla contre lui avec tant de transport et de mépris qu'il étoit aisé de connoître qu'il avoit effectivement de l'amour. Ainsi ce pauvre homme voit tout à coup sa fortune tomber par le vice des fondements mêmes sur lesquels il avoit prétendu l'élever. Dès ce moment l'amour de M. le prince de Conti ne fut plus un secret.

Il avoit coutume d'aller se promener tous les soirs sur le port, de là chez Mme de Calvimont. Un jour, contre sa coutume, au lieu de me renvoyer chez moi, il me fit entrer dans son carrosse; lorsqu'il fut à sa porte, il s'appuie sur moi pour monter l'escalier, et quand il fut près de sa chambre, je voulus me retirer. « Non, me dit-il, je veux que vous la voyiez. » Je n'avois jamais parlé à cette dame; elle étoit fort parée et dit d'abord trois ou quatre choses qui me firent douter laquelle des deux étoit plus surprenante, ou sa beauté ou sa sottise. Aussitôt que M. le prince de Conti l'eut saluée, il lui dit : « J'ai voulu faire voir mon ami à ma maîtresse et vous dire à l'un et à l'autre que, comme vous êtes les deux personnes que j'aime le mieux, je souhaite aussi que vous ayez beaucoup d'amitié l'un pour l'autre. » Il parla ensuite fort avantageusement de moi; mais, quoique les louanges et les témoignages de bonté de la part d'un prince soient toujours bienvenus, l'occasion et le lieu m'embarrassoient si fort qu'à peine pus-je répondre quelques mots entrecoupés à toutes les choses obligeantes que me disoient le maître et la maîtresse.

J'étois alors dans un âge si peu avancé et je me trouvois si peu engagé dans la profession ecclésiastique, n'ayant ni bénéfice, ni ordre, que j'eusse bien pu, sans être déshonoré dans le monde, souffrir qu'un maître qui m'aimoit me fît confidence de ses plaisirs; mais mon naturel étoit opposé à toutes ces sortes d'intrigues.

Sarrasin, sur ce sujet-là, étoit d'un sentiment bien contraire. Dès qu'il vit la passion de son maître si hautement déclarée, il chercha avec une affectation incroyable les moyens d'entrer dans ce commerce. Il commença par rompre toutes les secrètes intelligences qu'il avoit conservées avec Mme de Longueville, et ne s'appliqua plus qu'à se bien mettre dans l'esprit de ce prince par la complaisance qu'il avoit pour ses plaisirs. Il désiroit avec une passion extrême d'avoir entrée chez Mme de Calvimont; mais il vouloit que ce fût M. le prince de Conti qui la lui procurât. L'exemple d'Angerville lui faisoit peur. Il tenta toutes les voies que son esprit adroit lui suggéra pour obtenir cette grâce de son maître, et toujours inutilement; de sorte qu'il fut contraint d'engager Mme de Calvimont de demander à M. le prince de Conti qu'elle pût avoir le plaisir de le voir, et de prendre le prétexte de sa curiosité sur le rapport qu'on lui avoit fait que c'étoit l'homme du monde le plus divertissant et le plus enjoué. Mme de Calvimont s'acquitta assez bien de sa commission; mais toutes ses pressantes sollicitations furent inutiles. Le prince lui résista toujours, et l'aversion qu'il avoit pour Sarrasin se trouva encore plus forte que la complaisance qu'il avoit pour sa maîtresse. Enfin un jour cet adroit courtisan, sous prétexte de quelques affaires qui étoient survenues, alla parler à M. le prince de Conti dans le temps qu'il étoit chez cette dame. Dès qu'elle sut que Sarrasin étoit dans la salle, elle s'avança pour le faire entrer. Après qu'il eut exposé son affaire en particulier, il entra en conversation avec ces deux amants, et comme il s'étoit sans doute préparé à les divertir, il y réussit admirablement bien, et dit des choses si spirituelles et si folles que M. le prince de Conti longtemps après ne pouvoit s'empêcher de rire du souvenir de tout ce qu'il avoit dit. Cette première entrevue avoit eu trop de succès pour n'être point continuée, et Sarrasin se trouva bientôt dans le poste qu'il avoit souhaité, et qui lui avoit coûté tant de soins et tant de peines. Il se flatta quelque temps de la pensée qu'il pourroit, par le moyen de cette femme, non-seulement rétablir ses affaires, que son attachement à Mme de Longueville avoit ruinées, mais même pousser plus avant sa fortune pour l'agrandissement de laquelle il avoit beaucoup d'ardeur; mais par malheur pour lui, cette femme, comme je l'ai déjà dit, n'ayant guère plus d'esprit que de vertu, ne se soutenoit auprès du prince que par la beauté qui dégoûte en peu de temps. Quelques instructions que Sarrasin lui donnât, elle ne put jamais s'en servir ni pour elle, ni pour les autres.

Pour moi, je ne cherchois à me mêler que des affaires du parti, non-seulement dans la vue de me rendre utile et nécessaire, mais encore parce que je les trouvois plus conformes à mon inclination qui me portoit autant à l'ambition, qu'elle m'éloignoit de l'amour. Je recevois toutes les dépêches de l'armée et j'y faisois les réponses par l'ordre de mon maître. J'avois beaucoup d'intrigues dans la ville, où nous n'étions point sans affaires. M. de Marsin et M. Lenet [1] tâchoient adroitement de s'en rendre les maîtres et de ruiner le crédit que M. le prince de Conti y avoit acquis. Ils avoient attiré dans leur parti Mme de Longueville, et chaque jour j'étois assez occupé à observer tout ce qu'ils faisoient et à rompre leurs mesures.

En ce temps, on trouva à propos dans le conseil d'envoyer une personne à Madrid pour solliciter le secours d'hommes et d'argent que les Espagnols nous avoient promis et dont on commençoit d'avoir un assez grand besoin. M. de Marsin avoit proposé d'y envoyer un de ses confidents, et la chose avoit été presque résolue, lorsque je fis considérer à M. le prince de Conti de quelle importance il étoit de se servir en cette occasion d'un homme qui fût attaché à ses intérêts. Je

[1] Lenet, descendant d'une famille de Bourgogne, était lui-même conseiller au parlement de Dijon. Tout dévoué aux intérêts particuliers du prince de Condé, il les représentait à Bordeaux avec le zèle le plus ardent. Le prince, de son côté, plein de confiance en son dévouement, correspondait directement avec lui pour les affaires de son parti. Lenet a laissé des Mémoires dans lesquels cette correspondance est insérée en entier

lui représentai que s'il obtenoit du secours, il lui étoit bien plus glorieux que ce fût par un de ses gens que d'en laisser l'honneur à M. de Marsin; que celui-ci ne manqueroit pas de s'en attribuer tout le bon succès et de profiter, comme lui et M. Lenet avoient déjà fait, de l'argent qu'on donneroit, sans se mettre trop en peine de l'employer pour soutenir un parti dont il n'étoit pas le chef [1], et dont il ne répondoit pas comme faisoit M. le prince de Conti; que s'il n'y avoit rien à espérer du côté de l'Espagne, il étoit nécessaire que M. le prince de Conti en fût sûrement et promptement averti, afin de prendre ses mesures pour son accommodement; au lieu que, si M. de Marsin envoyoit un homme à lui, on pourroit abuser M. le prince de Conti, et par là exposer et son honneur et sa personne

Ces considérations obligèrent M. le prince d'envoyer M. de Chouppes [2] en Espagne. Je proposai cet homme, et parce qu'il étoit mon ami particulier, et parce qu'il étoit ennemi de Marsin. Ce coup que je donnai assez adroitement pour n'en être point soupçonné, est assurément ce qui a le plus contribué à la paix de Bordeaux. Chouppes avoit ordre secret de s'informer de tout l'argent qu'on avoit envoyé d'Espagne, et qui avoit passé par les mains de Marsin et de Lenet, afin de savoir ce qui en avoit été employé à leur usage particulier; mais sa principale instruction fut de bien

---

[1] Le prince de Conti remplissait en Guienne les fonctions de généralissime.

[2] Armand, marquis de Chouppes, colonel d'infanterie, était entré avec son régiment dans le parti des princes. Après la paix, lorsque le prince de Conti, rentré en grâce, eut obtenu le commandement de l'armée de Catalogne, M. de Chouppes servit sous lui avec distinction et obtint en récompense la lieutenance générale du Roussillon.

pénétrer quel secours infaillible les Espagnols pourroient donner, et dans quel temps on en pouvoit faire état. M. de Chouppes s'acquitta fort bien de sa commission; il revint chargé de belles espérances d'un secours très-considérable d'hommes et d'argent; mais en particulier il assura M. le prince de Conti que tout cela n'étoit que de belles paroles, et qu'il n'y avoit rien à attendre de ces Espagnols, qui étoient eux-mêmes dans une si grande disette de l'un et de l'autre, qu'il ne falloit faire aucun fondement sur leurs promesses. Il apporta aussi quelques états de l'argent que l'Espagne avoit envoyé et que M. de Marsin et Lenet avoient touché; mais nous eûmes alors des affaires bien plus importantes que celle de leur faire rendre compte de leur administration.

M. de Candale [1], après avoir mis sous l'obéissance du roi toutes les villes qui étoient entre Agen et Cardillac, tenoit la ville de Bordeaux comme bloquée par terre. M. de Vendôme [2] étoit avec une armée navale à l'embouchure de la rivière, et empêchoit qu'il ne nous arrivât des vivres. Notre armée n'étoit plus

---

[1] Louis-Charles-Gaston de Nogaret de Foix, duc de Candale, était fils de Bernard de Nogaret, duc d'Épernon, et de Gabrielle-Angélique, légitimée de France, fille naturelle de Henri IV; il était petit-fils du fameux duc d'Épernon.

[2] César, duc de Vendôme, fils naturel de Henri IV et de Gabrielle d'Estrées, né en 1594, épousa la fille unique du duc de Mercœur, qui lui céda, par contrat de mariage, le gouvernement de Bretagne. Compromis dans la conspiration du comte de Chalais, le cardinal de Richelieu le fit enfermer à Vincennes avec son frère le grand prieur. Au commencement de la Fronde, il devint avec son fils, le duc de Beaufort, un des chefs de la cabale des Importants, et fut exilé; mais, s'étant réconcilié avec le cardinal Mazarin, il avait obtenu le commandement de l'armée navale de Guienne.

en corps; on avoit été contraint de la retirer dans la ville, non-seulement parce qu'elle n'étoit plus capable de résister aux troupes du roi, mais encore pour contenir ces peuples et empêcher l'effet des continuelles conjurations qu'on faisoit [1]. Cette approche des armées de terre et de mer donnoit de nouvelles occasions et de nouveaux moyens aux malintentionnés pour entreprendre de nous chasser, et, quoique l'on eût découvert par miracle toutes les entreprises qu'on avoit jusqu'alors faites contre nous, et que les auteurs en eussent été sévèrement punis, il se trouvoit chaque jour de nouvelles conjurations. Toutes ces choses m'obligèrent de supplier M. le prince de Conti de vouloir, pour une bonne fois, considérer sérieusement l'état de ses affaires.

Je lui mis devant les yeux qu'il n'avoit plus de troupes en corps d'armée, et qu'il étoit renfermé dans Bordeaux assiégé par terre et par mer, bloqué de tous côtés sans espérance de secours ni de France, ni d'Espagne, sans argent au milieu d'une infinité de traîtres, et que, si jusqu'alors il avoit eu assez de bonne fortune pour découvrir les entreprises qu'on avoit faites, il étoit peut-être à la veille d'en voir réussir une qui causeroit la perte de sa liberté et peut-être de sa vie. Je le priai de faire réflexion sur cette union qui étoit entre Mme de Longueville, Marsin

[1] Les principales conspirations que l'auteur rappelle sans les désigner furent : celle de Filhot, trésorier de France, et de Dussaut, conseiller au parlement de Bordeaux, qui voulurent reprendre l'entreprise avortée du P. Ithier; on les découvrit, le premier endura la question, et tous les deux furent jetés en prison; une demoiselle du Lure voulut aussi former un parti pour le roi; mais trahie avant l'exécution de son dessein, elle fut emprisonnée.

et Lenet; comme ils travailloient avec soin à se rendre les maîtres, pour faire sans doute leur paix avantageusement et sans sa participation. Je lui parlai du peu de cas que monsieur son frère faisoit de lui, après tant de dangers qu'il avoit courus, après tant de peines qu'il avoit prises pour conserver par son autorité et par sa prudence la ville de Bordeaux; et que, nonobstant de tels services, il avoit donné sa confiance à ces trois personnes à son exclusion; que c'étoit à eux à qui il envoyoit tous ses ordres sans lui en donner aucune connoissance. Enfin, je le fis souvenir de ce projet d'accommodement que M. le Prince avoit fait avec la cour après la bataille de Saint-Antoine, dans lequel il n'avoit point été question de ses intérêts, où ce mot de prince de Conti n'avoit pas seulement été employé. Je pris la liberté de lui dire qu'après un tel mépris, il devoit songer lui seul à ses affaires, tâcher de ne pas se mettre à la merci de ce triumvirat; qu'il devoit enfin être las de se voir exposé au mépris de ses proches. Je lui dis que la nécessité l'obligeroit bientôt d'abandonner honteusement cette ville dont il pourroit glorieusement sortir par une paix avantageuse, prévenant Mme de Longueville, Marsin et Lenet qui, sans doute, avoient déjà conçu ce dessein et travailloient secrètement à le faire réussir.

Ces raisons touchèrent M. le prince de Conti. Il prit sans beaucoup balancer la résolution de sortir de l'état où il étoit, qui commençoit fort à le dégoûter, tant à cause des fatigues qu'il lui falloit prendre et qui n'étoient pas trop selon son humeur, qu'à cause des dangers qu'il couroit tous les jours. Après avoir eu avec M. le prince de Conti plusieurs conférences sur ce sujet, il fut résolu qu'il enverroit quelqu'un à la cour pour traiter de notre accommodement avec elle. Nous fûmes longtemps à résoudre de la personne que l'on choisiroit. Il falloit pour cet emploi un homme secret, sûr, habile. Un domestique n'étoit pas propre, à cause qu'il eût donné du soupçon à Mme de Longueville, à Marsin et à Lenet; et d'ailleurs M. le prince de Conti n'en avoit point alors à qui il eût voulu confier une affaire de cette importance, excepté moi qui ne pouvois aller à la cour sans découvrir tout le sujet de notre négociation. Enfin, après avoir longtemps cherché, je proposai M. de Chouppes, qui, ayant eu un démêlé avec Marsin, pourroit assez naturellement feindre d'être mal content, demander à se retirer du parti, et ensuite s'en aller à la cour sans qu'on soupçonnât que M. le prince de Conti l'eût envoyé. Ce prince approuva mon choix, et me commanda de parler à Chouppes, avec lequel j'avois d'assez grandes liaisons d'amitié. Je lui fis connoître qu'on pourroit peut-être dans peu l'envoyer négocier quelque chose d'important à la cour, sans pourtant m'engager à lui découvrir encore ce que c'étoit; mais qu'il falloit, afin qu'il ne donnât point d'ombrage à Mme de Longueville, à Marsin et à Lenet, que, sur quelques sujets de mécontentement, il allât prier Mme de Longueville de demander son congé à M. le prince de Conti. Cela fut ainsi exécuté dès le lendemain. Cette princesse qui étoit entièrement dans les intérêts de Marsin, et qui trouvoit Chouppes un homme fort incompatible et fort épineux, ne fut pas fâchée de cette résolution, et après s'y être foiblement opposée, elle promit de demander son congé et se fit fort de l'obtenir.

En ce temps l'aversion n'étoit pas si grande entre M. le prince de Conti et madame sa sœur. Il y avoit seulement une grande indifférence et peu de commerce. Ainsi, l'intelligence n'étoit pas assez bien établie pour faire que Mme de Longueville eût voulu hasarder de demander une grâce; mais ne voulant pas perdre l'occasion de rendre ce service à Chouppes ou plutôt à Marsin, elle m'écrivit ce billet :

« Chouppes m'est venu dire qu'il vouloit se retirer chez lui, et qu'il me prioit de demander son congé. Je crois que mon frère le lui doit accorder. Si l'abbé de Cosnac lui en disoit un mot, il me feroit plaisir, et s'en feroit peut-être un à lui-même, de l'humeur obligeante dont je le connois, s'il pouvoit rendre ce service à Chouppes pour l'amour de moi. »

Je n'avois point vu Mme de Longueville chez elle depuis le jour qu'elle m'avoit témoigné qu'elle n'étoit point satisfaite de moi, de sorte que je fus surpris, quoique bien agréablement, de recevoir d'elle un tel ordre. Je laisse à juger s'il me fut difficile de l'exécuter. M. le prince de Conti signa le passe-port de M. de Chouppes, que j'envoyai sur l'heure à Mme de Longueville avec cette réponse :

« J'ai bien de la douleur, madame, de ce que je n'ai pas l'honneur de porter moi-même à votre altesse le passe-port de M. de Chouppes. Elle sait bien que le respect que j'ai pour elle m'empêche; mais le malheur que j'ai de lui être peu agréable ne m'empêchera jamais d'être avec plus de respect que personne... »

Chouppes fut par ce moyen en état d'aller à la cour sans donner aucun soupçon. Il fallut songer à lui donner des instructions. J'étois le seul confident de cette négociation : M. le prince de Conti l'avoit cachée à sa maîtresse et à Sarrasin. Je me trouvois assez embarrassé, et du conseil que je venois de donner, et des moyens de le faire réussir. En proposant M. de Chouppes, je voyois que je m'étois rendu responsable de sa fidélité et du bon succès de sa négociation; il pouvoit manquer de bonne intention, d'intelligence, et, ce que je craignois le plus, de bonne fortune. Je souffrois d'étranges inquiétudes dans l'appréhension que cette intrigue fût découverte. Je craignois; s'il ne réussissoit pas, de me trouver chargé et même puni de tous les mauvais succès qui en pourroient arriver.

Ce même soir, entrant tout rêveur dans le jardin, j'aperçus au bout d'une allée M. le prince de Conti qui rêvoit pour le moins aussi profondément que moi. Je l'abordai, et d'abord s'appuyant sur moi : « Je ne sais d'où vient cela, me dit-il, mais j'ai quelques inquiétudes touchant notre nouveau projet. Notre manière d'agir me paroît assez incertaine et assez embarrassée. Il me sembleroit bien plus à propos de faire en sorte que la cour envoyât à M. de Candale des pouvoirs de traiter avec nous. » A ces paroles, sans témoigner l'inquiétude dont je sortois, je commençai à respirer, et je donnai fort dans cet expédient qui me paroissoit plus avantageux pour mon maître et moins dangereux pour moi. Il n'étoit question que de faire savoir à M. de Candale qu'il falloit qu'il envoyât à la cour, pour demander les pouvoirs de faire la paix avec M. le prince de Conti. Il étoit visible que, par ce moyen, le traité se feroit plus secrètement; qu'outre la considération et l'amitié que M. de

Candale avoit pour M. le prince de Conti, la gloire qu'il acquerroit en finissant la guerre civile l'obligeroit, pour ne pas perdre une si belle occasion, à ne rien refuser de ce qu'on demanderoit; qu'il y avoit grande apparence que le cardinal Mazarin, qui avoit procuré le commandement de l'armée du roi à M. de Candale au préjudice de tous les généraux plus vieux et plus expérimentés que lui, ne lui refuseroit pas un ample et absolu pouvoir d'accorder et d'arrêter tout ce qu'il trouveroit à propos; car chacun étoit assez informé de la passion qu'avoit le cardinal d'élever M. de Candale, dans la pensée de lui faire épouser une de ses nièces. Ce parti fut donc trouvé le meilleur.

J'eus ordre d'écrire un billet à M. de Candale pour l'avertir qu'il envoyât à la cour demander les pouvoirs de traiter la paix, et que, dès qu'il les auroit reçus, il en donnât avis par la même voie dont on se servoit. C'étoit un trompette, appelé Beaulieu, qui, sans savoir le secret et croyant aller demander un passe-port à M. de Candale, lui remit mon billet. Nous apprîmes par la réponse que Beaulieu apporta, que M. de Candale enverroit à la cour. Cependant Chouppes pressoit son départ, qu'effectivement nous ne pouvions plus différer sans donner quelque ombrage. M. le prince de Conti et moi eussions bien voulu ne nous être pas si fort ouverts à lui, parce qu'il ne nous étoit plus nécessaire; mais craignant que son inquiétude ne nous nuisît, M. le prince de Conti le fit partir avec cette seule instruction d'aller solliciter à la cour qu'on envoyât promptement à M. de Candale les ordres et les pouvoirs de terminer cette guerre par des articles de paix, tels que lui et nous les trouverions justes et raisonnables. On ne lui donna pas de lettres de créance, à cause des accidents qui pouvoient arriver si on les lui eût interceptées avant que Chouppes pût être à la cour. Nous sûmes par un valet de M. de Candale qu'il avoit reçu tous les pouvoirs que l'on demandoit, avec une exhortation à M. le prince de Conti de se servir promptement de cette favorable occasion pour sortir glorieusement d'un parti, où à chaque moment il pourroit arriver des choses qui le priveroient des avantages qu'il trouveroit dans cette conjoncture.

Nous ne savions par où commencer ni comment nous conduire. Il n'y avoit pas d'apparence de traiter par la seule voie sûre que nous avions, qui étoit de ce trompette : car, outre qu'il pouvoit être surpris, il falloit encore raisonner et agiter les difficultés, ce qui n'eût jamais pu se faire par des lettres : les messagers devenant trop fréquents auroient à la fin donné des soupçons à des gens qui n'en étoient déjà que trop capables. D'ailleurs, M. le prince de Conti n'avoit personne à qui pouvoir confier cette négociation, de sorte qu'après avoir fait plusieurs réflexions, je vis que c'étoit une nécessité de m'exposer d'aller moi-même traiter cette affaire. Nous n'en étions qu'à trouver un prétexte pour sortir de Bordeaux, et nous nous servîmes d'un qui étoit assez favorable.

M. le prince de Conti m'avoit offert un bénéfice de sa nomination qui avoit vaqué dans le diocèse de Condom ; je l'avois refusé à cause de son peu de valeur. On fit courir le bruit qu'il étoit plus considérable qu'on ne l'avoit cru. J'en pris les provisions ; mais, dans le temps que je me disposois à partir sous prétexte d'en aller prendre possession, j'en fus détourné par une aventure assez fâcheuse. Le cardinal Mazarin avoit envoyé Langlade, qui étoit attaché à lui depuis la mort du duc de Bouillon, en Guyenne, pour y demeurer auprès de M. de Candale comme une espèce d'homme du roi. M. de Candale lui confia tout le secret de cette négociation; il m'écrivit une lettre par une voie qu'il croyoit sans doute très-sûre; mais la lettre ne laissa pas d'être interceptée par nos séditieux de l'Ormée, qui tenoient tous les postes des environs de Bordeaux. Quoique ce ne fût en apparence qu'un compliment, il y avoit quelques termes obscurs assez capables de donner de la défiance à ces gens qui avoient grand intérêt à faire durer les désordres. Ils députèrent à M. le prince de Conti pour lui apporter cette lettre qui m'étoit adressée, et pour lui faire en même temps des remontrances sur la trop grande confiance qu'il pouvoit avoir en moi.

Dureteste porta la parole. Je l'introduisis moi-même dans la chambre du prince, et je fus présent à toute la harangue qu'il fit contre moi. Dès que j'entendis mon nom, je crus que tout le secret étoit découvert, et, s'il eût pris garde à mon visage et même à celui de M. le prince de Conti qui ne fut pas moins surpris que moi, il eût facilement connu que les soupçons de ses gens n'étoient que trop bien fondés; mais M. le prince de Conti, ayant lu la lettre et n'y trouvant rien de fort important, les remercia de leurs bons conseils, et leur dit qu'à la vérité il avoit beaucoup d'amitié pour moi; mais que je ne me mêlois de rien; qu'à l'avenir, je m'en mêlerois encore moins, et qu'il me défendroit toutes ces sortes de commerce. Avec ce discours il les renvoya assez satisfaits.

Dès que ces gens furent sortis, je me remis de la grande frayeur que j'avois eue; et M. le prince de Conti et moi jugeâmes que je n'étois plus propre à aller traiter son accommodement, étant devenu suspect par cette aventure. On examina s'il ne se trouveroit point quelqu'un qui pût remplir ma place, et après avoir nommé ceux même qui pourroient s'acquitter de cette commission, M. le prince de Conti entre les autres choisit Guilleragues [1] dont je fus bien aise, parce qu'il étoit fort de mes amis. Nous nous étions connus au collége de Navarre, et l'ayant trouvé à Bordeaux, qui étoit le lieu de sa naissance, je l'avois retiré de la débauche; je l'avois comme forcé de songer à sa fortune et de s'attacher à mon maître. Par son esprit et par son assiduité, il s'étoit rendu agréable au prince. Guilleragues, en un moment, se vit homme d'importance et plénipotentiaire d'un prince du sang. Comme il avoit du bien à la campagne, il ne manquoit pas de prétextes de demander des passe-ports pour y aller donner des ordres. Il avoit si peu paru et fait si petite figure auprès de M. le prince de Conti, qu'il n'y avoit pas d'apparence qu'il pût être soupçonné d'aller négocier; il étoit déjà tout instruit, et même à la veille de son départ, lorsqu'il en fut détourné par ce qui arriva dans la suite.

M. de Candale s'impatienta de n'avoir point eu des

---

[1] Voici le portrait qu'en trace l'abbé de Choisy : « Gascon qui importunait les autres pour qu'on fît cas de sa naissance ; mais honnête homme. »

nouvelles de M. le prince de Conti depuis quelques jours, et, craignant qu'il n'eût changé de dessein, l'envie qu'il eut de s'éclaircir l'obligea d'envoyer son capitaine des gardes avec un trompette sous un assez foible prétexte, avec ordre de dire publiquement qu'il alloit faire un compliment à M. le prince de Conti de la part de son maître, pour le remercier de quelques gardes qu'on lui avoit fort facilement renvoyés. En particulier il avoit ordre de savoir de M. le prince de Conti ou de moi, au cas qu'il ne pût lui parler secrètement, les raisons qui empêchoient qu'on ne fît le traité de paix pour lequel on avoit témoigné tant d'empressement. Ce capitaine et ce trompette furent arrêtés par l'Ormée qui gardoit les postes avancés. Comme on les conduisoit chez M. le prince de Conti, sur le bruit qui courut que c'étoit le capitaine des gardes de M. de Candale, il s'assembla une multitude de gens qui le suivirent chez M. le prince de Conti, pour satisfaire la curiosité de savoir ce que ce capitaine venoit faire dans la ville. Il s'acquitta publiquement du compliment qu'il avoit eu ordre de faire. Après qu'il eut achevé, ces séditieux lui demandèrent assez insolemment s'il n'avoit pas d'autre commission que celle-là, et ayant répondu que non, ils commencèrent à crier qu'ils n'étoient point dupes, qu'il falloit absolument qu'il eût des ordres secrets, et que sans doute il y avoit quelques conjurations dans la ville.

Ce bruit se répandit parmi tout le peuple, qui commença d'en venir aux injures, et sans doute ils en seroient venus jusqu'à s'en prendre à la personne de ce capitaine des gardes, si M. le prince de Conti n'eût eu la présence d'esprit et la prudence de lui dire fort fièrement et fort brusquement que, puisque sa commission étoit finie, il pouvoit s'en retourner; ensuite, continuant d'un ton plus doux, il représenta à cette canaille qu'il y alloit du droit des gens de ne pas maltraiter une personne qui étoit venue à lui sur la bonne foi; mais que, pour éviter les désordres, que cet homme auroit peut-être dessein d'exciter dans la ville, il le falloit faire sortir à même temps. Il commanda ensuite à son capitaine des gardes de l'accompagner, tant pour mettre sa personne en sûreté, que pour lui venir rendre réponse qu'il étoit effectivement hors de Bordeaux. Par ce moyen M. le prince de Conti évita le malheur qui seroit infailliblement arrivé, si cette populace, qui avoit une aversion mortelle pour tout ce qui portoit le nom d'Épernon et de Candale, n'avoit été adroitement contenue.

Cette affaire fit un grand éclat dans Bordeaux, et fut cause qu'on prît résolution dans le conseil que l'on ne donneroit plus d'entrée à qui que ce fût qui vînt du dehors, excepté aux trompettes qu'on avoit la liberté d'observer et de garder. Il fut aussi résolu qu'on ne donneroit plus de passe-port à personne pour sortir de la ville. Cet ordre rompit le voyage de Guilleragues, et M. le prince de Conti fut dans la nécessité de chercher quelque nouvel expédient pour traiter avec M. de Candale. Malgré tous les raisonnements contraires que l'on avoit faits d'abord, on ne put en imaginer de plus commode, ni de moins dangereux que celui de notre trompette. Il portoit tous les jours à M. de Candale quelque billet pour l'assurer de la bonne disposition en laquelle demeuroit M. le

prince de Conti. Enfin, par ce moyen, un écrit fut
envoyé à M. de Candale, signé de la main de M. le
prince de Conti, par lequel il s'engageoit de sortir de
Bordeaux dans deux mois au plus tard, et M. de Candale renvoya un écrit signé de la sienne, par lequel,
en vertu des pouvoirs qu'il avoit de Sa Majesté, il
promettoit à M. le prince de Conti le rétablissement
dans toutes ses charges et gouvernements et une amnistie générale de tout le passé tant pour lui que
pour tous ceux qui la voudroient accepter. Voilà les
seuls articles qui furent signés et arrêtés de part et
d'autre, remettant à un temps plus favorable à agiter
quelques autres demandes particulières que M. le
prince de Conti pouvoit faire.

Cependant les affaires du parti alloient de plus en
plus en décadence. On avoit été obligé, à cause des
continuelles conjurations qui se formoient dans Bordeaux, comme je l'ai déjà dit, de faire venir les
troupes qui restoient. M. le prince de Conti sans cela
n'eût pas été en sûreté, de sorte qu'on avoit comme
abandonné la campagne. M. de Candale s'étoit saisi
de tous les environs de Bordeaux; il étoit campé à
une lieue de la ville; d'autre côté, M. de Vendôme s'é-
toit approché à quatre ou cinq lieues, et empêchoit
par son armée navale l'entrée des vivres qui venoient
par la mer. La populace timide commençoit à crier
famine, à faire quelques assemblées, et même à s'emporter aux menaces si on ne débouchoit le passage
de la rivière. On n'avoit aucune nouvelle du secours
d'Espagne; nous voyions qu'insensiblement les affaires
se réduisoient à un accommodement, et que bientôt les
princes et le reste du parti seroient bien aises de pro-

fiter du traité que M. le prince de Conti avoit déjà fait à leur insu. Cependant nous savions bien qu'il n'y avoit que l'extrême nécessité qui pût obliger ces personnes à y donner leur consentement. Mme la Princesse[1] ne se mêloit point des affaires, et se laissoit conduire par Marsin et Lenet. Mme de Longueville étoit tellement attachée aux intérêts de M. le Prince, qu'elle n'eût jamais consenti à aucun traité de paix sans sa participation. M. de Marsin étoit persuadé qu'il ne devoit pas espérer de grâce à la cour, et que l'article de son rétablissement avoit déjà empêché la paix de M. le Prince; aussi il ne songeoit qu'à perpétuer le désordre. M. Lenet étoit l'homme de M. le Prince; il n'y avoit pas d'apparence qu'il consentît à la paix dans un temps où son maître étoit à la tête des armées d'Espagne. Toutes ces personnes prenoient continuellement des mesures tout à fait opposées à la conciliation; mais, comme le peuple la désiroit et commençoit à le dire assez hautement, elles eussent été inutiles, s'ils n'eussent habilement profité d'une occasion qui se présenta et qu'ils ménagèrent avec une grande adresse. Cette occasion leur fut si favorable, que non-seulement elle servit à détourner les vues de la paix pendant quelques jours, mais qu'elle pensa même rendre la guerre immortelle.

Depuis le commencement des troubles de Bordeaux, un conseiller de ce parlement, nommé Trancart, avoit été envoyé en Angleterre pour tâcher d'obtenir de Crom-

---

[1] Clémence de Maillé, princesse de Condé, qui était restée à Bordeaux avec son fils aîné, le jeune duc d'Enghien; son second fils, le duc de Bourbon, dont l'auteur a parlé à propos d'un incident survenu lors de la cérémonie de son baptême, était mort peu de mois après sa naissance.

well quelque secours, et pour faire quelque ligue avec la nation. Il y avoit longtemps qu'on ne parloit plus de cette négociation, et personne ne s'attendoit plus à rien de ce côté-là. Cependant, dans cette conjoncture déplorable de nos affaires, ce M. Trancart écrivit que Cromwell lui avoit proposé un secours très-considérable d'hommes et d'argent, et qu'il s'engageoit de chasser les troupes du roi de la province, pourvu qu'on voulût lui donner la ville de Bordeaux pour place de sûreté [1]. Cette lettre contenoit encore beaucoup d'offres avantageuses pour le parti, et surtout on y voyoit de si belles espérances d'un prompt secours, que la plupart des gens, qui ne considéroient que l'avantage présent de cette affaire, l'acceptoient avec grand empressement. Marsin étoit celui qui paroissoit le plus ardent à faire recevoir cette proposition ; il exagéroit les avantages qui en pourroient arriver, qu'il dépeignit comme étant infaillibles ; il disoit que par là, non-seulement on relèveroit le parti abattu, mais qu'on seroit en état de donner la loi aux ennemis. Il donnoit déjà des récompenses à chacun, et flattoit tout le monde de la promesse d'une fortune et considérable et assurée. Cette affaire fut généralement reçue avec applaudissement, et, quoique la condition en fût honteuse et périlleuse, on vouloit bien détourner les yeux des maux qui en pourroient arriver peu de temps après, pour songer seulement aux maux présents qu'on évitoit. M. le prince de Conti même, quoique depuis peu de

[1] M. de Traucas, car c'est son véritable nom, avait eu également mission de proposer aux Anglais, comme places de sûreté, la Rochelle et Blaye, avec engagement de concourir, de tous les efforts du parti des princes, à la prise de ces deux villes, qui étaient restées sous l'autorité du roi.

jours il eût signé un traité bien différent, étoit tenté et ébloui des avantages qu'on lui faisoit voir dans celui-là.

Je crois pouvoir dire que je rendis en cette occasion un service important à mon roi, à mon maître et à l'État. Je m'opposai fortement en particulier à une si pernicieuse résolution. Je représentai à M. le prince de Conti le danger qu'il courroit, en rendant Cromwell le maître d'une ville en laquelle résidoit toute sa puissance ; la honte dont il se couvriroit, lui qui étoit ecclésiastique, d'établir un hérétique dans une ville catholique ; lui qui étoit prince du sang de France (dont il pouvoit devenir quelque jour le roi légitime), et un tyran qui, ayant fait mourir son roi, ne manqueroit jamais de le traiter de même, pour peu qu'il lui fût utile d'en user de la sorte. Si M. le prince de Conti eût accepté les offres de Cromwell, je ne doute point que Cromwell, de son côté, n'eût tenu les paroles que Trancart avoit données pour lui ; mais ce prince fut arrêté par mes remontrances, et ayant examiné ensuite de plus près le danger qu'il y avoit dans cette affaire, il s'en dégoûta peu à peu, et par là donna le temps au monde, qui s'étoit échauffé au premier bruit de cette nouvelle, de se refroidir aussi et de considérer les mouvements qui sembloient être inséparables d'un parti si périlleux. L'état où nous étions occupoit d'ailleurs assez les esprits, pour ne pas les laisser amuser longtemps à ces propositions qui n'étoient pas tout à fait présentes. M. de Vendôme avoit pris la ville de Bourg, qui étoit une place que les Espagnols avoient fortifiée, et qui leur avoit été donnée comme une place de sûreté. Elle étoit munie de beaucoup d'hommes et d'artillerie ; cependant elle fut si mal défendue, qu'en cinq jours elle fut emportée. Aussi don Dorio, commandant, qui s'étoit si lâchement rendu, en fut-il puni : car il fut pendu aussitôt après son retour en Espagne.

La prise de Bourg donna lieu à M. de Vendôme de s'approcher avec toute son armée navale jusqu'à Lormont[1], qui n'est qu'à une lieue de Bordeaux ; ainsi cette armée d'un côté, et celle de M. de Candale de l'autre, tenoient cette ville tellement bloquée, que malaisément y pouvoit-il entrer des vivres. Si les provisions qui étoient dans cette grande ville eussent été bien ménagées, et qu'on eût pris les précautions qu'on prend ordinairement dans les places où on craint la famine, il y avoit pour plus d'une année de vivres ; mais on n'y observoit aucune police, et les choses s'y conduisoient avec confusion. M. le prince de Conti ne se mettoit pas beaucoup en peine d'y apporter de l'ordre. Le petit peuple murmura bientôt, et, au lieu de l'apaiser en lui

---

[1] Voici quelle avait été la marche des opérations militaires : le Limousin était entièrement soumis depuis un avantage décisif remporté à Saint-Robert, dans le comté d'Ayen, par le marquis de Pompadour, gouverneur de la province ; Sarlat avait été pris comme on l'a vu précédemment ; la Teste était tombé au pouvoir du duc de Candale ; le marquis du Plessis-Bellière, à la tête du régiment d'Auvergne, avait emporté de vive force la ville de Châtillon, défendue par don Dominique Melon et un corps d'Espagnols. Le 18 juillet 1653, le duc de Vendôme entra dans Libourne, dont le gouverneur, M. de Mayat, eût pu obtenir une capitulation avantageuse, s'il n'eût été empêché par la révolte de ses propres soldats. Enfin la prise de Bourg mit le comble au désastre du parti des princes en permettant au duc de Vendôme de s'avancer jusqu'à Lormont ; le château, propriété de l'archevêque, était occupé par cinq cents Irlandais sous les ordres du colonel Dillon ; ils capitulèrent sans combat et s'enrôlèrent dans l'armée royale. Aussitôt après avoir pris possession du château de Lormont, le duc de Vendôme ordonna à quelques-uns de ses vaisseaux de poursuivre ceux des princes à coups de canon jusque dans le port du Chapeau-Rouge.

donnant quelques distributions de blé, on prétendoit le contenir par la crainte du châtiment. Quelques-uns même qui se plaignoient le plus hautement furent punis; mais les cris ne laissoient pas d'augmenter chaque jour, de sorte qu'il fut trouvé à propos d'occuper les postes les plus fortifiés de la ville, afin d'empêcher la canaille de s'en saisir et de nous contraindre de faire la paix selon leur caprice. Je voyois tous ces désordres avec quelque joie, parce qu'ils avançoient l'envie que j'avois de sortir de cet état malheureux. M. le prince de Conti, non plus que moi, n'étoit pas trop fâché des mécontentements de cette populace; il ne prenoit nul soin de la réprimer et de la maintenir. Mme de Longueville, Marsin et Lenet agissoient d'une autre manière : ils vouloient maintenir le parti; pour cela, ils flattoient les uns, intimidoient les autres, et n'oublièrent rien de ce qui pouvoit éloigner la paix; mais, malgré tous leurs efforts, on voyoit à vue d'œil grossir le nombre de ceux qui s'ennuyoient de la guerre.

J'avois rendu quelques services à un bourgeois de la ville nommé Barberin, à qui appartenoit un jeu de paume de même nom. Pour me donner des témoignages de sa reconnoissance, il venoit de temps en temps me rendre visite, et m'entretenoit souvent des affaires de la bourgeoisie. Cet homme avoit du crédit dans son quartier, et ne manquoit ni de hardiesse ni de bon sens. Un jour que quelques désordres étoient arrivés dans la ville à cause du pain qui manquoit, il me vint trouver. Je pris occasion de ce qui étoit arrivé pour m'entretenir plus particulièrement avec lui, et pour tâcher de découvrir quel étoit son sentiment sur les affaires présentes. Il me dit fort librement que tout ce qui s'appeloit bons bourgeois et bons habitants avoient dans le cœur un extrême désir de la paix; qu'en effet la guerre les ruinoit entièrement; que le commerce étoit interdit, leurs maisons de campagne pillées, leurs biens sans culture; que même le petit peuple commençoit à entrer dans les mêmes sentiments, et qu'il ne restoit plus personne dans la ville qui ne désirât la fin des désordres; qu'il n'en exceptoit que quelque canaille de l'Ormée; mais il ne falloit pas s'étonner qu'ils aimassent l'état présent qui leur assuroit la liberté de piller, l'autorité d'exercer toutes leurs violences dans la ville et l'impunité. Enfin, je connus que cet homme étoit de ceux qui souhaitoient ardemment la paix.

Cela m'obligea, pour le faire parler un peu plus clairement, de lui dire : « Il me semble que les choses ne sont pas réduites en si mauvais état que vous croyez. Nous n'avons rien à craindre du côté des ennemis; loin d'être en état de nous attaquer de force, ils ne peuvent pas empêcher qu'à toute heure il ne nous entre du secours, et à peine s'aperçoit-on qu'ils soient aux environs de la ville. La nécessité n'est point pressante; il y a des vivres dans Bordeaux pour plus de deux années, et, si quelques misérables se sont plaints, on a découvert que c'étoient des gueux gagnés, et qui n'avoient pas d'autre but que de mouvoir quelques séditions. » Je lui dis encore, qu'outre les officiers et les soldats de notre armée qui étoient dans la place et qui pouvoient composer un corps considérable et capable de contenir les habitants dans leur devoir, il y avoit encore l'Ormée composée de plus de douze mille habitants qui étoient et seroient toujours dans les intérêts des princes, tant pour les avantages considérables qu'ils trouvoient dans le parti, que pour ce que les chefs ne pouvoient espérer du roi ni grâce ni sûreté pour leur vie. Je disois toutes ces raisons à Barberin pour l'animer à me répondre, et pour découvrir plus certainement par ses réponses quel étoit le sentiment des bons bourgeois. Cet homme persistoit toujours à soutenir que le parti de l'Ormée ne seroit pas le plus fort; que la plupart des gens qui étoient parmi eux se retireroient dès que l'habitant considérable se déclareroit contre l'Ormée, parce qu'elle étoit composée de beaucoup d'artisans à qui le bourgeois faisoit gagner la vie. Après avoir continué assez longtemps cette conversation, je commençai à faire semblant de goûter les raisons de Barberin. Je lui témoignai qu'en effet il y avoit beaucoup à craindre qu'un jour sans pain, qui pourroit arriver lorsqu'on y pensoit le moins, ne changeât bien la face des choses, et cet entretien finit par là.

Quelques jours après, cet homme étant encore venu me rendre visite, je lui dis qu'il m'avoit donné plus de crainte que je ne croyois être capable d'en prendre; que depuis que je m'étois entretenu avec lui, il m'avoit pris des frayeurs pour M. le prince de Conti; que j'étois bien fâché de le voir embarrassé dans tous ces désordres, et qu'il seroit à désirer qu'il fût contraint de faire la paix, pourvu qu'il le fût sans violence et sans trahison; que, pour moi, je souhaiterois que le bon bourgeois s'assemblât, pour le supplier de vouloir faire réflexion sur l'état présent des affaires, d'examiner s'il n'y auroit aucun secours étranger ou domestique à espérer, de considérer comment il pourroit soutenir cette guerre, et, au cas qu'il n'en trouvât pas les moyens, d'avoir la bonté de songer sérieusement à leur procurer une paix qui leur seroit à tous également honorable et avantageuse ; qu'assurément il trouveroit cette manière de remontrance très-honnête et très-prudente, et qu'elle ne pourroit jamais produire qu'un bon effet.

Barberin entra assez dans mon sentiment, et nous demeurâmes d'accord que, sans me commettre, ni lui non plus, il conféreroit avec quelques-uns de la ville. Peu de temps après, ce même homme vint me dire que les choses s'acheminoient au point où je les avois souhaitées ; il m'avoua qu'il avoit eu de longs entretiens avec beaucoup de bons habitants; qu'on avoit presque pris la résolution que je lui avois inspirée, et, s'ouvrant un peu plus, il me nomma beaucoup de monde qui étoit dans le même sentiment, entre autres MM. de Virlade et de Bacalon. Je fus fort aise que ces deux hommes eussent été consultés : chacun d'eux avoit un intérêt domestique, c'est-à-dire une femme, qui leur devoit faire souhaiter la paix et notre sortie de Bordeaux. Je ne doutai point qu'ils n'appuyassent de bonne foi ceux qui voudroient finir la guerre civile. En effet, la chose fut si promptement ménagée que deux ou trois jours après cette dernière conversation que j'eus avec Barberin, plusieurs de ces considérables bourgeois vinrent faire leur remontrance à M. le prince de Conti, à peu près de la manière que je l'avois projetée avec Barberin.

Cette remontrance, quoique en apparence fort civile et en termes très-respectueux, ne laissa pas d'être vive et pressante. M. de Marsin, qui s'y trouva, en fut extrêmement touché ; il ne s'étoit pas attendu à voir un si grand nombre de personnes, même assez qualifiées, dans de pareils sentiments. On assembla le conseil pour opiner sur cette affaire. M. de Marsin proposa de faire une punition exemplaire de celui qui avoit porté la parole (c'étoit un marchand), et n'opinoit pas à moins qu'à livrer quelques autres de ces principaux demandeurs de paix à la fureur et à l'avidité de l'Ormée. Il y eut des avis plus modérés, qui soutenoient que cette violence attireroit la ruine infaillible du parti, et on allégua là-dessus ce qui étoit arrivé à la Maison de Ville de Paris, où une pareille violence avoit très-mal réussi [1]. Il se trouva des gens zélés pour la vie de M. le duc d'Enghien, de M. le prince de Conti et des princesses, qui dirent qu'on les exposoit un peu trop par cette violence. On se contenta, pour satisfaire l'humeur sauvage de M. de Marsin et la furie de l'Ormée qui demandoit des vengeances, de chasser quelques-uns de ceux qui avoient paru les plus animés à demander la paix.

Je fus bien aise que Virlade et Bacalon ne fussent pas du nombre des proscrits. Ils n'avoient point paru dans cette multitude, et leurs femmes avoient d'assez

[1] Après le combat du faubourg Saint-Antoine, le prince de Condé, le duc d'Orléans, frère de Louis XIII, et le duc de Longueville réunirent à l'Hôtel de Ville de Paris une assemblée de bourgeois pour leur demander des subsides et aviser avec eux aux moyens de continuer la guerre. Les princes, trouvant les dispositions de l'assemblée peu favorables, sortirent en disant : « Ces gens-ci ne veulent rien faire pour nous, ce sont des Mazarins. » Aussitôt la populace se rua sur l'Hôtel de Ville à coups de fusil, mit le feu aux portes, et beaucoup de paisibles habitants périrent dans le tumulte. Cet événement fut cause du rapide déclin de l'autorité des princes; le vœu général rappela dans Paris le jeune roi qui y fit son entrée au mois de mars de l'année 1653. Le prince de Condé se vit forcé de se retirer en Flandre, où il prit, conjointement avec le comte de Fuensaldagne, le commandement de l'armée espagnole.

bons amis dans notre cour pour sauver leurs maris d'un bannissement, parce qu'elles eussent été obligées de les suivre, et que l'absence de ces dames ne convenoit pas à nos courtisans. Cela me donna d'autant plus d'espérance de voir renouer cette intrigue. Barberin n'étoit point du nombre de ceux qui avoient été chassés. Aussi cet exil n'effraya pas trop les esprits; au contraire, ceux qui ne s'étoient pas déclarés par la crainte des châtiments, voyant qu'il n'y avoit à craindre qu'un bannissement, que même la plupart désiroient, la partie commençoit de s'échauffer dans Bordeaux.

Il se fit, quelques jours après, un parti de ceux qui demandoient la paix, beaucoup plus fort et plus nombreux qu'il n'avoit encore été, et on parloit assez publiquement par toutes les rues et dans les assemblées. On témoignoit la désirer d'une manière, et on s'expliquoit en des termes, qui firent appréhender qu'on ne se vît bientôt en état de la faire accepter par force et à des conditions un peu dures. M. de Marsin, qui, jusqu'alors, avoit paru féroce contre ceux qui parloient de la paix, commença à s'humaniser et à craindre que, si la paix venoit à se faire sans sa participation, il n'eût ni le temps, ni la commodité de se retirer. Il appréhenda même qu'on ne le sacrifiât, et, comme il ne doutoit pas que, s'il étoit pris, il ne perdît sa tête sur un échafaud, il écouta la raison et fut lui-même d'avis, tant le danger lui parut extrême, de faire le lendemain une assemblée générale, où on examineroit ce qui seroit plus à propos de faire, ou la guerre, ou la paix.

Cependant, comme c'étoit par force qu'il étoit de cette opinion, il fit chez M. Lenet une assemblée particulière de ses plus confidents et de ceux qui étoient les plus attachés aux intérêts de M. le Prince, soit par les charges qu'ils avoient dans sa maison et dans les troupes qui portoient son nom, soit par d'autres intérêts. Il appela dans cette assemblée les chefs de l'Ormée, qui n'avoient pas de moindres engagements que lui à empêcher la paix. Lorsque l'assemblée eut pris séance, M. de Marsin leur fit la peinture du triste état auquel étoit réduit le parti, et de l'appréhension qu'il avoit que le lendemain on ne résolût, dans l'assemblée générale qui devoit être convoquée, de faire la paix; que c'étoit à eux, qui étoient les seuls fidèles à M. le Prince, de lui parer ce coup le plus rude qu'on pût jamais lui porter et dont les suites seroient irréparables; que, pour lui, s'il ne regardoit que ses intérêts personnels, il trouveroit autant que tout autre des avantages considérables dans un accommodement; mais que son honneur et l'attachement qu'il avoit à la personne de M. le Prince, non-seulement l'empêchoit d'écouter toutes les propositions de paix qu'on lui pouvoit faire; mais même qu'il étoit résolu de périr pour s'y opposer.

Il leur dit ensuite qu'il étoit obligé de leur faire part d'un secret qu'il avoit découvert : que ce grand désir de la paix, qui paroissoit parmi les habitants de Bordeaux, étoit l'ouvrage de M. le prince de Conti, qui avoit lui-même ménagé les esprits et les avoit sollicités à demander la paix; qu'ils en demeureroient pleinement persuadés, s'ils se souvenoient de ce qu'il fit dans le temps de la première sédition que les bourgeois avoient faite; qu'au lieu d'arrêter leur mauvaise volonté par une punition exemplaire, il avoit seulement opiné au bannissement. Il fit observer encore beaucoup de choses à quoi M. le prince de Conti n'avoit pas songé, et conclut enfin en disant qu'il falloit se rendre maître de la personne de ce prince, qu'on le traiteroit avec le respect qui étoit dû à sa naissance et au frère de leur commun maître ; que le prince de Conti lui-même leur sauroit gré un jour de l'avoir délivré d'une occasion où il étoit sur le point de manquer à la fidélité qu'il devoit à son frère et à ce qu'il se devoit à lui-même. Enfin, il leur représenta que ce prince avoit été abusé par Sarrasin et par moi, qui avois sans doute été gagné par la cour, et qu'ainsi il falloit se défaire de moi. Plusieurs de cette assemblée applaudirent à ce sentiment, et ajoutèrent beaucoup d'invectives et contre M. le prince de Conti et contre moi. Les autres témoignèrent donner leur consentement par leur silence. On résolut pourtant de ne rien entreprendre, qu'on n'eût vu encore plus précisément quel train prendroient les choses dans l'assemblée du jour suivant.

Je fus averti presque aussitôt de tout ce qui se passoit dans cet extraordinaire conseil. Ce fut par M. le chevalier de Feuquières, qui étoit assez de mes amis, mais qui me donna cet avis bien plus par l'horreur qu'il eut d'une telle proposition, que par amitié qu'il avoit pour moi, ni par dessein de s'en faire un mérite auprès de M. le prince de Conti : car il exigea de moi que je ne le nommerois point, et me fit voir des conséquences si fâcheuses pour lui, si l'on venoit à savoir qu'il m'avoit donné cet avis, que je n'avois garde de manquer pour lui de foi et de reconnoissance. Je portai même la précaution si loin, que, de crainte que M. le prince de Conti, à qui j'étois obligé de dire ce qui s'étoit passé dans ce conseil, ne me demandât d'où me venoit cet avis, je me le fis écrire par un homme inconnu, à qui je dis, en le lui donnant, que je ne pouvois pas douter de la vérité de ce que contenoit cet avis, quoique j'en ignorasse l'auteur, puisque j'avois su que cette assemblée s'étoit tenue chez M. Lenet.

M. le prince de Conti fut assez surpris; mais, comme il ne lui étoit pas difficile de se précautionner et de se mettre à couvert d'un aussi indigne attentat, on y donna ordre. M. le prince de Conti étoit logé dans la Maison de Ville; ce lieu étoit fort et très-bien muni. Avant que M. le prince de Conti sortît pour aller à cette assemblée convoquée à la Bourse, on envoya dans le lieu où elle devoit se tenir pour voir la disposition des choses, et les gardes du prince se saisirent des portes et des avenues. La plupart des officiers de l'armée s'étoient rendus à la Maison de Ville pour accompagner M. le prince de Conti. Dans cette occasion, Sarrasin qui, depuis quelque temps, par le sacrifice qu'il avoit fait à son maître de Mme de Longueville et par la complaisance qu'il avoit eue pour la maîtresse de ce prince, s'étoit un peu rétabli dans son esprit, et avoit attrapé son secret sur le sujet de la paix et sur le dessein de Marsin, parloit aux officiers, et disoit en confidence à ceux qu'il croyoit les plus attachés à M. le prince de Conti : qu'on étoit averti qu'on vouloit attenter à la personne de M. le prince de Conti; qu'on avoit des nouvelles que Marsin avoit fait son accommodement à la cour et qu'il avoit promis de livrer M. le prince de Conti. Il s'attachoit à exagérer toutes ces choses, particulièrement à ceux qui avoient des espérances de leur fortune fondées sur la personne de ce prince, et les exhortoit de ne le point abandonner.

J'agissois de mon côté. J'avois envoyé quérir Barberin pour lui dire qu'il fît courir le bruit parmi les habitants, que Marsin vouloit rendre la guerre perpétuelle, ne se souciant point de perdre toute cette ville pour se venger de ce qu'il n'avoit pu obtenir de la cour le pardon de la perfidie qu'il avoit faite; et que, comme il n'étoit pas né dans la France, il ne s'embarrassoit guère d'exposer le royaume, dont la ruine pouvoit arriver par la continuation des désordres qu'on y avoit causés. Cet homme me promit d'agir ; et, en effet, nous trouvâmes dans l'assemblée une foule innombrable de gens qui, dès qu'ils virent paroître M. le prince de Conti, commencèrent à crier la paix. M. le prince de Conti se retira dans une chambre particulière, où, étant avec les principaux de la ville et du parti, et commençant à agiter les affaires, la populace commença à redoubler ses cris avec tant de furie, qu'on fut obligé d'envoyer trois ou quatre des principaux de la ville pour tâcher d'apaiser ce peuple ; mais, après d'inutiles efforts pour se faire écouter, ils furent contraints de revenir, et la confusion fut si grande, que, loin de songer à raisonner sur ce qu'il falloit faire et de quelle façon on procéderoit à la paix, on put à peine conclure seulement que c'étoit une nécessité de la faire au plus tôt, et on remit à s'aller assembler dans la Maison de Ville où logeoit M. le prince de Conti.

Dès que ce prince sortit de la chambre, il se fit un silence d'un moment ; il s'en servit pour leur dire : « Messieurs, vous aurez la paix. » A peine eut-il prononcé ces paroles qu'on entendit crier de toutes parts : « Vive M. le prince de Conti ! » et ces cris firent bien juger que cette bonne nouvelle étoit reçue avec un applaudissement général¹. Toute cette populace accompagna Son Altesse jusque dans sa maison, et là avec les jurats² et les principaux de la ville et du parti, il fut résolu d'envoyer à M. de Candale. Le chevalier de Taudias, premier jurat, fut député par le corps de ville avec MM. de Virlade et de Bacalon, et pour M. le prince de Conti et mesdames les princesses, il fut trouvé bon d'y envoyer Gourville³.

Il y avoit cinq ou six jours que cet homme étoit arrivé dans Bordeaux sans qu'on sût par quelle aventure, ni avec quel dessein. Je ne sais si ce fut, comme il disoit lui-même, un coup de son étoile qui le faisoit trouver partout où il se passoit quelque chose de considérable, et qui, depuis quelque temps, lui avoit donné occasion de se mêler dans les négociations les plus importantes, ou si, en effet, comme il est plus vraisemblable, il étoit venu tenter, sachant la déca-

---

¹ Le peuple se répandit dans la ville en poussant des cris d'allégresse; le vert, signe de la rébellion, fut foulé aux pieds; le drapeau rouge arboré aux clochers des églises en témoignage d'alliance avec l'Espagne, fut abattu et remplacé par des bannières blanches. On courut aux prisons délivrer ceux qui y étaient enfermés à cause de leurs tentatives pour la paix; le sieur Filhot fut rendu à la liberté, et le P. Ithier sortit du cachot où il était étroitement gardé depuis sa condamnation.

² Magistrats municipaux de la ville de Bordeaux; ils étaient au nombre de six, élus pour deux années. Chaque année on nommait trois nouveaux jurats pour remplacer les trois jurats sortants.

³ Jean Hérault, sieur de Gourville, né en 1625, d'abord valet de chambre du duc de La Rochefoucauld, puis son secrétaire, fut ensuite attaché à la personne du prince de Condé. Gourville prit une part active à la Fronde, et assista à toutes les affaires importantes du parti des princes dont il était un des plus habiles conseillers. Il a laissé des Mémoires dans lesquels il accuse l'abbé de Cosnac, Sarrasin et Guilleragues d'avoir conseillé de le faire jeter à la rivière.

dence du parti, s'il ne pouvoit pas se jeter dans l'intrigue et profiter de l'accommodement.

Gourville étoit homme capable de négocier, habile et fertile en expédients. Comme il arrivoit dans une cour qu'il connoissoit depuis très-longtemps, il n'y prit point de fausses mesures. M. de La Rochefoucauld étoit alors non-seulement sans commerce, mais même en froideur avec M. le prince de Conti, et cruellement brouillé avec Mme de Longueville. Ainsi, Gourville qui avoit eu une fort grande part aux intrigues et aux amours de son maître, ne pouvoit douter qu'il ne fût très-mal reçu de l'un et de l'autre, et qu'il ne trouvât de grands obstacles à entrer dans leur confidence. Mais la connoissance qu'il avoit de l'humeur facile de M. le prince de Conti, lui fit espérer qu'il le pourroit vaincre, pourvu qu'il ne fût traversé de personne auprès de lui. Dans cette vue, il songea bien moins pendant ces premiers jours à faire sa cour à ce prince, qu'à gagner l'amitié de ceux qui avoient quelque crédit sur son esprit. Comme il vit que j'en étois assez considéré, il tenta, par son adresse et sa complaisance, de me rendre de ses amis; mais aussitôt qu'il se fut aperçu que je ne répondois pas à ses avances aussi favorablement qu'il l'avoit espéré, il s'avisa, pour me déterminer, d'un expédient qui lui réussit. M. l'abbé de Sillery avoit depuis peu pris l'amnistie; Gourville seul à Bordeaux le savoit. Il ne doutoit pas que, dès que M. le prince de Conti l'apprendroit, il ne me donnât la charge de maître de chambre que je faisois par commission; il prit le parti de ménager la connoissance qu'il avoit de cette nouvelle, de telle sorte qu'il pût s'en faire un mérite auprès de moi. Il me vint rendre visite, et après m'avoir témoigné la passion qu'il avoit de se lier à moi, il ajouta, pour me le mieux persuader, que, quoique M. l'abbé de Sillery fût allié à M. le duc de La Rochefoucauld dont lui-même il étoit créature, il ne pouvoit cependant s'empêcher de trouver cet abbé un si pauvre homme et si peu capable de la charge qu'il avoit, qu'il vouloit me donner un moyen infaillible de l'obtenir dans peu de jours. Gourville continua en me disant que, si je voulois, au cas qu'il réussît, lui promettre d'être de ses amis, il se faisoit fort de venir à bout de cette affaire, sans qu'il me coûtât autre chose que d'avoir agréable qu'il me fît ce plaisir. Les fonctions de cette charge me paroissoient agréables; je voyois que je devois à l'exercice que j'en faisois une partie de ma faveur; il m'eût été très-sensible d'en être dépouillé, et il étoit indubitable que je le serois, si je n'en étois pas pourvu avant la paix. Gourville, d'ailleurs, me parloit du succès avec tant de certitude, que je crus qu'il dépendoit tout de son adresse. Je m'engageai donc fort agréablement à me faire son ami et à être reconnoissant d'une obligation que je ne pouvois nier qui ne fût très-grande. « Laissez-moi faire, me dit-il, en finissant cet entretien, je ne vous demanderai rien entre-cy que j'aie réussi, ce que j'espère faire dans moins de vingt-quatre heures, que de dire à M. le prince de Conti quelque bien de moi, en cas que l'occasion s'en présentât naturellement. Je ne désire de vous que des louanges générales, encore je ne les demande que pour mieux et plus facilement réussir dans votre affaire. »

Dès le même jour je trouvai à placer le bon office que Gourville avoit exigé de moi; mais je parlai de lui fort sobrement, craignant que cet homme ne fût une espèce de hâbleur, qui peut-être ne vouloit autre chose que se servir de moi pour l'introduire.

Le même soir, comme j'étois à table, on me vint avertir, suivant la coutume que j'avois établie, que Gourville parloit à M. le prince de Conti en particulier ; j'en fus bien aise, persuadé que, si Gourville n'étoit pas un fourbe, je verrois bientôt les effets de ses promesses. En effet, avant que de sortir de table, on me vint dire que M. le prince de Conti me demandoit. En entrant dans sa chambre, il me dit : « Monsieur l'abbé, je m'en vais vous apprendre une nouvelle qui ne vous déplaira pas : j'ai commandé que l'on vous expédiât les lettres de maître de ma chambre. » Je lui répondis : « Quand Votre Altesse me donneroit tous les biens du monde, elle ne me feroit pas une plus grande grâce, ni qui me plût davantage, puisqu'elle m'attache à son service pour le reste de ma vie. » J'appris ensuite que M. l'abbé de Sillery avoit pris l'amnistie, et que M. le prince de Conti, animé de ce qu'il l'avoit quitté, avoit été bien aise de disposer dans ce même moment de sa charge. Je ne savois si cette nouvelle d'amnistie, si aisément crue, étoit une adresse de Gourville ou une vérité ; mais, par quelque occasion que cette charge me fût donnée, je ne pouvois dire que Gourville n'eût fait son devoir, et qu'il ne m'eût tenu parole. Cela m'obligea d'en user plus honnêtement et plus familièrement avec lui que je n'aurois fait. Ainsi, lorsque, avec une effronterie incroyable, il se proposa lui-même pour aller faire le traité avec M. de Candale ; qu'il promit à M. le prince de Conti de lui rendre compte plus exactement et plus adroitement que tout autre des demandes que feroient Mme de Longueville, Marsin et Lenet; qu'il sauroit de M. de Candale tous les sentiments de la cour; qu'il l'obligeroit de faire en faveur de M. le prince de Conti au delà même de ses pouvoirs, s'il étoit nécessaire, je ne voulus point lui nuire dans son dessein, ni m'opposer à cette négociation qu'il avoit fort envie de faire. Non-seulement je crus devoir cet égard au service qu'il venoit de me rendre; mais je n'avois d'ailleurs nulle intention d'aller traiter cette paix, trouvant cet emploi peu important après ce qui s'éloit passé.

Gourville, de son côté, sut si bien se louer, que M. le prince de Conti fut persuadé qu'il s'acquitteroit mieux de cet emploi que tout autre, et le choisit pour aller ménager ses intérêts, qui ne consistoient qu'à obtenir la liberté de prendre l'amnistie. Il fit trouver bon à M. le prince de Conti qu'il allât solliciter Mme de Longueville, Marsin et Lenet d'envoyer quelqu'un de leur part, pour y traiter de ce qui les regardoit. Mais comme ils y consentoient malgré eux, et qu'ils ne désiroient que la liberté de sortir de Bordeaux et de s'en aller, savoir : Mme de Longueville dans une de ses maisons, et les autres en Espagne, ils crurent que Gourville suffisoit pour cela. Quoi qu'il en soit, il se trouva le seul plénipotentiaire du prince de Conti, des princesses et du parti. Le traité n'étoit pas difficile à conclure; chacun de nos gens ne demandoit que la permission de sortir d'un lieu où l'on avoit grande envie de ne se voir plus. On minuta toutefois quelques articles qui furent concertés. M. de Candale en auroit accordé de plus difficiles, ayant une fort grande envie que la paix se fît par son ministère, et craignant que, s'il y apportoit quelques difficultés, on ne s'adressât à M. de Vendôme, à qui la cour, pour ne lui pas donner sujet de mécontentement, avoit envoyé les mêmes pouvoirs qu'à lui. La jalousie qu'ils auroient eue l'un contre l'autre auroit sans doute été très-avantageuse pour le parti, si l'on eût songé à en profiter; mais en l'état où les choses étoient réduites, ni le peuple de Bordeaux, ni M. le prince de Conti même, n'auroient pas eu la patience d'attendre le temps qu'il eût fallu pour ménager cette jalousie.

Pendant que Gourville convenoit avec M. de Candale des articles du traité, il se passoit une chose incroyable dans Bordeaux. M. le prince de Conti alla rendre visite à Mme la Princesse; il la trouva en conférence particulière avec Mme de Longueville, Marsin et Lenet. Mme la Princesse, touchée du pitoyable état où elle se voyoit réduite d'être obligée de s'en aller par mer avec M. le duc d'Enghien, son fils, trouver M. le Prince qui devenoit par cette paix encore plus malheureux, fondoit en larmes. Mme de Longueville n'étoit guère moins affligée de l'incertitude de ce qu'elle deviendroit. A l'arrivée de M. le prince de Conti les pleurs redoublèrent, et cette lugubre conversation ayant continué, M. le prince de Conti fut si ému de pitié et si touché par une infinité de reproches tendres qu'on lui fit, qu'il ne songea qu'à justifier sa conduite et à détruire les soupçons qu'on avoit si injustement conçus contre lui. On en vint si avant que, soit foiblesse, bonté ou tendresse, ce prince songea à conduire Mme la Princesse et M. le duc d'Enghien en Espagne. Une telle entreprise n'étoit pas aisée : il falloit sortir secrètement de la ville et se dérober à la vigilance des habitants qui en gardoient exactement les portes. Il n'y avoit point de doute que, s'ils se fussent aperçus de cette fuite, on ne les eût arrêtés. Il ne parut pas de meilleur expédient que de résoudre de sortir la nuit par les fenêtres de l'archevêché, où Mme la Princesse logeoit, et qui répondoient dans les fossés de la ville. Là on devoit faire trouver des chevaux pour se conduire jusqu'à l'armée navale d'Espagne, qui étoit à l'embouchure de la Garonne. Ce dessein, quoique assez mal digéré, fut ainsi résolu. Je crois que l'appréhension qu'avoit Marsin que la cour n'eût défendu à M. de Candale de le comprendre dans le traité, ou qu'elle n'eût même donné ordre de l'arrêter, ne contribua pas peu à faire prendre cette résolution.

J'étois cependant dans la salle de l'archevêché avec notre escorte; j'y attendois avec assez d'inquiétude la sortie de M. le prince de Conti, qui n'avoit pas trop accoutumé de faire en ce lieu de si longues visites. Je craignois qu'on ne l'eût arrêté; mais, m'étant plusieurs fois approché de la chambre où il étoit, je m'étois rassuré par le son de sa voix que j'entendois de temps en temps et qui me paroissoit dans son naturel. Enfin, après deux heures de conversation, il sortit tout seul de cette chambre. Dès qu'il parut, je m'approchai de lui à mon ordinaire. Il n'y répondit pas avec la même liberté qu'il avoit accoutumé; il fit plusieurs tours en cette salle, parlant indifféremment à diverses personnes, mais avec si peu d'application, que moi qui le connoissois jusque dans l'âme, je soupçonnai que, dans l'entretien qu'il venoit d'avoir, il s'étoit passé quelque chose qui l'occupoit étrangement. Il s'alla appuyer sur les fenêtres qui regardoient dans les fossés; c'étoit cet endroit-là qu'on avoit remarqué comme le plus propre pour sortir de Bordeaux. Je pris garde qu'il mesuroit des yeux avec assez d'attention l'espace et la hauteur de cette fenêtre, et il me vint dès ce temps un soupçon de la vérité.

Je ne pouvois douter qu'il ne se tramât quelque chose de considérable dont je n'étois point informé. Ce qui acheva de me confirmer que ce secret étoit important, c'est que je savois que M. le prince de Conti avoit résolu, en sortant de chez Mme la Princesse, d'aller chez Mme de Calvimont, et cependant il me dit : « J'ai depuis une heure une migraine assez violente, et comme peut-être il faudra que je revienne ici ce soir pour savoir ce que Gourville aura fait, je suis d'avis d'aller reposer deux ou trois heures dans mon lit. » Ensuite il monta dans son carrosse avec moi et quelques autres de ses domestiques, et vint se retirer dans sa chambre. Dès qu'il y fut, il congédia tout le monde. Pour moi, qui avois une charge qui m'obligeoit d'y être dans ces occasions, je le vis déshabiller et lui donnai sa chemise sans qu'il me dît un seul mot. J'étois dans une si grande tristesse et si agité de pensées différentes, que je ne savois que lui dire. Dès qu'il fut dans son lit, après y avoir rêvé quelque temps, il me dit qu'il alloit tâcher de dormir et que je pouvois me retirer pour deux ou trois heures; l'air dont il me dit ces paroles me donna un certain dépit qui m'obligea de lui répliquer assez brusquement : « Je ne crois pas, monsieur, que vous soyez si malade que je ne puisse bien pour un moment retarder votre sommeil, et me plaindre à vous de la manière dont vous me traitez. Sans doute mes ennemis que vous venez de voir l'ont emporté sur mon zèle pour vous, et vous ont fait oublier tous mes services. Je vois bien que vous avez résolu de leur donner la satisfaction de me perdre. Quoi! monsieur, vous êtes trois heures enfermé avec des personnes qui ne m'aiment pas, parce que je suis trop à vous, et vous me faites finesse de ce ce qui s'est passé dans un si long entretien, à moi, monsieur, *de vos plus grands secrets le grand dépositaire.* »

M. le prince de Conti écouta toutes mes tendresses avec une dureté de cœur incroyable; il me répondit froidement : « On n'a pas seulement nommé votre nom; on a bien d'autres choses à songer dans l'état où on est, qu'à vous nuire. » Enfin, voyant que par la tendresse je ne pouvois rien obtenir, je lui dis : « N'espérez pas m'abuser. Il faut nécessairement de deux choses l'une : ou qu'on vous ait fait prendre quelque résolution contre moi, ou qu'on vous ait engagé à ne pas signer le traité de paix et à vous en aller en Espagne. » Je ne sais si la pensée que j'avois eue sur les fenêtres touchant cette fuite m'avoit préoccupé, ou si la surprise que mes paroles mettoient sur le visage de ce prince m'avoit de nouveau confirmé que ce que je craignois étoit véritable; mais je crus lire clairement dans ses yeux que j'avois découvert son secret. M. le prince de Conti m'interrompant brusquement avec colère, me dit : « Ce sont là de vos visions, laissez-moi en patience. » Je lui répliquai : « Je n'ai plus que ce mot à vous dire, après lequel je me retirerai. Vous n'avez aucune raison de me cacher vos affaires. Ma fidélité, mon attachement, mon zèle, doivent vous être assez connus pour vous persuader que, quoi que vous ayez résolu, je ne puis pas le trouver mauvais. Si vous avez dessein d'aller en Espagne, je vous y suivrai d'aussi bon cœur qu'à Paris, si ma personne et mes services vous sont agréables. Songez, je vous en supplie, que si vous vous cachez de moi, vous faites tort à la passion extrême que j'ai eue et que j'aurai toute ma vie pour votre service; et peut-être aurez-vous de la peine à trouver un domestique aussi sûr que moi. D'ailleurs je puis vous dire qu'il sera mal aisé de me tromper; car, que ce soit folie ou terreur panique qui m'ait donné cette pensée, je la pousserai à bout. Il ne vous sera pas facile d'exécuter ce dessein, si vous l'avez, sans que je m'en aperçoive. Je ne vous quitterai point, et j'observerai si exactement vos démarches, que je ne crois pas que j'en sois la dupe. »

M. le prince de Conti m'interrompit un peu plus humainement, et me dit : « Mais qui peut vous avoir donné cette pensée? » Je lui avouai que l'action qu'il avoit faite de regarder avec tant d'attention par la fenêtre de la salle de l'archevêché m'avoit fait croire que ce n'étoit pas sans dessein, et qu'il n'en pouvoit avoir d'autre que celui de se retirer; que sa feinte maladie, ses rêveries, son retour dans sa maison contre l'intention qu'il avoit eue avant que d'avoir ce long entretien avec Mme la Princesse, m'avoient assez fait connoître qu'il songeoit à quelque grande entreprise. Je m'apercevois que M. le prince de Conti prenoit assez de plaisir que je lui disse le fondement de mes soupçons. En effet, dès que j'eus cessé de parler, il m'avoua tout ce qui s'étoit passé chez Mme la Princesse; il me dit qu'il croyoit son honneur engagé à mettre sa famille en lieu de sûreté, et qu'après avoir satisfait à ce devoir, il reviendroit jouir du repos qu'il souhaitoit.

Je lui répondis qu'étant aussi attaché à son service que je l'étois, j'osois le supplier seulement de songer mûrement à ce qu'il alloit faire, afin qu'ayant pesé et prévu tous les inconvénients, il jugeât lui-même ce qui lui seroit et plus honnête et plus utile. Je lui représentai l'engagement de parole et par écrit qu'il avoit avec la cour; que cet engagement feroit peut-être deux méchants effets contre lui : le premier, de le faire passer par toute l'Europe pour un prince sans foi, et le second, de le mettre par là en état de ne revenir jamais en France. Je le pressai de considérer quelle figure il pouvoit faire en Espagne, où apparemment on ne lui donneroit, ni part dans les conseils, ni commandement dans l'armée, n'étant pas de leur politique de mettre leurs troupes et leurs affaires entre les mains de deux frères, princes du sang de France, contre lesquels ils auroient toujours du soupçon. Je le fis souvenir des mécontentements que les Espagnols avoient donnés et donnoient tous les jours à M. le Prince; qu'il se falloit résoudre, en prenant ce parti, d'être un habitant perpétuel de Madrid, sans autre emploi que de solliciter ses pensions, qui, avec tout cela, lui seroient encore mal payées; qu'on pouvoit juger par ce qu'ils avoient fait pour le parti où résidoient leurs véritables intérêts, de ce qu'ils feroient pour un prince qui ne leur seroit jamais si considérable que leurs propres affaires, et qui, loin de cela, par succession de temps leur deviendroit de plus en plus à charge, ou du moins seroit regardé et traité comme une personne inutile; et qu'enfin, en prenant cette résolution, il devoit se préparer à souffrir d'étranges misères. Je finis ce discours en lui faisant comprendre qu'il n'étoit pas chargé de Mme la Princesse, ni de M. le duc d'Enghien, son neveu, puisque M. le Prince avoit eu si peu de confiance en lui qu'il s'étoit toujours adressé à Mme de Longueville, à Marsin et à Lenet, non-seulement à son exclusion, mais même à son insu; outre que c'étoit assez pourvoir à la sûreté de sa famille que de lui procurer la liberté de se retirer, sa personne n'étant nullement nécessaire pour assurer leur retraite. Je lui fis même craindre le danger qu'il y avoit à s'évader de la sorte, à la merci de Marsin qui ne l'aimoit pas. J'ajoutai que, s'il alloit être arrêté, ou par les bourgeois de Bordeaux, ou par les troupes du roi, comme il étoit presque indubitable, on se prendroit à lui d'une telle imprudence qui lui coûteroit à la fois sa liberté, celle de Mme la Princesse et celle de M. son neveu....

Il me sembloit que je n'avois jamais parlé avec tant de force : aussi mon discours eut-il tout le succès que j'en pouvois attendre. Dès ce moment M. le prince de Conti me témoigna qu'il se rendoit à mes raisons, et me dit qu'il trouveroit les moyens de s'excuser. Je lui fis avouer qu'il auroit exécuté ce dessein sans m'en rien communiquer, ne doutant pas qu'il ne m'y trouvât opposé, et qu'il m'auroit laissé dans Bordeaux sans songer ce que je pourrois devenir. Depuis ce temps-là cette action m'est toujours demeurée dans le cœur, et jamais je n'y ai pensé qu'avec beaucoup de chagrin et quelque peu de diminution de mon affection pour un tel maître, dont je voyois mes services si mal reconnus. Je cachai pourtant avec toute l'adresse possible le raisonnement et les réflexions qui me passoient dans l'esprit sur cet endroit, et j'écoutai avec un visage ouvert et content toutes les choses obligeantes qu'il me dit, à dessein sans doute d'effacer de mon cœur toutes les mauvaises impressions que cette affaire y pouvoit laisser.

Cependant Gourville revint de son ambassade. Comme M. de Candale avoit une fort grande impatience de finir cette guerre, il envoya dire par Gourville qu'on n'avoit qu'à dresser les articles, et qu'il étoit tout prêt à les signer. M. le prince de Conti ayant ordonné à Gourville d'aller rendre compte de sa heureuse négociation à Mme de Longueville, à Marsin et à Lenet, et de leur dire qu'ils se rendissent chez Mme la Princesse où il se rendroit aussi lui-même, il se leva et s'habilla pour y aller. J'exigeai encore de lui de nouvelles assurances qu'il n'iroit point en Espagne. Avant qu'il fût en état de sortir de sa maison, Gourville fut de retour et lui dit en entrant dans sa chambre qu'il venoit de rendre compte à Mme de Longueville de ce qui s'étoit passé, et qu'il y avoit trouvé M. de Marsin qui avoit reçu cette nouvelle avec beaucoup de joie, et, sur cela, il raconta combien de précautions il l'avoit chargé de demander pour sa sûreté particulière, lorsqu'il alla trouver M. de Candale au nom de tout le parti; entre autres, qu'outre la parole du roi, M. de Candale s'engageroit en son propre et privé nom, et feroit engager M. de Vendôme, qu'il ne lui seroit donné directement ni indirectement aucun empêchement pour sa retraite, et qu'ayant obtenu tout ce qu'il avoit désiré, M. de Marsin avoit été très-satisfait.

M. le prince de Conti fut à l'archevêché où étoient

déjà arrivés Mme de Longueville, Marsin et Lenet. J'eusse bien souhaité d'entrer dans le cabinet de Mme la Princesse, comme j'avois accoutumé d'y entrer quelquefois avec mon maître; mais M. le prince de Conti ne le trouva pas à propos, ne voulant pas qu'on pût croire que c'étoit par mes conseils qu'il avoit rompu le dessein auquel il s'étoit engagé le même jour. Dans cette conférence, Gourville rendit compte de tout ce qu'il avoit fait avec M. de Candale, et il fut résolu qu'on dresseroit des articles, et que Gourville retourneroit le lendemain pour les faire signer. Aussitôt que Gourville fut sorti, on parla de la résolution qui avoit été prise quelques heures auparavant de se retirer la nuit par les fossés de la ville; mais ce ne fut que pour résoudre qu'il n'y falloit plus songer. Je ne sais si M. de Marsin avoit changé de sentiment, croyant qu'il pouvoit se retirer avec sûreté, ou s'il avoit plus mûrement pensé aux inconvénients qui pouvoient arriver de cette fuite clandestine, du succès de laquelle il étoit d'autant plus chargé que c'étoit lui qui l'avoit proposée; ou si même il fit réflexion que la personne de M. le prince de Conti lui seroit plus à charge qu'utile; mais, quoi qu'il en soit, ce voyage se trouva rompu de lui-même, sans que M. le prince de Conti eût la peine de se déclarer, ni de manquer à l'engagement qu'il avoit pris et quitté en un même jour. Je crois même que chacun d'eux, dans son âme, étoit fort content de voir que la fortune lui avoit épargné la honte de se démentir et de se dédire; car enfin il eût bien fallu en venir là, tant ce dessein étoit mal concerté. On résolut donc de ne plus songer qu'à sortir avec bienséance, et dresser des articles qui furent donnés à

Gourville pour les aller faire signer à M. de Candale. Gourville partit dès le lendemain et revint le même jour avec les articles signés par M. de Candale. En voici la teneur :

« Nous soussignés déclarons que, pour parvenir à la paix de Bordeaux, sommes demeurés d'accord et avons promis d'observer inviolablement ce qui suit, à savoir :

« Nous, duc de Candale, général des armées du roi en Guienne, promettons, au nom de Sa Majesté et au nôtre particulier, de donner et faire donner les escortes, sauf-conduits et passe-ports ci-après spécifiés, et de faire jouir de l'effet d'iceux sincèrement et de bonne foi, à quoi nous engageons notre honneur et parole, sur laquelle tout ce qui s'ensuit a été accordé :

« Premièrement, à Mme la Princesse et à M. le duc d'Enghien, son fils, à tous leurs domestiques, officiers de troupes, train et équipage, pour s'en aller par mer ou par terre, à leur choix, à Stenay-sur-Meuse, ou près de la personne de M. le prince de Condé, en quelque lieu qu'il puisse être, tant dedans que dehors le royaume.

« A M. Lenet, conseiller d'État ordinaire, sera donné semblable passe-port pour suivre Mme la Princesse audit voyage, ou s'y rendre de son chef par les chemins que bon lui semblera, comme aussi au sieur chevalier de Taudias.

« A M. le prince de Conti, pour se retirer dans telle de ses maisons qu'il lui plaira, avec ses domestiques, officiers de ses troupes, train et équipage, en prenant toutefois l'amnistie, du fruit de laquelle il jouira pleinement.

« A Mme la duchesse de Longueville, pour se retirer à

Neufchâtel, ou dans telle de ses maisons qu'il lui plaira, avec ses domestiques, train et équipage, en prenant aussi l'amnistie.

« A M. de Marsin, capitaine général, pour se retirer, par mer ou par terre, en ses terres de Liége ou en Hollande, à son choix, et à madame sa femme, pour se retirer dans une de ses terres en Normandie, où elle jouira pareillement de l'amnistie, en l'acceptant, chacun d'eux avec leurs domestiques, trains et équipages.

« A M. le comte de Maur, général de M. le Prince, et à M. le comte de Mata, pour se retirer avec leurs domestiques, trains et équipages, en tel lieu que bon leur semblera.

« A tous autres officiers généraux sera accordé semblables passe-ports, et aussi à tous bourgeois de Bordeaux qui voudront se retirer; sera aussi accordé aux troupes de cavalerie et d'infanterie étant aux environs de Bordeaux, sauf-conduits, route et étape pour aller joindre l'armée de M. le prince de Condé, en quelque lieu qu'elle puisse être, tant dedans que dehors le royaume. Toutefois, si quelques-uns des officiers généraux en particulier veulent prendre l'amnistie, elle leur sera accordée pour se retirer chacun ès lieux de leur domicile.

« Et nous, princesse de Condé, duc d'Enghien, prince de Conti et duchesse de Longueville, promettons et engageons nos honneurs et paroles de consentir, comme dès à présent nous consentons, au traité de la paix de Bordeaux, et d'y porter et disposer nos serviteurs et amis, et d'y travailler, conjointement et de concert avec eux et MM. les bourgeois de Bordeaux, le plus promptement et sincèrement qu'il se pourra ; et au cas que la paix ne soit pas conclue le 17 d'août prochain, nous promettons de sortir de Bordeaux et de nous retirer ès lieux et en la manière ci-dite, et toutefois, si, pour le repos de Bordeaux, nous sommes obligés d'en sortir plus tôt, M. le duc de Candale sera tenu de nous donner les sûretés ci-dessus exprimées à la première réquisition, et au cas que lesdits passe-ports de Sa Majesté ne fussent pas arrivés, il nous donnera les siens comme dit est, et les fera valoir, tant par mer que par terre, et même fera donner des vaisseaux équipés et propres à porter ceux d'entre nous qui voudront faire voyage par mer.

« Nous promettons aussi d'envoyer, suivant le passeport qui, pour ce, nous sera accordé, un homme à l'armée navale d'Espagne, pour révoquer les ordres que nous avons pu donner à ceux qui la commandent, et les avertir que nous ne pouvons plus les assister d'aucune chose, particulièrement des vaisseaux et troupes que nous avons en notre pouvoir, attendu la trêve accordée et le présent traité; afin que, si, nonobstant le présent article, ils venoient à donner combat ou à faire d'autre acte d'hostilité, il ne nous en puisse être imputé aucune chose, voulant de bonne foi et avec sincérité exécuter le traité ci-dessus, pour sûreté de quoi nous engageons tous de part et d'autre nos honneurs, paroles et confiances.

« Fait et arrêté par nous, princes et princesses ci-dessus nommés, et ceux étant sous notre charge, à Bordeaux, d'une part, et par nous duc de Candale, d'autre, à Beigle, ce 24 juillet 1653.

« Ainsi signé :

« GASTON DE FOIX DE LA VALETTE. »

L'original de ce traité me fut remis entre les mains; il y est toujours demeuré[1]. Il restoit à faire signer ce même traité à M. de Vendôme, dont les passe-ports étoient nécessaires. M. de Candale, craignant que M. de Vendôme, homme difficile et peu traitable, ne fût chagrin de n'avoir pas eu de part à cette paix et n'apportât des obstacles à ce qui venoit d'être accordé, prit la résolution d'aller lui-même lui porter ce traité. En même temps il dit à Gourville d'obtenir de M. le prince de Conti qu'il lui plût d'envoyer un homme à lui vers M. de Vendôme, pour lui demander les passe-ports dont on avoit besoin pour Mme la Princesse, M. le duc d'Enghien, Marsin, Lenet et toute leur suite, afin que cette civilité le radoucît. Il fut résolu que M. le prince de Conti enverroit un de ses domestiques à M. de Vendôme. Il désira que ce fût moi, comme m'y jugeant plus propre que Gourville, qui n'avoit pas de qualité et n'étoit pas domestique.

Comme je n'avois qu'une lieue à faire pour aller trouver M. de Vendôme à Lormont, et que d'ailleurs j'étois bien aise de donner le temps à M. de Candale, qui en étoit un peu éloigné, d'y arriver plus tôt que moi, je ne partis de Bordeaux que sur les dix heures du matin. J'arrivai à Lormont avant midi, dans un bateau où j'étois accompagné de deux ou trois de mes amis. Dès que je fus sur la rive, beaucoup de monde accourut pour savoir qui c'étoit qui venoit de Bordeaux, et quel sujet m'amenoit en ces lieux. Je répondis à ceux qui me firent ces demandes, que j'étois venu pour faire

[1] L'abbé de Choisy fait mention de ce fait dans ses Mémoires : il dit que Daniel de Cosnac lui montra l'original du traité de Bordeaux écrit de sa main.

compliment à M. de Vendôme de la part de M. le
prince de Conti. On me dit qu'on alloit avertir M. de
Vendôme, et que, cependant, si je voulois m'avancer, je
trouverois M. de Candale qui se promenoit avec beaucoup d'officiers. En l'abordant, il me demanda tout
haut des nouvelles de M. le prince de Conti. Après ces
paroles, il me dit qu'il ne vouloit pas m'arrêter, et, s'avançant comme pour s'en aller aussi où j'allois, il me sépara de la multitude et me dit assez bas : « J'ai trouvé ici
le plus difficile homme du monde ; ne lui dites point
qu'il y ait aucun traité signé avec moi, et faites comme
si vous veniez lui demander toutes les sûretés nécessaires
pour la mer. » Je n'eus le loisir de lui répondre que d'un
signe de tête, et, après cela, M. de Candale, s'arrêtant,
me dit tout haut : « Monsieur, vous êtes moins fatigué
que moi, vous n'avez pas la botte, je m'en vais vous
suivre un peu plus à mon aise ; M. de Vendôme est
déjà averti que vous êtes ici ; il vous attend sans doute. »

Cela m'obligea de me séparer de M. de Candale. Je
m'en allai suivi d'un grand nombre d'officiers jusqu'à
la maison où logeoit M. de Vendôme. En arrivant à la
porte, je trouvai les gardes sous les armes, et l'officier
me vint recevoir en cérémonie d'ambassadeur. M. de
Vendôme vint même au-devant de moi jusque dans
la salle où je le saluai, et lui fis, en présence de tous
ceux qui m'avoient suivi, les compliments que j'avois
à lui faire. Dans ce moment, M. de Candale arriva, et
alors M. de Vendôme dit qu'il croyoit que nous serions mieux dans sa chambre en particulier, et y étant
entré et assis, je dis à ces messieurs que M. le prince
de Conti avoit pris la résolution de remettre la ville de
Bordeaux dans l'obéissance du roi, et qu'il espéroit de

la bonté de Sa Majesté qu'elle lui accorderoit l'amnistie; et que, comme Mme la Princesse se trouvoit engagée par son devoir d'aller trouver M. le Prince et d'y mener son fils, que même M. de Marsin et beaucoup d'autres étoient dans les mêmes engagements, je venois supplier M. de Vendôme de vouloir bien donner les sûretés, les passe-ports et quelques commodités pour faire le voyage par mer en Espagne.

M. de Vendôme commença par un grand compliment touchant les respects qu'il avoit pour M. le prince de Conti et pour Mme la Princesse; qu'il plaignoit leur malheur; qu'il voudroit qu'il fût à son pouvoir de l'adoucir sans manquer à la fidélité qu'il devoit au roi son maître, et conclut qu'il étoit prêt de faire pour eux avec joie tout ce qu'il pourroit faire avec honneur. Je lui répondis, que M. le prince de Conti s'étoit bien attendu à toutes les civilités qu'il lui faisoit, et que sans doute il en auroit toute la reconnoissance possible; ensuite, je le remerciai de sa part de toutes les bonnes dispositions où je le voyois, et lui dis qu'il ne falloit que lui lire les mémoires où étoit le détail de toutes les choses que j'avois à lui demander. M. de Vendôme écouta la lecture de tout mon mémoire sans m'interrompre; mais, dès que j'eus achevé, il me dit : « Je n'ai pas seulement l'honneur d'être amiral de France, j'ai encore celui d'être généralissime des troupes du roi, et j'ai commandement sur la terre comme sur la mer. Il se pourroit faire que, si on ne prenoit des sûretés que pour la mer, les troupes arrêteroient même les navires où Mme la Princesse seroit, y ayant des forts sur la rivière. Il y a encore d'autres inconvénients où il est bon de pourvoir. »

Je fus quelque temps sans répondre, dans la pensée que M. de Candale prendroit la parole, ne sachant point s'il n'avoit pas quelque intérêt dans cette remontrance; mais M. de Candale ne répliquant rien, je dis : « Monsieur, l'intention de M. le prince de Conti est assurément de prendre toutes les sûretés possibles pour lui, pour Mme la Princesse et pour les autres du parti, et si vous jugez celles que vous me proposez nécessaires, vous aurez, s'il vous plaît, la bonté de me les donner. On obtiendra aussi, je crois, de M. de Candale toutes les mêmes sûretés. » M. de Candale répondit que lui et M. de Vendôme avoient toujours vécu avec tant d'intelligence, et qu'ils avoient toujours été si unis, qu'ils feroient en cette occasion l'un et l'autre tout ce qu'il faudroit, et qu'il étoit venu exprès à Lormont pour concerter avec M. de Vendôme tout ce qui se pourroit faire, en vertu des pouvoirs de Sa Majesté, pour la satisfaction de M. le prince de Conti et du parti.

M. de Vendôme me dit que, si je voulois lui remettre le mémoire que j'avois fait, je lui ferois plaisir, et qu'il me prioit de témoigner à M. le prince de Conti qu'il n'oublieroit rien pour lui faire connoître la considération qu'il avoit pour sa personne. Après cela, il me témoigna qu'il étoit bien aise d'envoyer la réponse et mon mémoire par un gentilhomme, pour mieux persuader son respect. Je lui remis donc mon mémoire, et, comme je n'avois point d'ordre d'apporter l'expédition des demandes que j'avois faites, mais seulement d'en faire la proposition, je me retirai. J'arrivai dans Bordeaux avant trois heures, et je rendis compte à M. le prince de Conti de ma commission. Deux heures après, le capitaine des gardes de M. de Vendôme arriva, et vint faire compliment de la part de son maître, au prince et aux princesses, et apporter tous les passe-ports que j'avois demandés. Il retourna ensuite à Lormont où il rendit compte à MM. de Vendôme et de Candale, non-seulement de la bonne réception que M. le prince de Conti lui avoit faite, mais encore de la bonne disposition où il avoit trouvé les habitants de Bordeaux, qui avoient témoigné à son arrivée une si grande joie, qu'il ne tiendroit qu'à MM. de Vendôme et de Candale, s'ils vouloient, d'y aller coucher dès le soir.

Cette assurance fit prendre la résolution à M. de Candale de s'en retourner par la rivière à son quartier, qui étoit à une petite lieue au-dessus de Bordeaux, la marée étant favorable, et évitant par ce moyen un détour de trois lieues par terre. En effet, il s'embarqua avec soixante officiers de son armée qui l'avoient accompagné à Lormont. Dès que son bateau approcha de Bordeaux, il fut remarqué par une infinité d'habitants, et comme il y avoit beaucoup de monde fort leste et fort brodé, qu'il sembloit venir à la ville, chacun accourut pour satisfaire sa curiosité, et pour savoir à quelle intention cette barque venoit à Bordeaux. Le port fut en un instant rempli d'une foule de peuple, et M. le prince de Conti même y alla. Comme cette barque fut vis-à-vis de la ville, on reconnut M. de Candale qui se faisoit assez remarquer par sa bonne mine, par le blond de ses cheveux, et par le respect que tous les autres officiers avoient pour lui, étant lui seul couvert et élevé au-dessus des autres; mais au lieu d'aborder, il passa faisant route devers son quartier, et alors M. le prince de Conti et lui se saluèrent d'assez loin pour ne pouvoir se parler. Nous remarquâmes que ce peuple, naturellement cruel et méchant, s'anima à la vue de M. le duc d'Épernon, disant qu'il passoit ainsi en triomphe pour les braver. Ils murmurèrent si hautement que nous fûmes persuadés que, si les choses eussent été bien moins disposées à la paix, ce passage eût été fort avantageux au parti. Dès que ce bateau disparut, le ressentiment des plus mutins se calma, et nous ne songeâmes plus qu'à sortir de Bordeaux.

Par le traité que Gourville avoit fait avec M. de Candale, nous avions trois semaines pour nous disposer à quitter cette ville; il n'en falloit pas moins pour régler le départ de chaque personne, ayant à démêler tant de différents intérêts. Mais comme ce temps ne laissoit pas de paroître trop long à l'impatience de M. le prince de Conti, il envoya, le lendemain que M. de Candale eut passé, lui proposer une entrevue. M. de Candale accepta avec joie cette proposition; le rendez-vous fut à Beigle, maison à un quart de lieue de la ville. L'entrevue se fit deux jours après avec beaucoup de démonstrations d'amitié du côté de M. le prince de Conti, et de respect de la part de M. de Candale. Il fut résolu que M. le prince de Conti sortiroit de Bordeaux le samedi, à six heures du matin, qui étoit près de trois semaines avant le jour arrêté par Gourville, et qu'il séjourneroit quelques jours à Cadillac, pour y attendre son équipage qui devoit le conduire dans une de ses maisons, dont le choix n'étoit pas encore fait. M. de Candale promit de se rendre à une portée de mousquet de la ville, pour le recevoir et l'accompagner jusque dans Cadillac, maison de M. le duc d'Épernon. Après cela, chacun se retira.

M. le prince de Conti passa tout le lendemain chez

Mme de Calvimont, et le soir, de retour chez lui, il nous fit appeler, Sarrasin et moi. Après avoir donné les ordres pour n'être point interrompu, il commença par le vers de Cinna :

> Vous, qui me tenez lieu d'Agrippe et de Mécène.

Ensuite il nous dit qu'il nous avoit assemblés pour nous demander notre conseil sur une affaire importante. Cette affaire étoit que Mme de Calvimont lui avoit proposé de le suivre, et lui avoit en même temps fait considérer que c'étoit non-seulement pour lui donner par là un témoignage de sa passion, mais encore que c'étoit une nécessité, pour sauver sa vie de la fureur d'un mari qui étoit informé de l'amour qu'elle avoit eu pour lui, et qui, violent comme il étoit, la tueroit infailliblement; qu'ainsi il auroit le déplaisir d'avoir causé la mort d'une personne qu'il avoit honorée de son amitié, et même la honte d'avoir abandonné une femme qui ne s'étoit perdue que pour l'avoir trop aimé; que sans cela même, elle étoit obligée de l'avertir qu'elle étoit capable de se donner la mort, ou du moins de se laisser mourir de déplaisir d'avoir été si cruellement abusée.

M. le prince de Conti nous exprima la douleur et la passion de cette femme, avec des termes qui nous témoignoient assez qu'il avoit été touché de pitié et de tendresse; il nous dit pourtant que, quelque affliction qu'il eût de son départ, son plaisir ne lui seroit jamais si cher que son honneur; qu'il nous demandoit là-dessus nos sentiments, qu'il vouloit que nous lui dissions avec toute liberté et sans aucune complaisance. Je ne sais s'il attendoit de moi en cette occasion plus de complaisance qu'à l'ordinaire; mais je ne me démentis point, et je m'opposai fortement au dessein qu'il avoit d'emmener avec lui cette femme; je le suppliai de considérer quel fracas feroit cette affaire, qu'un prince ecclésiastique enlevât une femme à son mari et la fit suivre dans tous ses voyages, et à la vue de tout le royaume; qu'à la vérité, à l'égard du monde, il n'étoit pas contre l'honneur d'avoir des galanteries; mais qu'on vouloit du moins qu'elles fussent secrètes, et que la mode n'étoit pas introduite d'enlever hautement la femme d'autrui, sans s'attirer une espèce d'infamie. Je lui dis que par là il alloit donner une mauvaise impression à la cour, qu'il n'effaceroit jamais, et que, si le mari s'alloit plaindre au roi, ou si les ministres lui vouloient donner quelque chagrin, il auroit le déplaisir de se voir enlever cette femme par un ordre de Sa Majesté; qu'il ne devoit pas donner à ses ennemis une si juste et si facile occasion de lui nuire et de lui insulter impunément; que, si le pitoyable état auquel elle seroit réduite le touchoit, il pouvoit y remédier en la mettant dans un monastère ou dans quelque autre lieu de sûreté, ce qui seroit honnête et pour lui et pour elle, et qu'après, avec le temps, par promesses, par menaces, ou par quelque autre moyen, on la réconcilieroit avec son mari; qu'il faudroit cependant l'assister de conseil, d'argent et de protection; mais qu'il ne falloit point s'embarrasser de sa personne.

Sarrasin, qui ne songeoit jamais qu'à plaire et qui y réussissoit merveilleusement, crut que l'avis contraire seroit plus agréablement reçu, disant que le monde étoit un peu plus humain qu'un jeune bachelier de Sorbonne, et ajouta que, quand le monde seroit assez critique pour vouloir blâmer cette action, M. le prince de Conti pourroit en montrer la plus belle excuse du monde. Quoique son compliment fît son effet, mon brusque conseil avoit touché M. le prince de Conti; il n'osa se déclarer sur-le-champ, et nous dit qu'il y songeroit, et qu'il avoit encore quelques jours pour prendre sa résolution.

Comme cette affaire lui faisoit beaucoup de peine, un jour qu'il se trouva seul avec du Mesnil, capitaine de ses gardes, il lui proposa la chose et lui demanda son avis. Du Mesnil avoit beaucoup d'attachement à l'honneur et à la personne de son maître; mais il n'étoit pas l'homme du monde le plus scrupuleux sur de telles matières; il voulut payer par sa complaisance la confidence que son maître lui avoit faite. Il fut d'avis que M. le prince de Conti n'abandonnât point cette femme; il est vrai qu'il y apporta ce tempérament, qu'au lieu de la faire suivre dans l'équipage de ce prince, on l'envoyât quelques jours auparavant dans l'endroit où il devoit se rendre. Il proposa de donner sa conduite à Démeno, son cousin, qui étoit exempt des gardes de ce prince, et de la fidélité duquel il répondoit. Il ouvrit même l'avis d'aller à Pézenas, l'une des terres de ce prince, où il opinoit qu'il devoit aller faire son séjour, comme étant un lieu agréable et hors de soupçon pour le roi.

Sarrasin arriva dans le temps que du Mesnil proposoit toutes ces choses, et s'étant joint, il fut arrêté qu'on feroit tout ce que du Mesnil avoit proposé, et M. le prince de Conti défendit à ces messieurs de me découvrir cette résolution, voulant par bonté, à ce qu'il m'a dit depuis, retarder le chagrin qu'elle me donneroit. Mais Sarrasin et du Mesnil qui, outre qu'ils vivoient assez bien avec moi, avoient intérêt de me ménager, prirent le parti de me découvrir le secret ; ils trouvèrent seulement à propos d'attendre jusqu'à ce que cette femme fût partie, soit de peur que je n'y apportasse quelques obstacles, soit de crainte que je ne pusse m'empêcher d'en parler à M. le prince de Conti.

Je crois qu'il ne sera pas ici hors de propos, pour faire voir combien nous étions alors éloignés du péril de la famine que nous appréhendions pour l'avenir, de dire que, deux jours avant que M. le prince de Conti quittât Bordeaux, je lui donnai un repas où tout ce que pouvoient fournir le soin et la dépense dans le temps le plus favorable pour la bonne chère au milieu de Paris, fut servi avec la dernière propreté et la magnificence la plus délicate.

Pour revenir à Mme de Calvimont, elle partit ce même jeudi, à cinq heures du soir, sous la conduite de Démeno qui la portoit en trousse, et un garde portoit de même une espèce de demoiselle suivante qui entendoit fort bien son métier ; avec cet équipage, ils s'en allèrent à Pézenas le vendredi matin. Du Mesnil vint me trouver pour me rendre compte de ce qui s'étoit passé. Il me parla de cette affaire d'une manière qui aida beaucoup à apaiser le chagrin qu'elle me pourroit causer. Il me fit considérer que je n'en avois pas usé en habile homme, et que je n'avois pas fait réflexion au grand intérêt que j'avois que Gourville, qui étoit venu avec intention de rétablir M. le duc de La Rochefoucauld dans l'esprit de M. le prince de Conti, et qui, pour cet effet, vouloit l'amener chez ce duc en

Poitou, ne réussît dans son dessein ; que, si M. de La Rochefoucauld voyoit M. le prince de Conti, il étoit presque indubitable qu'il reprendroit, dès la première entrevue, toute l'autorité qu'il avoit eue autrefois, et que je serois entièrement détruit. Du Mesnil ajouta que ma seule considération l'avoit obligé de prévoir et de détourner ce coup, et qu'il avoit conseillé à M. le prince de Conti d'envoyer Mme de Calvimont à Pézenas, afin que la passion qu'il avoit pour cette femme l'obligeât d'y aller aussi lui-même. Gourville, en effet, avoit jeté quelques paroles qui tendoient à persuader M. le prince de Conti d'aller faire sa demeure du côté de Poitiers, afin d'être, disoit-il, plus proche de ses affaires et de Paris, de sorte que le raisonnement de du Mesnil me paroissoit assez vraisemblable.

D'ailleurs, voyant que cette femme étoit déjà partie et qu'il n'y avoit plus de remède, je souffris la chose un peu plus tranquillement que je n'aurois fait. Sarrasin vint un moment après me dire les mêmes choses que du Mesnil, et exagéra avec beaucoup de chaleur le grand danger que nous eussions couru, lui et moi, si on n'eût pas détourné cette entrevue de M. le prince de Conti et M. de La Rochefoucauld. Il me fit considérer la satisfaction qu'auroit eue M. le prince de Conti de pouvoir faire des plaintes de Mme de Longueville à M. de La Rochefoucauld, qui, étant encore beaucoup plus aigri que lui contre cette princesse, les auroit écoutées avec une grande complaisance ; que cela seul auroit été capable de le rétablir auprès de ce prince, et que, après cela, de l'esprit adroit dont il étoit, il auroit chassé d'auprès de lui tout ce qui lui auroit pu faire obstacle, pour y placer ses créatures et ses parents, auxquels il auroit fait distribuer toutes les grâces, comme il avoit toujours fait. J'étois déjà consolé par le discours de du Mesnil, et j'achevai de l'être encore mieux par ce que me dit Sarrasin, outre la satisfaction intérieure d'avoir fait mon devoir et de n'être pas chargé du succès de cette affaire.

M. le prince de Conti devoit sortir de Bordeaux le lendemain samedi, et, comme il l'avoit promis à M. de Candale, il alla dire adieu à Mme la duchesse de Longueville, et désira que je fusse témoin de ce qui se passeroit dans cet adieu. Il me fit entrer dans la chambre de cette princesse qui étoit seule, toute habillée sur son lit; et parce que quelques personnes ont publié que tout s'y passa avec aigreur de côté et d'autre, j'ai cru qu'il ne seroit pas inutile que j'en fisse une relation très-exacte.

M. le prince de Conti, après s'être assis dans la ruelle, commença par ces mots : « Ma sœur, je viens vous dire adieu. » Mme de Longueville, en l'interrompant : « Quand partez-vous, mon frère ? — Demain, à six heures du matin, dit le prince. — C'est bientôt, repartit Mme de Longueville. — Quand on a une chose à faire, répliqua-t-il, de laquelle on ne peut se dispenser, il vaut autant la faire promptement que de la remettre. — Peut-on vous demander, dit-elle, où vous allez? — En vérité, ma sœur, dit le prince, je ne suis pas bien encore déterminé; peut-être que j'irai à quelqu'une de mes maisons proche Paris, peut-être en Languedoc. Je dois demeurer à Cadillac pendant huit ou dix jours; là je prendrai ma résolution, et je vous la ferai savoir, si vous le voulez. — Vous m'obligerez, dit Mme de Longueville, et je serai fort aise d'apprendre de vos nouvelles; je n'ose pas dire de vous donner des miennes, vu le peu d'intérêt que je crois que vous y prenez. » M. le prince de Conti répondit qu'il auroit toujours pour elle tous les sentiments qu'un frère doit avoir pour une sœur. « Je m'estimerois bien heureuse, si j'en pouvois être persuadée, » lui dit elle; et ensuite il se fit une conversation qui me parut assez pleine d'amitié. Ils se promirent de se donner avis des lieux où ils se retireroient, et d'entretenir un commerce, tel qu'il devoit être entre deux personnes si proches. Mme de Longueville se leva pour saluer M. le prince de Conti; ils s'embrassèrent, selon les apparences, avec beaucoup de tendresse. Elle vint accompagner monsieur son frère jusqu'à la porte de sa chambre; j'étois demeuré derrière pour lui faire une profonde révérence, et puis me retirer, sitôt que M. le prince de Conti seroit passé; mais Mme de Longueville s'en étant aperçue, me fit la grâce de me dire: « Non, monsieur, je veux vous saluer. » Alors elle avança toute sa personne vers moi, et je la saluai; mais sans dire un seul mot, ce qui me parut la plus éloquente manière de reconnoître l'honneur qu'elle m'avoit fait, parce que c'étoit la plus respectueuse.

Le lendemain, à l'heure arrêtée, M. le prince de Conti sortit de Bordeaux. Sarrasin et moi fûmes presque les seuls domestiques qui l'accompagnèrent, chacun étant assez occupé à donner des ordres pour ses affaires particulières. Villars, un des chef de l'Ormée, prit fort prudemment le parti de nous suivre, et M. le prince de Conti obtint sa grâce dans la suite, quoique avec beaucoup de peine. Dureteste, l'autre chef, demeura; soit qu'il fût mal avisé pour se fier à sa basse naissance, et pour s'imaginer qu'on négligeroit sa punition, soit qu'il eût regret d'abandonner le fruit de ses brigandages. Il ne tarda guère à s'en repentir; car, dix ou douze jours après, sachant qu'on avoit ordre de la cour de l'arrêter, il essaya de se sauver dans le milieu d'une charrette de foin; mais on le reconnut, il fut pris et roué vif. Son corps fut exposé sur la roue dans l'Ormée, et ses quatre membres placés sur les quatre portes de la ville, pour servir de leçon et d'exemple à tous ses semblables [1].

Revenons à M. le prince de Conti. Nous trouvâmes

[1] Deux jours après le départ du prince de Conti, le 3 août 1653, les ducs de Vendôme et de Candale, accompagnés de Louis de Guron de Rechigne-Voisin, nouvellement sacré évêque de Tulle, qui leur servait de conseiller, firent leur entrée solennelle dans Bordeaux. Les compagnies de bourgeois étaient sous les armes pour les recevoir; les jurats les haranguèrent sur le quai des Chartreux. Le cortége, au milieu des cris d'allégresse de tout le peuple, se rendit à l'église de Saint-André, où un *Te Deum* fut chanté, et un sermon sur le rétablissement de la paix prononcé par le P. Ithier, quatre mois après la terrible condamnation qu'il avait encourue. Ce même peuple qui l'avait alors insulté et aurait voulu le mettre en pièces, s'empressait de célébrer ses louanges.

Le 5 août, l'élection annuelle des jurats fut faite comme à l'ordinaire; on dérogea seulement à la coutume, en ce qu'ils furent tous renouvelés, c'est-à-dire qu'on en nomma six au lieu de trois, chaque jurat étant en fonctions pour deux années; mais on voulut éviter de laisser l'autorité municipale à aucun de ceux qui avaient participé à la rébellion.

Peu de jours après on reçut l'amnistie accordée par le roi à tous ceux qui avaient pris part à la guerre civile; il n'y avait d'exceptés que Trancas, Villars, Dureteste, Blaru, Désert et Clairat. On connaît le sort de Dureteste et de Villars; M. de Trancas, conseiller au parlement, était encore en Angleterre pour négocier l'alliance projetée avec Cromwell, il y demeura; les trois autres furent pendus. Le roi ordonnait la reconstruction des châteaux Trompette et du Hâ, et déclarait que le parlement ne serait pas rétabli dans Bordeaux; il le transférait d'Agen, où il siégeait depuis le mois de mars, à la Réole, et commandait à ceux des conseillers qui étaient restés à Bordeaux, de rejoindre sur-le-champ leur com-

M. de Candale à deux mille pas de Bordeaux avec trois cents officiers de son armée. Il conduisit le prince jusqu'à une grande campagne où il avoit fait mettre l'armée en bataille; tous les officiers s'étoient parés, et M. le prince de Conti fut si charmé, qu'il dit à plusieurs reprises qu'il y avoit bien de la différence entre de vieilles troupes et celles qui étoient nouvellement levées. Après qu'il eut passé quelques heures à admirer cette armée que nous croyions trouver beaucoup plus délabrée qu'elle n'étoit, il s'en alla à Cadillac, où M. de Candale le reçut, et ensuite le supplia de lui

---

pagnie. Ces mêmes lettres patentes nommaient le comte d'Estrades, lieutenant général, maire perpétuel de Bordeaux.

D'après l'usage, l'amnistie du roi, avant d'être publiée, devait être enregistrée par le parlement, elle fut donc envoyée à la Réole. Le parlement, qui renfermait encore dans son sein des ferments de discorde, mécontent de se voir éloigné de son siége ordinaire, malgré les efforts de M. de Pontac, son premier président, resté toujours fidèle à la cause royale, refusa d'enregistrer l'édit, et fit des remontrances sur ce que les besoins de la justice nécessitaient sa présence à Bordeaux. Il demandait que les châteaux Trompette et du Hâ ne fussent pas rétablis, comme ayant excité de tout temps l'animosité des habitants, ou suppliait au moins qu'on y mît des gouverneurs particuliers autres que celui de la province.

Le conseil du roi cassa l'arrêt du parlement et ordonna que l'enregistrement de l'édit serait fait par le sénéchal. Les châteaux furent rétablis à la demande des jurats eux-mêmes, et l'ingénieur d'Argencourt entreprit immédiatement la transformation de leurs vieilles tours en bastions modernes.

La soumission de Bordeaux fut pour ainsi dire le dernier épisode de la Fronde. M. du Dognon avait vendu au roi la ville de Brouage pour le bâton de maréchal de France. Périgueux restait la seule ville qui ne fût pas encore soumise; mais à l'approche de l'avant-garde de l'armée royale, commandée par le marquis de Sauvebœuf, un soulèvement eut lieu; les habitants ayant à leur tête le sieur Bodin, procureur du roi au présidial, massacrèrent le gouverneur Chanlos, firent prisonniers les soldats du régiment de Condé, commandés par M. de La Baume, leur lieutenant-colonel, et ceux du régiment de Montmorency, et ouvrirent leurs portes, même avant l'arrivée du duc de Candale avec le gros de son armée.

permettre de retourner au camp, n'osant se dispenser d'y aller dans cette conjoncture où il avoit beaucoup d'ordres à donner. Comme le chaud et la fatigue du jour avoient beaucoup incommodé M. le prince de Conti, dès que M. de Candale fut parti, il se mit au lit. Sarrasin et moi demeurâmes dans sa chambre pour l'entretenir. Ce prince étoit tellement plein de cette armée, qu'il ne nous parla que du plaisir qu'il y avoit de commander des troupes auxquelles rien ne manquoit, et qui pouvoient vous attirer de la gloire à bon marché ; il exagéroit même, avec quelque espèce de jalousie, l'honneur qu'avoit M. de Candale de se trouver dans un poste si avantageux. Je laissai Sarrasin avec ce prince, et je montai à l'appartement de Langlade qui avoit la fièvre.

Pendant que j'étois avec lui, Sarrasin parloit au prince de la plus importante affaire qui lui soit jamais arrivée. Je l'avois laissé parlant toujours de cette armée, et disant que M. de Candale étoit bien heureux de se voir à son âge au plus glorieux poste du royaume, et que si rien au monde étoit capable de lui donner de l'envie, c'étoit cet emploi. Sarrasin lui dit là-dessus qu'il ne tiendroit qu'à lui de commander cette armée ; et M. le prince de Conti lui ayant demandé comment il l'entendoit, Sarrasin ajouta : « Faites ce que va faire M. de Candale, général d'armée [1]. » Ce fut le premier mot qui lui en fut dit, et la première idée qui lui en fut donnée. Il y rêva quelque temps, et Sarrasin, voyant qu'il n'avoit pas été rejeté, continua cette proposition

---

[1] Allusion au mariage projeté entre le duc de Candale et une nièce du cardinal Mazarin.

et en examina toutes les suites avantageuses. Comme il avoit infiniment d'esprit et une adresse merveilleuse à persuader, non-seulement il fit comprendre à M. le prince de Conti qu'il devoit songer à ce mariage, mais il se mit lui-même dans la tête qu'il trouveroit par ce moyen une fortune considérable. Je ne doute point que la crainte qu'il avoit de M. le Prince ne lui vînt encore dans l'esprit, et voyant que par là il se mettroit à couvert d'insulte, il devint tellement amoureux de ce dessein, qu'il employa toute son éloquence pour le faire agréer à M. le prince de Conti.

Ce prince, comme je l'ai déjà remarqué, étoit homme d'extrémités, à qui il étoit facile d'inspirer les choses, pourvu qu'elles flattassent sa passion, que l'exécution en fût prompte, et qu'elle ne dépendît pas de son application et de ses soins. Celle-ci n'étoit pas tout à fait de cette nature. Il y donna pourtant, sur des espérances que Sarrasin lui faisoit paroître très-solides et très-considérables. Il lui mettoit devant les yeux la politique de feu M. le Prince, son père, qui, pour établir sa maison, fit prudemment marier M. le Prince, son frère, avec la nièce d'un favori[1], qui n'avoit pas plus de mérite ni tant de bien que celui-ci, et, ce qui étoit le principal, qui avoit beaucoup moins de pouvoir; que par là ce prince, dont les affaires étoient fort dérangées, s'étoit rendu le plus riche sujet de l'Europe; il disoit qu'un tel exemple, non-seulement autoriseroit ce qu'il feroit, mais même lui montreroit ce qu'il devoit faire. Il lui

[1] Le grand Condé avait épousé Clémence de Maillé, nièce du cardinal de Richelieu.

faisoit craindre qu'il ne trouvât jamais aucun autre poste pour rentrer à la cour, ni aucune sûreté pour demeurer en France. Quoi qu'il en soit, dans cette première et unique conversation, on conclut que c'étoit le seul bon et sage parti qu'il falloit prendre, et M. le prince de Conti n'y trouva aucune difficulté que celle de me le faire agréer. Il avoit effectivement de l'amitié pour moi ; il étoit persuadé, avec raison, que je l'aimois par-dessus toutes choses, et il appréhendoit que je ne fusse contraire à cette résolution. Pour prévenir ce chagrin, il dit à Sarrasin qu'il approuvoit assez sa pensée, mais qu'il me la fît trouver bonne, sans qu'il eût la peine de s'en mêler, ajoutant que je ne le laisserois jamais en repos, si j'étois d'un sentiment contraire.

Sarrasin accepta cet emploi et crut qu'il y réussiroit facilement. Il me trouva, comme je sortois d'auprès de Langlade, et me proposa d'aller promener dans le jardin, où il avoit à me dire des nouvelles tout à la fois surprenantes et agréables pour moi. Dès que nous fûmes dans une allée écartée, il me dit que M. le prince de Conti lui avoit déclaré qu'il vouloit absolument prendre des liaisons avec la cour, et qu'après avoir examiné quelle devoit être sa conduite, ils étoient demeurés d'accord qu'il falloit se rendre le cardinal Mazarin favorable ; qu'il croyoit qu'il n'y pourroit jamais mieux réussir, après tout ce qui s'étoit passé, qu'en épousant une de ses nièces. « Cette proposition, dit Sarrasin, m'a d'abord paru fort extraordinaire ; mais en repassant et pesant toutes choses, je me la suis familiarisée. Depuis enfin, j'ai trouvé qu'en effet c'étoit le seul moyen qui puisse rétablir M. le prince de Conti dans le rang où il doit être à la cour. » Ensuite il mit en œuvre l'espérance et la crainte ; il me fit voir les grands avantages que nous pouvions, lui et moi, retirer de cette affaire, et me voulut faire appréhender que nous ne fussions obligés de quitter la France, lorsque M. le Prince reviendroit. Enfin, il me dit que c'étoit une chose résolue, qu'en m'y opposant je me perdrois sûrement auprès de M. le prince de Conti, sans l'en détourner, parce qu'il vouloit absolument commander l'armée du roi. Quand il eut fini, je lui dis : « Cette proposition m'a d'abord effrayé, et c'est ce qui a causé mon silence ; je suis demeuré stupéfait et n'ai pu vous interrompre. A présent, je vous déclare que je ne puis avoir de complaisance pour une chose si grave, qui me paroît si fort contre l'honneur de mon maître. Épouser la nièce du persécuteur de sa maison, une fille inconnue ; un prince du sang quitter cent mille écus de rente en bénéfices pour s'attacher à la fortune d'un étranger qui pourroit encore être chassé honteusement hors du royaume, et peut-être sans espoir de retour ; renoncer à l'avantage d'être à la tête du premier corps de l'État, sur l'espérance incertaine d'être à la tête d'une armée, avec si peu de santé, avec une si mauvaise constitution : c'est bien vouloir avancer sa mort, troubler et déshonorer sa vie. » J'étois jeune, brusque, violent, et m'emportai fort sur cette proposition.

Cependant, M. le prince de Conti ayant appris dans son lit que Sarrasin et moi nous nous promenions dans le jardin, l'impatience le prit. Le chaud du jour étoit passé ; il se fit habiller et vint seul à nous. Il me trouva dans une colère qui me mettoit hors de moi. Je commençai à lui dire assez imprudemment, avec la même violence, tout ce qui me passoit par l'esprit, pour lui témoigner que cette proposition d'alliance étoit horrible. Il m'écouta quelque temps; mais comme parmi les choses que je lui dis, il y en eut qui l'aigrissoient, il m'interrompit en me disant : « Je ne crois pas avoir besoin de vos conseils; je sais me conduire et connoître ce qui m'est avantageux ou non, et je pense pouvoir me marier sans votre congé. » Ensuite il se mit si fort en colère contre moi, que je fus obligé de lui dire : « Monsieur, j'ai tort; la passion m'aveugle d'une manière à ne pouvoir voir, comme vous et M. Sarrasin, les grands honneurs et les grands avantages que vous pouvez acquérir par cette belle alliance. » En disant ces paroles, de dépit de me voir si maltraité, je me retirai dans ma chambre, dont je ne sortis plus de la journée. Sarrasin fut tout le soir seul auprès de ce prince, à qui il inspira encore plus d'envie de faire ce mariage. En se retirant de la chambre de M. le prince de Conti, il vint heurter à la porte de celle où j'étois couché. Il me dit qu'il venoit de me rendre une partie des bons offices qu'il avoit autrefois reçus de moi; que le prince de Conti avoit été dans une si cruelle colère contre moi, qu'il avoit eu toutes les peines du monde à l'apaiser. « Il faut avouer, continua-t-il, que vous êtes aussi un étrange homme. » Après cela il me redit toutes les mêmes choses qu'il m'avoit déjà dites; j'y répondis de même; il se retira de ma chambre, encore plus mécontent que du jardin.

Le lendemain, il est aisé de croire que je n'eus pas grande peine à m'éveiller. Je me levai dès la pointe du jour, et je m'en allai dans le jardin, si triste et si accablé, qu'il étoit aisé de connoître que j'étois cruellement agité. Dès que M. le prince de Conti fut éveillé, il demanda où j'étois. Un de ses valets de chambre lui ayant dit que j'étois depuis quatre heures dans le jardin tout seul, il y vint et me trouva dans une allée, appuyé sur une couverture qui regarde la campagne. Il commença par des reproches obligeants qu'il me fit sur quelques paroles un peu fortes que je lui avois dites le jour précédent; ensuite il me parla avec tant de bonté, que je fus sensiblement touché de cette conversation. Il ajouta, touchant son mariage : « Ne vous y trompez pas, je veux le faire; c'est moi qui me marie, et non pas vous; je ne suis pas un enfant. » Il me dit toutes les raisons qu'il avoit pour s'y déterminer, et finit par mille caresses obligeantes, m'assurant que le premier article de son mariage seroit de me faire donner un évêché.

Je voyois M. le prince de Conti si fort opiniâtré à ce mariage, que j'avois résolu de lui dire : « Monsieur, hier je fis mon devoir en m'opposant à vos désirs; je le fais aujourd'hui en respectant vos volontés. » Mais, dès qu'il m'eut proposé de me donner un évêché, je crus que ma complaisance lui paroîtroit intéressée, ce qui m'eût cruellement affligé; je pris donc le parti, sans paroître me rendre tout à fait, de témoigner moins d'aigreur et plus de respect. Le peu d'engagement que j'avois dans la profession ecclésiastique, et mes vingt-trois ans, m'empêchoient de me flatter de l'espérance d'un évêché; ainsi, je demeurois là-dessus fort en suspens, ne sachant que penser, ni que dire. Dans ce moment, Sarrasin arriva, et M. le prince de Conti l'entretint fort longtemps. Le monde qui survint interrompit leur conversation, et Sarrasin prit ce temps pour venir à moi, et me dit qu'il voyoit avec un très-grand déplaisir que je voulois me perdre. Je lui répondis froidement que je m'y attendois bien, mais que je tâcherois de me consoler par le plaisir d'avoir fait mon devoir avec honneur : « Et que diriez-vous, ajouta-t-il en me regardant fixement, si on donnoit la charge de connétable à M. le prince de Conti, et Brouage en souveraineté et propriété? Soutiendriez-vous encore que c'est une méchante affaire que d'épouser une nièce? M. le prince de Conti ne prétend se marier qu'à ces deux conditions. » — « La charge de connétable, répondis-je tranquillement, rend le mariage honorable et Brouage utile, et console de la perte des bénéfices[1] : à ces conditions, je me rends. »

Sarrasin là-dessus me quitte brusquement, et va dire à M. le prince de Conti qu'à ce coup j'étois devenu plus traitable. Ce prince en eut une joie qui me témoigna, beaucoup plus que tout ce qu'il m'avoit dit, qu'il m'aimoit; il me répéta souvent qu'il ne songeoit à ce mariage que sous ces deux conditions; après cela, ce ne fut que conseils secrets, comment on se conduiroit dans cette affaire.

La pensée me vint de faire entrer Langlade dans cette négociation. M. le prince de Conti ne le connoissant point, je n'y voyois guère d'apparence. Cependant, la passion de le servir l'emporta sur cette considération. J'allai sur l'heure lui rendre visite, lui confier le secret de cette affaire et le dessein que j'avois pour lui. Il comprit bien qu'elle était capable de lui faire sa

---

[1] Le prince de Conti possédait les abbayes de Saint-Denys, de Cluny, de Lérins, de Molesmes, de Saint-Germain d'Auxerre et plusieurs autres.

fortune. J'eusse bien souhaité qu'il eût été en état de venir rendre ses devoirs à M. le prince de Conti, de lui plaire dans une conversation, et ensuite le proposer; mais il étoit encore trop malade. J'avois déjà parlé de lui au prince fort avantageusement, comme d'un homme considéré par le cardinal Mazarin, et qui pourroit ne lui être pas inutile, mais M. le prince de Conti, qui ne pouvoit souffrir les visages nouveaux, aversion commune et naturelle à tous les princes du sang de Bourbon, avoit toujours éloigné cette proposition. Le lendemain, comme il passoit devant la chambre de Langlade, je le pressai en riant d'y entrer, et même, en badinant, je le portai presque au milieu de cette chambre; ainsi, malgré lui, il vit mon ami, qui, de son côté, ne s'attendoit pas à une telle visite.

Il la reçut avec beaucoup de respect; mais elle fut trop courte pour faire remarquer à ce prince s'il avoit de l'esprit et du mérite. Je pris pourtant cette occasion de dire à M. le prince de Conti, que ce qui m'avoit obligé de désirer qu'il connût Langlade, étoit parce que j'avois bien prévu qu'il ne voudroit pas faire proposer lui-même son mariage au Cardinal, et que personne ne me paroissoit plus propre à le négocier que Langlade; qu'étant à M. le Cardinal, il lui en feroit envisager la proposition comme d'une affaire qui lui seroit également honorable et avantageuse; qu'ayant de l'esprit et de l'adresse, il pourroit le faire venir au point que l'on souhaitoit, et le disposer à accorder les grâces qu'on lui vouloit demander; qu'enfin je lui répondois de sa fidélité comme de la mienne; qu'il falloit qu'il se chargeât de faire cette ouverture, comme si lui, Langlade, l'avoit faite ici à M. le prince de Conti, et qu'il eût trouvé en ce prince quelques dispositions à y entendre; qu'après la réponse ou le retour de Langlade, M. le prince de Conti enverroit quelques-uns de ses domestiques au Cardinal. Cette proposition ne fut pas mal reçue; je la fis approuver aussi de Sarrasin, qui trouva qu'il étoit de la bienséance d'en user ainsi. Je le menai ensuite dans la chambre de Langlade, où il se fit entre eux une grande liaison d'amitié, au moins en apparence. Il fut résolu que le lendemain Langlade feroit un effort sur son mal pour voir M. le prince de Conti, ce qu'il fit. Dans cet entretien, il plut assez à M. le prince de Conti; et Sarrasin et moi ayant fort élevé son mérite, M. le prince de Conti prit la résolution de lui confier son affaire, après m'avoir engagé de nouveau d'être garant de sa probité. Il se fit plusieurs conférences sur ce sujet pendant cinq ou six jours, et il fut arrêté que Langlade partiroit dès que sa santé pourroit le lui permettre; qu'il feroit la proposition du mariage toute simple, sans articles, ni conditions; si elle étoit bien reçue, il écriroit à Pézenas, ou viendroit lui-même, s'il le jugeoit plus à propos; et qu'ensuite M. le prince de Conti enverroit une personne de sa part pour faire la demande dans les formes.

Pendant ce séjour de Cadillac, M. le prince de Conti et Mme de Longueville s'envoyèrent visiter plusieurs fois, et s'écrivoient, comme ils se l'étoient promis, le lieu où chacun s'en alloit[1]. M. de Candale vint aussi

---

[1] La duchesse de Longueville partit de Bordeaux sous l'escorte de M. de Comminges qui la conduisit à Plassac; de là elle se rendit à Moulins au couvent de sa tante, la duchesse de Montmorency.

La princesse de Condé avec le jeune duc d'Enghien sortit de Bordeaux conduite par M. de Chavagnac, frère du gouverneur de Sarlat, qui com-

lui dire adieu. Avant son départ, plusieurs marchands et artisans de Bordeaux se rendoient en ce lieu pour demander le payement des fournitures qu'ils avoient faites. M. le prince de Conti avoit cru que Sarrasin, qui étoit intendant de sa maison, avoit donné ordre à ses menues dettes; mais il n'avoit pas jugé à propos d'en prendre le soin, de sorte que M. le prince de Conti fut contraint d'emprunter dix mille livres de M. de Candale, pour apaiser ces personnes qui commençoient à se plaindre, même avec insolence. D'ailleurs je me trouvai heureusement mille louis d'or que j'avois empruntés de mes amis en sortant de Bordeaux, dans l'incertitude du lieu où je devois aller. Cette précaution ne nous fut pas inutile. Sarrasin, qui avoit toutes les finances de la maison de ce prince en sa disposition, et seul le secret de ses affaires, eut toujours la dureté de laisser son maître dans cet extrême besoin, dont il pouvoit facilement le tirer, comme nous allons voir.

On partit donc de Cadillac; il n'arriva rien de considérable dans ce voyage, si ce n'est que toute la suite de M. le prince de Conti, qui étoit composée de plus de deux cents hommes, passa par trente lieues de pays affligé de la peste, sans que pas un en fût attaqué. On arriva à Béziers; quoiqu'il fût assez tard et qu'on eût fait une grande journée, qu'il y eût encore quatre lieues à faire et qu'il fît nuit, M. le prince de Conti, ayant

---

mandait pour le roi le fort César et le pays de Lesparre. Cette princesse, qui se rendait en Espagne, s'embarqua à l'embouchure de la Gironde sur le vaisseau vice-amiral de la flotte espagnole; elle était accompagnée de madame de Tourville, sa dame d'honneur, du comte de Marsin et de Lenet.

trouvé le carrosse d'un gentilhomme appelé M. de Sérignan, voulut arriver chez lui près de Pézenas. J'avois l'honneur d'être auprès de sa personne dans le fond du carrosse. Il me dit : « Vous verrez à Pézenas un de nos amis que vous serez surpris de voir. » Je le suppliai de m'en dire le nom ; il me répondit : « En arrivant, vous le verrez aujourd'hui. » Je voyois bien que c'étoit Mme de Calvimont ; mais je n'avois garde d'en faire semblant, pour ne pas nuire à Sarrasin et à Dumesnil qui m'avoient fort recommandé le secret. Ils étoient dans le carrosse avec M. le prince de Conti, et se divertissoient avec lui de mon inquiétude, qu'ils savoient bien être affectée. Enfin, après avoir fait plusieurs plaisanteries sur ce sujet, M. le prince de Conti me dit que c'étoit Mme de Calvimont. Je feignis quelque temps qu'il se vouloit moquer, et puis, le voyant assurer la chose, je pris mon sérieux et le suppliai de ne point faire loger cette dame à sa maison de La Grange ; mais de la laisser dans Pézenas où il la pourroit voir sans faire tant d'éclat. Il me le promit. Le soir même qu'il passa dans Pézenas, il se contenta de lui envoyer faire un compliment par Sarrasin, et, le lendemain, il fut lui rendre visite dans une maison où elle était logée chez un nommé Dejean, trésorier de ce prince.

Deux jours après notre arrivée à Pézenas, M. de Candale envoya un gentilhomme nommé M. de Manias à M. le prince de Conti, pour lui porter un ordre du roi, par lequel il étoit ordonné à ce prince d'aller à l'abbaye de Bourgueil jusqu'à nouvel ordre. Comme cet ordre avoit été donné avant que Langlade pût être à Paris, M. le prince de Conti ne se mit pas en état d'obéir, jugeant que l'arrivée de Langlade le feroit changer, et, en effet, Sarrasin lui écrivit là-dessus une lettre inutile : il l'avoit déjà fait révoquer. On sut par une de ses lettres que M. le cardinal recevroit fort agréablement quiconque lui seroit envoyé de la part de M. le prince de Conti; qu'il avoit trouvé dans son esprit les plus belles impressions du monde, et qu'il falloit y envoyer au plus tôt. Ce fut là une grande affaire à traiter; il n'y avoit personne qui sût le secret de ce mariage que Sarrasin, Guilleragues et moi. Guilleragues n'étoit pas encore si bien établi auprès de ce prince, qu'il pût espérer d'avoir cette négociation à conduire; d'ailleurs il n'étoit pas considéré tout à fait comme son domestique, n'ayant point de charge dans sa maison; de sorte que cette négociation rouloit entièrement sur Sarrasin ou sur moi.

Sarrasin la souhaitoit avec grande passion; il s'en étoit ouvert à moi, m'avoit prié de lui être favorable, ce que je lui avois promis, d'autant plus agréablement que le peu d'expérience et le peu de connoissance que j'avois de la cour me faisoit croire que cet emploi surpassoit mes forces. J'avois toujours ouï parler du cardinal Mazarin comme d'un homme si artificieux, que je crus que je ne pourrois éviter de tomber dans quelque piége qu'il me tendroit, et que, venant à ne pas réussir, je ne m'en relèverois de ma vie. Je considérois les articles d'un tel mariage comme bien plus difficiles à arrêter qu'ils ne furent. J'avois encore de grandes raisons qui m'obligèrent de demeurer auprès de mon maître. Je ne doutois pas que, pendant mon absence, sur la moindre difficulté qui arriveroit dans ma négociation, ou même sur la moindre longueur, il ne fût facile à Sarrasin ou à d'autres de me ruiner dans son esprit. Je déclarai donc à M. le prince de Conti, qui avoit, à ce qu'il paroissoit, quelque envie que je fisse le voyage de la cour, que je ne m'en sentois pas capable. Je lui fis considérer que de l'humeur brusque dont j'étois, j'étois capable de tout rompre à la première contradiction que je trouverois; que mon zèle m'emporteroit, et qu'enfin, dans de telles affaires, il falloit être patient, traitable, et que je ne le pouvois être sur ce qui le regardoit. J'ajoutai que je ne pourrois me séparer de sa personne, à laquelle j'étois si agréablement attaché, sans une mortelle douleur.

Toutes ces raisons obligèrent ce prince de ne m'en pas presser davantage. Je proposai Sarrasin; mais M. le prince de Conti ne pouvoit avoir de confiance en lui, tant à cause des choses passées où sa fidélité avoit paru peu solide, qu'à cause d'une lettre qu'un domestique de ce prince avoit reçue de Bordeaux, et qu'il lui avoit montrée. Parmi beaucoup d'autres nouvelles, on y mandoit : « Mme de Bacalan, (c'étoit une dame que Sarrasin aimoit éperdument), a été à l'article de la mort, et a déclaré qu'elle avoit en dépôt vingt mille écus qui appartenoient à Sarrasin. » Cette nouvelle aigrit fort M. le prince de Conti, qui se souvenoit qu'il l'avoit laissé dans l'embarras d'emprunter de l'argent de M. de Candale et de moi, sans lui en offrir; de sorte que, s'il eût eu quelque autre personne à qui donner cet emploi, Sarrasin ne l'auroit jamais eu. Il obtint donc ce qu'il avoit tant désiré; il est vrai qu'il eut le déplaisir de voir que M. le prince de Conti ne voulut jamais lui donner aucune lettre de créance, ni aucun pouvoir de rien arrêter ni conclure. Il le chargea seulement d'une lettre de compliment, et de faire quelques propositions, sur lesquelles il se réservoit de donner ses dernières résolutions. Il me disoit même en riant, qu'au lieu de lui donner une lettre de créance, il lui en vouloit donner une de mécréance. Et, en effet, il écrivit à Langlade qu'il prît garde à Sarrasin, lui donnant par là toute la confiance qu'il ôtoit à son domestique.

Je n'étois point fâché que toutes choses ne dussent se résoudre qu'où je serois. Je voyois que, par ce moyen, j'aurois plus de part à cette affaire, que si j'avois été envoyé à la cour. Je n'aurois pas même voulu y aller avec si peu de pouvoir. Sarrasin ne fut pas si difficile, et, quoique assez mal content, il espéra que les affaires et le temps lui donneroient un peu plus d'autorité et plus de crédit auprès de son maître. Comme on attendoit encore des nouvelles de Langlade, avant que de partir, il vouloit s'assurer de Mme de Calvimont, et l'obliger par quelque service important à lui être toujours favorable. Cette dame désiroit passionnément de demeurer à La Grange; elle l'avoit proposé sans y réussir. Sarrasin avoit déjà remarqué que M. le prince de Conti étoit fort las de la peine qu'il avoit de l'aller voir à la ville. Un jour qu'elle demeura fort tard, sans doute avec dessein de ne pas partir, Sarrasin, avec ses plaisanteries, obtint qu'elle y demeureroit à coucher. Depuis ce temps, elle n'en sortit plus. Je vivois fort civilement avec elle, et, soit qu'elle n'eût jamais su tout ce que j'avois dit sur son sujet, soit que, n'étant sensible qu'à son plaisir, elle n'en eût aucun ressentiment, jamais je n'en ai reçu de mauvais offices, au moins qui soient venus à ma connoissance.

Aussitôt qu'elle fut logée dans La Grange, elle proposa d'envoyer chercher des comédiens. Comme j'avois l'argent des menus plaisirs de ce prince, il me donna ce soin. J'appris que la troupe de Molière et de la Béjart étoit en Languedoc; je leur mandai qu'ils vinssent à La Grange. Pendant que cette troupe se disposoit à venir sur mes ordres, il en arriva une autre à Pézenas qui étoit celle de Cormier. L'impatience naturelle de M. le prince de Conti, et les présents que fit cette dernière troupe à Mme de Calvimont, engagèrent à les retenir. Lorsque je voulus représenter à M. le prince de Conti que je m'étois engagé à Molière sur ses ordres, il me répondit qu'il s'étoit depuis lui-même engagé à la troupe de Cormier, et qu'il étoit plus juste que je manquasse à ma parole que lui à la sienne. Cependant Molière arriva et, ayant demandé qu'on lui payât au moins les frais qu'on lui avoit fait faire pour venir, je ne pus jamais l'obtenir, quoiqu'il y eût beaucoup de justice; mais M. le prince de Conti avoit trouvé bon de s'opiniâtrer à cette bagatelle. Ce mauvais procédé me touchant de dépit, je résolus de les faire monter sur le théâtre à Pézenas, et de leur donner mille écus de mon argent, plutôt que de leur manquer de parole. Comme ils étoient prêts de jouer à la ville, M. le prince de Conti, un peu piqué d'honneur par ma manière d'agir, et pressé par Sarrasin que j'avois intéressé à me servir, accorda qu'ils viendroient jouer une fois sur le théâtre de La Grange. Cette troupe ne réussit pas dans sa première représentation au gré de Mme de Calvimont, ni par conséquent au gré de M. le prince de Conti, quoique, au jugement de tout le reste des auditeurs, elle surpassât infiniment la troupe de Cormier, soit par la bonté des acteurs, soit par la magnificence des habits. Peu de jours après, ils représentèrent encore, et Sarrasin, à force de prôner leurs louanges, fit avouer à M. le prince de Conti qu'il falloit retenir la troupe de Molière, à l'exclusion de celle de Cormier. Il les avoit suivis et soutenus dans le commencement à cause de moi; mais alors, étant devenu amoureux de la Du Parc, il songea à se servir lui-même. Il gagna Mme de Calvimont, et non-seulement il fit congédier la troupe de Cormier, mais il fit donner pension à celle de Molière. On ne songeoit alors qu'à ce divertissement, auquel moi seul je prenois peu de part[1].

J'étois plongé dans une grande mélancolie, qui venoit de la réflexion que je faisois sur la faveur de mon maître, qu'une bagatelle pouvoit à tout moment me ravir. Mes dépenses avoient presque absorbé la légitime d'un cadet de Limosin. Mon principal soutien consistoit désormais dans la très-périlleuse affection de ce prince, aisée à perdre, difficile à conserver, et mon peu de santé aigrissoit peut-être ce chagrin, que mes réflexions avoient fait naître. M. le prince de Conti m'en demandoit souvent la cause avec bonté, sans que je voulusse la lui dire, feignant de ne la connoître pas moi-même. Il arriva dans ce temps que M. Deslandes-Payen, prieur de la Charité, fut à l'agonie, et

[1] Du vivant du cardinal de Richelieu qui aimait beaucoup les spectacles, Molière avait commencé à paraître à Paris sur un théâtre appelé : *l'Illustre Théâtre*. Après la mort du cardinal, il se mit à parcourir les provinces à la tête d'une troupe dont les principaux acteurs étaient Du Parc, Gros-René, la Béjart et la Du Parc. Il ne serait pas impossible que l'insistance que mit l'auteur des Mémoires à le faire jouer chez M. le prince de Conti, n'ait eu quelque influence sur l'avenir de Molière. Ce prince à son retour à la cour, dut l'y faire connaître par ses éloges, et trois ans après les représentations données à La Grange, Molière obtenait du roi de jouer avec sa troupe au théâtre du Petit-Bourbon.

comme on eut assuré qu'il étoit mort, M. le prince de Conti m'envoya quérir, et me dit en riant : « Si votre mélancolie n'est point à l'épreuve de trente mille livres de rente à simple tonsure, vous y trouverez quelque remède dans ce papier. » Là-dessus il me donna les provisions du prieuré de la Charité. Comme j'avois su que l'abbé Fouquet avoit envoyé demander ce bénéfice à M. le prince de Conti ; que je n'ignorois pas de quelle importance il lui étoit de s'acquérir cet homme auprès du cardinal Mazarin, je le refusai si nettement et si absolument, que je ne lui laissai aucun soupçon que ses intérêts ne me fussent beaucoup plus chers que les miens.

Cependant, cette marque de bonté ne put dissiper mon humeur noire, qui donnoit assez de déplaisir à M. le prince de Conti. Sarrasin en paroissoit aussi fort touché. Un jour que j'étois allé, selon ma coutume, dans le petit bois, il vint m'y trouver, et après m'avoir demandé avec des paroles assez tendres le sujet de ma mélancolie, il me dit que, puisque je ne voulois pas lui confier mon secret, il vouloit bien m'avertir qu'il lui étoit connu malgré moi, et qu'il s'étoit aperçu que j'étois amoureux de Mme de Calvimont. Dès que Sarrasin eut prononcé ce nom, je rougis de colère, songeant que, s'il en disoit autant à M. le prince de Conti, c'étoit un moyen infaillible de me perdre. En effet, il n'étoit pas au pouvoir de ce prince de se défendre des mauvaises impressions qu'on eût voulu lui donner de quelqu'un sur ce chapitre, quelqu'éloignées qu'elles pussent être de toute apparence. Le dépit et la crainte me firent si cruellement emporter contre Sarrasin, que je me suis souvent étonné comment il avoit si facilement digéré la dureté des injures que je lui dis; mais, comme je l'ai déjà remarqué, il croyoit qu'il auroit besoin de moi, et c'en étoit assez pour me faire écouter de lui avec modération. Il me protesta qu'il avoit déclaré ses sentiments de bonne foi pour me servir, me garder le secret, me donner conseil au cas que j'en eusse besoin, et nous sortîmes de cette conversation, au moins de ma part, un peu plus amis. Le lendemain, il ne fallut plus me demander le sujet de mon chagrin; la violente émotion que Sarrasin m'avoit donnée, acheva ce que ma mélancolie avoit commencé, et me causa la fièvre. Ainsi l'on crut que tout mon chagrin passé ne venoit que d'une disposition à être malade. Pendant ma maladie, je reçus des témoignages de l'amitié de mon maître au delà de ce que j'en avois espéré, et Sarrasin passoit auprès de moi tout le temps qu'il n'étoit pas nécessaire auprès de M. le prince de Conti. Enfin la fièvre me quitta.

Pendant le temps de ma convalescence, Sarrasin partit pour Paris. La confiance qu'il me témoigna en me chargeant de toute sa fortune, et s'engageant de me rendre un compte particulier de ce qu'il feroit, m'obligea de lui rendre toutes sortes de bons offices. Ses lettres et celles de Langlade pour M. le prince de Conti m'étoient adressées, et j'avois assez d'occasions de louer sa prudence et la fidélité de l'un et de l'autre. Nous apprîmes que M. le Cardinal avoit reçu les compliments et les propositions de mariage que Sarrasin avoit faits de la part de M. le prince de Conti, avec toutes les démonstrations de joie, et même de respect, qu'on pouvoit désirer, et qu'on commençoit déjà d'entrer en matière.

Il n'y avoit alors en France que deux nièces : Mlle de Martinozzi, qui depuis a été Mme la princesse de Conti, et Mlle de Mancini, depuis Mme la comtesse de Soissons [1]. Sarrasin faisoit dans ses lettres les portraits de l'une et de l'autre ; et comme, en effet, celui de Mlle de Martinozzi plaisoit davantage, il inclina fort à désirer qu'on l'accordât à M. le prince de Conti. Un rival, qu'on croyoit dangereux, et par l'engagement du Cardinal avec lui, et par l'amitié de M. le prince de Conti pour ce rival, embarrassoit : c'étoit M. de Candale. Sarrasin m'écrivit particulièrement que je lui fisse envoyer des ordres pour demander instamment Mlle de Martinozzi, ne doutant point que la différence qu'il y avoit de la qualité de prince du sang à celle de M. de Candale, n'obligeât le Cardinal de manquer à sa parole, dont on étoit assez informé qu'il n'étoit pas fort esclave.

Cette affaire, qui paroissoit difficile, ne le fut nullement. M. le prince de Conti dit qu'il ne se soucioit pas quelle nièce on lui donnât, qu'il épousoit le Cardinal, et point du tout une femme. D'autre côté, Sarrasin ayant communiqué à Langlade la peine où il étoit pour obtenir le choix de ces deux nièces, il en fut bientôt délivré. Langlade savoit le secret de M. de Candale, qui ne désiroit rien tant que de rompre, s'il le pouvoit, son mariage avec la nièce du Cardinal, ou du moins de le retarder, soit qu'il eût de son chef peu d'inclination pour cette alliance, soit qu'il y trouvât

---

[1] On disait à Paris que le Cardinal enverrait bientôt en Italie y faire une recrue de nièces; effectivement on en vit arriver deux autres : une autre Mancini, qui devint la duchesse de Mercœur, et une seconde Martinozzi, sœur de la princesse de Conti, qui fut mariée au prince Alphonse d'Este, fils aîné du duc de Modène.

beaucoup de répugnance dans l'esprit de M. le duc d'Épernon, son père. Langlade se chargea donc de négocier avec M. de Candale, et de ménager qu'il céderoit à M. le prince de Conti Mlle de Martinozzi ; mais il ne laissa pas de faire à M. de Candale un grand mérite envers M. le prince de Conti, de l'effort qu'il se faisoit en lui faisant ce sacrifice. M. de Candale en usa de même avec M. le Cardinal, le faisant prier, malgré son engagement, de songer seulement à ses propres intérêts et à la gloire de sa maison ; et qu'il se tiendroit trop heureux, après cela, d'avoir une autre nièce.

M. le Cardinal fut fort aise de se voir si heureusement tiré d'embarras : car, sur la demande que Sarrasin lui avoit faite de Mlle de Martinozzi, il ne savoit comment se dégager. Si M. de Candale eût songé à profiter de cette occasion, il en auroit tiré de grands avantages, avant que de donner son consentement ; mais il étoit si content d'avoir pu rompre ou du moins éloigner son mariage, qu'il crut avoir assez gagné. Mlle de Martinozzi ne pensoit pas de même, et j'ai su depuis, par elle-même, que, si on l'eût consultée, elle n'auroit pas consenti à changer d'amant, non pas tant à cause de la relation peu avantageuse qu'on lui avoit faite de M. le prince de Conti, qu'à cause du progrès que M. de Candale avoit déjà fait dans son cœur. Ce fut là la seule chose importante que Sarrasin écrivit touchant ce mariage, le reste des conditions étant renvoyé à une entrevue avec M. le prince de Conti pour l'en éclaircir de vive voix, Langlade et lui ayant résolu de venir en Languedoc, après qu'ils auroient connu à fond les intentions du Cardinal et conféré sur les articles.

Pendant ce temps, M. d'Aubijoux¹, qui étoit venu plusieurs fois rendre ses devoirs à M. le prince de Conti, avec lequel il vivoit assez familièrement, avoit obtenu de lui qu'il lui feroit l'honneur de venir dans son gouvernement de Montpellier et de s'y arrêter quatre ou cinq jours. J'étois alors, comme j'ai déjà dit, sans fièvre, mais dans une grande langueur. Cependant, comme je savois bien de quelle conséquence il m'étoit de ne pas abandonner un moment M. le prince de Conti, je le suppliai instamment de me permettre de le suivre. Je lui fis considérer que ce n'étoit qu'un jour de fatigue, et qu'à Montpellier je trouverois d'excellents médecins; et, comme il ne s'y opposoit que par bonté et parce qu'il craignoit pour moi une rechute, j'obtins cette grâce. Mme de Calvimont auroit aussi fort désiré être de ce voyage; mais la crainte qu'eut M. le prince de Conti que la présence de cette femme ne causât en ce lieu quelque scandale, l'obligea de lui refuser ce qu'elle souhaitoit, et il eut soin d'adoucir ce refus par de grandes promesses de revenir avant la semaine.

M. d'Aubijoux reçut M. le prince de Conti avec toute la magnificence possible. Dès le moment de son arrivée, on ne songea qu'à festins, bals, ballets, comédies. M. d'Aubijoux étoit un homme de plaisir; sa charge de lieutenant de roi en Languedoc et de gouverneur de Montpellier le rendoit absolu, de sorte que toute la meilleure compagnie étoit toujours dans sa maison, et tâchoit de contribuer aux divertissements de ce

---

[1] François d'Amboise, comte d'Aubijoux, mort en 1656, dernier descendant de la maison d'Amboise, était fils de Louis d'Amboise et de Blanche de Lévis.

prince. Il lui en proposoit de toutes sortes, et n'avoit point d'autre application. Cette vie lui plut un peu davantage que la solitude de La Grange ; il recula son retour de quinze jours, et avant la fin de ce terme, il prit des engagements assez capables de l'arrêter. Il devint amoureux, par les conseils de M. d'Aubijoux, de Mlle Rochette, à présent Mme de Calvière. Elle étoit jolie, elle avoit de l'esprit et une certaine humeur enjouée qui persuadoit assez facilement qu'elle ne seroit pas fâchée de mettre un prince du sang au nombre de ses conquêtes. M. le prince de Conti n'avoit point de médiocres passions, de sorte que, ne songeant qu'à faire l'amoureux, il le devint. Cependant j'étois dans les remèdes ; mais, comme je logeois en même maison, il avoit la bonté de venir tous les soirs me dire ce qui lui étoit arrivé le jour. Il m'apprit cette nouvelle passion. Je craignis d'abord que M. d'Aubijoux ne voulût par cet amour se rendre le maître de son esprit ; mais je reconnus bientôt que, quoique M. d'Aubijoux eût du mérite assez pour avoir de l'ambition, il n'aimoit que son plaisir, et qu'il n'avoit embarqué M. le prince de Conti dans cette galanterie, que pour plaire à Mlle d'Aumelus, parente de Mlle Rochette, pour qui il avoit beaucoup de complaisance et qui mériteroit bien que je fisse ici une petite digression. Elle n'avoit qu'une médiocre beauté, mais beaucoup d'agrément et d'esprit ; et c'est à sa mort qu'un nommé Grilles, de Montpellier, homme fort riche et son dernier amant, se jeta de désespoir par une fenêtre et mourut après elle ; mais cela ne fait rien à mon histoire : je reviens donc à M. d'Aubijoux.

Avant que d'avoir reconnu qu'il n'avoit aucun dessein que celui de se bien acquitter du régal qu'il faisoit à M. le prince de Conti, je combattois l'amour naissant de mon maître. Je trouvois alors l'engagement qu'il avoit pour Mme de Calvimont encore moins blâmable ; mais mes raisons et Mme de Calvimont furent trop foibles pour l'arrêter. Il avoit la liberté de voir cette fille le soir, à l'insçu de ses parents. Cette grâce lui donnoit des espérances qui lui plaisoient plus que les faveurs effectives de l'autre. Elle fit en vain des plaintes de son retardement, puis des reproches de son infidélité, ensuite des menaces de venir elle-même à Montpellier troubler sa partie. Tout cela fut mal reçu, ne servit que de divertissement et de sacrifice à la nouvelle maîtresse, et enfin aigrit le prince si fort, qu'il résolut de la quitter entièrement. Il désira que je portasse à Mme de Calvimont l'ordre de se retirer, et voulant faire passer pour une affaire de bon sens et de bienséance, ce qui n'étoit que l'effet de son inconstance naturelle et de son dégoût, il me dit que les choses que je lui avois représentées l'avoient touché ; que ce n'étoit pas la première fois que je lui avois parlé comme un homme qui aimoit sa gloire et sa personne, et que cela lui persuadoit que je me chargerois fort volontiers d'aller expliquer à Mme de Calvimont les intérêts d'honneur qui le forçoient à ne la plus voir. Il me donna un billet pour son trésorier pour lui faire donner six cents pistoles. Je partis le lendemain avec une joie troublée par la crainte de nouveaux et plus fâcheux engagements. J'arrivai à midi dans Pézenas.

Dès que Mme de Calvimont me vit, elle crut que je lui portois de bonnes nouvelles, me reçut avec un visage riant, et me demanda avec empressement quand arriveroit M. le prince de Conti. Je répondis d'un air fort sérieux que je venois lui parler de sa part: ensuite je la pris en particulier et je lui dis les ordres que j'avois. Elle ne s'y attendoit pas; elle demeura d'abord interdite et immobile. Cette première surprise fut suivie presque aussitôt d'une si grande abondance de larmes, que je fus persuadé qu'elle aimoit sincèrement ce prince; mais, peu après, elle m'épargna toutes les paroles que je cherchois pour la consoler, et entra en conversation sur des choses indifférentes avec autant de tranquillité, que s'il ne se fût rien passé dans son âme. Dès que ma commission fut faite, je lui dis que j'avois un ordre pour lui faire donner six cents pistoles; à ces paroles, ses pleurs recommencèrent avec tant d'abondance, que je crus qu'elle n'étoit pas contente d'une si petite somme. La compassion que j'en eus m'obligea de lui dire que je lui en ferois donner davantage, ne doutant pas que M. le prince de Conti ne me sût fort bon gré de l'avoir fait plus libéral; et j'allai lui quérir mille pistoles. Dans le peu de temps que je fus dehors, sa philosophie opéra si bien et eut tant de pouvoir sur elle, pour lui faire supporter son malheur, que je la trouvai qui jouoit avec son hôtesse. Cela me surprit. M'étant approché, je lui dis que je n'interromprois que pour un moment son divertissement, et je lui donnai les mille pistoles. C'est le seul présent qu'il lui ait fait, excepté un diamant de deux mille écus qu'il lui avoit donné à Bordeaux, le second jour qu'il l'avoit vue. Comme je lui disois adieu, elle recommença à pleurer et me pria fort d'assurer M. le prince de Conti que ses premières et secondes larmes ne venoient que de l'amour extrême qu'elle avoit pour lui, et que, pour le présent, elle n'y avoit pas fait la moindre réflexion. Je lui dis adieu encore une fois, et j'arrivai chez M. le prince de Conti, dans le temps qu'il venoit seulement de se retirer. Je lui rendis compte, dès ce soir, de ce qui s'étoit passé dans mon voyage. Quand il eût eu dans le cœur quelques restes de tendresse pour cette femme, elle se seroit évanouie par le récit que je lui fis de l'inégalité de son humeur et de la légèreté de son esprit ; mais cette idée étoit déjà tellement effacée, qu'il ne lui en restoit aucun souvenir, et depuis ce temps, je ne me souviens point de lui avoir ouï nommer son nom.

Voilà donc M. le prince de Conti paisiblement et uniquement engagé avec Mlle Rochette ; mais cette galanterie n'étoit pas le seul plaisir que M. d'Aubijoux lui procuroit. Comme il aimoit la bonne chère et le vin, il l'engageoit à boire, et après avoir bu, à d'autres débauches qui eurent une suite bien plus malheureuse. Si ma santé, qui n'étoit pas encore tout à fait rétablie, m'eût permis d'être le spectateur et, si on peut le dire, le compagnon de toutes ces parties-là, j'en eusse sans doute ou rompu, ou du moins modéré le cours ; mais je n'en pouvois être que le confident. Un jour, jour funeste à cinq ou six des plus belles années de sa vie, après être sorti de table, M. d'Aubijoux, échauffé par les fumées du vin, envoya quérir une de ces femmes dont les caresses sont vénales et qui les prodiguent indifféremment à quiconque les paye. C'est là que M. le prince de Conti prit cet horrible mal qui, pour avoir été trop tôt guéri par le zèle inconsidéré de Montjelet, son chirurgien, ne le fut point du tout. De là vient que, ne se défiant point d'être malade, il communiqua, sans le savoir, à Mme la princesse de Conti cette même maladie, dont les médecins ignorèrent si longtemps la nature et le nom, et dont l'un et l'autre ne se retirèrent que par les remèdes qu'ils firent à Saint-Maur en 1664.

Cependant, cette affection pour Mlle Rochette ne fit pas tout le progrès que j'avois appréhendé; elle commença par une grande passion, continua comme une intrigue agréable, et finit comme une bagatelle. Je crois même que la maladie de M. le prince de Conti ne contribua pas peu au ralentissement de sa passion, et que l'arrivée de Sarrasin et de Langlade acheva de dissiper tout à fait ce nouvel engagement. Il fallut songer à des affaires plus importantes et plus solides. Ils inspirèrent tellement à ce prince l'envie d'aller à Paris, que ce fut depuis ce temps-là l'objet de ses plus ardents désirs. Il sut d'eux que le cardinal Mazarin n'avoit pas voulu entrer en matière sur les articles du mariage, qu'auparavant il n'eût rendu à M. le prince de Conti les civilités et les compliments qu'il en avoit reçus, et c'étoit par cette raison que Langlade étoit revenu. Sarrasin qui ne voyoit rien à négocier pendant l'absence de Langlade, trouva bon de l'accompagner; mais, quoique le Cardinal ne se fût point expliqué précisément, ces deux messieurs avoient pourtant assez pénétré dans son esprit, pour savoir qu'il ne falloit pas espérer la charge de connétable, ni la propriété de Brouage. Comme je persistois toujours à soutenir de bonne foi qu'il falloit les obtenir, et que M. le prince de Conti étoit de mon sentiment, ils prirent leur temps pour lui faire connoître en particulier, qu'il n'y avoit pas d'apparence que, dans un temps où il venoit de quitter les armes qu'il avoit prises contre le service du roi, et où Monsieur son frère étoit à la tête des armées ennemies, on lui donnât d'abord tant d'autorité et tant de moyens de recommencer une guerre civile; qu'il falloit premièrement établir la confiance par une alliance, et qu'après cela ce ne seroit pas une affaire. Ce prince se rendit facilement à leurs raisons, et consentit que l'on remît à un autre temps à faire ces deux demandes. Ils concertèrent entre eux de me cacher ce secret, et de me faire toujours accroire que ces deux articles seroient facilement accordés; tous les autres ayant paru peu importants en comparaison de ces deux-là, on les remit à l'habileté de ces messieurs. J'ai cette obligation à M. le prince de Conti qu'il écrivit au Cardinal en termes très-forts pour me faire donner le premier évêché vacant, et qu'il recommanda à Langlade et à Sarrasin d'obtenir cette grâce; ils me promirent tous deux d'engager le Cardinal à donner sa parole que mon affaire seroit la première résolue.

Le prince de Conti commençoit à s'ennuyer des plaisirs de la province; il donna ordre à nos négociateurs de lui envoyer au plus tôt des ordres, pour pouvoir s'avancer du côté de Paris. Il voulut même aller attendre ces ordres à Bagnols, ville dont il étoit seigneur, plus près de la cour que Montpellier de deux journées. Il fut à Bagnols près de trois semaines, et alla passer la fête de Noël [1] à demi-lieue de la Chartreuse de Valbonne. J'avois suivi M. le prince de Conti à l'office, et durant qu'il y étoit, le courrier que Langlade et Sarrasin lui devoient envoyer lui apporta une permission du roi de venir à Paris. Sarrasin m'écrivit que ce prince ne devoit point témoigner d'empressement, afin que l'on

---

[1] Noël 1653.

pût obtenir plus facilement du Cardinal ce qu'on avoit à lui demander; outre qu'il n'étoit pas à propos qu'il arrivât à la cour avant que tout fût réglé ; mais je ne pus retenir l'impatience qu'il avoit de sortir de Languedoc. Pour la satisfaire, il voulut aller à deux de ses abbayes, Cluny et Saint-Germain d'Auxerre, et partit de Bagnols le lendemain de Noël. En arrivant à Vienne, son maréchal des logis trouva les consuls tellement alarmés, qu'à peine vouloient-ils permettre qu'il entrât dans la ville, le traitant encore comme s'il eût eu les armes à la main contre le roi; mais, quoi qu'on pût leur en dire, il fut impossible d'en obtenir un logement pour sa personne. M. le prince de Conti ne seroit pas entré dans la ville, s'il eût pu trouver un autre endroit à loger ; mais il y étoit déjà. Il logea donc dans le cabaret.

M. le marquis de Villars, neveu de l'archevêque, se trouva dans Vienne, et vint rendre ses devoirs au prince. Il étoit bien fait, et avoit beaucoup de mérite; mais ce qui charma davantage M. le prince de Conti, ce fut la réputation que Villars avoit acquise dans le combat qu'il fit, servant M. de Nemours, lorsqu'il fut tué par M. de Beaufort, son beau-frère[1]. Il s'imagina que, prenant Villars auprès de lui, cela lui donneroit dans le monde une réputation de bravoure, dont, pour lors, il étoit plus entêté que de toute autre chose; de sorte que Villars fit sa cour bien mieux qu'il ne l'avoit espéré. Ce prince lui fit de très-grandes avances d'a-

---

[1] Cette rencontre avait eu lieu à Paris au Marché aux Chevaux; le marquis de Villars s'y était fait remarquer par son courage et par la mort du gentilhomme qui était son adversaire. Le marquis de Villars est le père du maréchal de Villars.

mitié, et, dès qu'il fut retiré, il me dit de lui mille choses avantageuses, me témoignant qu'il eût souhaité de l'attacher à son service, et de lui donner la charge de premier gentilhomme de sa chambre. Voyant qu'à tout cela je ne répondois rien, il me dit qu'il avoit une antipathie naturelle contre M. le duc d'York qui avoit acquis en France beaucoup de réputation, qu'il étoit résolu de se battre contre lui, et que Villars lui paroissoit plus propre à le servir dans cette occasion que pas un de ses domestiques. Cette pensée me fit de la peine; je ne pouvois pas avoir la basse complaisance d'approuver un dessein extravagant. Le duc d'York n'avoit jamais eu aucun démêlé avec lui; ce n'étoit qu'une jalousie de bravoure très-bizarre, et, quoique je crusse bien que cette fantaisie passeroit aussi aisément qu'elle étoit venue, je prévoyois que, auparavant de s'évanouir, elle seroit capable d'établir Villars auprès de ce prince.

Un commencement de faveur si brusque et si prompt me faisoit craindre qu'il ne fût bientôt plus considéré que moi. Agité de ces réflexions, je ne crus pas qu'il fût à propos de m'opposer ouvertement aux volontés de ce prince, qui, dans leur naissance, étoient toujours très-violentes; mais je le fis souvenir qu'il étoit engagé à donner cette même charge au marquis de Tors, de la maison de Pons. Comme ce marquis étoit absent, quand il auroit eu plus de mérite qu'il n'avoit, il ne l'auroit pas emporté sur cette inclination qui étoit présente et qui avoit l'agrément de la nouveauté. Aussi, M. le prince de Conti me répondit qu'il avoit besoin, dans cette charge, d'une personne qui lui fût agréable; que Villars avoit beaucoup plus d'esprit et qu'il connoissoit mieux le monde que Tors, qui, après tout, n'étoit qu'un bon garçon et qui n'étoit jamais sorti de sa province. Tout ce que je pus obtenir, fut que M. le prince de Conti attendît quelques jours pour mieux connoître Villars; mais dès le lendemain, en le revoyant, il lui fit de nouveau tant d'avances que Villars ne douta point qu'il ne trouvât auprès de lui tout l'établissement qu'il vouloit, et que l'état de ses affaires lui faisoit souhaiter avec passion. Son père vivoit et n'avoit qu'un bien très-médiocre; lui-même il s'étoit retiré dans sa province, assez mal à la cour, parce qu'ayant fait l'appel à M. de Beaufort de la part de M. de Nemours, toute la maison de Vendôme, alliée déjà à M. le Cardinal, lui étoit peu favorable. Avant que M. le prince de Conti sortît de Vienne, Villars obtint le pardon des consuls, et les lui présenta pour lui rendre leurs respects. C'étoit un signe de faveur qui ne pouvoit être équivoque, après la résolution que ce prince avoit prise publiquement de demander leur punition à la cour.

Villars suivit M. le prince de Conti. Nous arrivâmes à Lyon le dernier jour de l'année 1653. M. l'abbé d'Ainay, depuis archevêque de Lyon, vint au-devant de M. le prince de Conti et le conduisit dans son abbaye. Comme il étoit averti du mariage qui se traitoit, cet abbé, grand courtisan, n'oublia rien pour faire honneur à ce prince, qui put bien s'apercevoir que la figure qu'il alloit faire à la cour, par cette alliance, ne contribuoit guère moins à cette réception, que le respect qui étoit dû à sa naissance et à son mérite.

L'abbé de Roquette, depuis évêque d'Autun, étoit arrivé à Lyon dans le dessein de venir au-devant de

M. le prince de Conti. Il étoit son domestique depuis cinq ou six ans, et grand vicaire de ses abbayes. Il avoit reçu de ce prince deux bénéfices de dix mille livres de rente. Il avoit été fort agréablement auprès de lui et ne s'en étoit éloigné, dans le commencement des dernières guerres de Bordeaux, que pour aller à Rome demander le chapeau de cardinal pour ce prince. On apprit que le coadjuteur de Paris [1] avoit déjà ce chapeau; l'abbé de Roquette demeura donc à Paris, où il trouva le moyen de négocier en plusieurs rencontres pour son maître, le prince de Conti, avec lequel il entretenoit d'étroites correspondances. Il avoit pourtant gardé depuis tout ce temps-là de grandes mesures avec Mme de Longueville, ce qui avoit un peu diminué la faveur qu'il avoit auprès de M. le prince de Conti; mais, comme il avoit eu beaucoup de crédit sur son esprit, et qu'il étoit de ma profession, j'eus un peu plus de jalousie contre ce nouveau rival que contre Villars, dont l'ambition n'alloit pas le même chemin que la mienne. Je fus donc fort alarmé de la bonne réception que lui fit M. le prince de Conti, et que ma jalousie me fit encore paroître meilleure qu'elle n'étoit. Dans cette situation, bien loin de songer à nuire à Villars, je crus que je devois m'en faire un ami, pour me servir de rempart contre un rival qui me paroissoit redoutable.

Cette raison m'obligea, le lendemain, de parler à Larcoust, ami de Villars, et entièrement dans mes intérêts, tant par l'alliance qui étoit entre nous, que par la charge de mestre de camp du régiment de cavalerie que je lui avois fait avoir. Je lui demandai si Villars

[1] Le cardinal de Retz.

étoit une personne en qui l'on pût prendre confiance ; je lui dis qu'ayant besoin d'amis, s'il croyoit que Villars voulût être le mien, je pouvois lui faire donner la charge de premier gentilhomme de la chambre de M. le prince de Conti, après que je l'aurois quittée, c'est-à-dire après le mariage de ce prince ; mais que, ne connoissant point Villars, je voulois que lui Larcoust me fût caution de sa fidélité. Larcoust s'engagea très-volontiers à me rendre cet office et à son ami, qu'il m'amena bientôt après sous les arbres de l'allée d'Ainay. Villars me fit de grandes protestations d'amitié, qu'il a quelque temps fort fidèlement observées ; je lui promis que je lui ferois donner, dans peu de jours, les engagements pour cette charge de premier gentilhomme de la chambre.

Toute cette liaison fut faite avant que M. le prince de Conti fût éveillé ; je m'en allai ensuite à son lever. Il me trouva un peu plus rêveur qu'à l'ordinaire. Comme il avoit remarqué que les longs et particuliers entretiens qu'il avoit eus pendant tout ce soir avec l'abbé de Roquette m'avoient donné quelques chagrins, il eut la bonté de m'appeler auprès de son lit, et me dit : « Monsieur l'abbé, avouez le vrai ; vous êtes jaloux de M. l'abbé de Roquette. » Je lui répondis, avec ma franchise ordinaire, qu'il entroit un peu de cela dans mon sérieux, et qu'en effet ce seroit une chose bien cruelle, qu'un homme, qu'on pouvoit en quelque façon appeler un nouveau venu, l'emportât sur moi dans son cœur. Le prince me dit tant de choses obligeantes pour moi, et si peu pour l'abbé de Roquette, que tous les nuages de mon soupçon en furent dissipés. Il m'assura que toute cette grande conversation qu'il avoit eue avec lui, n'étoit que pour apprendre des nouvelles de Mme de Longueville, qu'il avoit vue. En effet, un peu après, le monde étant entré dans la chambre et l'abbé de Roquette aussi, ce prince affecta de ne lui rien dire, et l'après-dînée, étant dans le particulier avec nous deux, il dit mille choses avantageuses de moi, et d'une manière si tendre et si forte, que, quand l'abbé de Roquette auroit eu le dessein de me nuire, je crois qu'il auroit perdu l'espérance d'y réussir. Aussi, dès ce temps-là, il rechercha avec des soins assez grands le moyen d'avoir mon amitié. Il n'y est jamais bien parvenu. Trop de gens, et M. le prince de Conti même, m'avoient donné des impressions désavantageuses de sa probité.

Ce même jour, M. le prince de Conti me parla de Villars. Je pris occasion de lui dire que j'avois fait réflexion sur les vues qu'il m'avoit témoigné avoir pour lui; qu'il lui falloit une personne agréable et selon son cœur pour être gentilhomme de sa chambre, et qu'en effet, sans cette précaution, ils se donneroient bien de la peine l'un à l'autre; qu'il étoit donc à propos que la personne qui rempliroit cette place fût de son choix; que, quand il m'auroit donné la liberté de me défaire de ma charge, je n'aurois jamais entrepris de lui proposer qui que ce fût pour cet emploi, sachant qu'il seroit bien habile et bien heureux, s'il lui plaisoit toujours également; que, puisqu'il avoit jeté les yeux sur M. de Villars, il ne pouvoit se plaindre que de lui seul, s'il arrivoit qu'il n'en eût pas toute la satisfaction qu'il en pouvoit attendre; que toute la grâce que je lui demandois, c'étoit de me donner la permission de lui dire de sa part cette nouvelle, étant bien juste qu'en perdant ma charge¹, je pusse du moins gagner un ami. M. le prince de Conti trouva bon que je m'en fisse même un mérite auprès de M. de Villars, ce que je fis le lendemain, avec des circonstances qui lui persuadèrent que j'avois plus de part au bon succès de son affaire que je n'en avois en effet. Je lui dis qu'au lever du prince, il n'avoit qu'à le remercier, afin que lui-même lui en donnât sa parole. Il le fit et en sortit fort satisfait.

M. le prince de Conti avoit résolu de demeurer dans Lyon huit jours, tant pour se reposer que pour recevoir plus commodément des nouvelles de la cour; mais, en parlant avec ses domestiques du château de Pierre-Encise, quelqu'un dit, en riant, que ce lieu seroit fort propre pour arrêter M. le prince de Conti, si ses affaires alloient mal à la cour. Cette idée, si peu vraisemblable, ne laissa pas de lui faire de la peine. Il s'en alla dès le lendemain à Cluny, où il fut douze jours, non-seulement pour y attendre des nouvelles de la cour, mais encore pour y rétablir sa santé, qui, depuis cette débauche de Montpellier, s'altéroit de plus en plus. Pendant ce temps, on reçut des lettres de Sarrasin et de Langlade, qui donnoient de grandes assurances d'une prompte satisfaction, et qui mandoient que M. le prince de Conti n'avoit qu'à s'avancer jusqu'à Auxerre, où ils devoient lui porter les articles de son mariage. Langlade m'écrivit en particulier qu'il avoit la parole du Cardinal qu'il me feroit donner le premier évêché vacant, et qu'il écrivoit au prince de

¹ Il était contraire à tous les usages que le prince de Conti, renonçant à l'état ecclésiastique et se mariant, conservât près de lui un premier gentilhomme de la chambre qui n'était pas laïque.

Conti que le Cardinal lui avoit commandé de lui en donner de sa part toutes sortes d'assurances. Je trouvois pourtant fort incivil, et, qui pis est, fort peu sûr, que le Cardinal, au lieu de répondre lui-même à la lettre de M. le prince de Conti sur ce sujet, se contentât d'en faire écrire par Langlade.

Il fallut partir de Cluny pour Auxerre; nous y arrivâmes le quatrième jour, et, deux jours après, Langlade et Sarrasin s'y rendirent. Ils vinrent saluer M. le prince de Conti à la promenade, où il étoit avec cinq ou six personnes de sa maison. Comme je savois que ce n'étoit point sa coutume de vouloir de témoins de ses premières conversations, je me retirai aussitôt par respect. Le prince les entretint fort longtemps tous deux, et après il prit Langlade seul et lui parla. Sarrasin prit ce temps pour s'approcher de moi, et me dit en général qu'ils apportoient les articles, qu'on avoit fait les plus avantageux qu'on avoit pu; mais que, pour mes affaires, elles étoient entièrement achevées, et que le Cardinal s'étoit engagé à me faire donner le premier évêché vacant. Je demandai s'il avoit donné quelque assurance par écrit; il me répondit que non, mais que la parole du Cardinal suffiroit. Je répondis assez froidement : « Non pas pour moi. » Sarrasin, voyant que j'avois quelque chagrin, me dit : « Notre ami vous en parlera; c'est lui qui a tout fait auprès du Cardinal, et tout ce que j'ai pu pour vous a été de me faire dire, pour la seconde fois, la même chose par le Cardinal, ce qu'il a fait de si bonne grâce que je crois qu'il ne vous doit rester aucun doute du succès. » Dans ce moment, M. le prince de Conti quitta Langlade et reprit Sarrasin en particulier. Alors

Langlade vint à moi, me parla fort affirmativement de mes affaires, et me dit : « Peu avant mon départ, le Cardinal m'a prié de faire agréer à M. le prince de Conti que l'évêché de Fréjus, qui venoit de vaquer, fût donné à l'abbé Ondedei[1], à qui il avoit été promis depuis six ou sept ans. » Cette preuve ne me parut pas aussi convaincante qu'à Langlade. Je voyois au contraire que dans le même temps que le Cardinal avoit donné sa parole, il y manquoit, et même pour un de ses domestiques, qu'il pouvoit faire attendre plus facilement que tout autre. Je considérois que ce mariage étant une fois fait, je me trouvois sans charge, sans évêché, n'ayant pour partage que des espérances que mille accidents pouvoient rendre vaines. Je faisois réflexion, que, si, dans un temps où j'étois en quelque façon nécessaire au Cardinal, il me manquoit de parole, il feroit bien pis lorsqu'il pourroit se passer de moi. Toutes ces preuves m'aigrirent l'esprit, et me firent croire que mes amis ne m'avoient pas servi avec assez de chaleur, et qu'ils n'avoient pas assez témoigné au Cardinal quelle figure je faisois auprès du prince. Je fus aussi très-sensiblement touché de ce que Langlade s'étoit si facilement chargé de faire agréer une telle chose à M. le prince de Conti, sans m'en avoir parlé. Je reçus très-mal ce qu'il me dit, et je ne pus m'empêcher de lui reprocher qu'il avoit été plus soigneux de faire sa cour au Cardinal et de plaire à Ondedei, que de m'obliger.

M. le prince de Conti eut la bonté de me rapporter toute la conversation qu'il avoit eue avec Sarrasin et

---

[1] Italien, créature du cardinal Mazarin.

Langlade; il me dit qu'il partiroit dans cinq ou six jours pour s'en aller à Paris, et qu'il vouloit que je portasse les articles de son mariage après qu'il les auroit signés, afin que le Cardinal crût m'avoir quelque obligation, et qu'il me tînt plus sûrement sa parole. Il me témoigna du chagrin de ce que Fréjus ne m'avoit pas été donné, et cet entretien eût été fort long, s'il n'eût été interrompu par le monde qui vint lui faire sa cour. Il arrivoit tous les jours des personnes de Paris, entre autres Barbezières-Chémeraut, dont la faveur n'étoit plus en état de me faire ombrage. Ce prince l'avoit assez froidement reçu, et le considéroit comme un courtisan du dehors, qui n'a part ni aux secrets ni aux affaires.

Sarrasin apporta en ma présence les articles du mariage qui avoient été projetés avec le Cardinal. M. le prince de Conti se retira au bout de la salle de son abbaye de Saint-Germain d'Auxerre, laissant tout le monde qui étoit avec lui, et m'appela pour me donner les articles à lire. Ils consistoient presque tous en ce seul, que le Cardinal donnoit à sa nièce, Anne-Marie Martinozzi, deux cent mille écus en mariage. Je m'étois attendu à de grands avantages, et je ne m'étois pas encore désabusé de la charge de connétable ni de la propriété de Brouage; de sorte qu'après en avoir fait la lecture, je demandai où étoient donc les articles secrets. M. le prince de Conti me dit que je parlois comme un homme qui ne connoissoit pas la cour, et qu'il n'y en avoit point. L'amitié que j'avois pour mon maître, et plus encore cette humeur impétueuse qui ne m'est que trop naturelle, m'obligèrent à jeter les articles par terre, et à m'écrier : « Eh ! mon-

sieur, vous êtes trahi! On vous marie au denier deux. »
Voulant dire que, pour deux cent mille écus une fois
payés, il quittoit cent mille écus de rente en bénéfices.
M. le prince de Conti fut tellement piqué de cet
emportement, qu'il me sauta à la gorge et me poussa
en sa chambre. Là, il me dit que je lassois sa bonté et
sa patience. Après plusieurs remontrances, il s'apaisa,
tant par la considération de l'excès de mon zèle, que
parce qu'il se figura qu'à cause de la longueur de la
salle, personne n'avoit remarqué mon action ni
entendu mes paroles. Je connoissois bien que je man-
quois de prudence; mais, outre que le mauvais état
où je croyois mes affaires pouvoit causer mon emportement et le faire excuser, mon peu d'âge méritoit
quelque indulgence.

Depuis ce temps, M. le prince de Conti ne me parla
plus de me faire porter les articles, soit que lui-même
il eût changé d'avis, soit que Sarrasin, profitant de
ma boutade, eût demandé cet emploi comme une suite
de sa négociation. Le temps approchoit; je voulus
m'en éclaircir, ne pouvant me persuader que M. le
prince de Conti voulût me manquer de parole dans
une conjoncture où il me traitoit d'ailleurs mieux que
jamais. Revenant avec lui de la promenade dans le
fond de son carrosse, où étoient le chevalier de
Caderousse, Lavardin, Guilleragues, Villars, Sarrasin
et Langlade, je lui dis assez bas : « Monsieur, vous ne
me parlez plus de mon voyage. » Il me répondit : « De
quoi vous souvenez-vous? N'êtes-vous pas assuré de
mon amitié? — J'en serois bien peu assuré, lui dis-je,
si vous me manquiez de parole. — Je ne puis pas,
répliqua-t-il, vous faire faire ce voyage; j'ai mes rai-

sons; mais n'en soyez pas inquiet : vous devez encore être assez content de l'affection que j'ai pour vous. » Ces paroles me touchèrent d'une si cruelle manière que, sans songer à ce que je disois ni à qui je parlois, je dis, en élevant la voix d'un ton aigre : « Quel cas puis-je faire de votre amitié, si vous me manquez de parole? » M. le prince de Conti, frappé de cette extravagance, me tourna le dos, en s'écriant : « C'est trop souvent des emportements; ce sera ici le dernier. »

Sarrasin avoit fait le soir de devant un conte qui avoit fort diverti ce prince. Quoique ce conte soit sans grâce hors de la bouche de Sarrasin, qui, outre son esprit, avoit une manière de conter agréable au delà de tout ce qu'on peut imaginer, cependant, comme il sert à la suite de mon histoire, je ne laisserai pas de le rapporter ici.

« Un garçon nommé Aulerac, de fils de paysan étant devenu gouverneur de place frontière, par bonté de naturel, y fit venir son père, et pour le distinguer des autres, l'instruisit et le fit major. Un jour qu'il fut obligé d'aller hors de la ville, il donna ordre à son père major de faire exactement la garde sur le rempart; mais dès qu'il fut parti, il se mit à boire avec des soldats, sans se souvenir de sa charge. Le gouverneur de retour trouva toute sa garnison en désordre, point de corps de garde, point de sentinelles posées; il fit appeler son père et lui demanda fièrement : « Qui est major dans cette place?—C'est moi, répondit le père.—Vous, vous êtes major! Vous êtes le Diable, » répliqua-t-il, et continua d'un ton colère et gascon de le menacer. Le major piqué se souvint dans ce temps qu'il étoit père et lui dit : « Aulerac, Aulerac, tu te cabres, je suis ton père. » Le fils lui répondit : « Cap-de-bious! père ou non, je vous casserai comme un pot. »

Comme ce conte avoit diverti la première fois, Sarrasin prit pour lors son temps, et d'un accent malin s'écria : « Aulerac, Aulerac, tu te cabres, je suis ton père, je te casserai comme un pot. » Ces paroles me percèrent le cœur, et je fus bien plus outré de sa malice que de la colère de mon maître. En descendant de carrosse, M. le prince de Conti, au lieu de s'appuyer sur moi à l'ordinaire, me tourna encore le dos, et je m'en allai dans ma chambre fort étonné. Un moment après, tous ceux qui étoient dans le carrosse, excepté Sarrasin, me vinrent rendre visite. J'étois assez aimé pour croire qu'ils avoient un véritable déplaisir de ma disgrâce, qui vraisemblablement devoit avoir de la suite. Chacun d'eux vouloit que j'allasse demander pardon à mon maître. Je fus de contraire avis, non pas par opiniâtreté, ni par vaine gloire, mais par la connoissance que j'avois de l'humeur de ce prince. « Il faut qu'il me pardonne lui-même, leur dis-je, ou jamais il ne me pardonnera. Si dans une heure il ne m'envoie quérir, je suis perdu dans son esprit sans retour. » Ces messieurs n'avoient pas encore fini leurs consolations, qu'un valet de pied me vint dire que Son Altesse me demandoit. Je vous laisse à juger si j'allai promptement. Dès qu'il me vit, il vint à moi les bras ouverts en me disant : « Vous êtes un fou, mais vos folies mêmes me persuadent que vous m'aimez, il me suffit ; mais avez-vous pris garde à ce coquin de Sarrasin? Comme il vouloit profiter de ma colère, lui qui vous a tant d'obligations! Il n'en aura pas le plaisir, et dès ce soir je prétends en sa présence vous traiter mieux que jamais. » Je fus trop sensible à cette dernière bonté de mon maître, et je ne crois pas qu'il ait rien dit et rien fait de sa vie qui m'ait si fort touché. Après le souper, Sarrasin étant entré dans la chambre, ce prince me tint parole et commença à dire : « L'abbé et moi sommes raccommodés sans maréchal de France; quiconque feroit fond sur notre rupture, se tromperoit; nous sommes inséparables à la vie et à la mort. » Et dès le lendemain, je vis Sarrasin me faire mille protestations d'amitié. Comme je n'étois ni habile, ni fourbe, je ne pus m'empêcher de lui témoigner qu'il n'avoit pas tenu à sa piquante raillerie que M. le prince de Conti ne m'eût aussi maltraité que je le méritois. « Quoi! répondit Sarrasin, vous prenez si mal la chose! J'ai prétendu vous rendre un grand service, apaiser son ressentiment, faire diversion et tourner le tout en plaisanterie. Quel intérêt aurois-je à vous nuire? non-seulement vous êtes mon meilleur ami, mais le seul que je veux; que me peut-il arriver de votre perte? je ne prétends point être évêque. » Et ensuite il me dit beaucoup de choses qui, sans les réflexions que je fis que lui seul ne m'avoit pas rendu ce soir-là visite, m'auroient entièrement persuadé. Je lui dis que je croyois tout cela, et qu'à l'avenir son procédé et son attachement à mes intérêts me le persuaderoient encore mieux. Il étoit extrêmement souple et promettoit toutes choses, lorsqu'il s'imaginoit que cela lui étoit avantageux. Enfin nous nous séparâmes assez bien.

Le lendemain il partit avec Langlade, pour aller

porter les articles du mariage que M. le prince de Conti avoit signés de la manière que le Cardinal les avoit concertés ; et ce prince se mit en état de partir d'Auxerre trois jours après. La veille de son départ, se promenant appuyé sur mon bras dans la grande salle de cette abbaye : « Voici un assez beau bénéfice ; je veux vous le donner. Le Cardinal ne me refusera pas la liberté de m'en défaire en votre faveur, en lui donnant la démission des autres. Pour peu que vaille l'évêché qu'on vous a promis, il se trouvera dans le royaume des ecclésiastiques plus mal établis. — Je le serois beaucoup mieux que je ne le mérite, lui répondis-je ; mais je ne me suis jamais attaché à vous par intérêt ; laissez-moi faire comme j'ai commencé. Vous avez voulu me faire donner un évêché ; c'est assez. J'ai eu trop de part à toutes vos affaires pour ne pas donner lieu de dire que cette abbaye est la récompense de vous avoir porté à vous marier ; je suis déjà assez brouillé avec M. le Prince ; ne m'exposez pas davantage. Quand je ne serai qu'évêque, il ne pourra pas m'accuser d'avoir profité des dépouilles de sa maison. D'ailleurs, de la manière dont on parle du Cardinal, il me regardera comme ayant volé ce bénéfice, et me croyant assez récompensé, il m'empêchera d'être évêque. Puisque vous avez résolu de lui donner vos abbayes, faites-lui ce présent tout entier. » M. le prince de Conti se moqua de cet honneur chimérique qui me faisoit refuser un bien considérable, sous le ridicule prétexte qu'on m'accuseroit de l'avoir trahi. Il voulut aussi me railler sur la crainte que j'avois de M. le Prince ; mais ce que je lui avois dit que le Cardinal pourroit lui savoir mauvais gré d'avoir partagé son présent, fit sur son esprit l'effet que je désirois, assez mal à propos pour moi, et il ne songea plus que foiblement à vaincre les difficultés que j'avois apportées ; c'est pourtant ce qui ne lui eût pas été bien difficile, s'il l'eût un peu plus fortement souhaité. Il partit le lendemain pour Paris. En arrivant à Joigny, il y trouva M. de la Marguerie, pour lors premier président de Dijon, que le Cardinal lui avoit envoyé pour demander la démission de ses abbayes, sur ce que Sarrasin avoit dit, de la part de ce prince, que son intention étoit de s'en démettre en faveur du Cardinal. Les démissions furent toutes données, dès ce soir, et envoyées au Cardinal, excepté celle de Cluny, où il alloit, par ordre du roi, pour faciliter l'élection du Cardinal.

Le lendemain et les jours suivants, on continua le voyage. Le Cardinal vint au-devant de ce prince avec tout ce qu'il y avoit de grands seigneurs à la cour. L'entrevue se fit dans Villejuif, avec toutes les démonstrations d'une grande amitié cimentée par une nouvelle alliance. Le prince de Conti entra dans le carrosse du Cardinal qui le conduisit au Louvre et le présenta à Leurs Majestés [1].

Je ne fus pas à cette première entrevue ; mais j'appris le soir, de M. le prince de Conti, que jamais faveur n'avoit été si absolue que celle du Cardinal, et qu'il l'avoit reconnu à ce grand accueil qu'il avoit reçu du roi et de la reine, et à ce qu'ils lui avoient dit de l'alliance qu'il alloit faire. Il me dit aussi qu'il avoit été rendre sa première visite à Mlle de Martinozzi, dont il

---

[1] Le *Recueil des Gazettes* constate que l'arrivée du prince de Conti à Paris, eut lieu le 16 février 1654.

étoit assez satisfait. Les premiers jours de son arrivée, M. le prince de Conti logea chez Prudhomme [1]. Dès le premier soir, M. l'archevêque de Sens et M. de Vardes vinrent faire leur cour à ce prince ; M. le prince de Conti désira qu'ils m'honorassent de leur amitié. Après que ces messieurs se furent retirés, M. le prince de Conti me dit qu'il vouloit lui-même me présenter au roi et à la reine le lendemain ; mais que, pour le Cardinal, il suffisoit que ce fût Sarrasin, auquel il ordonna de m'y conduire. Sitôt que Sarrasin eut dit au Cardinal que j'étois dans son antichambre, il sortit, et du plus loin qu'il m'aperçut, il vint à moi les bras ouverts, m'embrassa de la manière du monde la plus obligeante, et, en me conduisant par la main dans sa chambre, il me dit : « Je sais les services que vous avez rendus à l'État ; je sais que vous avez fait la paix de Bordeaux. Sa Majesté en est tellement satisfaite, qu'elle veut faire votre fortune, et vous avez en ma personne un ami qui sera votre solliciteur. » Il ajouta encore beaucoup de paroles qui me laissèrent pleinement convaincu qu'il étoit l'homme du monde le plus libéral de promesses et de caresses. Il ne me parla jamais du mariage, soit que Sarrasin l'eût averti du peu de part que j'avois eu à la première résolution qui en fut prise, soit qu'il ne voulût pas, dans l'élévation où il étoit, donner à croire que ce fût une grâce pour lui. Je m'attendois pourtant qu'il y seroit plus sensible qu'à la paix de Bordeaux, et que ce seroit principalement sur cela qu'il fonderoit toutes les amitiés qu'il me feroit. Je répondis à toutes ses caresses

---

[1] Fameux baigneur de Paris.

avec le respect que je devois, et me retirai fort satisfait.

Le soir, M. le prince de Conti me mena chez la reine; il me laissa dans la chambre du lit, et une heure après, il me fit entrer dans celle où étoient Leurs Majestés, le Cardinal et Mlle de Martinozzi. En me présentant au roi, il lui dit : « Sire, voilà l'abbé de Cosnac; c'est une personne de qualité, attachée à moi, pour qui j'ai beaucoup d'amitié, et on ne le trouvera pas mauvais, quand on saura que, si j'ai l'honneur d'être dans les bonnes grâces de Votre Majesté, c'est à lui seul à qui j'en ai l'obligation. » Sa Majesté me répondit qu'il n'y avoit qu'à prier Dieu qu'il vaquât un bon évêché, et qu'elle me le donneroit. Cette manière de me présenter au roi selon mon cœur, est encore une des plus grandes grâces que j'aie reçues de mon maître. Après avoir fait ma cour un moment, je sortis de cette chambre.

Mlle de Martinozzi repassa peu de temps après pour se retirer. Je crus que je devois lui aller rendre mes premiers devoirs; je n'avois pas besoin, ce me sembloit, d'y être introduit, et M. le prince de Conti avoit tout fait. Je priai pourtant Langlade de m'y accompagner. Mlle de Martinozzi me reçut avec une froideur incroyable; à peine me fit-elle l'honneur de me regarder; elle entretint toujours Langlade, sans tourner la tête de mon côté, et s'il n'eût eu pitié de moi, en l'avertissant que j'étois un homme dont M. le prince de Conti faisoit grand cas, je crois que je serois sorti de sa chambre sans avoir eu un seul de ses regards. Enfin, elle me dit deux mots, mais avec tant de crainte, que je m'imaginai qu'on m'avoit rendu de mauvais offices auprès d'elle, ou que son humeur étoit bien extraordinaire. J'en fis mes plaintes à M. le prince de Conti, qui, pour me consoler, me dit qu'il m'y présenteroit lui-même. En effet, dès le lendemain, il lui parla de moi si avantageusement, qu'elle s'est fort bien souvenue, depuis ce temps-là, de me mieux traiter.

Le mariage se fit quatre jours après, dans le Louvre, par M. l'archevêque de Bourges[1]. Le jour qu'il se fit, je donnai, pour la dernière fois, la chemise à M. le prince de Conti, non sans quelques larmes. Je remis ma charge à M. de Villars. Je ne fus point le soir au Louvre, ne croyant pas que je fusse nécessaire dans une telle cérémonie; mais, le lendemain, je me servis de l'ancienne liberté que j'avois : j'entrai le premier dans la chambre de M. le prince de Conti. Dès qu'il entendit du bruit, il demanda qui c'étoit, et me voyant, il me commanda d'approcher de son lit; je me mis à genoux sur l'estrade pour l'entretenir avec plus de commodité.

---

[1] On lit dans le *Recueil des Gazettes* de l'année 1654 :

« Le 21 février, sur les six heures du soir, ont eu lieu les fiançailles du prince de Conti. La fiancée étoit vêtue d'un habit de velours noir tout brillant de l'éclat des diamants dont il étoit couvert. L'archevêque de Bourges célébra la cérémonie. Il y eut ensuite bal à la cour, la chambre étoit éclairée de vingt candélabres de cristal garnis de bougies de cire blanche; il y eut après une superbe collation. »

« Le 22, Mlle de Martinozzi, revêtue d'un habit de brocatel, enrichi de perles de grand prix, ayant été conduite dans la chambre de la reine où étoient Leurs Majestés, Monsieur, M. le prince de Conti, Son Éminence, et les principaux de la cour, elle fut introduite dans la chapelle de la reine, où le même prélat fit la cérémonie du mariage des fiancés, à l'issue de laquelle la princesse de Conti donna à dîner au prince son époux. Le soir, il y eut la tragédie du *Cid*, après laquelle Son Éminence donna aux nouveaux époux un magnifique souper suivi d'un bal. »

Depuis mon retour à Paris, Langlade et moi étions raccommodés. Il avoit désiré de moi un service que je mourois d'envie de lui rendre; c'étoit ce qui m'avoit obligé d'entrer si matin, croyant le temps plus favorable. Je suppliai ce prince de demander à M. le Cardinal la charge de secrétaire des commandements de la reine, lorsque Sa Majesté se marieroit, pour Langlade. Je représentai au prince les services considérables qu'il en avoit reçus; qu'il y alloit de son honneur de faire quelque chose d'éclatant pour lui; qu'il pourroit témoigner au Cardinal qu'il vouloit procurer à Langlade quelque grâce qui pût faire voir au monde la joie qu'il avoit d'être son neveu, en faisant donner une telle récompense à celui qui en étoit la principale cause. Je pressai M. le prince de Conti jusqu'à lui dire qu'il ne falloit point quitter le Cardinal sans avoir réussi; parce que, s'il venoit à être refusé d'une grâce qui n'étoit même qu'un bien à venir, cela donneroit dans le monde une mauvaise impression de son crédit. M. le prince de Conti estimoit et aimoit Langlade; ainsi il s'engagea sans peine à en parler. Dès qu'il fut habillé, il alla dans la chambre du Cardinal. Après beaucoup de protestations d'amitié de part et d'autre, M. le prince de Conti demanda cette charge pour Langlade avec beaucoup plus de force que je n'en eusse osé espérer. Le Cardinal dit que c'étoit une charge qui avoit déjà été donnée à M. Colbert[1], et qu'il n'y avoit pas d'apparence qu'il l'ôtât à un domestique qui le servoit si utilement; il promit à M. le prince de Conti de faire

---

[1] Le même qui après la mort du cardinal Mazarin est devenu l'un des grands ministres qui ont contribué à la gloire du règne de Louis XIV.

d'ailleurs la fortune de Langlade. Ce prince s'opiniâtra toujours à demander cette charge, mais sans aucun effet. Le Cardinal sut, sans doute par Mme la princesse de Conti, que j'avois obligé monsieur son mari de se rendre aussi pressant qu'il l'avoit été, et il m'en sut très-mauvais gré. Il accorda, quelque temps après, à Langlade une somme d'argent considérable qui l'aida à acheter la charge de secrétaire du cabinet.

Le Cardinal voyoit avec quelque chagrin le crédit que j'avois auprès de ce prince. Pour le détruire, il voulut se servir de Mme la princesse de Conti, à qui il fit connoitre qu'elle devoit être la seule qui eût du pouvoir sur l'esprit de monsieur son mari, et que, pour cet effet, elle devoit me rendre de mauvais offices, afin de me perdre peu à peu. Cependant, dans le temps qu'il donnoit ces conseils, il redoubloit ses caresses, et se servit même de moi pour lui rendre un service qu'il estimoit de la dernière importance.

Du temps du cardinal de Richelieu, soit qu'il se fût rendu redoutable par sa grande autorité, soit qu'il eût rencontré en M. le Prince un prince un peu trop civil, il prenoit le pas devant lui. M. le Prince, son fils, n'avoit pas été si complaisant envers le cardinal Mazarin, et celui-ci, dans un temps de minorité, n'avoit pas osé entreprendre de soutenir le rang qu'avoit eu le cardinal de Richelieu. Ainsi, il avoit, à son tour, par politique, laissé perdre ce que le père de M. le Prince, par politique aussi, avoit abandonné; il désiroit fort de reprendre le rang que le cardinal de Richelieu avoit usurpé; il se voyoit plus de pouvoir et ne se croyoit pas moins de mérite. Il crut que je pourrois lui être utile. Il me fit prier, par Langlade, de proposer à M. le prince de Conti qu'ils vécussent sans cérémonie, et sans observer régulièrement ce qui avoit été observé jusqu'alors; mais qu'il pût passer, sans affectation pourtant, quelquefois devant lui. Il disoit que ce qu'il avoit l'honneur d'être à M. le prince de Conti, lui faisoit espérer qu'il ne lui refuseroit pas cette grâce, qui n'étoit de nulle considération pour ce prince, mais qui étoit à lui d'une très-grande importance, pour s'attirer l'amitié des cardinaux et la considération du pape. J'obtins cette grâce de M. le prince de Conti, en la lui proposant comme une bagatelle; autrement, il eût eu de la peine à l'accorder. Quoique je fusse secrètement fort animé contre M. le Cardinal, à cause des conseils qu'il donnoit tous les jours à Mme la princesse de Conti, dont elle-même avoit la bonté de me faire confidence, cependant, comme j'avois besoin de lui, j'étois bien aise de lui rendre un service et de le ménager. Il me remercia fort, et, dans la suite de cet entretien, il me dit une chose qui me surprit et qui me donna beaucoup de chagrin. Je ne sais s'il eut dessein de me brouiller avec Langlade, ou s'il me dit la chose naturellement comme elle étoit; mais il me fit connoître que Langlade lui avoit témoigné qu'il avoit un pouvoir si absolu sur moi, qu'il me feroit toujours agir comme il désireroit. J'aimois fort Langlade, mais je n'aimois pas qu'il me fît passer, auprès d'un homme de qui ma fortune dépendoit, pour une personne qu'il gouvernoit à son gré, ni qu'il voulût s'attirer par là tout l'honneur et tout le profit de ce que je ferois d'agréable au Cardinal, ayant toujours eu d'ailleurs grande antipathie avec la qualité de dupe. Je n'ajoutai pourtant point une entière foi à tout ce discours, et je crus que c'étoit plutôt une marque de l'adresse du Cardinal qu'un témoignage de sa sincérité ; mais, quelque temps après, je fus mieux éclairci du peu d'amitié de Langlade.

M. le prince de Conti, quelques jours après son mariage, avoit témoigné à M. le Cardinal le désir qu'il avoit de commander une armée. Sarrasin n'avoit pas manqué d'avertir le Cardinal que ce motif avoit été le plus fort sur son esprit, pour l'engager à épouser Mlle de Martinozzi. Nous n'avions en Italie qu'un corps de deux mille hommes, commandé par le maréchal de Grancei ; cet emploi étoit peu considérable. La grande armée de Flandre étoit commandée par M. de Turenne ; il n'y avoit pas d'apparence de lui en ôter le commandement, outre que c'eût été opposer M. le prince de Conti à M. son frère, qui étoit à la tête de l'armée ennemie dans ces pays. Il ne restoit que le seul emploi de Catalogne. M. le Cardinal le lui donna, avec beaucoup de belles promesses de le rendre considérable par la grande quantité de troupes et par les grands desseins de conquête que l'on faisoit de ce côté-là. M. de Candale n'avoit pas moins de passion que M. le prince de Conti d'être à la tête d'une armée ; en Italie, c'étoit peu de chose, comme nous venons de dire ; d'aller en Flandre sous M. de Turenne, cela lui paroissoit déchoir, ayant commandé en chef ; d'y aller comme égal, M. de Turenne, nécessaire et considéré comme il l'étoit, ne l'auroit pas souffert. Enfin, pour ne quitter pas le service, il souhaita d'aller sous M. le prince de Conti. Il considéra, avec assez de raison, que ce prince, par son peu de santé, s'ennuieroit bientôt des fatigues de la guerre; il espéra même qu'il en seroit peut-être rebuté dès la première campagne, et qu'ainsi il se trouveroit bientôt général; que cependant ce prince n'en auroit que le nom, et lui toutes les fonctions et toute la gloire, et qu'enfin il n'y avoit point de honte à commander sous un prince du sang.

Toutes ces raisons lui firent souhaiter cet emploi; mais, comme il crut bien que le Cardinal ne le lui accorderoit pas sans le consentement de ce prince, il voulut s'en assurer. Ce dessein avoit été concerté avec Langlade, qui, prévoyant bien que je m'y opposerois, dit qu'il me le falloit cacher. Langlade se chargea d'obtenir le consentement du prince, et il s'y prit avec beaucoup d'adresse. Il lui fit entendre l'avantage qu'il recevoit d'avoir sous lui une personne de la qualité de M. de Candale; qu'il ne pouvoit avoir un officier général plus attaché à lui; que, d'ailleurs, il en avoit fort bien usé dans Bordeaux et dans son mariage. Enfin, la chose réussit si bien, que, non-seulement M. le prince de Conti témoigna qu'il la désiroit, mais il voulut même se charger de la faire agréer au Cardinal. L'affaire se fit dès le même jour. Le Cardinal y apporta d'abord quelques difficultés; mais les réflexions sur les services de M. de Candale, l'espérance que cette nouvelle obligation engageroit M. le prince de Conti à déterminer M. de Candale au mariage avec une nièce, ce que le Cardinal souhaitoit au delà de toute expression, l'emportèrent. Il promit d'en parler au roi, c'est-à-dire qu'il accorda cet emploi à M. de Candale.

Le prince de Conti, par le conseil de Langlade, m'avoit fait un secret de toute cette affaire; mais, dès qu'elle fut conclue, il m'en dit la nouvelle comme d'une des plus agréables choses qui lui fût arrivée en sa vie. Je l'écoutai avec toute la patience qu'il désira, mais avec froideur. « Je vois bien, me dit-il, que cela ne vous plait pas. M. de Candale et Langlade me l'avoient bien dit; mais, quand vous devriez en mourir de chagrin, la chose est faite, et j'en suis ravi. — Quand vous devriez, lui répondis-je, m'accuser encore de craquerie, vous me permettrez de vous dire que vous n'en avez pas grand sujet. Je n'ai en cela aucun intérêt que le vôtre. Je considère que M. de Candale a beaucoup de choses qui le rendent votre inférieur : la naissance, l'esprit, sans flatterie, même le cœur. Il en a quelques unes où il est pour le moins votre égal. Il en a même où il a de l'avantage sur vous : il est colonel d'infanterie; il a commandé; il a obligé tous les officiers de votre armée, et surtout il n'a pas encore épousé de nièce. Tout cela le fera valoir, et lui donnera, dans tous les bons succès qui arriveront, plus de part que vous ne devez souhaiter; c'est un rival enfin qui partagera votre gloire, ou qui l'obscurcira. Peut-être l'amitié et la douceur de sa conversation vous ont porté à désirer cela. Je suis bien étonné si la campagne se passe dans cette belle union, et, pour vous faire voir qu'il y a quelque chose qui n'est pas net dans tout ce procédé, c'est qu'il a désiré que je n'en fusse point averti. Pour Langlade, je ne lui pardonnerai jamais cette trahison; je vois bien qu'il est beaucoup plus dans les intérêts de M. de Candale que dans les vôtres, et c'est ce qui me paroit très-injuste. »

Comme ce que je disois faisoit de la peine à M. le prince de Conti, soit parce que la vérité se découvroit trop à lui, soit parce que tout cela choquoit son inclination, il me dit assez sérieusement : « Je vous remercie de vos conseils, mais je n'ai point de jalousie de M. de Candale. » Je me retirai sur ces paroles. Le lendemain, j'allai chez le Cardinal ; il me dit, dès qu'il me vit : « D'où vient que le prince de Conti m'a demandé avec tant d'instance M. de Candale pour servir sous lui en Catalogne ? » Je lui répondis que je n'en savois point d'autres raisons que l'amitié qui étoit entre eux ; que cela s'étoit fait, non-seulement sans que j'en fusse averti, mais qu'on avoit même été si bien persuadé que je n'en serois pas d'avis, qu'on avoit pris de grandes précautions pour me le cacher. « Mais, ajouta M. le Cardinal, M. de Candale n'étoit pas de vos amis. » Je lui répondis que je n'avois aucun sujet de me plaindre de lui, ni lui de moi, mais que la raison qui m'eût fait opposer à cette affaire étoit la crainte que j'avois, que M. le prince de Conti et lui partant bons amis, ne revinssent pas de même ; que la jalousie pourroit aisément les brouiller et donner ensuite de la peine à Son Éminence. M. le Cardinal ne répondit rien ; mais il ménagea tout ce qu'il falloit pour rompre ce voyage, et en seroit venu à bout, si M. de Candale ne l'eût encore leurré par de nouveaux engagements d'épouser une nièce. Le prince de Conti fut le dépositaire des paroles et des écrits qui en furent faits de part et d'autre, et ainsi son voyage de Catalogne s'exécuta.

En ce même temps, il arriva une affaire qui me devoit donner plus de gloire qu'elle ne m'en donna. Barbézières-Chémeraut continuoit de faire à Paris sa cour à M. le prince de Conti, dans l'espérance qu'il pourroit servir sous lui en Catalogne. Il étoit venu imprudemment dans Paris, sans faire réflexion qu'il avoit été condamné par le Parlement à avoir la tête tranchée, pour avoir enlevé Mlle de La Basinière, qu'il avoit épousée par force, et qui depuis étoit morte. Comme il n'étoit pas homme à prendre de fort grandes précautions, il fut arrêté et conduit dans la Conciergerie du Palais, à la poursuite de Mme de La Basinière. Cette femme ne pouvoit se consoler de l'affront qu'elle avoit reçu, ni de la mort de cette fille, dont elle croyoit que l'enlèvement étoit la cause. Ainsi elle n'oublia rien pour se venger. Dès le lendemain, on commença à instruire le procès, et, comme toutes les procédures étoient déjà faites par contumace, l'arrêt eût été bientôt prononcé, et Barbézières exécuté. Ceux de ses parents qui se trouvèrent à Paris eurent recours à M. le prince de Conti, pour le supplier de demander sa grâce à Son Éminence. Chémeraut-Tabouret, son frère, fit auprès de ce prince toutes les plus pressantes instances; mais ce prince étoit retenu au lit. Il envoya Sarrasin pour en parler au Cardinal, qui fit réponse que, pour ses propres domestiques, il n'avoit jamais voulu interrompre le cours de la justice; qu'avant la prise de Chémeraut, il eût pu y apporter quelque remède, mais que l'ôter des mains du Parlement étoit contre les lois du royaume, contre la volonté du roi et particulièrement de la reine, qui soutenoit en cela le bon droit de la mère.

Sarrasin revint avec cette réponse. Chémeraut-Tabouret, l'affaire pressant de plus en plus, revint encore le lendemain faire de nouvelles supplications, n'y voyant plus de remède que d'employer l'autorité du prince de Conti. Ce prince pria M. le duc de

Damville, qui se trouva présent, d'aller encore de sa part supplier Son Éminence d'accorder cette grâce. Il y alla et revint avec le même succès que Sarrasin, ce qui acheva de jeter ce frère affligé dans le dernier désespoir. Je fus touché de sa douleur et du malheur de Barbézières, que j'avois vu favori de mon maître. Je pris à cœur de réparer, par cet important service, les choses que je pouvois avoir faites contre lui. Je dis à Chémeraut-Tabouret qu'il obtînt de M. le prince de Conti que ce fût moi qui parlât au Cardinal, et que je périrois ou sauverois son frère. Il alla pour la dernière fois se jeter aux pieds de ce prince. Il fit quelque difficulté de lui accorder cela, craignant mon tempérament brusque. J'arrivai là-dessus, et lui dis : « Monsieur, il n'y a pas grande apparence que je réussisse ; mais, puisque cela satisfait ce gentilhomme, et qu'il s'agit de sauver une personne qu'à la vue de toute la France vous avez honorée de votre amitié, faites ce dernier effort dont l'éclat témoignera à tout le monde que vous n'avez rien oublié pour en venir à bout. — Je le veux bien, » me dit-il tout haut ; puis, me faisant approcher, il me dit tout bas : « Je vous défends les moulinets. » C'est ainsi qu'il appeloit mes emportements.

J'allai sur l'heure chez le Cardinal ; je lui exposai ma commission avec respect, mais avec force. Il éleva fort sa voix, et me dit d'un ton aigre toutes les mêmes choses qu'il avoit déjà dites à Sarrasin et à M. le duc de Damville. J'écoutai tout, et puis m'approchant et baissant ma voix, je lui dis : « Monseigneur, je suis obligé d'avertir Votre Éminence, que, si elle n'accorde pas cette grâce à M. le prince de Conti, elle l'expose à une étrange nécessité ; il est résolu de s'en aller, avec tout ce qu'il a d'amis, forcer les prisons, délivrer le prisonnier ou mourir. Il ne s'agit pas d'un criminel d'État. Quoi! Monseigneur, Votre Éminence voudroit-elle bien que M. le prince de Conti souffrît qu'un gentilhomme, que toute la France a vu si longtemps dans ses bonnes grâces, fût exposé, à sa vue, sur un échafaud pour une affaire qui, dans le fond, n'est point un crime, puisque la fille consentoit à son enlèvement? Il faudroit que M. le prince de Conti fût sans honneur, et qu'il renonçât à l'espérance d'avoir jamais des amis et des serviteurs. Quel tort fait-on à la justice ou au Parlement? Le roi n'a-t-il pas le pouvoir de donner des grâces? Ces parties mêmes qui le poursuivent et qui sont dans son alliance, connoîtront bientôt qu'elles vous ont obligation d'avoir sauvé leur famille de cette infamie. Enfin, Monseigneur, si Votre Éminence ne veut point accorder cette grâce à M. le prince de Conti, je la supplie d'envoyer des gardes pour l'arrêter. »

Quand le Cardinal vit que je lui parlois de la sorte, il tâcha, par ses raisons et par sa colère véritable ou étudiée, de me vaincre ; mais voyant que je ne me rendois point, qu'au contraire je soutenois toujours que M. le prince de Conti ne pourroit plus vivre avec honneur, ni avec plaisir, s'il ne réussissoit dans cette affaire, il retourna chez la reine, d'où il ne faisoit que de sortir, en me disant qu'il lui alloit proposer tout ce que je lui avois dit. Le Cardinal fut longtemps avec la reine, et, en sortant, il me donna un billet pour M. le garde des sceaux Molé, afin qu'il signât et scellât la grâce de Chémeraut, exagérant fort la peine qu'il avoit eue à l'obtenir de la reine. Chémeraut-Tabouret avoit des lettres d'abolition toutes dressées; je les pris; j'allai avec mon billet chez M. Molé, et, quoiqu'il fût dans son lit déjà endormi, je lui fis sceller mes lettres ; de là je retournai au Louvre pour demander à M. de Noailles[1] un exempt. Nous allâmes dans la Conciergerie. Là, cet exempt, qu'on appeloit M. Lambert, fit si bien sa charge, que, malgré toutes les oppositions qu'on lui vouloit faire, il délivra le prisonnier. Je le conduisis sur l'heure chez M. le prince de Conti, qui fut d'autant plus surpris de le voir, que tout cela fut fait en trois heures. Mais ce malheureux gentilhomme ne jouit pas longtemps de la vie que je lui avois sauvée; car, quelques années après, il eut la tête tranchée pour avoir enlevé, aux portes de Paris, Girardin, riche partisan, dont il espéroit une grosse rançon.

Comme M. le prince de Conti étoit assuré du commandement des armées de Catalogne, et qu'on en avoit déjà fait l'état, il me donna le choix, ou de l'accompagner, ou de demeurer à la cour pour y solliciter ses affaires et les miennes. Je le suppliai de me donner quelques jours pour me résoudre. J'étois assez embarrassé : d'un côté, je considérois qu'allant en Catalogne, j'abandonnois mes affaires entre les mains d'un autre qui, n'ayant pas le même intérêt que moi,

---

[1] Le comte, plus tard premier duc de Noailles, exerçait depuis peu de temps la charge de capitaine des gardes en remplacement du marquis de Chandenier, de la maison de Rochechouart, devenu suspect à la cour par sa liaison avec le cardinal de Retz. Le roi fit dire à ce dernier de se démettre de sa charge en faveur du comte de Noailles, moyennant une somme de soixante mille écus. Le marquis de Chandenier ne voulut pas se démettre, mais n'en fut pas moins remplacé; il refusa toujours opiniâtrément de recevoir du comte de Noailles le prix de sa charge.

ne les poursuivroit pas avec la même vivacité, ni peut-être avec le même succès que je pouvois faire; ce qui s'étoit passé avant le mariage m'avoit rendu méfiant, et je n'avois pas été, sur ce sujet, trop content de mes deux amis; — d'autre part aussi, je savois que toute ma fortune dépendoit de conserver l'amitié de mon maître, et j'avois mille expériences que l'absence étoit un moyen infaillible de la perdre. Dans cette résolution, je consultai Langlade. J'examinois la chose avec lui, lorsque Gourville arriva par hasard. Nous lui demandâmes son avis; il me dit qu'il n'y avoit pas à balancer, qu'il falloit que je demeurasse à la cour chargé des affaires du prince de Conti, et qu'ainsi, en servant mon maître, je me servirois moi-même, ma présence étant un moyen assuré, pour obliger le Cardinal à tenir sa parole. Mme la princesse de Conti en usoit si honnêtement avec moi, que je ne crus pas devoir résoudre rien sans prendre ses conseils; je lui dis que, si elle jugeoit que je pusse lui rendre service auprès de monsieur son mari, mes intérêts ne me seroient rien. Elle me témoigna qu'elle ne seroit pas fâchée que je demeurasse auprès d'elle, et j'achevai par là de croire que Gourville avoit raison. Je suppliai M. le prince de Conti de me permettre de ne point quitter la cour.

Quelques jours après, ce prince et madame sa femme furent contraints, par bienséance, de sortir de Paris, à cause des poursuites qu'on faisoit dans le Parlement contre M. le Prince, que l'on déclaroit criminel de lèse-majesté[1]. Ils se retirèrent à Chilly

---

[1] Depuis le commencement de l'année 1654, le prince de Condé, qui

pour huit jours. M. de Vardes[1] y vint aussi, et il me désabusa bien de l'opinion que j'avois qu'il étoit de mes amis. Il n'avoit alors aucun établissement ; il en cherchoit, et, pour y parvenir, il faisoit fort assidûment sa cour au prince de Conti depuis son mariage. Il crut que ce n'étoit pas assez, et qu'afin de réussir, il falloit gagner les bonnes grâces de madame sa femme. Il y prit des soins qui sentoient fort l'amant. Un jour que le prince de Conti étoit allé à Paris voir le Cardinal, M. de Vardes, se trouvant seul avec la princesse, il lui fit considérer qu'il y alloit de sa gloire d'être maîtresse de l'esprit de son mari, de ne pas souffrir qu'un jeune homme sans expérience comme moi le gouvernât ; que cela leur faisoit tort à tous deux dans le monde ; qu'il falloit m'ôter d'auprès de lui, pour y mettre des personnes qui fussent des créatures entièrement à elle. Cela se dit avec toute l'adresse dont

était toujours en Flandre à la tête de l'armée espagnole, avait été ajourné à comparaître ; et comme il n'avait point obéi, le roi accompagné des ducs de Guise, de Joyeuse, d'Épernon, de Candale, des maréchaux de Gramont et du Plessis-Praslin, de l'archevêque de Reims et de l'évêque de Beauvais, se rendit au Parlement le 21 mars pour ordonner que ce prince fût jugé par défaut. Le 28 mars 1654, en présence du roi, des pairs de France, des chambres du Parlement assemblées, fut prononcé un arrêt déclarant le prince de Condé déchu du nom de Bourbon, du privilége de prince du sang, de la pairie de France, de ses gouvernements et autres dignités, et enfin condamné à souffrir la mort dans la forme qu'il plairait au roi de l'ordonner.

Le même arrêt déclarait les sieurs Viole, Lenet, de Persan et de Marsin convaincus de lèse-majesté et félonie, les condamnait à avoir la tête tranchée et à être exécutés en effigie en place de Grève, en attendant leur capture.

[1] Le marquis de Vardes, ami du comte de Guiche, est un des hommes qui joua le plus grand rôle, non point dans les affaires politiques, mais dans les intrigues de cour de cette époque. Il avait épousé Mlle de Nicolaï.

l'esprit de Vardes étoit capable, et toujours sous le favorable prétexte de la gloire du prince et de l'intérêt de la princesse, qui servoit de refrain.

M. le prince de Conti revint le soir à Chilly; il prit Vardes en particulier pour l'entretenir, et je demeurai seul avec la princesse. Elle eut la bonté de me faire le récit des bonnes intentions que Vardes avoit pour moi, et me recommanda le secret. Je me retirai dans ma chambre fort content d'elle, fort outré contre Vardes. Je craignois son crédit auprès de mon maître, et je connoissois la délicatesse de ce prince sur le sujet de ce prétendu gouvernement; mais il en usa bien mieux que je n'espérois. Sitôt que Mme la princesse de Conti lui eut raconté toute la conversation de Vardes, il dit : « Il faut en avertir l'abbé; » et, m'ayant envoyé quérir dans le moment, il me raconta ce que je savois. Je lui exagérai la malignité de Vardes, qui prétendoit élever sa fortune sur les ruines de la mienne; je raillai fort sur ce gouvernement, qui étoit un artifice usé pour perdre ceux dont on ne pouvoit attaquer l'affection; j'ajoutai qu'il étoit d'autant plus ridicule de l'employer contre moi, que toute ma conduite faisoit assez connoître que personne n'avoit jamais été plus éloigné de cette folle prétention que moi; enfin je dis tout ce que je crus capable de parer le coup qui m'avoit été porté par ce malin courtisan, et qui, quelque mine que fît le prince, n'eût jamais manqué de lui donner de moi quelques impressions désavantageuses, sans la bonté de Mme la princesse; mais, éventant la mine, elle l'avoit rendue sans effet.

Le lendemain, Langlade vint à Chilly; je lui parlai de Vardes, quoiqu'il fût son ami, comme je devois. Il ne me répondit pas comme il devoit; je fus fort surpris quand je vis qu'il l'excusoit, au lieu de s'emporter contre lui, et qu'il vouloit lui-même se rendre médiateur entre nous. Villars n'en usa pas de la sorte; dès qu'il sut la chose, il blâma le procédé de Vardes, et dit que, s'il entreprenoit de me choquer par des voies si peu honnêtes, il trouveroit sur son chemin des personnes qui l'arrêteroient. Quoique Villars m'eût quelque obligation, j'avois fait bien plus de fondement sur l'amitié de Langlade; aussi, sa froideur pour moi, dans cette occasion, commença à m'en donner une grande pour lui. Dès ce jour-là je ne l'aimai plus tant, et la première marque certaine à quoi je le connus, c'est que je lui cachai une partie de mon dépit, ce que je n'avois jamais fait dans nos autres brouilleries. Pour Vardes, non-seulement je rompis tout commerce avec lui, mais je me promis bien de reconnoître ses bons offices; l'occasion ne se fit pas attendre.

Huit ou dix jours après, M. le prince de Conti, se promenant dans le Cours avec moi, Vardes, qui revenoit de la chasse, passa à cheval devant son carrosse. M. le prince de Conti s'arrêta pour lui parler, et le pressa d'aller souper avec lui chez l'abbé de La Rivière, depuis évêque de Langres. Vardes s'en excusa sur la peine qu'il auroit de changer d'habit, et sur la lassitude qui l'obligeoit de s'aller mettre au lit. M. le prince de Conti, avant de se rendre chez l'abbé de La Rivière, alla au Louvre; mais, y étant demeuré plus longtemps qu'il n'avoit cru, il changea de dessein et s'en retourna chez lui. Il entra dans la chambre de madame sa femme qui gardoit le lit pour quelque légère incommodité; il ne s'attendoit pas d'y trouver Vardes à la ruelle, plus propre et plus frisé qu'il ne l'avoit vu de sa vie. Le prince, sans attendre le compliment de Vardes et sans lui parler, se retira brusquement dans sa chambre, sous prétexte d'une colique qui l'avoit empêché, disoit-il, de souper en ville. Comme Vardes avoit une présence d'esprit admirable, et qu'il avoit déjà dit à la princesse que, ne s'étant pas trouvé si las qu'il pensoit, il étoit venu attendre le retour du prince à qui il avoit quelque chose à dire, il n'eût pas ainsi paru déconcerté, s'il eût pu trouver le moyen de lui parler ; mais ce prince, qui l'étoit pour le moins autant que lui, ne lui en laissa pas le temps. De l'humeur dont il étoit, il ne lui en falloit pas tant pour lui donner une violente jalousie. Je ne laissai pas échapper l'occasion qui s'offrit ; j'avois pris garde, le soir de devant, que jouant à la prime, cette princesse avoit dit : « Si j'avois un cœur, je ferois flux ; » et que Vardes lui avoit répondu avec un grand sérieux : « Assurément vous ferez flux, madame. » Je plaçai mon coute ; il fit son effet : la jalousie acheva de s'emparer du prince, l'aversion succéda, et depuis elle n'est jamais bien sortie de son esprit.

Cependant le temps d'aller en Catalogne arriva. Le prince me promit qu'il parleroit au Cardinal de mes intérêts devant moi, et d'une manière qui lui feroit connoître, mieux que jamais, quelle part il y prenoit. Je pris grand soin de le suivre, lorsqu'il alla prendre congé du Cardinal. Dès qu'il y fut, ils s'enfermèrent seuls pendant une heure. M. le prince de Conti sortit, prit congé, et, sans rien dire en ma présence, se mit en carrosse avec Mme la princesse. Je montai aussi dans le même carrosse ; mais comme durant tout le chemin il n'eut de conversation qu'avec elle, je ne pus savoir si, dans le particulier avec le Cardinal, il avoit fait mention de moi. Dès que nous fûmes dans Fontainebleau, je lui dis avec un grand sérieux : « M'avez-vous oublié en effet, ou avez-vous bien voulu m'oublier? » Le prince me dit : « Ne soyez plus en peine de vos affaires, j'en réponds, vous serez satisfait; M. le Cardinal m'a promis, sur votre sujet, tout ce que je pouvois désirer; » et s'étant approché de la princesse, il lui dit : « Madame, M. le Cardinal m'a encore promis le premier évêché vacant pour l'abbé; je vous supplie de lui dire que, s'il y manquoit, ce seroit à moi à qui il manqueroit de parole. En un mot, savez-vous ce que vous avez à faire là-dessus? Tout ce que l'abbé vous dira. » Il dit ces paroles d'un air si obligeant et si tendre, qu'au lieu des reproches que j'avois préparés, je ne songeai qu'à lui faire des remercîments; mais j'avois le cœur si plein de joie et de reconnoissance, que, mes paroles s'empressant trop pour sortir à la fois, je n'en pus former une seule. Avant le dernier adieu, il lui dit encore : «Madame, je vous laisse l'homme du monde que j'aime le mieux, et en qui j'ai le plus de confiance. » Ensuite il lui parla tout bas de quelques affaires, il l'embrassa et partit. Dès qu'il fut à cent pas, Mme la princesse monta dans son carrosse pour retourner à Paris; j'eus l'honneur d'y aller avec elle; elle fut toujours enveloppée dans ses coeffes sans dire un seul mot, depuis Fontainebleau jusqu'à Essonne. Elle y dîna, remonta dans son carrosse, et d'Essonne à Paris, elle ne parla que du regret qu'elle avoit de l'absence de son mari, et de l'estime qu'elle avoit pour lui.

Peu de jours après son retour à Paris, il fallut que

je suivisse la cour qui alloit à Reims pour le sacre du roi. Mme la princesse de Conti fit le voyage avec la reine. Ce fut le 8 juin 1654 que cette cérémonie fut faite avec beaucoup d'éclat et grande affluence de monde[1]. Le lendemain le roi et Monsieur prirent aussi l'ordre du Saint-Esprit[2]. En revenant de l'église, je suivis M. le Cardinal que je n'avois vu depuis Paris; il me fit beaucoup de caresses, me demanda depuis quand j'étois à Reims, et si j'avois vu la reine. Je lui répondis qu'étant arrivé quelques jours après la cour, n'ayant pas eu l'honneur de saluer Son Éminence à cause de ses grandes occupations, je n'avois pas cru à propos d'aller chez la reine. Il me dit qu'il y alloit dans un moment, et qu'il désiroit que je le suivisse. Il me présenta à la reine d'une manière si obligeante, que je fus tout surpris de me voir si bien traité. Il proposa ensuite à la reine de jouer et de me faire jouer avec elle. Ce fut la première fois que j'eus cet honneur, que j'ai conservé jusqu'à sa mort. Je perdis ce jour-là de l'argent assez pour m'incommoder dans l'état où étoient mes affaires; mais j'étois si content d'avoir si bien fait ma cour, que cette perte ne me fut pas du tout sensible. En sortant de là, je m'en allai chez Mme la princesse de Conti, à qui je dis d'un air content : « Madame, si vous avez des affaires à la cour, je crois que ce sera fort prudemment fait à vous de m'employer ; je ne sache personne en France qui ait plus de

---

[1] Le sacre fut fait par l'évêque de Soissons; le duc de Nemours, archevêque de Reims, n'étant pas prêtre.

[2] Le roi, ayant réuni les chevaliers du Saint-Esprit, se présenta en habit de novice, et se fit recevoir chevalier ; il reçut ensuite lui-même son frère le duc d'Anjou, depuis duc d'Orléans.

pouvoir. Je viens vous offrir mes bons offices auprès de M. votre oncle ; l'accueil que j'en ai reçu me fait croire que j'y suis beaucoup mieux que vous. »

Le lendemain, à six heures du matin, je reçus un courrier de Paris, de la part d'un de mes gens. Il me donnoit avis de la mort de l'évêque de Valence[1]. Sans perdre de temps, je m'en allai dans la chambre de Mme la princesse de Conti, et après lui avoir demandé pardon de l'avoir éveillée, je lui dis le sujet qui m'y avoit obligé. Je la suppliai de considérer de quelle importance il étoit pour ma fortune de ne pas perdre cette favorable occasion, et de prévenir Son Éminence, avant qu'elle pût dire qu'elle étoit engagée. Cette princesse s'habilla et alla chez M. le Cardinal. Dès qu'il l'aperçut : « Madame, lui dit-il, je sais bien ce qui vous amène si matin. » Ensuite il la fit entrer dans son cabinet, où il fut près de deux heures en conversation avec elle. J'attendois son retour avec grande impatience, sachant que ce moment décidoit de mon sort pour toute ma vie. Elle revint dans sa maison où je logeois aussi. J'y attendois dans une chambre qu'elle m'envoyât quérir ; mais elle ne témoigna pas d'empressement pour faire sa réponse ; j'en pris un fort mauvais augure.

L'heure du diner venue, je me mis à table sans qu'elle me dît rien pendant tout le repas ; mais son sérieux ne me confirmoit que trop dans ma première appréhension. Après le diner, voyant qu'elle ne s'expliquoit pas encore à moi, je crus qu'il falloit lui épargner la peine de m'annoncer elle-même une méchante nouvelle : « J'en-

---

[1] Charles Jacques de Gélas de Leberon, évêque et comte de Valence et de Die, mort le 5 juin 1654.

tends assez votre silence, madame, lui dis-je; mais il m'est important de savoir nettement, pour l'avenir, ce que je dois ou craindre ou espérer. » Elle me répondit avec un visage ni triste ni gai : « M. le Cardinal m'a positivement assuré que de cette affaire-ci vous serez évêque; c'est tout ce que j'en sais. — Le serai-je de Valence, madame? lui dis-je. — Je ne réponds pas de cela, répliqua-t-elle, mais enfin vous le serez. » Je ne savois que conclure de tout ce discours qui ne m'apprenoit rien de positif. L'après-midi, M. l'abbé Ondedei, nommé à l'évêché de Fréjus, vint rendre visite à Mme la princesse de Conti. Elle lui parla de mon affaire en ma présence. Je crus que cet homme, qui étoit au Cardinal, ne manqueroit pas de lui faire le récit de toute notre conversation. Je n'oubliai rien pour exagérer les services que j'avois rendus; les promesses positives du Cardinal au prince de Conti pour le premier évêché vacant; l'affront qu'il feroit à ce prince, s'il manquoit à une parole qu'il lui avoit tant de fois donnée; le tort qu'il se feroit à lui-même; la ferme résolution où j'étois d'aller, au cas de refus, dès le lendemain trouver mon maître, et de lui dire que, ayant si mal fait mes affaires à la cour, je ne me croyois pas capable de me mêler des siennes. Enfin je dis tout ce qui me vint dans l'esprit d'aigre et de doux, dans l'espérance que l'un ou l'autre feroit son effet. Je ne sais si Ondedei en fit le récit au Cardinal, mais il se pressa de me donner quelque espèce de satisfaction. Dès le lendemain, il me dit : « Vous n'avez qu'à remercier le roi, il vous a donné l'évêché de Saint-Flour. — Monseigneur, lui répartis-je froidement, je remercie le roi et Votre Éminence sans attendre davantage, et la supplie de me pardonner la manière de remerciement ; c'est que je n'en veux point. Votre Éminence a promis à M. le prince de Conti le premier évêché vacant : c'est Valence qui vaque, ce n'est pas Saint-Flour. »

M. le Cardinal voyant ma manière de lui répondre si fière, soit par adresse, selon sa coutume, soit par un mouvement naturel, s'emporta fort contre moi. Il me dit que Saint-Flour valoit plus de vingt mille livres de rente, et que M. de Saint-Flour n'en vouloit sortir, que parce que l'air lui étoit contraire. Je lui répondis que je le suppliois de considérer, que j'avois bien fait voir que je n'étois pas intéressé, puisqu'il n'avoit tenu qu'à moi d'avoir quelques unes des abbayes dont Son Éminence étoit pourvue ; mais que je croyois qu'il y alloit de l'honneur de M. le prince de Conti de me faire donner Valence ; que j'étois de même tempérament que M. de Saint-Flour, et que je savois bien que je n'y pourrois vivre. M. le Cardinal tâcha, par une infinité de paroles, à me faire consentir à ce qu'il vouloit ; mais me voyant inflexible, il me dit : « Eh bien, monsieur, si vous le voulez, j'en parlerai encore au roi ; mais prenez garde que cela ne ruine vos affaires. » Cette réponse ne me paroissant pas fort favorable, je lui répliquai, pour l'engager davantage, d'un visage et d'un air contents : « Monseigneur, puisque vous me faites la grâce de me promettre que vous demanderez au roi l'évêché de Valence pour moi, je m'en tiens aussi assuré que si j'avois les bulles. La manière dont votre Éminence sert tous les jours l'État, ne laisse aucun lieu de douter qu'on ne vous accordât de plus grandes choses. Pour un homme de votre importance, la demande d'un évêché n'est pas une grâce, ce n'est qu'une bagatelle. » Il aimoit passionnément les louanges, même jusqu'aux plus grossières. Il se radoucit et me dit encore une fois : « J'en parlerai au roi, revenez demain matin. » Ces dernières paroles, mais bien plus encore l'air dont il les prononça, me donnèrent une grande espérance.

L'abbé Fouquet lui avoit porté les nouvelles de la mort de l'évêque de Valence, et lui avoit en même temps demandé cet évêché pour M. de Saint-Flour. M. le Cardinal, désirant l'obliger, eût été bien aise que je me fusse contenté de Saint-Flour. Il en avoit parlé à Mme la princesse de Conti, qui n'avoit pas voulu me le dire. J'allai lui raconter toute la conversation que j'avois eue avec Son Éminence, et je la suppliai de se trouver chez la reine, lorsque le cardinal y viendroit, pour la faire souvenir de parler au roi, et même pour y appuyer mes intérêts. Mme la princesse de Conti demeura toute l'après-dînée et tout le soir, jusqu'à ce que le Cardinal envoyât faire ses excuses au roi et à la reine de ce qu'il ne venoit pas ce soir leur rendre ses respects, à cause de la quantité d'affaires étrangères qui lui étoient survenues ; de sorte que j'imaginai que mon affaire étoit retardée. Comme il m'avoit commandé de le venir trouver le lendemain matin, je crus que ma présence le solliciteroit d'en parler ce jour-là. Je ne manquai pas de me trouver dans sa chambre. Du plus loin qu'il m'aperçut, il m'appela et me dit : « J'ai parlé au roi (quoiqu'il ne l'eût pas vu), et Sa Majesté vous a accordé l'évêché de Valence à ma prière; mais je vous défends d'en parler à qui que ce soit, j'ai mes raisons pour cela. » Ensuite il me dit qu'il savoit que j'avois de l'étude, et qu'il seroit à propos que je préchasse une fois avant qu'on me donnât le brevet, afin qu'il parût que ce n'étoit seulement pas à mes services, mais à mon mérite aussi, que le roi accordoit cette grâce. Je lui fis de grands remerciements, et je m'offris à prêcher dix jours après, qui étoit le jour de la Saint-Jean.

Je me retirai de cette conversation fort satisfait, quoique, de temps en temps, il me revînt quelques soupçons sur cette exacte défense de parler de la grâce que je venois de recevoir. Je sus qu'il y avoit à la cour beaucoup de prétendants à cet évêché, jusque-là que deux ou trois se vantoient d'en avoir la parole du Cardinal. Pour découvrir s'il agissoit de bonne foi et me retirer de cette inquiétude, je m'avisai, de concert avec Mme la princesse de Conti, de remplir un des blancs-signés que M. le prince m'avoit laissés. J'écrivis une lettre au Cardinal, par laquelle le prince de Conti lui demandoit cet évêché avec instance. Je crus que par la réponse du Cardinal, je saurois quelle étoit sa résolution. Ce soir là un valet de pied de ce prince, demeuré à Paris malade, étoit venu à la cour après sa guérison, pour savoir si Mme la princesse de Conti ne voudroit point écrire à monsieur son mari qu'il alloit retrouver. J'instruisis ce valet, et jugeant que M. le prince de Conti pouvoit avoir appris la mort de l'évêque de Valence en passant par Valence, je datai la lettre de ce lieu-là. Je m'en allai avec ce valet de pied, qui paroissoit tout crotté et fort fatigué de la poste, chez Son Éminence. Je lui présentai moi-même la lettre. Dès qu'il eut achevé de la lire, il me dit que M. le prince de Conti ne devoit pas avoir envoyé pour cette raison ; qu'il étoit pourtant bien aise de s'en servir pour quelques ordres qu'il avoit à lui envoyer, et que, dès le soir, je vinsse quérir des dépêches. Je n'y manquai pas. Dès qu'elles furent en mon pouvoir, je les portai chez Mme la princesse de Conti, et là, ayant ouvert la lettre de Son Éminence, nous trouvâmes qu'il mandoit précisément que le roi m'avoit donné l'évêché de Valence, et qu'il n'avoit garde d'avoir manqué à une chose qu'il savoit lui devoir être si agréable. Alors, pour la première fois, j'eus une assurance et une joie tranquilles de ma fortune. J'envoyai ce valet de pied à M. le prince de Conti, à qui j'écrivis tout ce qui s'étoit passé. Il reçut cette nouvelle à Montpellier avec un grand transport de joie.

La cour cependant s'en alla à Rethel où elle demeura quelques jours, et y passa la fête de Saint-Jean. Je prêchai devant le roi dans l'église des Minimes. En sortant de chaire, passant au milieu de l'église devant le Cardinal, il me donna le brevet de l'évêché de Valence[1] en présence de toute la cour, et me dit : « *le roi vous fait maréchal de France sur la brèche.* » C'est un mot que depuis d'autres se sont attribué. Je remerciai dans l'église même Leurs Majestés, et dès que je fus en état de sortir des Minimes, je m'en allai

---

[1] Daniel de Cosnac fut nommé évêque et comte de Valence et de Die le 24 juin 1654, étant à peine âgé de vingt-quatre ans. Les évêchés distincts de Valence et de Die, exposés à des vexations continuelles de la part des Dauphins, souverains du pays, avaient été réunis en 1275 par le pape Grégoire X, pour leur donner une plus grande force de résistance. Cette réunion avait eu lieu après la mort d'Amédée de Genève, évêque de Die, et sous le pontificat d'Amédée de Roussillon, évêque de Valence. Malgré cette réunion, l'évêque recevait toujours des bulles distinctes pour les deux évêchés. Lorsque Daniel de Cosnac fut promu à l'archevêché d'Aix en 1687, les deux évêchés furent de nouveau séparés.

chez le Cardinal pour lui témoigner ma reconnoissance. Il reçut mes compliments, comme si je lui eusse fait injure de croire que cela fût une grâce proportionnée à l'amitié qu'il avoit pour moi et au bien qu'il me vouloit. Il me fit remarquer qu'en me donnant lui-même le brevet, il m'avoit épargné cent pistoles qu'on donnoit ordinairement au commis du secrétaire d'État. Il désira que je partisse promptement pour aller à Paris donner ordre pour mes bulles, et qu'ensuite je me rendisse au plus tôt auprès de lui, parce qu'il étoit nécessaire qu'il eût quelqu'un pour solliciter les expéditions pour la Catalogne; et après m'avoir fort embrassé, il me promit d'écrire à Rome pour le *gratis* de mes bulles. Je pris congé de lui pour m'en aller dès le lendemain à Paris, et toute la cour partit sur le minuit, à cause des chaleurs, pour s'en aller à Sedan.

La ville de Stenay fut investie, et quand je fus de retour à Sedan [1], la ville de Stenay fut prise ; ce qui fit que la cour se mit en chemin pour les ennemis. En passant par Ham, ville de Picardie, où on séjourna un jour, j'entrai dans la chambre du Cardinal pour lui communiquer quelques dépêches de Catalogne. Je fus interrompu par un courrier du maréchal de la Meilleraye, qui lui apprenoit que le cardinal de Retz s'étoit sauvé du château de Nantes. Cette nouvelle le surprit et l'affligea si fort, qu'il ne put dissimuler son chagrin. Il s'emporta contre le maréchal de la Meilleraye, jusqu'à le menacer de lui faire faire son procès. La prise d'Arras ou la perte d'une bataille ne lui auroient pas

[1] Ce fut pendant ce séjour de la cour à Sedan que Daniel de Cosnac reçut une faveur dont il ne parle point ici : il fut nommé conseiller du roi en ses conseils par lettres patentes datées du 22 juillet 1654.

été plus sensibles. Je sortis de sa chambre effrayé de ses premiers transports, ne pouvant comprendre que la retraite du cardinal de Retz pût faire d'aussi grands maux que ceux qu'il paroissoit craindre.

Le lendemain toute la cour arriva à Péronne, où l'on songea à secourir Arras [1]. Pendant que tout le monde étoit occupé à ces préparatifs de guerre....... [2]

. . . .

. . . .

si le roi n'avoit eu pour moi une bonté excessive. Je n'oubliai point de faire l'ignorant et l'étonné. Ensuite il me raconta avec tant d'exagération et d'emportement ce qui s'étoit passé dans le bal, que je n'eus pas lieu de douter qu'il ne fût fort éloigné d'approuver cette action. Quand il eut cessé de parler, je lui dis que je ne savois pas les raisons qui avoient porté Mme la princesse de Conti à en user de la sorte; mais que je me croyois obligé de lui dire qu'il y avoit déjà quelque temps qu'on s'étoit aperçu à la cour que le roi témoignoit pour elle un peu plus d'inclination qu'à l'ordinaire; que sans doute quelque indiscret l'avoit raillée là-dessus, comme si elle n'en eût pas été fâchée, et que peut-être elle auroit voulu faire voir mal à propos, par cet éclat, qu'il n'en étoit rien; mais qu'il devoit considérer que madame sa nièce étoit une

---

[1] Le fait le plus important de la campagne de 1654 fut la délivrance d'Arras, qui était investi par l'armée espagnole commandée par le prince de Condé; les Espagnols furent complétement battus par le maréchal de Turenne.

[2] Il existe dans le manuscrit une lacune de quelques feuillets qui nous empêche de savoir quel genre d'éclat la princesse de Conti crut devoir faire au bal, pour répondre à la galanterie, sans doute un peu compromettante, du jeune roi.

jeune personne d'une sincérité extraordinaire, éloignée de son mari, et qui avoit bien plus de vertu que de prudence; qu'enfin Son Éminence, avec un mot à Leurs Majestés, raccommoderoit tout. Il fut bien aise de m'entendre parler de la sorte. Il me commanda d'aller représenter à la princesse combien étoit grande la faute qu'elle avoit faite, et ensuite de revenir chez lui où il vouloit chercher les moyens de remédier à ce qui s'étoit passé. J'allai chez elle, et je lui rendis un compte fort fidèle de tout l'entretien que j'avois eu avec M. le Cardinal; je lui dis que j'avois devant lui blâmé son procédé, de crainte qu'on ne s'imaginât qu'elle l'avoit concerté avec moi; je la suppliai même de ne point s'opposer à tout ce que M. le Cardinal lui proposeroit, lui faisant connoître que, quoi qu'elle pût faire, son action auroit tout l'effet qu'elle en avoit attendu. Je la conduisis chez M. le Cardinal, elle souffrit doucement ses reproches, et la chose se réduisit à des excuses qu'elle avoit promis de faire au roi; mais, depuis ce temps, le roi, comme je l'avois prévu, n'eut pour cette princesse que des civilités ordinaires, et tourna toutes ses inclinations du côté de Mlle de Mancini, depuis connétable de Colonne, qui a été la première grande passion qu'il ait eue.

Dans le temps que toutes ces choses se passoient à la cour, M. le prince de Conti en eut quelque vent en Catalogne, et voici la lettre qu'il m'écrivit sur cela :

« On dit ici publiquement que le roi est amoureux ; mandez-moi bien précisément ce qui en est ; car de telle seroit, que je pourrois y avoir intérêt. Encore une fois déchiffrez ceci vous seul. Vous savez ce que vous m'avez promis. Ceci est du dernier chiffre que vous m'avez envoyé. Adieu. Brûlez cette lettre. »

Je la portai sur l'heure à la princesse, et je la suppliai de me prescrire la réponse qu'elle vouloit que je fisse. Elle trouva à propos que je fisse confidence de cette lettre à M. le Cardinal, afin qu'il ne blâmât pas tant sa conduite auprès du roi. Son Éminence me témoigna qu'elle ne seroit pas fâchée que je rendisse compte à M. le prince de Conti de tout ce qui s'étoit passé et de quelle manière sa nièce s'étoit conduite ; non-seulement alors il l'excusa, mais il lui donna des louanges. Ce qui l'avoit apaisé, c'est que, comme j'ai dit, le roi commençoit à avoir de l'inclination pour Mlle de Mancini, qui, aussi bien que l'autre, étoit sa nièce. Après avoir concerté la réponse avec la princesse, j'écrivis à monsieur son mari tout ce qui s'étoit passé ; mais de l'humeur jalouse dont il étoit, l'impression qu'il avoit prise n'étoit pas facile à détruire. Il voulut absolument que madame sa femme l'allât trouver en Languedoc ; je fis tout ce qu'il étoit possible pour détourner ce voyage : j'opposai la volonté du Cardinal, celle de la reine, celle de la princesse ; mais après plusieurs lettres qui marquoient qu'il étoit insensible, enfin je reçus celle-ci :

« De Puycerda, ce 22 octobre.

« Je veux absolument que ma femme revienne, c'est là ma dernière résolution ; ainsi elle n'a qu'à partir celle-ci reçue, sans qu'il soit besoin de concert de famille pour cela. Que ma femme vienne donc promptement......... »

Je vis bien alors que ce voyage étoit d'une nécessité indispensable ; j'écrivis à M. le prince de Conti que dans quinze jours, j'aurois moi-même l'honneur de la lui conduire. Le jour du départ avoit été fixé au 12 de novembre; mais il fut différé par un accident. Le neuvième, cette princesse étant à la chasse avec le roi dans le parc de Vincennes, son cheval, en galopant, trouva un trou de lapin et trébucha; elle tomba sur la tête. On la porta à Paris où les médecins, après lui avoir donné quelques remèdes, remirent au lendemain à juger quelles suites cette chute pourroit avoir. Je revins assez tard à l'hôtel de Condé; dès que j'entrai, j'appris ce qui étoit arrivé; je courus à la chambre de la princesse qui prit le soin de me consoler par des assurances réitérées que son mal n'étoit rien.

M. le prince de Conti avoit heureusement terminé sa campagne par la prise de trois ou quatre villes [1] où il avoit toujours été en personne, sans avoir laissé échapper une seule occasion d'agir et de s'exposer. Ainsi la bravoure de M. de Candale n'avoit nui ni à la réputation, ni à la gloire de ce prince. Il étoit déjà revenu à Montpellier, et on commençoit à y disposer les choses pour y tenir les États. Il m'avoit écrit quelques jours auparavant que je demandasse à M. le Cardinal deux grâces : l'une, d'accorder à Sarrasin l'emploi d'être le second homme du roi pour assister aux États avec M. de Bezons, intendant; l'autre, la charge de lieutenant général des armées du roi pour M. de Villars, premier gentilhomme de sa chambre.

Sarrasin m'avoit envoyé l'ordre de ce prince sur ce qui le concernoit, et m'écrivoit avec de si grands empressements, qu'il n'auroit pas employé de plus forts

---

[1] Villefranche, Puycerda, Urgel et le château de Belver.

termes, quand il se fût agi de tout son établissement. J'eusse fort désiré de le pouvoir satisfaire; l'amitié que j'avois pour lui étoit plus grande que jamais; mais M. le prince de Conti m'avoit écrit une lettre par laquelle il m'ordonnoit, non-seulement de ne point parler au Cardinal pour Sarrasin, mais d'empêcher qu'il ne lui accordât ce qu'il lui demandoit. J'étois fâché de ce que ce prince mettoit si peu de franchise dans son procédé avec un domestique pour lequel il pouvoit ne pas se contraindre, et qui d'ailleurs avoit beaucoup d'excellentes qualités. Il fallut pourtant obéir, et ce fut sur mon opposition que le Cardinal donna cet emploi à M. Boucherat, depuis chancelier de France. J'étois bien fâché que M. le prince de Conti me fît passer en cette occasion, dans l'esprit de Sarrasin, pour un faux ami; mais je crus qu'il ne me seroit pas difficile de me justifier, lorsque je lui ferois voir en secret les ordres contraires que j'avois reçus.

Pour l'affaire de M. de Villars, je n'avois pas de contre-ordres; je lui étois obligé, et j'aurois été bien aise de pouvoir obtenir ce qu'il désiroit. Je fus à Vincennes en parler au Cardinal; Guilleragues s'y trouva et fut témoin de quelle manière je pressai Son Éminence. Il se mit en colère et dit qu'il quitteroit plutôt le royaume; que c'étoit une honte à M. le prince de Conti de faire de telles demandes; qu'il y avoit cent personnes dans le service qui avoient eu des emplois plus considérables, à qui il refusoit cette grâce. Comme je vis que je n'y pouvois réussir, je songeai à demander à M. le Cardinal qu'il lui donnât un régiment de cavalerie, persuadé que cet emploi étoit plus solide, et qu'il serviroit, dans la prochaine campagne, à le faire lieutenant général. Le Cardinal me l'accorda. Je crus avoir beaucoup fait ; mais un régiment ne satisfaisoit point l'ambition de Villars. Il crut que je n'avois pas bien sollicité ses affaires, et son amitié pour moi diminua.

Le dernier de novembre [1], comme j'avois écrit à M. le prince de Conti, madame sa femme partit, et j'eus l'honneur de la suivre dans ce voyage.

Nous trouvâmes M. le prince de Conti à Remoulins. Il reçut madame sa femme avec mille caresses, et après ce premier abord, il vint à moi pour me témoigner que mon absence ne m'avoit rien fait perdre de son affection. Je lui rendis compte, en général, de ses affaires. Je lui dis la peine que j'avois eue à faire consentir Son Éminence au départ de madame sa femme, et il me parut fort satisfait de mes services. Nous allâmes coucher à Nîmes, où nous apprîmes que Sarrasin étoit à l'extrémité dans Pézenas.

Les États étoient convoqués à Montpellier [2], où nous arrivâmes le jour d'après. Sur le soir, M. le prince de Conti m'ayant pris seul dans son carrosse, s'alla promener dans le jeu de mail. Il me fit conter tout ce qui s'étoit passé à ce bal entre le roi et la princesse. Sa jalousie me parut forte, et, malgré ce que je lui avois écrit, et ce que je lui disois, il n'en revenoit qu'à peine. Comme il rêvoit encore sur ce sujet, il aperçut un vieillard, autrefois aumônier de feu M. Vemont-Morenei, nommé Berger, qui venoit du côté de Pézenas. Il me dit : « Voici un homme qui nous apporte sans doute des nouvelles de la mort de Sarrasin. » En

[1] De l'année 1654.
[2] Ce fut à cette session de 1655 des États de Languedoc, que fut prise la délibération contre la coutume des duels rapportée dans la notice.

effet, cet ecclésiastique lui rendit une lettre du P. Talon, confesseur de ce prince. Elle commençoit par ces mots : « *Frater noster mortuus est.* » Ensuite, il écrivoit toutes les particularités de sa maladie et de sa mort, la douleur qu'il avoit eue de sa vie passée, et le bon état auquel il étoit, quand Dieu l'avoit appelé.

Le prince de Conti parut plutôt surpris qu'affligé de cette mort; pour moi, j'en fus véritablement touché. Son esprit étoit agréable au delà de toute expression ; sa conversation, charmante; il m'étoit même nécessaire en beaucoup d'occasions auprès de mon maître ; d'ailleurs, il servoit un ami le plus adroitement du monde, quand il le vouloit. J'étois au désespoir de ne m'être pas justifié en lui montrant la contre-lettre du prince; j'en étois d'autant plus chagrin que je savois que, durant sa maladie, il s'étoit plaint de mon peu d'amitié. M. le prince de Conti rentra dans Montpellier, et monta à la chambre de la princesse pour lui dire cette nouvelle; je me retirai dans la mienne, d'où une heure après, il me renvoya quérir. Je trouvai autour de lui beaucoup de gens devant lesquels il faisoit fort le triste; il me prit même à témoin des larmes qu'il n'avoit pas versées, et je lui en fis crédit; mais dès le même soir, ne sachant à quel moyen recourir pour se consoler, il fit jouer chez lui la comédie. Pour moi, je fus bien éloigné d'y vouloir assister, et je reconnus que j'aimois Sarrasin beaucoup plus que je n'eusse pensé : car je dois lui rendre cette justice qu'il mourut dans les plus chrétiennes dispositions du monde, s'écriant à tous moments, les yeux baignés de larmes :

« *Discite justitiam moniti, et non temnere divos.* »

Je dois encore à sa mémoire et à la vérité l'éclaircissement d'un faux bruit, dont l'impression est demeurée dans l'esprit de la plupart des gens. On disoit que, lorsqu'il refusa de prêter de l'argent à M. le prince de Conti, ce prince lui donna un si grand coup de la pelle du feu sur la tête, qu'il en étoit mort quelque temps après. Ce prince étoit incapable d'un tel emportement, même envers le moindre de ses domestiques. D'autres ont dit qu'il avoit été empoisonné dans un potage, par un mari dont il aimoit la femme, à Perpignan : cela n'étoit pas sans fondement, car elle mourut quelques jours avant lui. Quoi qu'il en soit, son mal commença par une grosse fièvre qui le prit au milieu d'un bal, en dansant devant M. le prince de Conti.

Le lendemain de la mort de Sarrasin, M. le prince de Conti destina la charge de secrétaire de ses commandements, qu'il possédoit, à Guilleragues, pour lors retiré dans Bordeaux. En cette occasion, je puis dire que je ne lui fus pas inutile pour l'intendance de sa maison, que Sarrasin possédoit. Aussi Guilleragues y étoit en ce temps-là si peu propre, que ce prince ne songea pas à l'en pourvoir. Il se trouvoit même assez empêché à qui la donner. Sarrasin avoit bien introduit insensiblement dans les affaires un certain sous-intendant, nommé De Pille, qui étoit assez instruit; mais c'étoit un homme de petit génie, d'une figure désagréable, en qui M. le prince de Conti n'avoit aucune confiance. Le voyant dans cet embarras, je m'offris à prendre ce soin pour un an, en attendant qu'il eût jeté les yeux sur quelques personnes capables de bien remplir cette place. Je lui dis que je croyois que toutes ses affaires consistoient à régler la dépense de la maison, à bien examiner ses revenus, à les faire soigneusement exiger; que, pour sa dépense, j'y travaillerois avant son départ, et qu'il avoueroit peut-être que je n'avois pas mal profité de mon apprentissage, ayant été depuis six mois comme intendant de madame sa femme. M. le prince de Conti reçut agréablement mes offres, et trois jours après, je lui fis voir les états de la dépense de sa maison avec plus d'ordre qu'il n'en avoit jamais vu. Il me trouva plus économe qu'il n'avoit pensé; mais comme, après avoir fait ce règlement, il falloit avoir de quoi l'exécuter, et que pour lors l'argent nous manquoit, je lui fis connoître que, presque tous ses revenus dépendant de la cour, je pourrois mieux que tout autre, en sollicitant Son Éminence pour des affaires de la guerre, le solliciter aussi pour ses affaires domestiques. Il me donna tous les pouvoirs que je lui demandai avec une si grande confiance, que j'avois, à cet égard, la même autorité qu'il auroit pu avoir lui-même.

Outre les affaires dont je fus chargé, j'eus aussi ordre de songer à obtenir de la cour les choses qui étoient nécessaires pour la campagne prochaine. Il me commanda aussi de demander le gouvernement de Guyenne, qui se trouva vacant par la condamnation de M. le Prince, son frère. Je m'étois extrêmement opposé à cette demande; je trouvois peu honorable à M. le prince de Conti de prendre les dépouilles de monsieur son frère; je ne trouvois pas même cet établissement solide, comme il est arrivé depuis; que lorsque M. le prince de Condé feroit sa paix, on le rétabliroit dans ses charges et dans ses gouvernements.

Je m'étois mis en tête de rendre la vice-royauté de Catalogne perpétuelle, et d'en faire un gouvernement pour lui, qui seroit aisément devenu considérable par la quantité de places qu'il eût eues en sa disposition, par le commandement de l'armée, et par les conquêtes qu'il y pouvoit faire. C'étoit une province frontière proche de Languedoc où il pourroit aller tenir les États tous les hivers, et dont il pourroit retirer plus de cent mille livres de rente. Mais les conseils de Sarrasin lui avoient fait venir l'envie du gouvernement de Guyenne, et cet homme étoit si adroit et si persuasif que, même après sa mort, ils restèrent si bien imprimés dans l'esprit du prince, qu'il ne fut pas possible d'en détourner l'effet. Cependant, ce que Sarrasin en avoit fait, n'étoit que parce qu'il vouloit aller revoir, à Bordeaux, Mme de Bacalan, sa maîtresse. Je fus aussi chargé de faire à Son Éminence la demande du Château Trompette, avec cette restriction pourtant que si j'y trouvois trop d'obstacles, je pourrois ne m'y pas obstiner. M. le prince de Conti me dit encore que, pour obtenir plus facilement la Guyenne, j'offrisse de sa part, de remettre le gouvernement de Berry à la personne que Son Éminence en voudroit gratifier ; enfin je fus chargé de demander à M. le Cardinal que M. le prince de Conti pût ôter le gouvernement de Damvilliers à M. le marquis de Sillery, pour y mettre à sa place le marquis de Villars.

Je partis à minuit de Montpellier et j'arrivai à Paris le premier jour de l'année 1655. Dès que je fus arrivé, j'allai rendre compte à M. le Cardinal de l'heureux voyage de sa nièce. Je lui parlai des desseins qu'on avoit faits pour la campagne prochaine en Catalogne, des secours d'hommes et d'argent qui y étoient nécessaires. Je lui demandai le gouvernement de Guyenne ;

mais comme si en cela M. le prince de Conti eût cru l'obliger, parce qu'au cas que M. le Prince revînt, il le retireroit facilement de ses mains. Le Cardinal approuva ce dessein, et me promit de le faire réussir auprès du roi. Je ne voulus point parler dans cette première conférence du Château Trompette, l'affaire étant un peu plus délicate, et j'attendis que je fusse sûr du gouvernement de Guyenne. Je fis connoître à M. le Cardinal la résolution que M. le prince de Conti avoit prise de retirer le gouvernement de Damvilliers des mains de M. de Sillery, et le Cardinal le trouva bon; mais il me dit qu'il falloit ménager cette affaire sans éclat, et il voulut se charger de cette négociation, pour faire plaisir, sans doute, à M. le président de Bellièvre, cousin de M. de Sillery. Je dis aussi à Son Éminence que M. le prince de Conti le supplioit d'agréer que je lui rendisse compte de ses affaires domestiques, que Sarrasin, en mourant, avoit laissées en grand désordre, tant pour lui demander ses conseils, que son secours. Dès le lendemain, j'y travaillai avec une application incroyable. Je trouvai qu'il n'y avoit pas un sol entre les mains du trésorier, qui étoit commis de feu Sarrasin; que le revenu consistoit en :

Cent cinquante mille livres de rente en fonds de terres;

Cent mille livres de pension que le roi donnoit;

Six vingt mille livres dont Son Éminence gratifioit tous les ans ce prince, en forme de pension, sur les bénéfices qu'il lui avoit remis.

Tous les revenus des terres avoient été payés, excepté quelques restes demeurés entre les mains des fermiers les plus mauvais payeurs. On avoit reçu un quartier par avance de la pension du roi et de celle que donnoit Son Éminence, de sorte que je ne sais comment Sarrasin, s'il eût vécu, auroit pu faire subsister la maison, à moins qu'il n'eût quelques ressources qui n'étoient pas connues. L'état du revenu et des dettes étant fait, je le portai à Son Éminence; je lui justifiai que M. le prince de Conti devoit dans Paris huit cent mille livres, dont il payoit quarante mille livres d'intérêt tous les ans; que les gages et les pensions des domestiques montoient par an à soixante et dix mille livres; que, pour la réparation des fermes tous les ans, pour les cas fortuits, pour les procès, il falloit diminuer trente mille livres sur le revenu des terres, de sorte qu'il ne restoit pas en tout deux cent mille livres de bon, ce qui n'étoit pas capable d'entretenir les maisons de Leurs Altesses six mois, principalement lorsque le prince commandoit les armées du roi. Je lui dis ensuite, car il étoit vrai, que j'avois laissé la maison du prince tellement engagée en Languedoc, que j'appréhendois qu'il ne lui arrivât quelque affront, ayant vécu toujours à crédit depuis qu'il y étoit. Je le suppliai de lui faire avancer soixante mille livres sur la pension qu'il payoit volontairement, afin qu'avec cette somme, et ce qu'on retireroit des États, on pût dégager sa maison, et avoir du temps pour pourvoir à sa subsistance. M. le Cardinal me fit donner quarante mille livres, que j'envoyai par un courrier exprès en Languedoc, avec un ordre au trésorier des États de payer comptant, par avance, le présent qu'on faisoit à M. le prince de Conti. Ainsi, ayant mis ordre aux affaires de la maison pour quelque temps, je commençai à parler de nouveau à Son Éminence du gouvernement de Guyenne.

Dès la seconde fois que je l'en pressai, elle me dit que Sa Majesté l'avoit agréablement accordé à sa prière; qu'il commanderoit à M. de Laurillères de m'en délivrer l'expédition. Pour lors, je crus que je pouvois lui faire ouverture du Château Trompette. Pour rendre ma négociation sur cet article plus facile, je ne voulus pas en faire une affaire, et, dans ce dessein, je supposai que c'étoit une dépendance certaine du gouvernement de Guyenne. Ainsi je lui dis : « Votre Éminence désire-t-elle qu'en expédiant les provisions du gouvernement de Guyenne, on y comprenne aussi le Château Trompette, ou aime-t-elle mieux que ce soit par des provisions séparées? — Comment! me répondit le Cardinal en colère, le Château Trompette! Le roi ne veut point donner aux gouverneurs de province des gouvernements particuliers. On a vu, par des expériences, quels grands désordres cela peut causer; c'étoit un des plus grands abus qui fût dans le royaume. » Je le suppliai de considérer que jamais le gouvernement de Guyenne n'avoit été donné qu'on n'eût aussi en même temps donné le Château Trompette; que M. d'Épernon et M. le Prince avoient été pourvus de l'un et de l'autre; qu'il y alloit de l'honneur de M. le prince de Conti de n'être pas plus maltraité; qu'il lui seroit honteux de voir démembrer en sa personne ce gouvernement. Il m'interrompit pour me dire que tout le conseil du roi s'élèveroit contre lui, s'il vouloit seulement proposer une chose qu'ils avoient tous condamnée. Je lui dis qu'assurément, quand Son Éminence y auroit bien songé, elle ne trouveroit pas trop à propos qu'on commençât à faire exécuter cet ordre en la personne de M. le prince de Conti, et qu'il sembleroit à toute la France qu'on le tiendroit suspect. Le Cardinal s'emporta fort contre moi, ce discours lui paroissant un peu trop pressant. Il me dit qu'il en écriroit à M. le prince de Conti, qu'il ne doutoit pas que, quand il en auroit envie, il ne s'en relâchât à sa considération, étant certain que cela lui feroit une affaire auprès du roi.

Comme je vis que M. le Cardinal s'emportoit fort, je lui dis que je serois bien aise qu'il prît la peine de lui en écrire, parce que mon ordre étoit de lui en faire la demande, et que je n'osois pas m'en dispenser. Son Éminence se remit à ce discours, et il en écrivit dans les plus forts termes qu'il put. J'écrivis de mon côté et suppliai M. le prince de Conti de tenir bon, et je lui promis que j'emporterois la chose, que je croyois pour lui de très-grande importance. Gagné par mes raisons, il fit réponse à Son Éminence qu'il ne pouvoit pas servir le roi dans Bordeaux, où il avoit beaucoup d'ennemis, s'il n'y avoit du crédit, et qu'il n'y avoit que le Château Trompette qui pût l'y faire craindre et respecter; de sorte que le Cardinal, voyant qu'il ne pouvoit rien obtenir par cette voie, me dit que le roi avoit déjà donné le gouvernement du Château Trompette à M. d'Estrades, depuis maréchal de France, qui étoit un homme de grand mérite et fort de ses amis. Je savois que M. d'Estrades se soucieroit peu du Château Trompette, s'il n'avoit la lieutenance de roi de Guyenne. Le Cardinal donnoit de grands dégoûts à M. de Saint-Luc pour l'obliger à se défaire de cette charge qu'il possédoit. J'allai trouver M. de Saint-Luc; je lui représentai que s'il quittoit sa charge, il ne seroit plus qu'un courtisan inutile; qu'il ne s'étonnât point des menaces du Cardinal; qu'il seroit absolu dans la Guyenne, M. le prince de Conti passant les étés à la tête des armées, et les hivers à tenir les États de Languedoc et à la cour; qu'il se reposât sur la protection et l'amitié de M. le prince de Conti, qui feroit sa paix avec le Cardinal. M. de Saint-Luc me crut, et M. d'Estrades, désespérant d'obtenir la lieutenance de roi, ne songea plus au Château Trompette.

Je profitai de cette favorable conjoncture pour redoubler mes instances, et j'obtins enfin que M. de La Vrillière me donnât la provision du gouvernement de Guyenne et celle du Château Trompette. En sortant de chez M. le Cardinal, je trouvai M. de La Vrillière dans l'antichambre; je rentrai avec lui et je suppliai M. le Cardinal de lui donner l'ordre nécessaire. Comme il venoit d'accorder cette grâce, il ne put s'en dédire. Il sembloit que je prévoyois ce qui devoit arriver. Je fis expédier sur-le-champ ces deux provisions, je les portai chez M. le garde des sceaux, je les lui fis signer et sceller, et tout cela devant la nuit. Le lendemain sur les dix heures du matin, un valet de pied de Son Éminence me vint dire de sa part de l'aller trouver. Il me dit d'abord qu'ayant voulu parler au roi et à la reine du gouvernement du Château Trompette, Leurs Majestés avoient témoigné y avoir tant de répugnance, qu'il n'avoit pas osé leur dire qu'il eût déjà donné l'ordre d'en expédier les provisions; qu'en attendant qu'il pût les y faire consentir, il falloit qu'il eût les provisions en son pouvoir, et que je les lui allasse chercher. Je lui répondis que j'étois bien fâché de n'être pas en état de lui obéir, parce que dès le moment que je les avois retirées, j'avois fait partir un courrier pour ne pas tarder

d'y avoir songé; il ajouta que le roi le trouveroit bon, et me permit d'en assurer mon maître. Il me proposa ensuite de mettre dans les affaires de M. le prince de Conti, sous moi, un Italien nommé Marquisio, dont il me dit beaucoup de bien. Il me promit qu'à mon retour, je trouverois le marquis de Sillery tout prêt à sortir de Damvilliers, et après m'avoir encore fort recommandé de lui rapporter les provisions du Château Trompette, je pris congé de lui, le lendemain matin, vingt-quatrième jour du mois de mars de l'année 1655; et parce que j'avois dessein d'établir dans la charge de trésorier de la maison M. de Jasse, qui étoit attaché à moi, et dont je connoissois la fidélité et l'habileté, je l'amenai avec moi. Je ne doutai pas que M. le prince de Conti ne le prît et n'avouât quelque jour, comme il l'a fait depuis si hautement, qu'en cet homme je lui avois fait un grand présent.

En arrivant à Lyon, je vis M. l'archevêque; il me demanda ce qui me faisoit aller en si grande diligence. Comme toute la cour l'avoit su, je ne lui en fis point de secret. Il s'informa de moi si je croyois y réussir. Je lui dis qu'il étoit bien malaisé que je pusse répondre rien de positif sur ce sujet. Notre conversation finit là. Je partis de Lyon et j'arrivai à Montpellier le cinquième jour après mon départ de Paris.

M. le prince de Conti étoit si satisfait des soins heureux que j'avois pris pour ses affaires, qu'il me reçut mieux que jamais. Après lui avoir rendu compte de cette pension de premier prince du sang, de la permission de vendre son gouvernement de Berry, de vingt mille écus que je lui apportois en lettres de change, et du détail des autres affaires que j'avois conduites assez adroitement, je vins au principal sujet de mon voyage. Il me demanda mon sentiment sur ce point; je me retranchai longtemps sur la seule volonté de lui obéir. Il me pressa de nouveau; alors je lui dis que ce n'étoit qu'une bagatelle que le Cardinal avoit prise de travers sans que je susse pourquoi, si ce n'est que j'avois connu qu'il vouloit établir en Guyenne M. d'Estrades. J'ajoutai que cette vue étoit opposée aux intérêts de M. le prince de Conti, ne doutant point que Son Éminence ne regardât M. d'Estrades comme sa créature, et qu'il ne lui donnât toute sa confiance; de sorte que ce seroit en quelque façon lui donner un gouverneur dans son gouvernement même; qu'il falloit qu'il tînt bon; que la colère du Cardinal passeroit ou qu'elle tomberoit toute sur moi; que cette affaire avoit tant fait d'éclat, qu'il y alloit de son honneur de n'en plus démordre; qu'en ce cas, il seroit toujours à temps pour faire valoir cette déférence au Cardinal et en tirer de grandes récompenses.

M. le prince de Conti étoit alors si satisfait de moi, que dès que je proposois une chose, j'avois le plaisir de la voir réussir. Je lui fis agréer M. de Jasse pour son trésorier, Marquisio pour intendant de ses affaires, le père de Langlade pour intendant de Guyenne; et Guilleragues s'étant mis dans la tête que la qualité de secrétaire n'étoit pas assez noble pour un garçon, je lui fis donner des provisions *ad honores* avec quelques fonctions sur les domestiques. Je trouvai qu'il étoit fort mal avec le marquis de Villars, jusque-là que M. le prince de Conti n'avoit pu concilier ces deux esprits. Guilleragues croyoit que je me déclarerois en sa faveur, et se fondoit sur notre ancienne amitié, née dans le collége, et fortifiée par ce qui s'étoit passé à Bordeaux, et par quelques services que je lui avois déjà rendus. Il les regardoit comme des gages de mon amitié, parce qu'on ne veut jamais perdre ses avances, et qu'on aime ordinairement les gens à qui on a fait du bien plus que ceux de qui on en a reçu. Villars étoit persuadé que je lui serois favorable, à cause de l'obligeante délation qu'il avoit faite pour moi contre Vardes. Chacun d'eux jugeoit bien qu'il lui seroit avantageux de m'avoir de son côté, de sorte que c'étoit à qui me feroit plus d'avances. Je voulois d'abord être neutre et les raccommoder; mais la chose n'ayant pas réussi, je crus qu'il étoit de ma générosité de n'abandonner pas Guilleragues qui me paroissoit le plus foible. Je le regardois comme une personne dont la fortune étoit plus dépendante de moi que celle de Villars, et je crus par conséquent qu'il seroit plus engagé à m'être fidèle. Villars me sut si mauvais gré de cette déclaration, qu'il rompit avec moi fièrement. Je reconnus d'ailleurs que j'avois dans la maison un ennemi secret qui ne voyoit pas sans chagrin le crédit que j'y avois. C'étoit Esprit, celui que Sarrasin appela, durant la dispute de *Job* et d'*Uranie*[1], M. Esprit *de l'Oratoire*.

Cet homme s'étoit établi auprès de M. le prince de Conti par l'esprit qu'il avoit assez agréable, et plus encore par une complaisance si fade, qu'il me déplut d'abord. Il s'étoit attendu que je le considérerois assez pour lui confier toutes les affaires de la maison, et que je lui donnerois par là le moyen d'être intendant, et

---

[1] Deux sonnets qui partagèrent en ce temps-là toute la cour; celui de *Job* avait été fait par Benserade, et celui d'*Uranie* par Voiture.

il le désiroit fort. Comme je ne répondois pas à son attente, il prit une forte haine contre moi, et cette haine a été depuis le fondement et le principe de tous les désagréments qui me sont arrivés dans cette maison. Il forma le dessein de me nuire auprès de M. le prince de Conti et auprès de la princesse. Il comprit bien qu'il n'y réussiroit pas en ma présence; il attendit donc à y travailler après mon départ. Il vivoit civilement avec moi, comme un vieux courtisan qui sait s'accommoder au temps et à la faveur. Pour moi, je croyois bien qu'il avoit des accès familiers auprès de l'un et de l'autre, et qu'il étoit prudent de le gagner; mais j'avois, comme lui, beaucoup d'ambition, et d'ailleurs une humeur brusque qui ne me permettoit pas de le ménager. Il arriva en ce temps-là une chose de rien, s'il faut ainsi dire, qui mit le comble au mépris que j'avois pour lui. M. le prince de Conti s'étoit mis dans la tête d'aller en masque courir les bals de Montpellier; je fis pour l'en détourner tout ce que je pus. Je lui donnai assez à connoître que le seul plaisir étoit de se masquer et de n'être pas connu. Cependant, personne que moi ne s'y opposant, il se masqua. Dès qu'il eut achevé de s'habiller, Esprit entra dans sa chambre, et l'ayant considéré longtemps avec un étonnement affecté, il s'approcha de moi, et d'un ton de voix extrêmement fort, quoique étouffé, il me demanda : « Qui est celui-là? » Je sortis de là en m'écriant : « Oh! le lâche flatteur! » On peut juger si Esprit me le pardonna.

Cependant je songeois à retourner à la cour. Je pris de M. le Prince toutes les instructions et les ordres nécessaires, et je me rendis à Paris. En y arrivant, on me remit une lettre que le courrier de Lyon apportoit. La voici; elle étoit du cardinal Mazarin :

« Monsieur, j'ai été surpris d'apprendre que vous ayez dit que M. le prince de Conti n'iroit pas à cette campagne servir le roi en Catalogne; que sa santé ne le lui permettoit pas, et que vous étiez d'avis qu'il s'en allât servir en Guyenne; car vous m'avez tenu des discours tout contraires. Je ne sais point à quoi attribuer ce changement, et d'autant plus que, n'y ayant personne qui s'intéresse avec plus de sincérité et de passion que moi à la santé de mondit prince et à son véritable bien et avantage, vous ne deviez pas me cacher ses sentiments, ni les vôtres, sur ce que dessus. Quoique je sois persuadé que M. le prince de Conti se conformera toujours avec plaisir à ce qu'il reconnoîtra être de mes intentions, et qu'il déférera quelque chose à mes conseils, je ne laisse pas pourtant de souhaiter que vous m'éclaircissiez des motifs du discours que vous avez tenu, vous ayant promis de vous faire savoir sincèrement ce qu'on me diroit sur votre sujet.

« Je suis, monsieur, votre très-affectionné serviteur,
« Le card. Mazarin. »

Cette lettre, toute écrite de la main de Son Éminence, me surprit, ne me souvenant d'avoir jamais rien dit d'approchant. Je m'en allai chez Son Éminence, croyant que le mauvais succès de mon voyage et ce nouveau reproche l'obligeroient à me faire une étrange réception. Comme il avoit déjà su par une lettre de M. le prince de Conti qu'il s'obstinoit à garder le Château Trompette, Son Éminence me parla d'abord de ce qui étoit dans sa lettre. Il eut la bonté de me dire que l'archevêque de Lyon lui avoit donné cet avis. Je ne fis que sourire, et l'assurai que je ne lui avois pas dit un mot de tout cela, mais qu'il avoit voulu faire sa cour à mes dépens. Après cela, à peine me parla-t-il du Château Trompette ; il me fit seulement connoître qu'il croyoit assez que j'avois porté M. le prince de Conti à ne se point relâcher là-dessus. Je m'étois muni d'ordre par écrit de ce prince, par lequel il m'étoit fort expressément ordonné de ne point démordre sur cet article ; en le montrant, j'aurois pu me justifier, mais comme je ne me trouvois point fort pressé, je crus faire plaisir au prince de n'en point parler. Le Cardinal s'étendit sur les desseins de Catalogne, l'armée devant bientôt se mettre en campagne, et je sortis de cette conversation plus satisfait que je n'avois espéré en y entrant.

Quelques jours après, j'allai entretenir le Cardinal des affaires domestiques de M. le prince de Conti. J'avois apporté un pouvoir pour traiter du gouvernement de Berry, et je reçus ensuite deux cent mille livres du maréchal de Clérembault, avec qui le marché avoit été conclu. J'employai aussitôt cette somme au payement de deux cents artisans ou marchands. Il y en avoit quelques-uns de si pauvres, que je fus obligé d'en envoyer chercher plusieurs dans les hôpitaux. En trois jours, je payai cent trente mille livres, dont le plus fort créancier ne pouvoit prétendre au plus que quatre mille livres ; les autres soixante et dix mille livres servirent à acquitter les arrérages de quelques pensions que M. le prince de Conti devoit à MM. de Chevreuse et de Joyeuse, du temps qu'il étoit abbé de Saint-Denys et de Cluny. Avec cette somme j'eus une quittance générale de ces messieurs, à qui il étoit dû près de deux fois autant. Après cela je m'occupai fort à rétablir les affaires particulières de mon maître : j'augmentai assez considérablement le revenu de ses terres et diminuai de beaucoup ses dépenses.

Environ ce temps-là, M. le prince Thomas[1], qui avoit eu la charge de grand maître de la maison du roi par la condamnation de M. le Prince, vint à mourir. J'écrivis à M. le prince de Conti que, puisqu'il avoit bien voulu prendre le gouvernement de Guyenne, je croyois qu'il ne seroit pas fâché que je demandasse encore pour lui cette charge, mais que je n'avois pas osé le faire sans son ordre. En attendant sa réponse, je trouvai une conjoncture favorable pour cette affaire, et j'en fis usage : je parlois un jour à M. le Cardinal et j'exagérois, à mon ordinaire, la pauvreté de M. le prince de Conti; Son Éminence en parut assez touchée, et me témoigna de l'inquiétude et du désir d'augmenter le bien de ce prince. Voyant le Cardinal en si bonne disposition, je lui proposai cette charge. Il me dit que la princesse de Carignan la demandoit avec grande instance pour un de ses fils, mais qu'il la demanderoit au roi pour M. le prince de Conti. Deux jours après, il me dit que Sa Majesté la lui avoit accordée. Cependant je reçus la réponse de ce prince, qui me défendoit d'en parler de peur de l'exposer au déplaisir d'un refus. Je laisse à penser combien cet ordre augmenta la joie que j'eus d'y avoir réussi. Cette

---

[1] Thomas-François de Savoie, prince de Carignan, fils de Charles-Emmanuel, duc de Savoie.

charge, outre l'autorité qu'elle donnoit dans la maison du roi, valoit quarante mille livres de revenu. Après quelques semaines écoulées, je représentai au Cardinal que le prince de Conti, dans ce commencement de campagne, n'avoit pas un sol pour remettre son équipage; M. le Cardinal lui fit régler mille écus par mois, et me fit donner quarante mille livres pour son équipage.

Je me servis encore des prétentions que M. le prince de Conti avoit sur les biens de M. le Prince, en qualité d'héritier de feu madame sa mère. Je remontrai à Son Éminence qu'il n'étoit pas raisonnable que le bien de M. le prince de Conti fût en dépôt entre les mains de séquestres ou des créanciers de M. le Prince, et je la suppliai de vouloir lui faire donner par provision la jouissance de la terre de Châteaubriant et de Saint-Maur, ce qui étoit encore bien moins que ce qui lui étoit légitimement dû, et qui ne lui seroit pas adjugé, lorsque le Parlement jugeroit le procès dont il s'étoit saisi à ce sujet, et que par générosité on n'avoit pas voulu poursuivre pendant la disgrâce de ce prince; que ce n'étoit pas une faveur, mais une justice, M. le prince de Conti étant le premier et le plus privilégié créancier de monsieur son frère. Sur cette prétention, j'obtins aussitôt la jouissance de ces deux terres, qui valoient soixante mille livres de rente.

Je ménageai encore, en passant en poste, la bonne volonté des habitants de Pierrelate en Dauphiné, et leur ayant procuré la décharge de l'étape, je les obligeai de se donner à ce prince, et mille écus de revenu chaque année.

Dans le temps que je travaillois avec tant de soin

et de succès à rétablir les affaires de mon maître, Esprit travailloit à détruire les miennes. Un des meilleurs moyens qu'il s'imagina pour y réussir, ce fut de réunir Villars et Guilleragues, et de les intéresser à se joindre à lui pour me nuire. Il n'eut pas de peine à gagner Villars, déjà aigri contre moi, et pour Guilleragues, il en vint à bout, en lui remontrant sans cesse qu'il n'étoit guère habile de s'attacher à moi, qui étois bien plus son maître que M. le prince de Conti ; que, dans l'état où étoit Guilleragues, il ne feroit jamais que le personnage d'un misérable subalterne, au lieu qu'il ne devoit songer qu'à remplir insensiblement ma place auprès du prince et même à la cour ; enfin il sut si bien flatter et prendre ce Gascon par la vanité, qui étoit son foible, qu'il le persuada. Ainsi tous trois conspirèrent à me détruire.

Guilleragues avoit naturellement beaucoup de penchant au plaisir, et peu aux affaires, bon, facile, croyant aisément les choses qu'il désiroit. Il crut que, d'agir comme il faisoit, n'étoit pas une trahison formelle, et que peut-être, à l'aide de ses deux amis, il s'élèveroit à une meilleure fortune. Ce ne fut pas la seule chose qu'Esprit trouva contre moi : il s'étoit aperçu, comme je l'ai déjà dit, que la princesse avoit assez de bonté pour moi, ce qu'il supportoit fort impatiemment. Il songea, mais toujours par des voies souterraines et secrètes, à saper cette intelligence. Tantôt, à ce qu'on m'en a dit, il disoit quelque petit mot contre moi ; s'il étoit bien reçu, il s'avançoit un peu davantage ; tantôt il tâchoit de se rendre agréable par sa basse complaisance, et voyant que sa conversation plaisoit à la princesse, il se flattoit que c'étoit sa personne. Il eût bien voulu me rendre de mauvais offices auprès de M. le prince de Conti, mais, à chaque courrier, il étoit si content de mes services, que n'y voyant pas de jour, Esprit fut contraint d'attendre quelque moment favorable. Il ne perdoit pas la moindre occasion; son principal ressort étoit le prétexte d'une dévotion qu'il affectoit. Il me louoit d'être un fidèle domestique; mais il disoit que j'étois évêque, et qu'il ne savoit si, en conscience, je pouvois agir pour d'autres affaires que pour celles de mon diocèse. Quoiqu'en ce temps-là le prince se moquât de ses raisonnements, Esprit jugea avec assez de bon sens qu'enfin ils pourroient faire leur effet. C'est ainsi que cet homme ne pouvoit pas manquer d'être fort dangereux, puisque, pour me perdre, il se servoit de Dieu et du diable.

M. le prince de Conti s'en allant en Catalogne, Esprit aima bien mieux demeurer auprès de la princesse que d'aller à l'armée. Dans ce temps, j'avois une autre personne auprès du Cardinal, qui tâchoit de lui faire sa cour à mes dépens : c'étoit Gourville. Il avoit une extrême démangeaison de se mêler de quelque chose; il n'y avoit plus de guerre civile ni d'intrigues capables de l'occuper. Il apprit l'affaire du Château Trompette par le bruit commun; il s'avisa, par cette hardiesse qui lui a si souvent réussi, par la connoissance qu'il avoit de M. le prince de Conti, de venir s'offrir au Cardinal, et s'engagea positivement à lui en rapporter les provisions; il ajouta que, quand même il n'y réussiroit pas, son voyage ne seroit pas inutile à Son Éminence, puisqu'il savoit tout ce qui se passoit dans l'esprit et dans la maison de ce prince, et dans toute l'armée. Quoique le Cardinal ne témoignât plus d'empressement pour ravoir le Château Trompette, il eût été bien aise, ou pour satisfaire M. d'Estrades, ou pour faire voir son pouvoir sur l'esprit de M. le prince de Conti, de ravoir les provisions; mais, étant incertain du succès, il ne vouloit pas ouvertement me faire l'injure d'envoyer cet homme sans m'en parler. Il me dit qu'il avoit plus de confiance en moi qu'en Gourville, et me demanda si je voulois l'empêcher d'y aller, en y allant moi-même. Je lui répondis que je n'aurois pas de jalousie de qui que ce soit qui pût lui rendre un service agréable; que même je lui donnerois une lettre pour supplier M. le prince de Conti, par son propre intérêt, de donner à Son Éminence la satisfaction qu'elle désiroit.

Cependant, comme je me défiois de la fermeté de ce prince, je lui écrivis toute cette conversation, et toutes les raisons qui lui pouvoient faire connoître le tort qu'il se feroit dans le monde, s'il rendoit ses provisions à Gourville. J'écrivis encore à Guilleragues; je lui mandai qu'il prît bien garde que les ordres de Gourville n'aient point de succès; qu'après avoir rendu ce service au Cardinal, il prétendroit que Son Éminence elle-même l'établît dans la maison du prince, ce qu'il avoit grand intérêt d'empêcher, parce qu'en cela il se verroit entièrement détruit. Il me souvient des propres termes de ma lettre : « .... Je connois M. le prince de Conti, et je vous connois aussi, et si l'un et l'autre suivez vos manières accoutumées, voici comme la chose ira : le premier jour, Gourville ne sera pas regardé, on ne voudra pas le voir ni l'entendre; le second, il demeurera toujours dans l'antichambre, sans demander seulement à entrer; le troisième, il s'introduira dans la chambre et contera des nouvelles de la cour et de la ville; le quatrième jour, il proposera son affaire, et la fera. Voilà ce qui est pour M. le prince de Conti. Voici pour vous : il vous louera, vous fera voir les empires du monde, vous l'adorerez, et après cela vous prendrez plus de liaison avec lui qu'il ne voudra. »

Mes lettres furent rendues assez à temps, et voici la réponse que je reçus de M. le prince de Conti. Après m'avoir parlé dans sa lettre des affaires de l'armée et du siége qu'il avoit mis devant Châtillon : « .... Au reste, Gourville sera reçu d'une façon qu'il n'aura pas lieu de s'en vanter; mais j'ai lieu de me plaindre de vos soupçons. Il n'y a pas moyen de vous pouvoir mettre l'esprit en repos; cela est vilain; en vérité, je suis en colère. A vous entendre parler, il semble que le dernier venu m'empaume; défaites-vous, s'il vous plaît, de ces belles pensées : car, de tous les hommes du monde, vous êtes celui qui les devez moins avoir. Voici ce qui s'appelle une correction fraternelle.

« Armand de BOURBON. »

Guilleragues se défendit encore plus fortement des soupçons que j'avois pris de sa foiblesse; mais les choses arrivèrent à la lettre comme je les avois écrites, de façon qu'on eût dit que c'étoit une prophétie après coup. Le premier jour que Gourville arriva, M. le prince de Conti dit en riant à du Mesnil, capitaine de ses gardes, qu'il falloit retenir quatre gardes des plus forts, parce qu'il avoit un homme à faire berner le lendemain. Si Gourville avoit vu ma lettre pour l'instruire, il n'auroit pas mieux concerté ses démarches. Il demeura tout le jour dans l'antichambre avec une si grande opiniâtreté, qu'il sembloit être d'intelligence avec moi. Le troisième jour, il se mêla avec les valets de chambre pour entrer, et commença à s'introduire par quelques historiettes des ruelles de Paris, qui divertirent M. le prince de Conti. Dès que Guilleragues vit que le prince prenoit plaisir à interroger Gourville, il ne put s'empêcher de le faire souvenir de ma prédiction ; ce prince sourit en se moquant[1]. Dès le lendemain, Gourville entra en ma-

[1] Il est assez curieux de faire le rapprochement de ce passage avec les Mémoires de Gourville. S'il omet de faire connaître l'objet de son voyage, et passe sous silence l'affaire du Château Trompette, on peut facilement l'expliquer par cette remarque, qu'avec son caractère remuant et intrigant, cette affaire n'était qu'un prétexte, et le but était pour lui de se mêler de quelque chose qui le rendît important et nécessaire ; mais on reconnaît parfaitement que son voyage se rapporte aux mêmes circonstances. Voici ce qu'il raconte de sa réception :

« Quelqu'un manda à ces messieurs qui étoient auprès de Son Altesse, qu'ils n'avoient qu'à se bien tenir ; et que j'allois partir pour la Catalogne. Quoiqu'ils se crussent maîtres de l'esprit de M. le prince de Conti, ayant mis dans leur cabale M. le marquis de Villars, qui avoit été fait premier gentilhomme de sa chambre, ils ne laissèrent pas, à ce que j'ai su depuis, d'être fort embarrassés de mon arrivée, se souvenant de ce qui s'étoit passé à Bordeaux. Je ne sais comment ils avoient fait ; mais je fus surpris d'être reçu de M. le prince de Conti avec un peu de froideur ; et ces messieurs me regardant fort de côté, à proprement parler, personne n'osoit m'approcher ni me parler. La nuit étant venue et ne sachant où la passer, l'aumônier de M. le prince de Conti, à qui j'ai eu depuis l'occasion de faire plaisir, me donna la moitié de son matelas. Le lendemain, M. le prince de Conti, qui faisoit le siége de Chastillon, devant aller à la tranchée, je montai mon cheval de poste, et j'allai l'y attendre. M'étant approché de lui quand il mit pied à terre, il s'appuya sur mon bras pour lui aider à marcher ; il me demanda comment j'étois avec M. le Cardinal... Il me dit qu'on lui avoit donné de l'ombrage de mon arrivée ; mais qu'il étoit très-persuadé de mon affection. Quand il fut question de se mettre à table, il m'ordonna de m'y mettre, au grand étonnement de la compagnie ; et le soir j'eus un lit par son ordre. »

tière, et par ses raisons qu'il avoit bien préparées, il tira parole de M. le prince de Conti qu'il rendroit ses provisions. Guilleragues eût été fâché de laisser ma prédiction imparfaite : sur les espérances dont Gourville le flatta de lui rendre de bons offices auprès du Cardinal, et de lui donner toute la gloire de la belle action que M. le prince de Conti faisoit, il s'ouvrit à lui et prit même des liaisons contre moi, à ce que Gourville me dit depuis, quoique je fusse et son bienfaiteur et son ami.

Sitôt que Gourville eut les provisions, il revint à Paris, tout triomphant, les apportant au Cardinal, et pour se faire valoir, il dit que toute la résistance passée n'étoit venue que de moi. Je ne savois ni ce bon succès, ni son arrivée, quand j'allai chez le Cardinal lui parler de quelque autre affaire. En entrant, il commença par m'insulter, et me dit qu'il avoit les provisions du Château Trompette, et qu'il les avoit malgré moi ; que le prince de Conti lui en avoit écrit en ces termes. Ensuite il me dit cent choses injurieuses et me fit cent menaces. Je n'y fus pas tout à fait si sensible qu'à celles qu'il avoit faites autrefois de révoquer mon brevet : mes bulles avoient passé à Rome ; mais j'eus un grand dépit de l'affront que je recevois de la part de M. le prince de Conti, et de la dureté qu'il avoit eue de me faire un crime auprès du Cardinal d'un service si important. Je m'en allai chez moi sans répondre un seul mot, persuadé que Son Éminence ne me le pardonneroit pas, et qu'elle n'auroit jamais aucune créance en moi.

Au milieu des plus violents transports de mon chagrin, je me souvins heureusement que j'avois cette lettre dont j'ai déjà parlé, écrite et signée de la main du prince, par laquelle il me recommandoit de ne point lâcher de mes instances pour le Château Trompette sous peine de sa disgrâce. J'allai le lendemain chez le Cardinal, et quoiqu'il ne me regardât qu'à peine, je dis d'un air assez résolu : « Monseigneur, je vous vis hier tellement prévenu contre moi, que je n'eus ni la force ni la volonté de rien répondre. » Après cela je lui donnai cet ordre en lui disant : « Je vous supplie de considérer que je suis à M. le prince de Conti, que je tiens tout de lui, que je dois obéir aveuglément. » J'ajoutai, contre la vérité, que j'avois reçu cet ordre depuis mon retour de Montpellier. M. le Cardinal fut fort surpris de la trop grande facilité de ce prince, et me dit : « Vous voyez pourtant que Gourville m'a rapporté ces provisions. — Il a trouvé M. le prince de Conti, lui dis-je, en meilleure humeur que moi. Peut-être même sa vanité n'a pas peu contribué, ne manquant pas un ordinaire sans lui faire valoir la manière obligeante dont vous lui faites obtenir tant de grâces du roi. » M. le Cardinal étoit extrêmement bon et humain, et soit, qu'il fût touché de s'être emporté contre moi, soit qu'il oubliât aisément les injures qu'on lui faisoit, il me dit que cela n'empêcheroit pas qu'il ne fût toujours de mes amis, et cela d'un air si obligeant, que je connus bien, en ce moment, que l'estime qu'il avoit pour M. le prince de Conti étoit fort diminuée; qu'au contraire il faisoit grand cas d'un serviteur fait comme moi; qu'en son âme, il en souhaitoit pour lui de pareils. Dès le lendemain, je m'aperçus que je ne me flattois pas dans l'opinion que j'avois conçue. Il m'envoya chercher, et me donna pour remplacer, à ce qu'il me dit, l'argent de mes bulles, un billet de comptant, sur lequel je reçus, le même jour, dix mille écus chez M. Janin de Castille.

J'étois heureusement sorti de cet embarras; mais j'avois sur le cœur la cruelle manière dont en avoit usé M. le prince de Conti. Cela me fit prendre la résolution de quitter le soin de ses affaires. Je pris le parti de songer à la députation du clergé qui devoit s'assembler le 25 d'octobre de l'année 1655; mais parce que pour parvenir à cette députation, il falloit aller en Dauphiné prendre possession de mon évêché et concerter tout ce qui étoit nécessaire pour être nommé, je dis à Son Éminence que, dans la pensée que je ne lui serois pas inutile, j'avois songé à la députation. J'écrivis ensuite à M. le prince de Conti, que M. le Cardinal m'ayant témoigné qu'il désiroit que je fusse député de l'Assemblée du clergé, il falloit indispensablement que je fisse le voyage de Dauphiné, et que, quand j'y serois pour mes affaires, il me pardonneroit bien si je passois jusques en Catalogne pour avoir l'honneur et le plaisir de le voir, ne pouvant pas douter que je n'eusse bien des choses à lui dire. J'ajoutai que je laissois ses affaires domestiques en état de ne pouvoir souffrir par mon absence; que celles de l'armée étoient réglées, et qu'ainsi je croyois que je ne pouvois mieux prendre mon temps, et que je n'attendois que sa permission pour partir.

Je partis, en effet, sitôt qu'elle fut arrivée, sur la fin du mois de juillet. Je m'assurai en passant à Vienne de la voix de M. l'Archevêque pour être nommé, persuadé qu'elle me suffisoit; par des raisons trop longues à dire, je négligeai les autres, et pressé par mon intérêt et par mon inquiétude, je m'en allai à Pézénas.

Je trouvai la princesse malade dans son lit, et Esprit auprès d'elle. Je connus dans cet homme, dès la première conversation, une grande affectation de me faire paroître qu'il étoit bien avec la princesse. Je lisois dans ses yeux obscurs et enfoncés une certaine joie pleine de confiance que tout ce qu'il disoit, plaisoit; il faisoit le dévot auprès de M. le prince de Conti, et le plaisant auprès de la princesse.

M. le prince de Conti étoit déjà fort avancé dans les pays ennemis et avoit assiégé Palamos [1]. Je fus reçu, à mon ordinaire, le plus obligeamment du monde. Je lui rendis compte de l'état auquel j'avois laissé ses affaires à la cour. Je lui fis des plaintes du traitement qu'il m'avoit fait dans l'affaire du Château Trompette; je m'emportai fort contre Guilleragues, ne pouvant

[1] La campagne de 1655 avait été partagée en deux parties par les fortes chaleurs de l'été qui avaient fait suspendre les opérations; dans la première partie, le prince de Conti, vaillamment secondé par le marquis de Bougi, avait assiégé et pris en huit jours Cap-de-Quiers, et attaqué ensuite la ville de Castelon-d'Ampurias avec tant de vigueur que don Juan d'Autriche s'étant avancé pour la secourir, trouva la capitulation déjà faite et se vit contraint de se retirer; la rapidité de ce succès fut due principalement à M. de la Vieuville et à M. de Gouy, exempt des gardes du prince, qui fut tué. Ce fut pendant une absence momentanée du prince de Conti que fut livré, le 27 août 1655, par le comte de Mérinville contre don Juan d'Autriche, le combat de Solsona où les Français furent victorieux; quatre officiers généraux espagnols et les deux fils du vice-roi d'Aragon et de Valence restèrent sur le champ de bataille; un des frères de l'auteur des Mémoires, Clément de Cosnac, enseigne des gens d'armes de Conti, reçut une blessure mortelle. Le siége de Palamos, commencé dans la nuit du 7 au 8 septembre et promptement abandonné à cause de la mésintelligence du prince de Conti et du duc de Vendôme, marqua l'ouverture de la seconde partie de la campagne, qui se termina par une bataille navale engagée par le duc de Vendôme contre la flotte espagnole; après une canonnade de six heures, cette dernière profita de l'obscurité de la nuit pour prendre la fuite.

assez blâmer sa foiblesse, et je rétablis assez bien le tort que les mauvais offices de mes ennemis m'avoient fait en mon absence.

Comme la ville de Palamos est située sur le bord de la mer, M. le prince de Conti l'assiégeoit par terre ; et l'armée navale de France, commandée par M. de Vendôme, amiral, devoit empêcher qu'on ne lui donnât du secours du côté de la mer ; mais, comme il n'avoit que de gros vaisseaux et que les ennemis avoient des galères, ils jetoient toutes les nuits des vivres et des hommes dans cette place. Cela fit prendre à M. le prince de Conti la résolution de lever le siége, se plaignant fort de M. de Vendôme, qui, de son côté, se plaignoit de lui. M. de Vendôme m'envoya une frégate et un gentilhomme pour me prier de l'aller trouver ; je le refusai la première fois, feignant d'être indisposé ; mais le lendemain, m'ayant encore envoyé un gentilhomme, M. le prince de Conti, qui jugea qu'un second refus seroit une incivilité trop grossière, m'obligea d'y aller. Comme M. de Vendôme savoit que j'étois fort serviteur de Mme de Mercœur, sa belle-fille, et que lui m'avoit toujours témoigné beaucoup d'amitié, il espéroit que du moins je ne refuserois pas de dire ses raisons à M. le Cardinal. La principale étoit qu'il étoit impossible que des vaisseaux pussent empêcher des galères de passer. Je sortis d'auprès de lui fort satisfait de son accueil obligeant, et l'assurai que M. le prince de Conti ne trouveroit pas mauvais que je fisse ses excuses à Son Éminence. Je reçus, par son ordre, en partant, un honneur qui pensa me coûter cher. Il fit tirer quantité de coups de canon, qui persuadèrent aux assiégés que j'étois M. le prince de Conti. Il firent tirer sur moi une douzaine de volées de canon, dont quelques boulets frisèrent de fort près ma frégate. Le lendemain, je pris congé de M. le prince de Conti, et je partis pour m'en retourner. Je trouvai à Pézénas la princesse encore indisposée, et je la laissai en cet état, pour continuer ma route.

En passant à Valence, j'appris qu'on avoit fait à Vienne la députation de l'Assemblée générale du clergé, et que messieurs les évêques de Grenoble et de Viviers s'étoient opposés à ma nomination, prétendant que, n'ayant point pris possession de mon évêché avant qu'on eût nommé pour la députation, je ne pouvois pas être valablement député comme évêque. J'arrivai à Paris à la fin du mois de septembre. J'allai rendre compte à Son Éminence de mon voyage, et après lui avoir parlé de la levée du siége de Palamos, selon les sentiments de M. le prince de Conti, je ne laissai pas de lui apporter fidèlement toutes les raisons qui pouvoient justifier M. de Vendôme.

L'Assemblée du clergé étoit convoquée au 25 octobre. Afin d'y avoir entrée, je me mis en état de me faire sacrer. M. le prince de Conti, dès le temps que mes bulles étoient arrivées, avoit désiré que ce fût par les mains de l'archevêque de Sens. Il s'y offrit dès lors de bonne grâce. Le temps approchant, je lui envoyai un courrier à Sens; mais il s'en excusa sur d'assez mauvaises raisons. Je me vis fort en peine, n'ayant plus que trois jours; en effet, je ne le pus être que le 24 d'octobre. Ce fut dans Senlis, y ayant grande difficulté à Paris par rapport à M. le cardinal de Retz, pour lors archevêque, et hors du royaume. Le lendemain j'assistai à l'Assemblée. MM. les évêques de Grenoble et de Viviers s'opposèrent à ma réception.

L'Assemblée nomma des commissaires pour examiner nos raisons. Le jour précédent de celui où ils devoient faire leur rapport, M. de Viviers se départit de son opposition. M. de Grenoble voulut hasarder le jugement de l'affaire; il en fut débouté tout d'une voix, et moi reçu.

En ce temps-là, M. le prince de Conti finit sa campagne et revint en Languedoc, dans le dessein d'y tenir les États, et ensuite de retourner à la cour, et de laisser le commandement de l'armée, la campagne prochaine, à M. de Candale.

Je continuois à la cour mes soins pour les affaires domestiques de ce prince, et pour être en état de toujours ménager ses intérêts, je ne perdois aucune occasion dans notre Assemblée, autant que l'honneur me le permettoit, d'en rendre compte à M. le Cardinal. Il s'en présenta une, d'une autre nature, où je lui rendis un service très-important. J'avois depuis peu, par l'entremise d'un homme attaché à moi, des liaisons d'amitié fort étroite avec M. de Bellièvre, premier président du Parlement de Paris. Son mérite, et le grand crédit qu'il avoit dans son corps, me firent juger qu'il pouvoit ne m'être pas inutile. J'allai le voir durant les vacations à sa terre de Grignon, où il avoit une cour, et faisoit une dépense, qui ressembloit plutôt à celle d'un roi qu'à celle d'un particulier. Je ne voulus pas m'absenter de l'Assemblée, sans dire à M. le Cardinal que j'allois, pour quelques jours, rendre visite à M. le Premier Président. Je fus fort surpris, quand M. le Cardinal me dit : « Connoissez-vous cet homme-là? Je n'ai point de plus cruel ennemi. C'est un homme plein de vanité. Il a, depuis peu, fait donner un arrêt contre la Cour des Monnaies, dont le roi est fort en colère; il s'embarrasse dans des affaires qui peut-être ne lui réussiront pas. » Je répondis à Son Éminence que j'étois fort surpris de ce qu'elle me disoit; que j'avois cru le Premier Président fort attaché à ses intérêts; qu'ayant toujours passé pour un homme de grand sens, je m'étonnois qu'il hasardât de s'attirer la colère du roi et l'aversion de Son Éminence. Je lui demandai s'il ne trouveroit pas mauvais que je lui parlasse, sans qu'il parût que ce fût par autre motif, que pour tâcher de lui persuader qu'il y alloit de son intérêt de prendre une autre conduite. Le Cardinal me témoigna qu'il n'en seroit pas fâché. Étant à Grignon, je mis M. le Premier Président sur le chapitre de M. le Cardinal. Il s'ouvrit assez librement à moi. Il m'en fit beaucoup de plaintes, me disant qu'il n'avoit pas tenu à lui qu'il ne fût son serviteur; mais que M. le Cardinal avoit toujours fourbé; qu'à la vérité, il lui avoit envoyé offrir depuis peu par M. de Louvois cent mille livres; mais qu'il le connoissoit mal; qu'il avoit plus de bien qu'il n'en dépensoit; qu'il n'étoit sensible qu'à l'honneur; que, sur cet article, le Cardinal lui avoit toujours manqué, nommément à la parole qu'il lui avoit donnée de ne faire aucune grâce à Messieurs du Parlement que par son canal, et que cependant il n'en faisoit que par les mains de M. le procureur général Fouquet, à dessein d'accréditer cet homme pour le lui opposer en toutes rencontres; qu'aussi M. de Louvois lui étant venu parler de cet arrêt, il lui avoit répondu que Son Éminence n'avoit qu'à faire parler à M. Fouquet, et non point à lui, qui n'avoit plus aucun crédit dans son corps, Son Éminence le lui ayant ôté, pour établir celui de M. Fouquet.

J'écoutai toutes ses plaintes, et je lui dis qu'il étoit fâcheux qu'un homme de son mérite, et dans son poste, fût mal avec le premier ministre; que s'ils étoient d'intelligence, chacun d'eux en retireroit de grands avantages. Alors je reconnus que M. le Premier Président étoit, en quelque façon, convaincu de ce que je lui disois; j'ajoutai : « Monsieur, j'ai grand accès auprès de M. le Cardinal; il va même quelquefois jusqu'à la familiarité; trouveriez-vous bon que je lui dise quelque chose de la justice de vos plaintes, sans faire paroître que ce fût de concert avec vous? Il est tout-puissant auprès de Leurs Majestés, il vous y peut nuire; vous êtes aussi adroit et aussi habile que lui; j'aimerois mieux, si j'étois à votre place, que cet homme ne se déclarât pas ouvertement contre vous. » M. le Premier Président y consentit, à la charge que, de sa part, je ne ferois d'avances au Cardinal qu'autant qu'il y répondroit bien.

Dès que je fus à Vincennes, je rendis compte de mon voyage à M. le Cardinal; je lui dis que je n'avois trouvé dans l'esprit du Premier Président aucune animosité contre Son Éminence; qu'au contraire il m'en avoit toujours parlé avec grande estime et grand désir d'être de ses amis; mais que je ne pouvois lui dissimuler que j'avois reconnu que le Premier Président n'avoit pas toute la confiance en ses paroles et en son amitié qu'il eût été à désirer; qu'il se fondoit sur ce que Son Éminence lui avoit promis beaucoup de choses qu'elle n'avoit pas exécutées, nommément sur le chapitre du Procureur Général. Le Cardinal m'interrompant, me dit : « Cet homme est d'une telle jalousie contre M. Fouquet, qu'il ne le peut souffrir; cependant c'est lui qui m'a sollicité le plus puissamment pour lui faire donner la charge de premier président; mais assurez-le que j'ai bien d'autres sujets de me plaindre de lui; que je suis bien informé qu'il fait des railleries de moi continuelles; que ces jours passés, dînant avec trois hommes qui disoient que tout me réussissoit admirablement : que la ville de Valence, en Italie, venoit d'être prise, que Valenciennes, en Flandre, étoit à moi; que M. de Langres étoit mort pour me laisser la disposition de cinquante mille écus de rente; il dit avec un souris malicieux : *Valenza non è altramente presa, il vescovo di Langria non è altramente morto;* et qu'ensuite il parla de ma fortune, comme pouvant être facilement remise en l'état où elle étoit pendant les guerres de Paris. De ces trois hommes, deux me le vinrent dire, et l'autre me l'écrivit. Je sais de plus qu'il ne fait rien que par les conseils de Mme de Chevreuse; tant qu'il sera bien avec mes ennemis, nous ne pourrons pas être bien ensemble. » Peu de jours après, les vacations finirent, et M. le Premier Président revint à Paris. Je lui rendis compte de toute cette conversation. Il fut surpris de la perfidie de ces trois hommes, qu'il reconnut pour espions, et qu'il avoit crus de ses amis. Il me nomma le commandeur de Souvré et le commandeur de Jars; mais il me cacha le troisième. Il s'emporta fort sur la pensée que M. le Cardinal avoit, qu'il se laissoit gouverner par Mme de Chevreuse. Cela se termina pourtant par une proposition que je lui fis, de venir rendre visite à Son Éminence. Il y donna les mains, et ayant averti M. le Cardinal, je l'y accompagnai le lendemain. Son Éminence le reçut parfaitement bien.

Leur conversation, qui dura plus de deux heures,

parut pleine de sincérité, même de tendresse; et ils se promirent grande amitié. Son Éminence, deux jours après, me chargea de faire savoir à M. le Premier Président qu'il vouloit lui rendre visite. De l'humeur dont je connoissois M. de Bellièvre, c'étoit le plus grand plaisir que je lui pusse faire. En effet il en témoigna une joie extrême, reçut M. le Cardinal avec toute la magnificence possible, et fit voir la délicatesse de son esprit par le choix de la comédie, des dames, des messieurs, des mets. Je voyois chaque jour augmenter cette belle union dont j'étois comme le nœud. Dès que l'un d'eux faisoit une chose qui pouvoit plaire à l'autre, c'étoit moi qui lui en donnois connoissance.

En ce temps-là, le roi ayant accordé la Paulette [1] au Parlement, M. le Premier Président en donnant à sa compagnie cette bonne nouvelle, fit un éloge de Son Éminence; dit que c'étoit à elle à qui le Parlement étoit obligé, et lui fit faire une députation pour l'en remercier. Je portai la résolution qui en avoit été prise à M. le Cardinal, et je rendis à M. le Premier Président tous les bons offices qu'il pouvoit désirer de moi en cette occasion. Je devenois par là considérable à tous les deux, et je fondois sur leur amitié des espérances

---

[1] La phrase serait plus claire si elle était ainsi rédigée : « Le roi ayant *remis* la Paulette au Parlement, *etc.* » La Paulette, ainsi nommée de Charles Paulet, secrétaire de la chambre du roi, qui en fut l'inventeur et le premier fermier, était un droit que les officiers de judicature et de finance payaient aux parties casuelles du roi, afin de conserver leurs charges à leurs veuves ou à leurs héritiers; à défaut du payement de ce droit, elles devenaient, en cas de mort, vacantes au profit du roi.

La Paulette, à son origine, était de quarante deniers pour la livre, et depuis 1618 du soixantième denier, c'est-à-dire du tiers de l'évaluation de l'office.

assez solides ; mais la mort de M. le premier président
arriva bientôt après[1]. Le Cardinal le regretta peu ; car
c'étoit le seul homme dans le royaume avec lequel il
gardât des mesures, l'estimant assez pour le craindre.

Pendant que toutes ces choses se passoient à Paris, il
m'arrivoit d'étranges aventures en Languedoc. Esprit,
après avoir inutilement tenté par ses adulations de s'é-
tablir auprès du prince et de m'y nuire, s'avisa de lui
persuader qu'il devoit mettre de la dévotion dans le
cœur de la princesse. Il lui dit qu'il y avoit travaillé
durant son absence, et qu'elle y avoit les plus belles
dispositions du monde. J'en fus averti, je ménageai
un prétexte d'affaires pour aller à Montpellier. M. le
prince de Conti ne me parut point fâché de m'y voir.
Il me fit plusieurs questions qui ne me marquoient
aucune mauvaise volonté, et il me mena ensuite chez
madame sa femme. Quoique dans ce premier jour, je
ne m'aperçusse point qu'on m'eût rendu de mauvais
offices, je connus, dès le lendemain, que mon crédit
étoit fort diminué. J'en attribuai la cause à ce triumvirat que je trouvai fort uni, Villars, Esprit et Guilleragues. Villars et Esprit agissoient contre moi en ennemis déclarés ; Guilleragues n'eût pas été fâché de garder
toujours quelques mesures ; mais je ne pouvois lui pardonner l'accord qu'il avoit fait avec mes ennemis, sans
m'en donner connoissance. Je me servis de cette union
pour rompre avec lui, et je lui témoignai même plus
d'aigreur qu'aux deux autres. L'amitié de ces personnes
ne me paroissoit d'aucune utilité, ma fortune étoit toute

[1] Pomponne de Bellièvre, successeur du président Molé, mourut a
Paris le 13 mars 1657, âgé de cinquante et un ans.

faite; leurs mauvais offices ne me pouvoient nuire. D'ailleurs j'étois si nécessaire pour les affaires de la maison et de la cour, que je ne pouvois croire que M. le prince de Conti voulût me perdre, dans la crainte qu'il auroit eue de se faire tort à lui-même. Enfin les affaires de la maison que j'avois à régler me prenoient tant de temps, qu'il ne m'en restoit guère pour détruire les mauvais offices qu'on m'avoit rendus.

Ce fut dans cette conjoncture que M. le prince de Conti prit la résolution de venir à la cour avant Mme la princesse. J'accompagnai M. le prince de Conti jusqu'à Valence, où je le reçus avec toute la reconnoissance que je devois à un maître de qui je tenois cet établissement. Au sortir de Valence, je pris la poste afin d'aller disposer toutes choses à Paris pour l'arrivée de ce prince. J'y fus longtemps avant lui. Un jour, étant chez Son Éminence, elle me dit que Gourville venoit de sortir de chez elle et lui avoit dit qu'il venoit de voir Mme de Longueville en Normandie, et qu'elle l'avoit chargé d'une lettre pour M. le prince de Conti, qu'il lui alloit porter, croyant le trouver du côté de Nevers. M. le Cardinal ajouta : « Vous savez que je n'ai jamais reçu de lettre de Mme de Longueville, que je ne l'aie envoyée, avant de l'ouvrir, à M. le prince de Conti; j'espère qu'il en usera de même avec moi, et qu'il voudra bien témoigner à madame sa sœur et au public l'union qui est entre nous deux. Je n'ai pas voulu me fier à Gourville, mais vous me ferez plaisir d'envoyer un courrier à M. le prince de Conti, qui arrive près de lui plus tôt que Gourville, et vous lui écrirez tout ce que je viens de vous dire. »

Ce que le Cardinal me proposoit ne me paroissoit ni

contre l'honneur, ni contre les intérêts de mon maître, et je n'étois pas fâché de plaire à Son Éminence, de sorte que je fis ce qu'elle désiroit. Je vivois avec Gourville civilement, mais je n'avois aucune liaison particulière avec lui. Langlade avoit employé tout le pouvoir qu'il avoit sur moi pour m'obliger d'établir Gourville dans la maison de M. le prince de Conti; mais je m'y étois formellement opposé, craignant cet esprit que je connoissois hardi et entreprenant. Langlade avoit pourtant obtenu de moi que je ne lui rendrois aucun mauvais office; lui, de son côté, en usoit assez bien avec moi, et dans cette occasion, après avoir parlé à Son Éminence, il vint me dire qu'il étoit chargé de cette lettre qu'il alloit porter à M. le prince de Conti, et il demanda si j'avois quelque service à exiger de lui.

Je ne crus pas à propos de lui confier le secret de M. le Cardinal. Le courrier que j'avois fait partir trouva M. le prince de Conti à la Charité, où il lui rendit ma lettre, et Gourville n'étoit encore qu'à Cosne; lorsqu'il le rencontra, il s'en revenoit. Quoique ce prince eût appris par ma lettre les intentions de Son Éminence, et, par mes raisons, l'intérêt qu'il avoit de les suivre, Gourville fut le plus fort : il n'envoya pas cette lettre à M. le Cardinal; j'appris même qu'il m'avoit fort raillé auprès du prince, de mon avis, et que Gourville, Villars et Guilleragues avoient triomphé sur ce sujet; pour Esprit, il étoit demeuré auprès de la princesse. Lorsque j'arrivai à Fontainebleau, allant au-devant du prince, je trouvai ces messieurs tout fiers; à peine daignèrent-ils me regarder. M. le prince de Conti me parut visiblement plus froid; je connus bien par son discours qu'on lui avoit mis dans l'esprit que j'étois trop bien auprès du Cardinal, et plus dans ses intérêts que dans ceux de mon maître. La facilité de ce prince me parut déplorable; car, outre qu'après avoir épousé la nièce du Cardinal, il n'avoit point d'autre parti à prendre que d'être bien uni avec lui, la vérité étoit que je me trouvois tous les jours sur le point de me brouiller avec Son Éminence, par la trop grande chaleur que je témoignois pour les intérêts du prince.

Sitôt que le prince fut à Paris, Gourville continua de l'entretenir dans ses soupçons, et aidé du duc de Candale, du duc de La Rochefoucauld, de l'archevêque de Sens, il espéroit de se pousser et s'établir. Langlade étoit des plus échauffés dans cette brigue, quoiqu'il gardât des mesures. Tantôt ils faisoient dire à ce prince que je le perdois dans le monde, chacun croyant qu'il ne se gouvernoit que par moi; tantôt ils lui faisoient représenter que j'étois un homme inutile, à présent qu'il pouvoit faire lui-même ses affaires à la cour. Ils en dirent tant, que non-seulement je trouvai qu'il y avoit un changement considérable dans ma faveur, mais que même ce prince avoit de l'aversion pour moi. Dans tous nos éclaircissements, je le priois de ne me juger que sur mes actions, et non pas sur le rapport de mes ennemis. Un jour, se trouvant trop pressé, il me dit : « Vous êtes trop bien avec M. le Cardinal. » Je lui répondis que si j'y étois si bien, c'étoit lui seul qui en avoit tiré tout l'avantage, que je ne m'en étois jamais servi pour mes intérêts, qu'ainsi je pouvois y être bien sans rougir; que non-seulement Son Éminence ne m'avoit jamais accordé de grâce pour moi, mais que j'en avois souvent reçu des injures. Il me répliqua, d'un ton aigre, que je ne serois plus exposé à de tels chagrins. Je me retirai, mais le lendemain, voyant que tout m'étoit inutile pour vaincre son aversion, j'allai le trouver dans son lit, et je le suppliai d'agréer que je lui rendisse le compte de ses affaires dont je m'étois mêlé pour lui, soit à la cour, soit dans la maison, et que même, pour faire taire mes ennemis, je désirois rendre ce compte devant des personnes publiques telles qu'il lui plairoit de nommer; que ma qualité ne me permettant pas d'agir comme comptable, je voulois répondre de son trésorier, qui rendroit compte pour moi. Le prince s'opposa assez obligeamment à cette proposition; mais cela m'étoit si important, que j'allai demander cette grâce à Son Éminence qui me l'accorda, et il fut arrêté que le trésorier rendroit ses comptes en présence de M. Coquerel, maître des comptes, de M. Boyer, contrôleur, et de trois autres personnes du conseil de ce prince.

La recette de ce compte monta à treize cent mille livres en quatorze mois que j'avois administré les affaires.

La dépense consistoit seulement en trois articles, savoir :

1° L'article des dettes payées à divers créanciers dont on représentoit les quittances ;

2° Les gages et pensions, dont on rapportoit aussi les quittances ;

3° La dépense de la maison, que l'on justifioit par les billets des maîtres d'hôtel qui avoient reçu l'argent et qui en devoient rendre compte.

Toute cette dépense fut allouée, sans qu'on pût rejeter un seul denier. Au bas du compte j'avois ajouté un état de ce en quoi consistoient les revenus du prince, lorsque j'avois commencé à prendre le soin de ses affaires, et un second état de ce en quoi consistoient les mêmes revenus, dans le temps que je les quittois. Ce dernier état excédoit le premier de près de trois cent mille livres de rente. Je portai le compte et les états à Son Éminence ; elle fut fort surprise de voir la recette de treize cent mille livres en si peu de temps, et d'apprendre que le prince de Conti, qu'elle avoit toujours cru pauvre, jouissoit de plus de six cent mille livres de rente. J'ai toujours cru que son estime pour moi, qui me parut depuis ce temps-là fort augmentée, n'avoit point eu d'autre fondement que ce rétablissement des affaires de ce prince. Je sortis glorieusement de cette affaire, et M. le prince de Conti avoua à M. le Cardinal, et à mes ennemis mêmes, qu'il n'avoit pas lieu de se plaindre de ma conduite. J'eusse pu pousser plus loin mon apologie, et je l'eusse étendue jusqu'à ma manière d'agir pour lui à la cour et auprès de Son Éminence ; mais M. le prince de Conti changea tout à coup, et sembla reprendre cette première amitié qu'il avoit eue pour moi.

Un jour étant dans le dessein d'aller passer quelques jours à Saint-Maur, il m'envoya quérir et me commanda, avec des termes qui sentoient son ancienne tendresse, d'y aller avec lui. J'étois si sensible à ses caresses que je n'y pouvois résister. Je lui obéis. Dès qu'il fut arrivé, il s'appuya sur moi d'un côté, et de l'autre sur Guilleragues, et en se promenant, il dit qu'il vouloit que Guilleragues et moi fussions amis comme nous avions été au commencement ; ensuite il parla de moi si obligeamment, et si mal de Gourville, lui attribuant tout ce qu'il avoit fait contre moi, que je crus qu'il se repentoit de m'avoir si maltraité. Je reçus avec transport les témoignages de sa bonté ; je lui protestai de nouveau une fidélité inviolable et me crus entièrement rétabli. Il me dit dans cette conversation, pour la première fois, que Langlade n'étoit pas de mes amis, et qu'il n'avoit pas moins contribué à me nuire que Gourville, quoique plus secrètement. J'étois tellement prévenu sur le sujet de Langlade, que je n'ajoutai aucune foi au prince, et je pris cela pour un effet de son humeur et de son tempérament, qui le portoit souvent à vouloir brouiller les gens. Je passai quatre ou cinq jours à Saint-Maur de la même manière, ce me sembloit, que j'avois passé ma première faveur. M. le prince de Conti m'y confirma; car ayant joué avec M. de Machault, maître des requêtes, et ayant perdu huit cents pistoles, il me dit : « M. de Valence, payez cela pour moi. » Je les payai de mon argent et n'en ai jamais demandé la restitution.

Le sixième jour, je me vis obligé de retourner à Paris, parce qu'une affaire que j'avois à cœur se traitoit dans l'Assemblée ; je m'engageai à revenir le même jour, le soir. En arrivant à Saint-Maur, j'appris que MM. de Candale, de La Rochefoucauld, Langlade et Gourville y avoient passé l'après-dînée. Je ne doutai point que, sur l'alarme que Gourville avoit eue, il n'eût obligé ces messieurs de venir rétablir ses affaires. En approchant de M. le prince de Conti, je lui dis : « Je suis perdu. » Il me répondit d'un air froid et sérieux : « Je ne sais ce que vous voulez dire, je n'entends point du tout ces sortes de railleries. — Puisque vous voulez, lui dis-je, que je parle sérieusement, mes ennemis vous ont parlé tout le jour, vous ne m'aimez plus. » Ce prince me quitta au lieu de me répondre, et, par cette action, m'en dit plus qu'il n'auroit fait par son aveu. Tout le reste du soir et le lendemain matin, je lui vis un si grand froid pour moi, que je crus être obligé de m'en retourner à Paris. Je fus plus piqué de ce dernier changement que de tout ce qui m'étoit arrivé jusque-là; je voyois qu'il n'y avoit aucun fondement à faire sur ce prince, et, dès ce moment, si j'eusse cru pouvoir quitter sa maison avec honneur, je l'eusse fait; mais le monde savoit qu'il étoit mon bienfaiteur. J'ai repassé depuis cent fois dans mon esprit comment il se pouvoit faire qu'il eût pris une seconde aversion pour moi, plus forte que la première, en moins de vingt-quatre heures, et je n'en ai point trouvé d'autre raison, sinon que mes ennemis avoient différé, comme une dernière machine, le secret de l'intelligence entre M. le Cardinal et moi.

Le prince, quelques jours après, revint à Paris, où je le suppliai de me dire quel crime j'avois commis, depuis le jour qu'il m'avoit si bien rendu son amitié. Il me répondit qu'il n'étoit pas tous les jours d'humeur à livrer des batailles, ni à donner la comédie aux spectateurs par des éclaircissements. Je me retirai sans dire un seul mot, et me contentai depuis de lui faire ma cour le matin et le soir, en revenant de jouer avec la reine. Je ne laissois pas de lui apporter tous les jours quelques nouvelles qui l'obligeoient de me répondre et de me parler sans me témoigner ni aigreur ni amitié devant le monde. Pourtant je ne perdois point d'occasion de me justifier; je me défendois avec respect, mais fortement. Mme la princesse vivoit avec moi, depuis son retour, d'une manière assez sérieuse ; je l'attribuois tous les jours à sa dévotion, et je ne perdois pas l'espérance qu'elle ne me fût favorable auprès de son mari. Mais voici ce qui acheva de me l'ôter, et ce qui me fit juger son changement sans retour : elle me commanda de jouer avec elle ; nous commençâmes à une pistole en quatre points, en présence de monsieur son mari, qui étoit dans le lit. Elle me gagna beaucoup de parties de suite, et à force de doubler, je perdis en un moment cent pistoles ; je lui dis en riant : « Je n'appréhende plus de m'engager, ce jeu commence à se tourner en ridicule. » Elle me railloit de son côté, disant : « Je voudrois bien, pour la rareté du fait, ayant commencé par une pistole, vous pouvoir ruiner avant que de quitter les cartes. »

Sans prolonger ce récit, je poussai jusqu'à mille pistoles en un quart d'heure, répétant souvent à la princesse : « Courage, madame, faites-moi beau jeu. » Elle me dit alors qu'elle ne vouloit plus jouer. Je la remerciai, comme si elle eût négligé même de me donner la peine de me racquitter ; elle me dit, en riant, qu'elle prétendoit bien être payée dès le lendemain. Ce temps si bref me confirma dans la pensée qu'elle railloit. Cependant, dès le lendemain, comme elle avoit dit, et fort matin, un de ses valets de chambre nommé Duval, me vint demander, de sa part, mille pistoles. Je crus qu'elle continuoit à se divertir, je lui répondis : « A présent on l'éveilleroit ; mais à dix heures, je les lui porterai moi-même. » Je la vis à son lever ; elle me parla sérieusement de cette dette, je ne laissai pas de répondre encore en raillant. Le soir, étant chez la reine, M. le Cardinal me tira en particulier et me dit : « Ma nièce se plaint de ce que vous ne voulez pas lui payer mille pistoles qu'elle vous a gagnées; ne vous brouillez pas avec elle, payez-la. » Je ne pus m'empêcher de presser Son Éminence de me dire si elle parloit sérieusement. Enfin, n'en étant que trop assuré, je lui dis de quelle façon l'affaire s'étoit passée et lui promis qu'avant la nuit j'en serois quitte. J'allai trouver Mme Cécile, première femme de chambre de cette princesse, et je la suppliai de faire souvenir sa maîtresse que je lui avois prêté, par ses mains, deux cents pistoles à Sédan, trois cents à Péronne, et trois cents à La Fère; qu'ainsi avec deux cents que je lui donnois encore, les mille du jeu seroient payées, mais qu'en les donnant à Mme la princesse de Conti, elle l'assurât bien de ma part que, si je m'étois trouvé assez d'argent, je n'aurois jamais parlé de ces trois sommes. Le soir même Mme Cécile me vint rapporter les deux cents pistoles en me disant de la part de sa maîtresse qu'elle en vouloit mille, et que les huit cents que je lui avois prêtées, je m'en étois bien remboursé sur les affaires de la maison. Ce reproche si faux et si indigne d'elle et de moi me fit rougir, pour elle seule, plus de pitié de sa bassesse, que de dépit de la perte d'un argent si honnêtement prêté. Je ne voulus pourtant point faire d'éclat, parce que je crus qu'il n'étoit pas d'un honnête homme de faire paroître que j'avois prêté cet argent. Je fis entendre à Mme Cécile que j'allois chez Sanguinières, mon banquier. J'empruntai ce qui me manquoit, et je donnai mille pistoles à Mme Cécile; je n'en ai jamais ouï parler depuis. Ce procédé commença à m'ouvrir les yeux, et bientôt, après la conversation que j'eus avec elle, j'achevai de m'éclaircir de l'entier changement de son cœur, dont je ne pouvois attribuer la cause qu'à la malignité de mon étoile qui, en ce temps-là, me faisoit haïr par les personnes du monde dont je méritois le mieux d'être aimé.

Dans ce déplorable état, je n'avois point d'autre consolation que celle d'aller faire mes plaintes à Mme de Mercœur. Elle les écoutoit avec une bonté extrême. Elle prit mille soins pour rétablir cette intelligence qui avoit été entre nous; mais y trouvant des obstacles invincibles sans aucune raison, elle se contenta de blâmer une personne de qui elle aimoit même jusqu'aux défauts. J'avois bien moins sujet de me plaindre du changement de M. le prince de Conti; car, outre que je savois qu'il étoit fort changeant, ce prince n'en usoit pas toujours mal avec moi. Il y avoit des moments où il me donnoit en particulier des marques de son ancienne confiance, et, soit qu'il n'aimât pas à essuyer des refus, soit qu'il crût que M. le Cardinal m'accorderoit toutes choses plus facilement qu'à un autre, il m'employoit toujours auprès de Son Éminence. M. le Cardinal, de concert, étant tout accoutumé à moi, sembloit inviter ce prince à se servir toujours de moi pour les affaires de la cour, par la facilité qu'il apportoit à toutes les demandes que je lui faisois de sa part. Cela étoit en un point, que Son Éminence m'offrit de dire à M. le prince de Conti, si je voulois, que je lui étois nécessaire, et même qu'il lui déclareroit, de la part du roi, que j'étois la personne la plus agréable à Sa Majesté dont il devoit se servir; mais je m'opposai toujours à cette bonne volonté, protestant que je quitterois plutôt le royaume que de contraindre mon bienfaiteur et mon maître.

Les petits services que je lui rendois auprès de Son Éminence ne laissoient pas de lui plaire; il se radoucissoit de temps en temps, et m'avertissoit de mauvais offices qu'on me rendoit. Un jour, comme il insistoit fort sur ceux que me rendoit Langlade, je ne pus m'empêcher de lui dire : « Cela me surprend, Monsieur, car encore hier il vint me donner, à ce qu'il prétend, la plus grande marque d'amitié qu'il soit possible, en m'empruntant deux cents pistoles. » Je remarquerai en passant qu'il ne me les a jamais rendues, quoiqu'il ait vécu et soit même fort riche. Souvent aussi M. le prince de Conti me parloit de M. l'archevêque de Sens[1] qui ne perdoit pas une occasion de me nuire. Je l'entendis un soir dans le jardin de l'hôtel de Condé, sous mes fenêtres, dire à M. le prince de Conti : « Cette année est malheureuse pour tout ce qui s'appelle Valence : Valence en Italie, Valence en Flandre sont assiégées, et je crois que Votre Altesse a ouvert la tranchée pour faire sauter Valence. » Il faisoit allusion à un fossé ouvert près de ma chambre pour un tuyau de plomb que l'on raccommodoit. Ensuite d'un ton plus sérieux, il ajouta : qu'il étoit honteux de me garder chez lui; qu'il étoit obligé de l'avertir, comme son serviteur, que tant que je serois dans la maison, personne ne voudroit l'approcher, parce qu'on craignoit mes mauvais offices auprès du Cardinal, de qui j'étois l'espion. Quoique je ne fisse pas grand fond sur l'approbation de l'archevêque de Sens, je n'aurois pas cru, n'ayant jamais eu aucun dé-

---

[1] Louis-Henri de Gondrin, archevêque de Sens, depuis le 16 août 1646, jusqu'au 19 septembre 1674.

mêlé particulier avec lui, mais seulement touchant les
affaires de l'Assemblée, qu'il eût porté son animosité
et sa calomnie si loin.

Après cela, l'archevêque de Sens continuant à
prendre dans l'Assemblée une conduite peu agréable
à Son Éminence, je lui rendis, auprès du Cardinal, ce
qu'il m'avoit prêté auprès du prince, et je lui avois cette
obligation qu'il me servoit à souhait. Je découvris à
M. le Cardinal toute la cabale qui s'étoit élevée contre
moi, composée de MM. de Candale, de La Rochefoucauld, de Sens, et de Langlade, Gourville et Guilleragues. Comme M. de Candale n'avoit pas trop témoigné d'empressement pour épouser une nièce, le
Cardinal ne le considéroit plus tant, et le regardoit
comme un petit génie; M. de La Rochefoucauld passoit
auprès de lui pour un homme qui vouloit, à quelque
prix que ce fût, des intrigues, et l'archevêque de Sens,
pour un esprit ambitieux et son ennemi personnel;
Langlade ne lui paroissoit qu'un fourbe élevé dans la
fraude; Gourville, un factieux capable d'engager M. le
prince de Conti dans de mauvaises affaires. J'avois
assez contribué à lui faire prendre ces sentiments, et
je l'y confirmai en toutes rencontres, de sorte que je
prenois assez bien ma revanche des aigreurs qu'ils in-
spiroient à M. le prince de Conti contre moi; mais ils
trouvoient plus de facilité dans son esprit que je n'en
trouvois dans celui du Cardinal. Ils auroient enfin obtenu de ce prince qu'il me fît quitter sa maison, s'il
n'eût appréhendé la faveur que j'avois auprès du Cardinal, et que je tâchois de faire paroître encore plus
grande qu'elle n'étoit, voyant qu'elle seule pouvoit
me maintenir. J'avois cet avantage que je poussois tous

les jours mes ennemis, et, s'il m'est permis de parler ainsi, M. le prince de Conti même, en le défiant de trouver rien à redire à ma conduite. Cependant j'étois fort las d'une vie si désagréable, et je songeois à la finir en me retirant de moi-même, lorsqu'il m'arriva un dernier déplaisir auquel je ne me pouvois attendre.

J'avois assez connu, par les manières de Mme la princesse, que je ne devois plus attendre d'elle ni bonté, ni amitié; mais quoique je n'espérasse plus de regagner sa confiance, j'avois tant de respect pour cette princesse, qu'elle me faisoit tout endurer sans me plaindre. Un jour le Cardinal m'envoya quérir et me dit : « Mme la princesse de Conti vint me trouver hier et n'oublia rien pour vous faire renvoyer, par ordre du roi, dans votre diocèse. » Comme je ne lui étois pas inutile dans l'Assemblée, je crus qu'il vouloit, par cette confidence, m'engager plus fortement, ou qu'il considéroit que l'exil d'un député feroit trop de bruit; je lui dis que c'étoit un effet des mauvais offices qu'on me rendoit auprès de M. le prince de Conti, qui avoit contraint madame sa femme à parler contre moi. Son Éminence me désabusa, et me dit qu'il falloit qu'il y eût quelque chose de personnel entre sa nièce et moi, et qu'elle paroissoit trop animée. Je le remerciai avec grand respect, je lui promis de prendre garde à ma conduite sur ce sujet, et je me retirai le cœur contrit de douleur et de dépit. Dès que je la trouvai seule, je m'approchai avec un visage satisfait en apparence, et lui dis : « Madame, je viens rendre un million de grâces à Votre Altesse de la bonté qu'elle a eue de parler si favorablement de moi à M. le Cardinal; je l'ai vu ce matin, et il m'a témoigné que hier vous lui dites sur mon sujet cent choses obligeantes. » La princesse ne crut pas que le Cardinal eût trahi son secret, elle jugea au contraire que, ne lui ayant pas accordé ce qu'elle désiroit, il avoit voulu, dans le dessein de me ménager jusqu'à la fin de l'Assemblée, m'ôter tout soupçon qu'elle songeât à me nuire. Dans cette confiance, dissimulant de son côté comme j'avois fait du mien, elle me dit qu'elle étoit bien aise que je fusse satisfait d'elle, quoique je ne dusse pas douter qu'elle n'eût beaucoup de considération pour moi. A ces paroles, ne pouvant plus me contenir, et la regardant avec désespoir, je m'écriai : « Que vous ai-je fait, madame, qui ait pu obliger cette âme si belle et si généreuse que je vous ai vue autrefois, et que j'ai tant respectée, à descendre jusqu'à des actions si peu dignes de votre rang? Quoi, madame, n'étoit-ce pas assez d'inventer des calomnies pour me perdre, falloit-il y ajouter ce dernier coup? Je sais tout, madame, hors ce qui peut m'avoir attiré de vous un procédé que j'ai si peu mérité et où j'ai tant de peine à vous reconnoître. » Je lui dis encore cent choses avec tant de vivacité, que, la voyant accablée de confusion, je crus que le respect m'obligeoit à me retirer.

La cour partit six jours après pour aller à la Fère; je fus encore privé par là de la présence de M. le Cardinal qui m'étoit favorable. Cependant, mes ennemis qui n'étoient pas satisfaits de ce que je logeois encore dans l'hôtel de Condé, et qui me voyoient sans secours, renouvelèrent leurs persécutions, et ce prince, qui n'avoit plus besoin de moi pour aller demander des grâces à Son Éminence, les écouta plus volontiers que jamais, jusque-là qu'il disoit partout qu'il s'en alloit à la cour, à dessein d'obtenir un ordre pour me faire retirer dans mon diocèse, ou de rompre avec M. le Cardinal, s'il lui refusoit. La veille de son départ, je lui dis que j'étois averti du projet qu'on avoit publié de me faire retirer dans mon diocèse. Le prince de Conti me répondit qu'il ne songeoit pas seulement à cela; mais j'aperçus, au travers de ses paroles, qu'elles ne s'accordoient pas avec sa pensée, et qu'il ne me cachoit son dessein que pour m'empêcher de le prévenir et de travailler à me défendre. Je lui repartis donc que, si on ne s'en prenoit qu'à mon bien et à ma vie, je souffrirois tout sans me plaindre; mais que puisqu'on en vouloit à mon honneur, je le défendrois avec tout le respect possible, mais pourtant avec toute la force imaginable.

J'écrivis, dès ce moment, à Mme de Mercœur, je la suppliai de prévenir M. le Cardinal et la reine, afin qu'ils eussent la bonté de m'entendre, avant que de me condamner. J'écrivis la même chose en droiture à M. le Cardinal; je le suppliai de considérer quel éclat cela feroit, si, dans le temps que je servois le roi et Son Éminence dans l'Assemblée avec tant de zèle, on venoit à me chasser avec violence et sans sujet. Mme de Mercœur, qui avoit une solide amitié pour moi et un cœur tout à fait généreux, fut touchée de mon malheur et me rendit tous les bons offices dont elle put s'aviser; elle parla à la reine et à M. le Cardinal avant l'arrivée de M. le prince de Conti, et disposa les choses favorablement pour moi. Sitôt que le prince de Conti fut à la cour, Leurs Majestés et M. le Cardinal étant à la promenade, il alla chez Mme de Mercœur, qui étoit dans sa chambre, incommodée. Mme de Mancini, sa mère, y étoit aussi. J'étois assez familier avec cette dame, sœur de M. le Cardinal. Après les premiers compliments, elle dit sans aucun dessein à M. le prince de Conti : « *Come stà il vescovo di Valenza?* » Il se trouva embarrassé de cette demande. Mme de Mercœur voyant qu'il ne répondoit rien, lui dit : « A propos, monsieur, le bruit court que vous venez ici pour le pousser; ah! vraiment il seroit bien étrange qu'un homme qui a tant de mérite et qui vous a si bien servi, ne fût plus dans vos bonnes grâces. » M. le prince de Conti lui témoigna qu'il avoit de grands sujets de se plaindre de moi. Mme de Mercœur le pressa d'en dire quelqu'un; mais voyant que ce prince ne lui répondoit rien, elle lui dit : « En vérité, monsieur, si l'évêque de Valence n'est point coupable envers vous, il trouvera de bons amis à la cour qui empêcheront que ses ennemis ne réussissent. » Elle eut la bonté de m'écrire le détail de cette conversation, et le dernier mot de sa lettre étoit : « *Surtout, quelques affaires que vous ayez à Paris, quittez-les pour venir à la cour; vous ne sauriez mieux prendre votre temps; toutes les puissances sont bien intentionnées pour vous…, etc.* »

Sur cet avis, je partis. Étant arrivé à la Fère, je commençai ma première visite par M. le prince de Conti. J'arrivai dans son appartement, comme il venoit de sortir avec dix ou douze personnes de la cour. Ce prince me dit tout haut, lorsque je le saluai : « Vous êtes venu ici pour soutenir thèse contre moi. — Pour vous, monsieur, lui répondis-je, je sais à quoi le respect m'oblige : partout où vous paroîtrez, je n'ai qu'à céder; mais j'avoue que je n'aurai pas la même considération pour de certaines gens qui vous suivent. Nous sommes, Dieu merci, dans un lieu où j'ai agi pour vos intérêts avec assez de succès et de gloire ; il faut qu'une fois pour toutes le public soit éclairci. Si l'on a quelques reproches à me faire, et que je sois reconnu pour un homme d'honneur ou pour un fourbe, on peut m'attaquer à toute outrance, car je me défendrai de même. » Dans le fort de cette conversation, M. Joyeux, qui étoit à la reine, entra, et me dit que Sa Majesté me demandoit. Comme je m'étois échauffé dans la conversation, je suppliai M. Joyeux de dire à la reine qu'il ne m'avoit pas trouvé. M. le prince de Conti me commanda d'aller chez la reine ; mais je continuai toujours mon apologie. Un moment après, un valet de pied de la reine vint encore me quérir de sa part. Cette fois-là je fis une profonde révérence, et je m'y en allai.

Elle étoit appuyée sur la table de sa chambre, autour de laquelle étoient le roi, M. le Cardinal et Mme de Mercœur. Dès que la reine m'aperçut, elle me fit approcher et me dit : « Nous voici quatre de vos amis, et qui sommes pour vous ; vraiment M. le prince de Conti se fait tort d'en user avec vous comme il fait. Nous sommes témoins que vous l'avez bien servi. » Je répondis à la reine que plus ma conduite lui seroit connue, plus elle me trouveroit digne de l'honneur de sa protection. M. le Cardinal me dit qu'il avoit plusieurs fois témoigné à M. le prince de Conti, qu'il ne devoit pas donner tant de créance à des canailles. Le roi en ce temps-là ne se méloit point des affaires, il ne dit rien ; mais il parut approuver les bontés que la reine et M. le Cardinal me témoignoient. Je ne sais si on voudra m'en croire ; mais il est vrai pourtant qu'au milieu de la joie que j'eus de me voir appuyé par de si puissants protecteurs, je ressentis une espèce de douleur de reconnoître qu'un homme à qui j'avois tant d'obligation, prince du sang, neveu du premier ministre, n'eût pas le pouvoir de pousser un domestique.

Après cette conversation, la reine me commanda de jouer avec elle. A peine étois-je engagé dans le jeu, que l'huissier me vint avertir qu'on me demandoit à la porte. Je trouvai que c'étoit Guilleragues qui venoit me dire, de la part de M. le prince de Conti, qu'il exigeoit de moi que je ne parlasse, ni à la reine, ni à M. le Cardinal, de rien qui le regardât, et qu'il me promettoit, de son côté, qu'il ne feroit rien contre moi. Je m'imaginai que M. le prince de Conti appréhendoit que je ne trouvasse, dans ce moment, de l'appui auprès de la reine, et que mes ennemis ne demandoient pas la paix, mais seulement une trêve, pendant laquelle ils pussent se ménager une plus favorable occasion pour me déclarer la guerre. Je dis donc à Guilleragues que je devois toutes choses à M. le prince de Conti, mais que je ne devois rien à mes ennemis; que je lui demandois, pour toute grâce, la permission de me justifier, avant que de quitter la cour, afin de ne plus être exposé à la noirceur de leurs calomnies; qu'enfin j'étois absolument résolu, une fois pour toutes, de les faire taire et de me mettre en repos. Il ne put tirer aucune autre chose de moi; j'allai reprendre mon jeu que j'avois donné à tenir à M. de Noailles.

La reine eut la bonté de me demander ce que vouloit M. le prince de Conti; j'eus la discrétion de lui dire qu'il m'envoyoit demander quelques instructions, touchant une affaire domestique qui pressoit. Le jeu fini, je me retirai chez moi, pour attendre la réponse de M. le prince de Conti. Guilleragues vint me dire qu'il avoit représenté mes raisons à ce prince, et qu'il le renvoyoit pour me dire qu'il s'engageoit, foi de prince, de ne m'accuser jamais de rien, et qu'il avoueroit partout qu'il n'avoit aucun sujet de se plaindre de ma conduite ; mais qu'il exigeoit aussi de moi, que, de mon côté, je ne dirois jamais un mot pour ma justification devant la reine, devant le Cardinal, ni devant personne du monde. Alors, voyant qu'il le prenoit sur ce ton, je me rendis, et lui promis, foi de gentilhomme, que je n'en ouvrirois jamais la bouche. J'ajoutai pourtant une condition, qui paroîtra insolente à tous ceux qui ne connoissoient pas la trop grande facilité du prince, mais qui, à moi qui le connoissois et qui me souvenois de la journée de Saint-Maur, me parut nécessaire, c'est que Guilleragues, du consentement même de M. le prince de Conti, me seroit caution de sa parole. J'allai recevoir avec beaucoup de respect la confirmation de cette paix de la bouche même de M. le prince de Conti, qui m'a depuis tenu sa parole jusqu'à la fin de sa vie.

Après le départ de M. le prince de Conti, je dis à la reine et à M. le Cardinal, que je remerciois très-humblement Sa Majesté et Son Éminence, du plein et entier repos dans lequel le prince m'avoit laissé. Je ne dis qu'à Mme de Mercœur le détail de toute cette affaire, du succès de laquelle je lui avois presque toute l'obligation. Le roi partit pour aller au siége de Montmédy[1]. M. le Cardinal le suivit, et me laissa auprès de

[1] Les Mémoires renferment ici une confusion chronologique. Montmédy ne fut assiégé que pendant la campagne de 1657, et il ne peut être présentement question que de la campagne de 1655, ainsi qu'il est facile de

la reine, où je ne lui fus pas inutile ; voici dans quelle occasion.

Mme de Souvré, dame d'atours de la reine, étant morte, Mme de Beauvais prétendit à cette charge pour sa fille, la marquise de Richelieu ; Mme de Noailles la demandoit pour elle. La reine avoit fort à cœur que la marquise de Richelieu l'eût ; M. le Cardinal favorisoit Mme de Noailles ; en effet, elle l'emporta. Depuis ce temps-là, elles avoient eu cent démêlés, dans lesquels la reine soutenoit toujours Mme de Beauvais. M. le Cardinal, fort las de l'inquiétude que cette division lui donnoit, me dit en partant : « Tâchez, pendant mon absence, de réunir ces deux esprits. » Le lendemain, avant que de faire les premiers pas pour cette conciliation, je crus qu'il étoit de mon devoir d'en parler à la reine. Elle me dit en pleurant, que le Cardinal vouloit l'obliger de préférer Mme de Noailles et de lui donner cette charge. Je fus si heureux, qu'ayant fait connoître à ces deux personnes l'intérêt commun qu'elles avoient de vivre bien ensemble, je les remis dans une grande union, et fis cesser par là les petits déplaisirs que la reine donnoit à Mme de Noailles, dont elle m'a tou-

---

l'observer en suivant l'enchaînement des faits subséquents qui se rapportent à l'année 1656. Le roi partit de la Fère pour aller à Guise et à l'Esquille, et non point à Montmédy ; on en trouve la preuve dans le passage suivant des Mémoires de Montglat, au chapitre de la campagne de 1655 :

« ... Le roi partit de Soissons avec la reine mère pour retourner à la Fère. Dès qu'il y fut arrivé, l'envie de voir son armée le fit aller le 23 (juillet) à Guise, et de là à l'Esquille, où était son camp. Sa Majesté y fut reçue avec tant d'applaudissement de toute l'armée, que l'envie lui prit de marcher à la tête, et d'entrer en personne dans le pays des Espagnols. Il retourna à Guise pour le faire trouver bon à la reine sa mère, qui était demeurée à la Fère, où le roi fut seul sans équipage. »

jours depuis témoigné beaucoup de reconnoissance.

En ce temps-là, toute la cour se rassembla dans Compiègne pour y faire quelque séjour. J'appris que M. le prince de Conti avoit une fièvre continue, j'en partis aussitôt pour me rendre à l'hôtel de Condé, pour lui témoigner, par ma présence, que mon attachement pour lui ne se démentoit pas. Quand j'arrivai dans sa chambre, sur le minuit, il ne dormoit pas. Il me fit approcher, et me témoigna qu'il me savoit fort bon gré de mon arrivée. Sa fièvre ne dura que cinq jours; mais elle ne laissa pas de servir de sujet à M. l'abbé Ciron [1], de rendre visite à ce prince, et, sur les mémoires de M. d'Aleth [2], de lui inspirer les sentiments d'une fort grande piété, aussi bien qu'à

---

[1] L'abbé Ciron, fils d'un président au parlement de Toulouse, s'était fait prêtre par suite d'un désespoir amoureux. Ayant voulu prétendre à la main de la belle et spirituelle demoiselle de Juliard, il s'était vu préférer M. de Turle, seigneur de Mondonville, fils d'un conseiller au même parlement, qu'elle épousa le 13 décembre 1646. L'abbé Ciron devint promptement l'objet d'une grande estime; chancelier de l'église et de l'université de Toulouse, il fut nommé député à l'assemblée du clergé de 1655-57; il penchait vers les doctrines jansénistes. Il assista, comme prêtre, son ancien rival dans sa dernière maladie. Mme de Mondonville, devenue veuve jeune encore, fonda à Toulouse, sous la direction de l'abbé Ciron, la congrégation de l'Enfance, destinée à honorer d'une manière particulière la divine enfance de Jésus-Christ. C'était un asile destiné aux filles qui n'avaient point de vocation pour le mariage, ni pour les austérités des couvents ordinaires; la distinction des rangs, suivant le monde, y était consacrée par la règle même de l'institut. L'abbé Ciron, dont la conduite fut toujours au-dessus du soupçon, habitait l'enceinte du couvent, et après sa mort, arrivée en 1680, la supérieure, Mme de Mondonville, plaça son portrait dans sa chambre. La congrégation de l'Enfance, suspecte de jansénisme, fut supprimée par un arrêt du conseil du 12 mai 1686, et la dispersion de ses deux cents filles donna lieu à des incidents dramatiques qui eurent, à cette époque, un certain retentissement dans le monde.

[2] Écrits religieux d'un célèbre janséniste, Pavillon, évêque d'Alet.

Mme la princesse de Conti, qui ne manquoit pas d'assister à toutes les conférences chrétiennes qui se faisoient. Cet abbé se chargea dès lors de la conduite de leurs consciences, et ce fut là le commencement de cette dévotion solide qui a duré à M. le prince de Conti jusqu'à sa mort, et qui a continué depuis, avec tant d'éclat, en la personne de madame sa femme.

Je vivois alors avec assez de douceur et de tranquillité. J'attendois pourtant avec impatience la fin de l'Assemblée, pour me retirer avec honneur d'un lieu où je n'avois plus de satisfaction. Cependant, M. le Cardinal, averti des intrigues que Gourville faisoit de tous côtés pour chercher quelque établissement, craignant l'inquiétude de cet esprit, le fit arrêter, par ordre du roi, et conduire à la Bastille. M. le prince de Conti, aussi bien que beaucoup d'autres, croyant que j'avois contribué à cet emprisonnement, m'en voulut mal dans son âme; mais loin de le témoigner, il prit la résolution de se servir de mon crédit auprès de Son Éminence, pour faire réussir un dessein qu'il s'étoit mis en tête. Un jour donc, m'ayant envoyé quérir à onze heures du soir, étant seul dans sa chambre, il commença avec des termes, non-seulement obligeants, mais flatteurs, à me faire ressouvenir de toute la tendresse et de la bonté qu'il avoit eues pour moi, et de tout le zèle et la fidélité que j'avois eus pour lui. Ensuite, il ajouta : « Vous n'avez plus besoin de moi; mais j'ai plus que jamais besoin de vous. Il faut que vous alliez demander à Son Éminence l'emploi d'Italie, où je veux aller commander la campagne prochaine à la place de M. de Mercœur [1].

[1] Le duc de Mercœur était le fils aîné de César, duc de Vendôme. Il

Je sais que l'amitié que vous avez pour madame sa femme, vous fait regarder cette commission comme une chose fort fâcheuse ; mais vous êtes à moi, vous m'avez obligation, il y va de votre honneur de réussir ; si vous voulez agir comme il faut, vous le ferez. » J'avoue que je fus surpris de cette proposition, et que je m'attendois à quelque chose, non de plus extraordinaire, mais de moins désagréable pour moi. Depuis le mauvais procédé de Mme la princesse de Conti, la considération que j'avois pour Mme de Mercœur étoit beaucoup augmentée, je lui avois de grandes et de nouvelles obligations. J'étois assez instruit de ses sentiments pour être persuadé que, si je réussissois, je lui donnerois un déplaisir extrême.

Toutes ces raisons m'obligèrent de faire tout mon possible pour ôter cette pensée de l'esprit de M. le prince de Conti. Je lui fis connoître combien il y trouveroit d'obstacles ; qu'il n'y avoit pas d'apparence que, dans un temps où la cour étoit satisfaite de M. de Mercœur, par la prise de Valence [1], on lui voulût ôter son emploi, qu'encore qu'il ne fût pas de sa qualité, il étoit également neveu du Cardinal. Je lui représentai que M. de Modène et lui ne s'accommoderoient jamais pour le commandement, et que le Cardinal qui avoit une considération infinie pour ce duc, qu'il regardoit comme le principal agent des conquêtes d'Italie, ne

avait épousé en 1651 Laure Mancini, nièce du cardinal Mazarin. Devenu veuf, il embrassa l'état ecclésiastique, fut créé cardinal en 1667, et mourut l'année suivante.

[1] Valence, en Italie, fut rendue par son gouverneur don Agostino Signado aux ducs de Mercœur et de Modène, le 16 septembre 1656, après une vigoureuse résistance qui durait depuis le 27 juin de la même année.

voudroit pas diminuer son autorité, de peur de faire un ennemi d'une personne si nécessaire. M. le prince de Conti me répondit que M. de Modène et lui n'auroient aucun différend qui pût faire de la peine au Cardinal, puisque je n'avois qu'à l'assurer qu'il en seroit le maître, et qu'il régleroit lui-même tout ce qu'il trouveroit le plus à propos. Enfin, ce prince me parla de cet emploi avec tant de passion, que, voyant bien que rien n'étoit capable de le détourner de cette pensée, je lui dis que j'étois tout disposé à faire mes efforts pour réussir dans cette affaire; mais qu'il seroit bien cruel, si, venant à être refusé, il vouloit me charger de l'événement. Sur cela, il me témoigna quelque soupçon que je n'en donnasse avis à Mme de Mercœur, afin qu'elle eût le temps de prévenir le Cardinal; mais, pour lui ôter une pensée dont j'étois bien éloigné, je le suppliai de me donner des espions; je l'assurai que, ce soir, je n'irois, ni n'enverrois à l'hôtel de Vendôme, l'heure étant indue, et que, sans différer plus longtemps, j'irois demain dès les sept heures du matin, faire cette proposition à Son Éminence; que l'amitié de Mme de Mercœur n'étoit qu'après mon devoir, et que, si j'étois assez malheureux pour ne lui rapporter pas une réponse favorable, de ma vie je ne verrois le Cardinal. M. le prince de Conti, ravi de me voir prendre cette affaire avec tant de chaleur, m'embrassa, et je me retirai dans ma chambre.

Toute la nuit, je songeai aux raisons qui me pourroient faire réussir, et aux réponses que je ferois à toutes les difficultés que Son Éminence pourroit m'apporter. La douleur du mauvais tour que j'allois jouer à Mme de Mercœur me donnoit de temps en temps de violentes secousses; mais, malgré tout cela, je partis dès le matin, et je m'en allai faire la proposition à Son Éminence. D'abord elle la rebuta avec beaucoup d'emportement; mais, lui ayant fait considérer qu'il étoit juste que M. le prince de Conti eût cette préférence sur M. de Mercœur, et que, si l'un avoit bien servi en Italie, l'autre avoit aussi rendu de grands services en Catalogne; que même j'appréhendois que ce refus ne mît dans sa famille une division et une animosité qui lui feroient de la peine; je lui dis encore que rien n'avoit tant porté ce prince à désirer son alliance que l'espérance qu'il le mettroit à la tête des armées, et que, s'il lui refusoit cette grâce, je craignois qu'il ne prît du dégoût, et ne cherchât à se bien remettre avec M. le Prince. M. le Cardinal se radoucit un peu à ces raisons, et m'opposa l'inconvénient de M. de Modène [1]; mais j'avois de quoi le satisfaire, par les choses que M. de Conti m'avoit chargé de lui dire. Enfin, après s'être fort plaint de ce prince, et même de moi qui le pressois un peu trop, après avoir plusieurs fois protesté qu'il n'en feroit rien, il me dit : « Eh bien donc! M. le prince de Conti le veut, vous le voulez, il en faut passer par là. » Je lui dis alors, avec beaucoup de respect, qu'il ne pouvoit jamais rien faire de plus agréable pour ce prince; qu'il trouveroit d'ailleurs assez de moyens pour satis-

---

[1] L'armée d'opération en Italie se composait de troupes françaises sous les ordres du duc de Mercœur, de troupes savoyardes commandées par le marquis de Villa, et des troupes de Modène sous les ordres du duc, qui remplissait les fonctions de généralissime. Il était dans l'intérêt de la France de ménager le duc de Modène; aussi le cardinal Mazarin craignait-il que le commandement supérieur dont il était investi, ne devînt un sujet de dissentiment entre le prince de Conti et lui.

faire M. de Mercœur, en lui procurant d'autres grâces qu'il aimeroit peut-être mieux.

Après cette conversation qui dura plus de deux heures, je m'en retournai très-satisfait chez M. le prince de Conti sur les onze heures du matin. Il étoit encore au lit. Il avoit envoyé six fois dans mon appartement, et attendoit mon retour avec impatience. Dès que j'entrai dans sa chambre, il congédia tout le monde. Je lui dis en l'approchant : « *Vous êtes général des armées de Sa Majesté en Italie.* » Je lui racontai le détail de ma conversation, et je le priai d'aller sur l'heure remercier Son Éminence, tant pour l'engager plus fortement à tenir la parole qu'elle venoit de donner, que pour pouvoir dire dans le monde que c'étoit à lui-même que Son Éminence avoit accordé cette grâce. Je lui demandai pourtant la permission d'aller faire mes excuses à Mme de Mercœur, ne pouvant pas lui cacher que ce fût moi qui avois contribué à lui donner ce déplaisir, puisque aussi bien il y avoit apparence qu'elle le sauroit par M. le Cardinal.

M. le prince de Conti, suivant mon conseil, alla au Louvre, et, à son retour, dit publiquement cette nouvelle ; et moi, arrivant durant son dîner, il me la dit, comme si je n'en eusse rien su, et m'en raconta toutes les circonstances. Après lui avoir témoigné ma surprise et ma joie, je m'en allai à l'hôtel de Vendôme. Je trouvai Mme de Mercœur seule dans sa petite chambre ; je lui dis, avec une douleur qui paroissoit sur mon visage encore plus que dans mes paroles : « Madame, si vous n'êtes la plus raisonnable et la plus généreuse de toutes les femmes, je suis le plus malheureux de tous les hommes. Vous êtes assez informée de tous les bienfaits que j'ai reçus de M. le prince de Conti, vous savez que je suis encore à lui, et de là vous jugez quelles sont les obligations que j'ai de lui obéir. Je n'ai pu résister au cruel commandement qu'il m'a fait, d'aller demander l'emploi de monsieur votre mari en Italie, et qui pis est, je l'ai obtenu. » Mme de Mercœur reçut ce coup, comme je l'avois prévu, avec un déplaisir très-sensible. Je commençois à m'excuser du mal que je lui avois causé, lorsqu'elle m'interrompit pour me dire, avec une bonté inconcevable, que, pour moi, si j'en avois usé autrement, elle ne m'auroit pas estimé, mais que M. le prince de Conti la traitoit bien cruellement; elle se plaignoit encore de Mme la princesse de Conti de n'avoir pas détourné ce coup. Elle s'emporta même contre la facilité que le Cardinal avoit eue en cette occasion au préjudice de monsieur son mari; après cela, elle se mit à pleurer. Je fus sensiblement touché du déplorable état où la douleur la réduisoit, et, plus je trouvois dans son cœur de bonté et de raison pour ne me pas savoir mauvais gré, plus j'étois attendri. Je lui représentai qu'elle devoit se servir de cette occasion pour faire quelque chose d'avantageux pour M. de Mercœur; mais elle étoit tellement affligée qu'elle ne put aller au Louvre.

Elle reçut, huit jours après, un surcroît de déplaisir qui l'accabla entièrement : Mme de Mancini, sa mère, après une fièvre de trois semaines, mourut [1]. J'étois presque le seul qui avoit la liberté de la voir dans sa douleur. Cette princesse n'avoit point d'autre satisfaction que de pouvoir se plaindre de ses malheurs en ma

---

[1] Sa mort eut lieu dans les derniers jours du mois de décembre de l'année 1656.

présence. Comme elle étoit grosse et approchoit de son terme, elle ne rendoit ni ne recevoit aucune visite. Je la voyois tous les jours, et je tâchois, ou par le jeu, ou par quelques nouvelles du monde, de dissiper son chagrin. Elle accoucha assez heureusement, au moins en apparence, et fut dix jours sans ressentir aucune incommodité. Je passai une partie de ces dix jours dans sa chambre, et je la trouvai même plus gaie qu'elle n'avoit été depuis la mort de madame sa mère. Je la raillois de sa délicatesse, et de ce qu'elle gardoit le lit avec un si bon visage et tant de santé. Elle me dit qu'elle ne pouvoit pourtant pas s'ôter de l'esprit une pensée qu'elle avoit eue durant toute sa grossesse, et qu'elle avoit dite cent fois à tout le monde, qui étoit qu'elle ne relèveroit pas de cette couche. Je me moquai de cette appréhension, avec d'autant plus de liberté qu'il y avoit moins d'apparence ; mais elle y persistoit avec une opiniâtreté fort incommode. Mme de Venelles, sa dame d'honneur, depuis sous-gouvernante des enfants de France, étant dans sa chambre, cette duchesse recommença à parler de sa mort en riant, et se divertissoit de la peine qu'elle nous faisoit. Entre autres choses, elle dit que, quand elle mourroit, elle ne pourroit pas s'empêcher de rire de la grimace que feroit Mme de Venelles. Je la trouvai en si bon état et en si belle humeur, que je lui dis : « Madame, il faut vous habiller demain, et nous dînerons au coin de votre feu. » Elle me répondit qu'elle en seroit bien aise, et qu'elle se lèveroit.

Le lendemain, qui étoit un mardi, je vins à midi à l'hôtel de Vendôme. En montant les degrés, on me dit que madame se trouvoit mal ; j'en eus grand chagrin, car tout ce qu'elle avoit dit le jour précédent me revint dans l'esprit. J'entrai dans sa chambre, et lui ayant demandé de ses nouvelles, elle me répondit, en parlant avec difficulté, qu'elle se trouvoit fort mal depuis une heure ; et, de son bras droit, elle alla prendre le gauche, et me le montrant, me dit qu'elle ne sentoit plus ni sa main, ni son bras, et qu'elle étoit paralytique. Les médecins étoient dans une chambre voisine qui consultoient sur son mal. J'y allai. Tous les avis furent qu'il n'y avoit aucun danger ; je courus le dire à la duchesse ; mais je trouvai qu'elle avoit déjà perdu la parole, quoiqu'elle entendît, et qu'elle fût, en apparence, dans un grand repos et sans douleurs. Les médecins soutinrent toujours qu'il n'y avoit aucun danger pour sa vie. Il lui prit ensuite un si grand assoupissement, qu'on commença à craindre que le cerveau ne fût attaqué. On ordonna les ventouses qu'on appliqua d'une si cruelle façon, que cette pauvre duchesse crioit d'une manière à percer le cœur ; elle me regardoit, comme pour me prier d'empêcher qu'on ne la persécutât de la sorte. En cet état déplorable, malgré les ventouses, l'assoupissement augmentoit, et on ne la tenoit éveillée qu'à force de la tourmenter. Cela dura tout le jour. Le soir, les médecins commencèrent à changer de ton, ils dirent qu'il falloit lui donner l'extrême-onction. M. le Cardinal lui vint donner ce sacrement. Elle paroissoit si belle, en ce triste état, qu'on ne pouvoit s'imaginer qu'elle dût mourir sitôt. Elle aperçut, au pied de son lit, Mme de Venelles qui pleuroit. Cette duchesse prit garde à sa grimace, elle me chercha des yeux, et quand elle eut rencontré les miens, elle les conduisit sur le visage de Mme de Venelles, se mettant à sourire, se ressouvenant sans doute de ce qu'elle m'avoit dit le jour auparavant. Son assoupissement, qui augmentoit de plus en plus, acheva de nous ôter le reste de notre foible espérance. Sur les quatre heures au matin du jeudi, elle mourut. Je me retirai dans mon logis. Je n'avois jamais eu de grandes afflictions, et c'est encore, jusqu'à présent, une des plus fortes que j'aie ressenties. Ma première visite fut à M. de Mercœur retiré dans les Capucins. J'y trouvai la consolation de pouvoir m'affliger avec lui. Ensuite j'allai chez Son Éminence. Je n'y trouvai que Mlle de Mancini qui fut quelques jours après comtesse de Soissons [1]; elle loua l'extrême affliction que j'avois témoignée pour sa sœur.

Quand je n'aurois pas eu dessein de me retirer dans mon diocèse par d'autres raisons, ce funeste accident m'en auroit fait naître l'envie. Je n'attendois que la fin de l'Assemblée du Clergé, pour quitter un lieu où je ne voyois plus rien qui me pût être agréable. Mme la comtesse de Soissons me témoigna la confiance qu'elle avoit conçue en moi, en m'envoyant prier de lui faire prêter dix mille livres sur dix mille écus de diamants et de perles que sa première femme de chambre m'apporta. Je les lui prêtai sur l'heure, et loin de prendre ses pierreries, je ne voulois point de son billet, et lui

---

[1] Olympe de Mancini avait été pendant un temps l'objet d'une attention assez vive de la part de Louis XIV, pour donner lieu de croire qu'il l'épouserait; mais la reine mère portait trop haut la dignité de son rang pour y consentir, et tout semble prouver que le cardinal Mazarin lui-même, malgré son ambition pour ses nièces, ne forma jamais un semblable projet; il se contenta pour elle d'une alliance moins éclatante, en lui faisant épouser le prince Eugène, fils du prince Thomas de Savoie, qui prit le titre de comte de Soissons, d'une branche de la maison de Bourbon dont il était héritier par sa mère, la princesse de Carignan.

marquai que je m'estimois trop heureux d'avoir pu lui faire ce plaisir. Depuis ce jour-là, par une honte naturelle, je n'osai lui aller rendre mes devoirs, de peur que mon visage ne lui parût celui d'un créancier. Elle fut aussi timide que moi, et n'osa jamais m'en parler. Enfin après cinq ans, pressé de quelques dettes, je lui fis parler de la mienne, mais le plus honnêtement du monde. Elle me l'a payée depuis en trois années, à diverses reprises; mais ni devant, ni après ce payement, elle n'en a jamais usé avec moi que comme avec une personne fort indifférente.

Je me maintenois toujours assez bien avec M. le Cardinal, et j'en obtins une grâce de très-grande importance. Pendant la vie de mon prédécesseur, le roi avoit établi un président au présidial de Valence; l'évêque, s'y étant opposé, avoit été condamné sur beaucoup de choses qui détruisoient entièrement sa justice. Depuis que j'étois évêque, les messieurs du présidial m'avoient fait appeler pour quelques articles qui restoient à juger, et m'avoient fait condamner, au grand conseil privé, contradictoirement. Cette affaire m'étoit à cœur, par honneur et par intérêt très-considérable. Je tentai, pour dernier remède, de me servir de l'autorité souveraine; j'allai supplier Son Éminence de vouloir faire en sorte que mon affaire, toute jugée qu'elle étoit, fût rapportée dans le conseil d'en haut, et en sa présence. M. le Cardinal eut bien de la peine à m'accorder ce que je demandois, cela étant contre toutes les formes, et n'y ayant point encore eu d'exemple qu'on eût cassé dans le conseil d'en haut des arrêts contradictoirement rendus entre des particuliers. Il ajouta que, s'il faisoit un passe-droit pour moi, tout ce qu'il y auroit d'évêques en France, en de pareilles occasions, lui demanderoient semblables grâces. J'eus la hardiesse de lui répondre : « Tous les autres évêques, Monseigneur, vous ont obligation, et, pour moi, pardonnez-moi, si j'ose vous dire que vous m'en avez. » J'ajoutai tant de raisons et de prières, que mon affaire fut rapportée dans le conseil du roi, qui se tenoit dans la chambre de la reine, où, malgré M. le Chancelier, malgré M. de Lamoignon, rapporteur, M. le Cardinal et la reine firent conclure la chose en ma faveur. Les arrêts rendus en faveur du Présidial furent cassés, et je fus rétabli dans tous mes droits. M. de Lamoignon cependant parla si bien en cette rencontre, qu'encore qu'il n'eût pu rien faire contre moi, il fit beaucoup pour lui. Son Éminence en conçut une si grande estime, qu'il songea dès lors à lui donner la charge de premier président au Parlement de Paris, qu'il a depuis possédée si longtemps, et avec tant de dignité.

Cependant M. le prince de Conti étoit sur son départ pour l'Italie. Comme il avoit beaucoup de choses à demander à Son Éminence, tant pour lui que pour ses domestiques, je fus chargé de toutes ses sollicitations. Entre autres, j'obtins la charge de lieutenant général des armées du roi pour M. de Villars, ce qui nous remit bien ensemble. Ce prince, en partant, me fit plus d'amitiés que je n'en attendois ; il me promit de ses lettres, me demanda des miennes, et me recommanda madame sa femme dans toutes les affaires qu'elle auroit à la cour. Je reçus ses compliments avec beaucoup de respect, sans y répondre rien de positif, et dès qu'il fut parti, je fis mes réflexions sur la situation où je me trouvois. Enfin, tout ce qui s'étoit passé, joint à l'extrême indifférence que la princesse me témoignoit, me fit croire que je ne pouvois plus faire dans sa maison qu'un mauvais personnage. Je donnai ordre, en partant pour Amiens solliciter quelque expédition pour mon frère, à qui j'avois fait donner un régiment d'infanterie[1], de faire sortir tous mes meubles du pavillon de l'hôtel de Condé. En arrivant, M. le Cardinal me prit en particulier, et me demanda comment je m'étois séparé de M. le prince de Conti. « Mieux qu'on ne sauroit penser, » lui dis-je. Il me parla ensuite de l'Assemblée. Le soir, j'allai prendre congé de Son Éminence pour me trouver à la clôture de l'Assemblée, qui devoit se terminer par une harangue que je devois faire, et qui est ici transcrite[2]. Du plus loin qu'il me vit : « J'ai songé, dit-il, à une chose : vous devriez acheter la charge de premier aumônier de Monsieur. » Je lui répondis que je n'étois pas en état de cela, que j'avois peu d'argent, et que j'en devois beaucoup. « Je vous aiderai du mien, ajouta-t-il; j'ai de l'amitié pour vous. » Je le remerciai, et le quittai sans faire réflexion là-dessus.

J'assistai à la fin de l'Assemblée, qui se fit au mois de mai de l'année 1657. L'archevêque de Sens, en sortant des Augustins, prit la route de son diocèse, sans rentrer dans sa maison, averti qu'il y trouveroit un

---

[1] Ce régiment, qui portait le nom de Cosnac, et qui était commandé par Armand, marquis de Cosnac, frère aîné de l'auteur des Mémoires, faisait alors partie de l'armée d'Italie.

[2] L'auteur commet ici une erreur, en rapportant à l'Assemblée de 1655-1657 un fait relatif à l'Assemblée de 1665-1666, où il fut en effet chargé d'adresser au roi le discours de clôture. Ce fut l'archevêque de Bordeaux qui prononça la harangue de clôture de l'Assemblée du clergé close le 23 mai 1657.

ordre du roi qui l'obligeroit à s'y retirer; de sorte que la cabale qui m'étoit contraire me paroissoit assez déconcertée. M. de Candale étoit, en Catalogne, peu considéré de Son Éminence; M. de La Rochefoucauld, dans sa maison de Verteuil, mal avec la cour; M. de Sens, comme exilé; Gourville, prisonnier à la Bastille. Pour Langlade, M. le Cardinal ne pouvoit le souffrir, et il fut réduit à prendre des engagements avec M. Fouquet, le surintendant.

Avant que de me retirer dans mon diocèse, je voulus aller dire adieu à M. le Cardinal. La cour étoit à la Fère; j'y trouvai grand nombre de députés de l'Assemblée, qui venoient pour recevoir les récompenses que M. le Cardinal leur avoit fait espérer : car il promettoit librement. J'étois le seul qui ne demandoit rien. Le lendemain de mon arrivée, M. Roze, secrétaire de Son Éminence pour les bénéfices, me dit, en sortant de la messe, que M. le Cardinal me prioit d'aller dîner chez lui. Le compliment me surprit; j'étois assez libre chez lui, et j'y dînois souvent sans être prié. J'y allai sans pouvoir deviner quel étoit l'objet de cette invitation. Dès que nous fûmes hors de table, il me mena dans son cabinet, et me dit : « M. de Valence, vous savez que je compte sur vous comme sur le meilleur de mes amis; je me trouve embarrassé d'une infinité de personnes à qui j'ai promis des bénéfices; il y en a peu de vacants. Donnez-moi celui que vous m'avez offert pour le chevalier de Rivière. Il n'y a personne en France qui ne se tint heureux que j'en usasse avec lui comme je fais avec vous, outre que, à vous dire le vrai, je serai bien aise d'avoir ce prétexte pour obtenir du roi quelque grâce considérable pour vous. » J'aimois effectivement la personne de Son Éminence; je lui avois obligation; il m'avoit secouru dans tous mes malheurs, et au delà même de son caractère. Je lui répondis sans hésiter, et même avec joie : « Je n'ai rien qui ne soit à Votre Éminence; j'ai encore un autre petit bénéfice, et même si mon évêché l'accommode, elle en peut disposer. » M. le cardinal m'embrassa, et me dit : « Vous êtes trop généreux; il suffit d'un; mais assurez-vous que vous aurez sujet de vous louer du cardinal Mazarin. » Dès le soir, M. Roze vint me dire que M. le Cardinal me prioit de vouloir lui donner la résignation des deux bénéfices que je lui avois offerts : celui de Mazan, pour M. l'évêque de Bayonne, et celui de Saint-Séverin, pour le fils de M. Vallot, qui le permuta avec le neveu de M. l'évêque de Nevers. Je ne fis point paroître ma surprise de ce que Son Éminence demandoit ces deux prieurés; j'en donnai les résignations. Ils valoient sept mille livres de rente en fort belles terres, villes, bourgs et droits seigneuriaux. Deux heures après, en entrant chez la reine, elle me dit, en présence du roi : « Monsieur de Valence, vous avez fait la chose du monde la plus généreuse; » et, m'étant approché de la reine, pour ne pas parler si haut d'un si petit service : « Oh! non, dit-elle, vous en avez trop bien usé; mais vous devez bien croire que vos deux bénéfices vous seront rendus avec usure, et si vous voulez une caution, je m'offre de l'être. »

Je faisois alors assez agréablement ma cour. Un jour, Son Éminence m'appela des fenêtres de sa chambre, et me dit, m'ayant tiré en particulier : « J'ai pris la résolution de faire arrêter l'abbé Ciron, que M. le prince et Mme la princesse de Conti protégent, et de l'envoyer à la Bastille; c'est un janséniste, qui fait des cabales dans Paris, sous prétexte de dévotion, et qui gouverne déjà grand nombre de dames de la cour et de la ville; M. le prince de Conti et ma nièce ne se conduisent que par ses conseils. Je ferai grand plaisir à la reine, qui ne l'aime pas, et je sais aussi qu'il n'est pas de vos amis. » Je lui répondis : « M. l'abbé Ciron m'est assez indifférent, et moi à lui; mais si j'osois, je dirois à Votre Éminence que cet homme, s'établissant sous prétexte de piété, sa prison ne servira qu'à faire croire au monde qu'il est important, et que sa vertu le fait maltraiter. J'aimerois mieux l'envoyer à Toulouse, lieu de sa naissance; Votre Éminence par là le punira davantage. » M. le Cardinal rêva quelque temps là-dessus sans rien résoudre. Le lendemain, comme j'entrois chez la reine, elle me dit tout haut : « Monsieur de Valence, vous êtes un méchant homme; je suis en colère contre vous. » Et puis tout bas : « Vous avez empêché que l'abbé Ciron n'ait été mené à la Bastille. » J'ai toujours cru que Mme de Saint-Loup avoit entendu quelques mots de cette conversation, qu'elle en avoit donné avis à Langlade, qui avoit été bien aise d'écrire à M. le prince de Conti que j'avois rendu de mauvais offices à l'abbé Ciron. Ainsi, lorsque cet abbé eut ordre de se retirer, ce prince ne douta point que son exil de la cour ne fût mon ouvrage.

Je demeurai encore quelque temps à la Fère; mais, appréhendant que si j'y faisois du séjour au delà de ce que j'avois résolu, on ne me soupçonnât d'y attendre la récompense de mes deux bénéfices, j'allai prendre congé de M. le Cardinal. Il me témoigna qu'il ne vouloit pas que je quittasse la cour, qu'on ne m'eût rendu mes bénéfices. Je le suppliai de considérer qu'il y avoit près de trois ans que j'étois évêque sans avoir résidé, et que je ne croyois pas qu'il fût nécessaire que ma présence le sollicitât en ma faveur. Il me parla encore en cette occasion de la charge de premier aumônier de Monsieur, et ajouta qu'il me donneroit dix mille écus pour m'aider à faire cette acquisition. Ce présent me parut assez considérable. Je lui dis que, si je pouvois me flatter de l'espérance de lui être utile dans cet emploi, cette seule raison m'obligeroit à le prendre. Il me dit que je devois, en partant, laisser le soin à quelqu'un de mes amis de négocier la chose avec M. de Saintes [1], et qu'après avoir été deux ou trois mois dans mon évêché, je pourrois venir la conclure. Je pris congé de Son Éminence, et en partant de Paris, je priai Mme de Chalais, ma tante, voisine et amie de M. de Saintes, de s'informer de lui du prix de sa charge, et de m'en donner des nouvelles dans mon diocèse. L'adieu que je fis à Mme la princesse de Conti fut fort succinct, mais fort respectueux.

J'arrivai dans mon diocèse au commencement du mois de septembre de l'année 1657. Je pris connoissance du spirituel et du temporel, et je tâchai d'y mettre un peu plus d'ordre qu'il n'y en avoit. J'appris par Mme de Chalais que M. de Saintes avoit traité de sa charge avec M. l'évêque d'Agde, frère de M. le surintendant Fouquet, à trente-cinq mille écus; mais que Son Éminence, qui commençoit à entrer en quelque ombrage des grands établissements que ces messieurs

---

[1] Louis de Bassompierre, évêque de Saintes, depuis l'année 1648 jusqu'en l'année 1676.

prenoient de tous côtés, avoit détourné cette affaire, et refusé l'agrément, sous prétexte qu'il étoit engagé avec moi; qu'ainsi je n'avois qu'à chercher de l'argent. Je songeois à faire mes fonctions d'évêque; j'avois déjà commencé ma visite, et je m'étois même pressé, sur la nouvelle que j'eus que M. le prince de Conti devoit bientôt passer dans la province, revenant d'Italie, pour s'en retourner à la cour. Comme il s'étoit ouvertement plaint de moi sur la retraite de l'abbé Ciron, j'étois bien aise de ne le point voir, et je crus que ma visite en des paroisses éloignées m'en fourniroit une bonne excuse.

Cependant je reçus une lettre de Guilleragues, qui me donnoit avis que M. le prince de Conti seroit à Grenoble un tel jour, et que le prince désiroit fort de m'y embrasser. Je me contentai de répondre à Guilleragues que je prenois tout ce qu'il me mandoit pour un effet de son amitié. Je me doutois bien pourtant qu'il n'eût osé m'écrire cela sans ordre exprès. Ce prince s'étonna de ne me point trouver à Grenoble, et dit que sans doute j'avois mieux aimé l'aller attendre à Lyon. Ces paroles obligèrent M. Jasse, son trésorier, de m'écrire par un homme exprès. Sa lettre ne fit pas plus d'effet sur moi que celle de Guilleragues; mais comme il y auroit eu de l'indifférence de n'en pas faire au moins excuse, je donnai la lettre qui suit à M. de Chambelan, capitaine dans le régiment d'infanterie de Conti, qui alloit à Lyon.

« Monseigneur, si j'ai mal réussi lorsque j'ai témoigné des empressements auprès de Votre Altesse, peut-être cette fois-ci serai-je plus heureux, en me privant de l'honneur de la voir. J'ai commencé la visite de mon diocèse, et vous ne voudriez pas l'emporter sur Dieu. Je le loue de ce que je ferai une chose que mes ennemis ne pourront pas mal interpréter auprès de vous; encore ne sais-je, car, puisqu'ils ont trouvé le moyen de faire passer pour de mauvais offices les bons que j'ai rendus à M. l'abbé Ciron, je ne saurois plus m'assurer de rien. Il en sera tout ce qu'il vous plaira, je ne cesserai jamais d'être votre.... »

M. le prince de Conti étoit déjà dans Lyon. Il avoit demandé de mes nouvelles à M. le coadjuteur de Vienne qui s'y étoit rendu pour le saluer, et avoit témoigné du dépit de ne m'y pas trouver. Dès qu'il eut lu ma lettre, il se tourna de son côté, et lui dit : « Voilà mon homme, quand il n'auroit pas écrit cette lettre de sa main, j'aurois connu qu'il l'auroit dictée. » Ensuite il la déchira et la jeta dans le feu. J'aurois plus honnêtement fait de ne la pas écrire, et de me trouver au passage de ce prince; mais, cette dernière injustice me remettant en mémoire tous ses mauvais traitements, je crus ne me devoir plus fier à son humeur, et je ne me sentis plus aucun empressement pour ses caresses. Je continuai ma visite jusqu'à la fin de l'année.

Dans le temps que j'étois à Valence, il y passa un très-grand nombre de gentilshommes auvergnats qui alloient au-devant de M. de Candale, leur gouverneur, et fort aimé de toute la noblesse du pays. Il s'en revenoit de Catalogne, et s'en retournoit à la cour. Sur le bruit qui avoit couru que MM. de Montrevel[1] se met-

---

[1] Voici l'origine de cette querelle : le duc d'Épernon, gouverneur de

toient en état de l'attaquer sur la route, tous ces gentilshommes étoient venus s'offrir à lui et l'escorter. Je n'avois pas sujet de me louer de M. de Candale; il avoit été du parti de mes ennemis Cependant je considérai qu'il ne m'avoit pas fait grand mal, que j'en ferois un ennemi déclaré, qu'il pourroit épouser une nièce et me nuire. Je pris donc la résolution non-seulement d'aller au-devant de lui, mais encore de lui offrir ma maison et de l'y traiter. Il voyageoit à cheval pendant un froid et un vent cruels. J'allai le prendre à trois lieues de Valence dans mon carrosse, et le conduisis chez moi. Lorsqu'il y fut, environné de toute cette foule de gens qui l'accompagnoient, il me demanda tout haut comment j'étois à présent avec M. le prince de Conti; je lui répondis : « En vérité, monsieur, je n'en puis rien dire d'assuré; mais je sais que j'y devrois être bien. — Il faut que je vous avoue de bonne foi, reprit-il, que je vous ai rendu de mauvois offices dans son esprit. » Je lui répondis brusquement : « En vérité, monsieur, je crois vous les avoir bien rendus auprès de M. le Cardinal. » Toute cette

---

Bourgogne et de Bresse, et le comte de Montrevel, lieutenant de roi de ce dernier pays, avaient eu des discussions au sujet de leur autorité. Le fils du comte de Montrevel, trouvant son père outragé, provoqua le duc de Candale, fils du duc d'Épernon; celui-ci refusa d'assigner un rendez-vous, disant qu'on se rencontrait tous les jours dans les rues de Paris. Effectivement, le chevalier de Montrevel ayant croisé le duc de Candale, l'obligea de descendre de carrosse et lui fit mettre l'épée à la main; à peine le combat était-il engagé, que La Berte, gentilhomme du duc de Candale, accourut et frappa par derrière le chevalier de Montrevel d'un coup d'épée dans les reins. Le duc de Candale était incapable d'une si lâche trahison, il chassa La Berte; mais le chevalier de Montrevel étant mort des suites de sa blessure, et le duc de Guise ayant pris en main la cause du père de ce gentilhomme, cette querelle avait repris une animosité nouvelle.

noblesse fut surprise d'une réponse si libre; mais lui la prit en galant homme et en sourit; il entra en éclaircissement avec moi devant tout ce monde. Il se plaignoit à moi de ce que j'avois voulu empêcher qu'il n'allât en Catalogne avec M. le prince de Conti; je me plaignis de ce qu'il m'avoit caché cette affaire, en usant mal le premier, puisqu'il me tenoit pour suspect. Ensuite il me tira en particulier, et me dit : « Vous connoissez la cour; je vous prie, ne me déguisez point la vérité; comment croyez-vous que je sois avec M. le Cardinal? — Voulez-vous, lui dis-je, que je parle avec sincérité : je n'ai jamais connu un si grand foible que celui que le Cardinal a pour vous. Il se force depuis quelque temps de faire semblant de vous haïr; cependant on peut dire qu'il vous adore; il n'y a rien que vous ne puissiez vous promettre de la cour et de lui, pourvu que vous vouliez épouser une nièce. »

Cette conversation fut fort longue; avant que de la finir, il me témoigna beaucoup d'estime, s'ouvrit à moi du dessein qu'il avoit de se bien mettre avec la cour, me demanda mon amitié, et me dit que, puisque je m'en allois à la cour, je lui serois en ce pays-là d'un grand usage; qu'il me demanderoit mes conseils; qu'il étoit fort mal satisfait de ceux de Langlade et de Gourville, et que je ne pouvois l'obliger plus sensiblement qu'en voulant bien me mêler de sa conduite. Je répondis à tant de franchise comme je devois. Il ne mangea presque rien, et se plaignit souvent que le grand rhume qu'il avoit pris dans Avignon augmentoit de moment à autre. Toute la nuit il fut incommodé et dormit peu. Je le pressai fort de demeurer pour se mettre dans les remèdes et se rétablir; mais après s'en

être défendu comme par civilité, il me dit tout bas :
« J'accepterois de tout mon cœur cette offre ; j'en ai
même grand besoin ; mais j'ai une terrible impatience
de renvoyer cette noblesse en Auvergne, ce que je ne
puis faire qu'après être arrivé à Lyon. Je vous prie
seulement de me prêter votre carrosse, je n'ai plus la
force d'aller à cheval. » Il ne voulut point déjeuner,
il prit seulement un peu de bouillon, et m'ayant fait
encore beaucoup de protestations d'amitié, il partit
dans mon carrosse. Il arriva à Lyon plus mal ; il y trouva
l'abbé de Roquette, auquel il dit beaucoup de bien de
moi, et lui conta la manière dont nous avions juré
d'être amis ; il se loua fort de la magnificence avec laquelle je l'avois reçu, lui et plus de cent gentilshommes ; ensuite il se mit au lit. Deux ou trois jours après,
il fut en un état qu'on désespéroit de sa vie, et après
avoir encore résisté quelque temps à la violence de
son mal, il y succomba et mourut[1]. Cette mort me
fut sensible ; car la manière dont notre éclaircissement
s'étoit fait me promettoit de sa part une sincère et
constante amitié, et, dans la figure qu'il alloit faire
à la cour, il m'auroit été d'un grand secours.

Quelques jours avant que je fusse en état de m'y
rendre, M. de Chouppes passa chez moi. Il s'en alloit,
par ordre du roi, à Nismes, pour travailler à faire punir
quelques séditieux, et me remit une lettre de Son Éminence, dont voici la copie :

« Monsieur, vous saurez plus particulièrement, par

[1] Il fut le dernier rejeton de la maison de Nogaret, que Henri IV avait élevée à une si haute faveur en la personne du duc d'Épernon, grand-père du duc de Candale. Sa mort arriva le 27 janvier 1658.

le sieur de Chouppes, les résolutions qui ont été prises pour le châtiment des séditieux de Nismes. Je vous prie de contribuer à l'exécution des ordres de Sa Majesté sur ce sujet, tout ce qui peut dépendre de vos soins et de votre crédit; ce sera une preuve de votre zèle que je ne manquerai point de faire valoir, avec toute l'affection que vous pouvez désirer d'une personne qui vous estime autant que je fais, et comme je suis votre affectionné serviteur

« Le cardinal MAZARIN. »

Cette lettre m'obligea de différer mon voyage, me tenant prêt d'aller à Nismes sur le premier ordre que je recevrois de M. de Chouppes, et de lui mener quelques troupes qu'il m'étoit fort aisé de lever dans mes intérêts; mais cette affaire se termina par accommodement.

J'appris, en ce temps-là, l'étrange accident qui étoit arrivé à l'abbé de Mancini, neveu de Son Éminence, dans le collége de Clermont. En jouant avec ses camarades, il avoit reçu un coup à la tête, dont il mourut[1]. M. le Cardinal l'estimoit et l'aimoit beaucoup plus que son aîné, depuis duc de Nevers. Je lui écrivis là-dessus. Ce n'est guère la coutume, en pareil cas, de faire réponse à des lettres de consolation; cependant il eut la bonté de me faire celle-ci toute de sa main :

« Monsieur, je suis assuré que ce n'est pas par compliment que vous m'écrivez sur la mort de mon neveu. L'amitié que vous avez pour moi m'est trop connue, pour douter que cet accident ne vous ait fort

[1] Alphonse de Mancini mourut le 5 janvier 1658.

touché; mais si vous êtes sensible aux choses qui me regardent, vous devez croire que je ne le serai pas moins à toutes celles qui vous concerneront, et que personne n'y prend plus de part que moi, qui suis, monsieur, votre très-affectionné serviteur,

« Le cardinal MAZARIN. »

Au commencement de février, je partis pour Paris. Je passai par Grenoble pour y prendre séance dans le Parlement. Je fus reçu de tout ce corps avec des civilités extrêmes. Je pense que je n'en devois pas tirer grande vanité, et qu'ils envisageoient un peu la posture que je faisois à la cour, et le besoin qu'ils y avoient de moi. Je trouvai là M. Pellot, intendant de la province, fort brouillé avec le Parlement pour l'exécution de quelque ordre du roi, qu'il avoit fait faire avec grande hauteur. Comme c'étoit un homme de mérite, et avec lequel j'avois contracté, pendant le séjour qu'il fit à Valence, une étroite amitié, j'eus assez souvent, pendant mon séjour à Grenoble, des conférences avec lui touchant ces brouilleries. Il se soutint longtemps avec une grande fierté; mais enfin il fut obligé de sortir de Grenoble, sur l'avis qu'il reçut qu'il n'y avoit pas de sûreté pour sa personne. Je fus prié par les députés du pays, et par quelques particuliers du Parlement, de représenter à la cour les intérêts de la province, qui se trouvoit incommodée par les levées que faisoit M. Pellot pour l'exemption du quartier d'hiver. Cette affaire m'obligea, après que j'eus rendu visite à tous les Messieurs du Parlement, de partir aussitôt pour aller à Paris. Je trouvai, à quatre lieues de Grenoble, à la dînée, M. Pellot; et, ayant eu dans la

rue une heure de conversation avec lui, pour lui dire
que je serois bien aise de rendre service à la province
sans le choquer, et pour le prier de ne point aigrir les
choses à la cour, quelqu'un sans doute alla rapporter
à Grenoble que j'avois eu de grandes conférences avec
lui, et que nous nous entendions ensemble. Ce bruit
donna lieu à quelques personnes du Parlement de me
rendre suspect à la province, et depuis j'y ai eu plus
d'ennemis que d'amis. Je continuai mon voyage, qui
fut long et pénible, la rigueur de l'hiver ayant été la
plus grande que j'aie éprouvée de ma vie. Après mon
arrivée, j'allai rendre mes devoirs à M. le prince de
Conti, qui me reçut avec assez de froideur. Son Éminence me traita plus favorablement.

M. de Saintes étoit à Paris, qui pressoit fort, ou de
conclure le marché de sa charge, ou de déclarer à Son
Éminence que je m'en départois. J'en parlai à Son Éminence, qui me témoigna toujours qu'elle seroit fort
aise que je la prisse. Cela m'obligea d'aller trouver
M. le prince de Conti et de lui parler en ces termes :
« Je n'aurois jamais cherché d'autre protection que la
vôtre, si j'avois été assez heureux pour la mériter;
mais, mon trop de zèle pour vos intérêts m'ayant fait
beaucoup d'ennemis, je me trouve obligé de chercher
contre eux quelque appui. On me propose d'acheter
la charge de premier aumônier de Monsieur; je n'ai
pas cru devoir y penser sans votre permission; je vous
proteste que, pour peu que vous y ayez de répugnance,
je recevrai votre refus comme une des plus sensibles
marques de votre bonté. » M. le prince de Conti reçut
mon compliment avec toutes sortes d'honnêtetés, et
me témoigna que, bien loin de s'opposer à ma fortune,

il y voudroit contribuer; et puis, ayant demeuré un instant dans le silence, il ajouta : « Je ne vous demande qu'une chose, mais je vous prie de me l'accorder, c'est que vous examiniez avec soin si, étant évêque, vous pouvez, en conscience, prendre d'autres engagements que ceux de votre diocèse. » Je le remerciai de ses charitables conseils, et, après lui avoir dit que j'aimerois mieux perdre la vie que le souvenir de ses bienfaits, qu'en quelque lieu que la fortune me conduisît, on me verroit toujours le même respect et le même zèle pour son service, je me retirai les larmes aux yeux, et je m'en allai dans l'appartement de Mme la princesse de Conti lui faire aussi mon compliment, qui fut fort sérieux et fort court.

J'étois assez irrésolu sur l'acquisition de cette charge. Beaucoup de raisons m'en dégoûtoient. Elle n'étoit pas encore établie; il me paraissoit fort désagréable de passer mes plus belles années à attendre que Monsieur fût en considération. Je savois ce que c'étoit que de s'engager, et surtout à un maître dont on ne pouvoit encore raisonnablement concevoir aucune grande espérance, quoiqu'il eût quinze ans[1]. Dans cette incertitude, une bagatelle acheva de me déterminer. Monsieur mangeant de la bouillie, dans la chambre de la reine, le roi lui en frotta le visage. Cette raillerie le piqua si vivement, qu'il jeta sur le roi tout ce qui lui en restoit. Cette action, quoique inconsidérée, me parois-

---

[1] L'auteur commet une erreur sur l'âge qu'avait alors ce prince; il était dans sa dix-huitième année, étant né à Saint-Germain le 21 septembre 1640. Monsieur portait alors le titre de duc d'Anjou; il ne prit celui de duc d'Orléans qu'en 1660, après la mort de son oncle, le duc d'Orléans, frère de Louis XIII, qui ne laissa que des filles.

sant partir d'un bon cœur, qui ne peut souffrir d'injures, fit plus d'effet sur moi que le conseil de mes amis et le secours que le Cardinal me donnoit. J'arrêtai avec M. de Saintes que M. le Cardinal régleroit le prix de cette charge, et que j'exécuterois ce qu'il m'ordonneroit. M. de Saintes s'attendit que M. le Cardinal la taxeroit à trente-cinq mille écus, puisqu'il les avoit déjà refusés; mais lorsqu'il lui en voulut parler, il dit qu'il falloit que je lui donnasse vingt-cinq mille écus, et, malgré toutes ses remontrances, il lui répéta toujours que le roi avoit intérêt de fixer ces sortes de charges, qui, sans cette fixation, porteroient celles de sa maison à un prix excessif. Enfin, soit pour plaire au Cardinal, dont il attendoit l'abbaye de Foix, soit de peur de ne pouvoir autrement obtenir la permission de s'en défaire, il n'insista plus, et vint me dire que j'étois bien heureux et bien obligé à M. le Cardinal; que la démission étoit toute prête, et sa charge taxée seulement à vingt-cinq mille écus. Je fus fort aise de ce bon marché, car je ne m'attendois à payer que quinze mille écus, M. le Cardinal m'en ayant promis dix mille; mais, lorsque je voulus les lui demander, il me dit : « Comment! monsieur; ne savez-vous pas que cette charge a été vendue trente-cinq mille écus? n'est-ce pas vous donner dix mille écus, que d'obliger M. de Saintes à vous la laisser pour vingt-cinq mille écus? M. de Saintes me les fait bien payer par les grâces que je lui donne. » Cette adresse, si peu digne d'un ministre aussi puissant, ne me plut pas trop; mais comment et quel biais prendre pour se plaindre d'un homme qui étoit le maître? Il fallut faire semblant d'être fort content; c'eût été l'offenser que de rompre sous ce prétexte. Je donnai vingt-cinq mille écus à M. de Saintes, et je pris sa démission.

Son Éminence m'avoit promis de me faire donner un brevet de retenue; mais je n'en sollicitai point l'expédition, persuadé que je devois bien plutôt songer à faire établir ma charge; ce que je fis avec bien de la peine, seulement cinq années après.

Dès que j'eus prêté serment, je négligeai fort cette dignité qui ne me donnoit aucun emploi auprès de Monsieur. On ne me voyoit chez lui que rarement, et dans des occasions où je ne pouvois pas honnêtement m'en dispenser. J'étois plus agréablement occupé à faire ma cour au Cardinal et à la reine, avec laquelle je jouois tous les jours. J'ai su depuis que le Cardinal, dès que j'eus acheté cette charge, dit à M. de Varangeville, qui étoit pour lors secrétaire des commandements de Monsieur, et celui de ses domestiques qu'il traitoit le mieux : « Je ne sais à quoi a songé l'évêque de Valence, il s'est imaginé sans doute faire une grande fortune et pouvoir tout gouverner dans cette maison; mais il se trouvera bien loin de son compte. » Je ne doute point que le Cardinal, qui vouloit ménager tout le monde, venant à s'imaginer que Varangeville auroit de l'ombrage de ce qu'il m'avoit établi chez Monsieur, avoit été bien aise de lui persuader que c'étoit mon ambition, et non pas lui, qui m'avoit obligé de songer à cette charge. Varangeville se servit de ce discours du Cardinal pour me rendre de mauvais offices dans l'esprit de Monsieur. Comme il étoit pour lors uni d'amitié avec Boisfranc, trésorier de la maison de ce prince, ils me regardèrent tous deux comme une personne dangereuse, et contre laquelle ils devoient de concert prendre des mesures. Ils trouvèrent de favorables dispositions dans l'esprit de Monsieur, et dès le moment qu'ils l'avertirent que le Cardinal disoit que je prétendois le gouverner, je lui devins odieux. De mon côté, je les délivrai bientôt d'inquiétude, et loin de me presser pour le gouvernement et la faveur d'un maître alors si peu considéré, je lui faisois très-rarement ma cour, et ne le voyois presque jamais que chez la reine.

Varangeville étoit un Normand qui avoit assez d'esprit, mais tellement emporté, si fier dans la prospérité, si bas dans le malheur, si plein de l'opinion de soi-même, si dépourvu de conduite, que je ne cherchai point à me faire un ami d'un homme d'ailleurs si impérieux et si extravagant, qu'il auroit prétendu être, en quelque façon, mon maître. Boisfranc me parut alors homme de petit mérite, d'un esprit et d'un sang médiocres, d'un caractère à être toujours inférieur et subalterne. Depuis ce temps, je l'ai trouvé d'une vanité grossière et cachée, fourbe et malin plus qu'on ne l'auroit cru capable de l'être, intéressé, à qui la faveur d'un maître et la bassesse des domestiques avoient persuadé, malgré son petit génie, qu'il étoit capable de grandes choses. L'amitié du maréchal du Plessis, par sa qualité et par sa charge de gouverneur de Monsieur, auroit pu faire quelque honneur et être de quelque utilité; mais cet homme, qui a acquis de la réputation dans les armes, étoit peu de chose pour la politique et pour la société civile; envieux, intéressé, jusqu'à ne pouvoir souffrir qu'une personne eût du mérite ou pût prétendre, auprès d'un maître, des grâces qu'il croyoit lui appartenir à lui seul; abandonné à ses plaisirs, méchant ami, fourbe, plein de petites inventions indignes d'un homme de sa naissance. C'étoit pour lors tout ce qui pouvoit faire figure chez Monsieur. Tels gens ne pouvoient fort attirer mes soins par leur mérite; aussi je les négligeai fort.

Cependant je ménageois toujours, auprès du Cardinal, l'affaire du Dauphiné. J'avois deux vues : l'une de plaire à ce ministre, l'autre de servir en même temps une province dans laquelle j'avois un établissement. Depuis mon arrivée à la cour, les brouilleries et l'aigreur s'étoient encore augmentées à Grenoble. Le Parlement avoit appuyé les intérêts de la province, et s'étoit déclaré contre M. Pellot. Un valet de pied du roi, qui avoit porté des ordres à Grenoble, avoit couru risque d'être jeté dans la rivière par une troupe de séditieux, et la cour étoit tellement animée contre quelques particuliers du Parlement, qu'elle avoit envoyé ordre au président de Saint-Julien et à MM. de Pisançon et de Bressat de venir rendre compte de leurs actions. Ces Messieurs étoient depuis quelque temps arrivés à Paris, sans qu'ils eussent pu être écoutés. Comme toutes ces affaires s'étoient commencées sans la participation de M. de Lesdiguières, gouverneur du Dauphiné, il n'avoit pas trouvé à propos de se mêler dans la suite. M. Le Goux de La Berchère, qui étoit premier président de ce Parlement, et qui se trouvoit à la cour, eût bien voulu en être le négociateur, mais il n'étoit pas agréable au Cardinal, de sorte que ces Messieurs eurent recours à moi.

La première fois que je l'entretins sur ce sujet, je le trouvai fort irrité contre eux; il écouta pourtant les excuses dont je me servois pour l'apaiser; mais comme sa colère étoit dans sa première force, il fallut temporiser. La cour partit pour aller du côté d'Amiens[1]. Le lendemain, les Messieurs du Parlement de Grenoble reçurent un ordre du roi de suivre la cour. Cet ordre les surprit, jugeant bien qu'ils s'en alloient sur les frontières faire des dépenses excessives, et souffrir des fatigues insupportables. Je les vis si affligés, que je m'offris à partir le même jour pour faire révoquer cet ordre; et en effet, ayant joint le Cardinal à Amiens, je le suppliai si vivement de laisser à ces Messieurs la liberté de venir à Paris, qu'il me l'accorda. J'entrai avec Son Éminence sur les expédients qu'il y avoit pour apaiser ces désordres, et je ne contribuai pas peu à lui faire prendre celui d'obliger le Parlement de Dauphiné de faire payer la somme à laquelle la ville de Grenoble avoit été taxée pour l'exemption du quartier d'hiver. Je fis considérer à Son Éminence que, si la capitale avoit une fois payé, tout le reste de la province suivroit aussi son exemple, et que personne n'apporteroit plus d'obstacle à la levée des trois cent mille livres, qui avoient été imposées par M. Pellot, et qui étoient la cause et le fondement de tous les désordres. A mon retour à Paris, je fis connoître à ces Messieurs qu'il falloit qu'ils obligeassent le Parlement à faire payer la ville de Grenoble, et que leur liberté étoit à ce prix-là. Ils se promettoient bien que, s'ils avoient la permission de s'en retourner à Grenoble, ils feroient donner au roi et à Son Éminence la satisfaction qu'ils désiroient; mais il n'y avoit pas d'apparence d'obtenir leur retour par avance sur cette

[1] Campagne de 1658, dont un des principaux faits fut le siége et la prise de Dunkerque par le maréchal de Turenne.

promesse. Je pris donc le parti d'aller moi-même à Grenoble, solliciter cette affaire, et après les avoir pressés d'écrire à leurs amis, j'écrivis mon dessein à Son Éminence. Elle me fit cette réponse :

« Monsieur, je suis bien aise que vous vous disposiez à vous rendre au plus tôt en Dauphiné, pour joindre vos soins à ceux du sieur Pellot pour l'avancement du service du roi. Vous savez ce que je vous ai dit sur les affaires de ce pays-là : il est juste que le Parlement et la province fassent le premier pas, en obéissant aux ordres de Sa Majesté. Après cela, je m'emploierai de tout mon cœur, afin que l'un et l'autre ressentent des effets de la bonté du roi ; mais je vous conjure derechef de faire humainement tout ce que vous pourrez, afin que le sieur Pellot puisse remettre au plus tôt une somme notable à Lyon. Car, à moins que nous n'ayons promptement ce que le Dauphiné doit donner, qui est, comme vous savez, destiné aux dépenses de l'armée d'Italie, il faut que cette armée et toutes les affaires du roi en Italie périssent absolument. Je suis, etc. »

Cette lettre m'obligea de partir dès l'instant que je l'eus reçue. En arrivant à Grenoble, j'eus une conférence avec Messieurs du Parlement, et ensuite je fis assembler le Conseil de ville. Je leur proposai de faire payer la taxe de Grenoble, et je leur promis que, moyennant cette soumission, tout seroit apaisé, et que Messieurs du Parlement reviendroient. Je trouvai beaucoup d'incrédules, et en effet il étoit assez extraordinaire qu'une affaire qui avoit tant fait d'éclat, se terminât si facilement. Je me tourmentai tant, que je fis conclure qu'on feroit ce payement, et la chose fut exécutée. Je m'en retournai après cela dans mon diocèse, d'où j'écrivis à Son Éminence le succès de ma négociation; et je lui demandai, conformément à sa parole, le retour des exilés. Voici sa réponse :

« Monsieur, je ne puis que louer votre zèle et votre bonne conduite dans tout ce que vous avez fait pour le service du roi avec les Messieurs du Dauphiné, ce que j'ai encore mieux reconnu par les lettres du sieur Pellot que par les vôtres. Vous ne devez point douter que je ne satisfasse à la parole que je vous ai donnée à l'égard du Parlement de Grenoble et des exilés, d'autant plus que c'est une compagnie que j'ai toujours fort considérée. Je suis, etc. »

Quelques jours après je reçus cette autre de M. Le Tellier :

« Monsieur, le roi m'a commandé de vous faire savoir que, par l'entremise de Son Éminence, il a trouvé bon d'accorder à MM. les présidents et conseillers du Parlement de Grenoble qui sont à Paris, la liberté de se retirer chez eux et d'exercer leurs charges, parce que, comme cette résolution a été prise en suite de ce que vous avez fait de delà, il est sans doute que ce n'est pas ce qui y a le moins contribué. Les lettres de Sa Majesté, nécessaires pour cela, leur ont été renvoyées; il ne tiendra qu'à eux de se rendre quand ils voudront dans la province. Je suis, etc. »

J'envoyai les lettres de Son Éminence et de M. Le Tellier à Grenoble, pour donner avis au Parlement du retour de leurs confrères. J'espérois qu'elles me donneroient dans ce corps quelque considération et quelque reconnoissance d'un succès si heureux, et qui m'avoit coûté tant de fatigues et de dépenses ; mais, comme je l'ai déjà dit, il s'y trouva certains esprits envieux, qui appréhendèrent que je ne prisse trop d'autorité dans la province, et qui, par ce motif, rendirent ma conduite suspecte, et m'empêchèrent de prendre des liaisons et des mesures avec ces Messieurs, qui ne leur auroient pas été inutiles.

J'étois sur le point d'aller passer l'hiver à Paris, quand je reçus la nouvelle que la cour venoit à Lyon[1]. Je m'y rendis. Son Éminence me reçut avec beaucoup d'amitié, me fit des reproches obligeants de ce que je ne lui avois point parlé de mes bénéfices, et dit publiquement à tout le monde qu'il étoit mon

---

[1] La cour arriva à Lyon le 30 novembre 1658, où elle précéda de quelques jours la cour de Savoie. Des fêtes brillantes furent données aux deux cours réunies. On tira dans une île de la Saône un feu d'artifice représentant la prise de la Toison d'Or, gardée par un dragon qui lançait des flammes. A l'une de ces fêtes, il arriva à Monsieur une aventure qui lui fit peu d'honneur. Mlle de Montpensier ne pouvant plus songer à épouser le roi, se serait volontiers rabattue sur ce prince ; elle ne le quittait point, et renversant les rôles, on peut dire qu'elle lui faisait la cour. Elle lui proposa donc un soir de se masquer avec elle, et d'aller ensemble à un bal donné par le maréchal de Villeroy. Ils s'y rendirent, chacun les reconnut, mais respecta leur incognito. Le comte de Guiche, l'un des favoris de Monsieur, le respecta à sa manière ; il ne trouva pas de plus bel amusement que de donner, pendant la danse, des coups de pied à Monsieur dans un endroit où, sans les voir, il pouvait assurément les sentir. Il paraît que ce prince trouva ce jeu fort plaisant, car il ne s'en fâcha point, suivant son habitude de trouver tout bon de la part de ceux qui avaient le don de lui plaire. Le lendemain l'aventure fit grand bruit, on se scandalisa fort, la reine et le Cardinal crurent devoir s'en mêler, et le comte de Guiche fut obligé de quitter la cour.

Voir, pour des détails plus circonstanciés, en ce qui concerne les fêtes données à Lyon : le numéro du 20 décembre 1658 du *Recueil des Gazettes*; et en ce qui touche l'aventure survenue à Monsieur : les *Mémoires* de Mlle de Montpensier.

débiteur. Pendant tout ce voyage, je fus aussi peu attaché à la cour de Monsieur que par le passé, hors quelques jours de fêtes où je me trouvois au devoir de ma charge; et je faisois mon capital, pour mes affaires, de m'entretenir avec le Cardinal, et pour mon plaisir, de jouer avec la reine.

Je crois que je fus un des premiers qui s'aperçut que le voyage de Madame de Savoie n'auroit pas un si favorable succès qu'elle l'avoit espéré [1]; car dans les premiers jours de son arrivée, chaque courtisan s'efforçant de louer la princesse sa fille, dans l'incertitude qu'elle fût ou ne fût pas notre reine, la reine mère ne put s'empêcher de témoigner que ces louanges ne lui plaisoient pas. Je sus aussi, par une autre aventure, la conclusion de la paix qui se traitoit pour lors avec Pimentel [2] fort secrètement. Étant seul dans la chambre de la reine, M. le Cardinal y entra sans m'apercevoir, parce que j'étois dans l'enfonçure d'une fenêtre. Il lui dit d'abord : « Madame, je viens vous donner une bonne nouvelle; la paix est conclue, il n'y a que le pape au monde qui la puisse empêcher. » Comme je compris que le Cardinal croyoit être seul, je me retirai sans être découvert.

La cour, après avoir demeuré six semaines à Lyon, s'en retourna à Paris, où je ne voulus pas la suivre,

[1] La principale cause qui fit manquer le mariage projeté du roi avec la princesse de Savoie, fut la perspective d'une alliance bien autrement avantageuse avec l'infante d'Espagne, alliance dont on commençait à traiter en même temps que des préliminaires de la paix avec cette puissance. Tout ce que la duchesse de Savoie put obtenir, fut une promesse signée du roi d'épouser sa fille, si son mariage avec l'infante n'avait pas lieu. Quelque temps après, la princesse de Savoie épousa le duc de Parme.

[2] Don Antonio, marquis de Pimentel, envoyé du roi d'Espagne.

parce que j'avois résolu de continuer la visite de mon diocèse. Je m'en retournai donc à Valence dans ce dessein vers le commencement de l'année 1659.

Un an après, la cour vint en Provence. Je m'y en allai et la trouvai à Aix. Dès que le Cardinal me vit, il se mit en une espèce de colère contre lui-même ; mais cette colère me parut si étudiée, que je commençai de soupçonner qu'il pouvoit y avoir de la fourberie. « Il vous semble, me dit-il, que je n'ai rien à faire qu'à songer à vous ; j'ai toutes les affaires de l'Europe qui m'occupent, et c'est bien la moindre chose dont vous deviez vous charger, que de me faire souvenir que je suis votre débiteur, et il ne tient pas à vous que je ne sois un ingrat. Je vais vous faire commander par le roi de ne plus quitter la cour, que je ne sois quitte avec vous. » Je répondis à sa raillerie assez sérieusement, ce qui l'obligea de me dire que, tout de bon, il vouloit que je le suivisse à Saint-Jean-de-Luz, où il devoit encore retourner avant que le roi arrivât. Il me dit aussi que le roi, à sa prière, avoit accordé le gouvernement de Languedoc, vacant par la mort de M. le duc d'Orléans, à M. le prince de Conti, et ajouta, baissant sa voix (je ne sais si ce fut par confiance en moi ou par adresse) : « Monsieur a été fort en colère de n'avoir point ce gouvernement ; mais j'ai fait ma paix avec deux petits tableaux. Au reste je vous avertis que Monsieur ne fait rien ni ne sait rien qu'il ne dise à la reine, et un moment après la reine me redit tout. »

La cour, après avoir été à Aix, à Toulon et à Marseille [1], s'en alla en Avignon, où elle passa tous les

---

[1] Peu de temps avant l'arrivée de la cour à Marseille, le gouverneur de la ville, le duc de Mercœur, ayant voulu intervenir pour l'élection des

derniers jours du carême[1]. Une chose qui marque bien le caractère du Cardinal, c'est qu'étant à vêpres le jour de Pâques, dans l'église métropolitaine, il me fit remarquer le tombeau du pape Jean XXII, et le louant avec une grande exagération, il me dit que c'étoit un des plus grands papes qui eût jamais été, et qu'en mourant il avoit laissé huit millions.

Pendant ce séjour, Mme de Lyonne revint d'Espagne ; elle y avoit vu l'infante, et avoit fait faire un habit pareil au sien, afin de paroître à la cour avec cet habit, et de divertir Leurs Majestés. Le roi s'informa fort de l'infante ; elle dit, comme il étoit vrai, que c'étoit une très-belle princesse ; mais elle ajouta qu'elle étoit *justement de sa taille*. A cette parole, le roi surpris, se retourna du côté de la reine, et j'entendis qu'il lui dit : « *Vous voulez donc que j'épouse une naine ?* » La reine fut très-mal satisfaite du peu de prudence de Mme de Lyonne, qui avoit cru pourtant bien faire sa cour, car l'infante étoit plus petite qu'elle.

D'Avignon, la cour passa à Montpellier. M. le Cardinal y fut fort incommodé de la goutte, et ne put suivre Leurs Majestés qui s'en allèrent voir Perpignan, en attendant le temps qu'on avoit résolu de se rendre sur la frontière d'Espagne.

---

consuls, des troubles avaient eu lieu. Le roi, pour témoigner hautement son mécontentement contre une ville qui comptait des séditieux parmi ses habitants, fit son entrée par une brèche, après avoir fait démolir une partie des murailles et une des portes de la ville, sur laquelle était une inscription en l'honneur de Henri IV, où se trouvaient ces mots qu'on fit passer pour séditieux : *Sub cujus imperio summa libertas.*

[1] Les troupes du pape vinrent au-devant du roi, et se rangèrent en haie sur son passage ; mais elles ne rentrèrent point dans la ville, dont la garde fut confiée à la maison militaire qui accompagnait toujours Louis XIV dans ses voyages.

De Perpignan, la cour partit pour Carcassonne, où Son Éminence s'étoit fait porter. Le roi eut tant d'impatience de revoir le Cardinal, qu'il prit la poste à Narbonne, pour arriver à Carcassonne avant la reine. Son Éminence commençant à se mieux porter, on partit pour Saint-Jean-de-Luz, où l'on apprit que le roi d'Espagne étoit déjà à Fontarabie.

M. le Cardinal et don Louis de Haro, premier ministre d'Espagne, commencèrent leurs conférences dans cette île qui est sur la rivière de Bidassoa, entre les deux royaumes de France et d'Espagne. Lorsque tous les articles de la paix et du mariage du roi avec l'infante eurent été réglés, le roi d'Espagne vint dans cette île avec toute sa cour et avec l'infante. La reine s'y rendit aussi avec Monsieur. Cette entrevue du roi d'Espagne avec notre reine s'y fit avec beaucoup de joie de la part de la reine, qui s'avança avec grande tendresse pour embrasser le roi d'Espagne, son frère; mais ce roi la reçut avec une extrême froideur, que les Espagnols appellent gravité. Pendant cette sérieuse entrevue, le roi vint *incognito* voir l'infante; il n'entra point dans cette salle où étoient Leurs Majestés, mais de la porte, il regardoit l'infante. Le Cardinal dans ce temps s'approcha d'elle, et lui dit en espagnol : « Que vous semble de ce cavalier? » L'infante répondit : « *Me pare moi lindo* [1]. » Dans cette entrevue, il fut résolu que les deux rois se verroient le lendemain et jureroient la paix. Chacun d'eux étant arrivé dans cette même salle, la paix fut solennellement jurée, chaque roi étant à genoux dans son royaume, et n'é-

---

[1] *Me parece muy lindo*, il me paraît fort joli.

tant tous deux séparés que de la longueur d'une table. Après cette action, les deux rois se retirèrent. Quelques jours après, le mariage ayant déjà été célébré à Saint-Sébastien, ils revinrent dans cette même île, pour se dire adieu et pour remettre l'infante entre les mains de la reine. Cet adieu se passa entre le roi d'Espagne et l'infante, sa fille, avec beaucoup de tendresse et de pleurs. Ensuite, la reine mère et l'infante montèrent dans le même carrosse, pour revenir en France. A un quart de lieue de la conférence, on avoit préparé une superbe collation. On continua la marche et on conduisit l'infante avec magnificence au milieu d'une grande affluence de peuple et de carrosses à Saint-Jean-de-Luz; et deux jours après, le mariage fut célébré dans la paroisse du lieu, par l'évêque de Bayonne[1].

On avoit préparé dans l'église, selon la coutume toujours pratiquée dans de pareilles cérémonies, des siéges pour les ambassadeurs du côté de l'Évangile, et du côté de l'Épître pour les évêques. Messieurs les ducs et maréchaux de France prétendoient aussi avoir un banc dans l'église pendant cette cérémonie, parce que les évêques en avoient un. Ils commencèrent même à menacer que, si on n'ôtoit pas le banc qu'on avoit préparé pour les évêques, ils s'en serviroient

[1] La célébration définitive du mariage du roi et de l'infante, qui eut lieu le 9 juin 1660, avait été précédée d'un mariage par procuration dont la cérémonie fut faite à Saint-Sébastien. La cour d'Espagne était seule présente; seulement Mlle de Montpensier, *incognito*, et un petit nombre de personnes de la cour de France avaient obtenu à grande peine d'y pouvoir assister. Louis XIV n'était pas représenté par un ambassadeur français, mais par don Louis de Haro, premier ministre d'Espagne. Ondedeï, évêque de Fréjus, créature du cardinal Mazarin, était porteur de la procuration du roi qu'il remit pendant la messe à don Louis de Haro.

pour eux. Ils allèrent aussi sur l'heure se plaindre à
Son Éminence, comme si c'eût été une nouveauté.
M. le Cardinal, qui avoit beaucoup plus de considération pour les ducs et pour les maréchaux de France
que pour les évêques, naturellement plus dépendants
de lui, envoya des ordres pour faire ôter le banc. La
plupart avoient déjà pris leurs places, on les fit lever
avec quelque scandale. Nous étions douze évêques
dans l'église. Nous députâmes à Son Éminence sur
cette espèce d'insulte ; elle reçut fort mal nos plaintes,
nous reprochant que nous devions être dans nos diocèses, et non pas à Saint-Jean-de-Luz. Cependant,
ceux de nous qui ne devoient pas être à la cour, parce
qu'ils n'y avoient pas de charges, y étoient venus ap-
pelés par lui-même. L'affront pourtant en demeura
aux évêques, par la lâcheté de l'évêque de Bayonne[1],
qui ne voulut jamais déférer à la plupart de ses confrères, qui disoient qu'il ne devoit point achever la cérémonie du mariage, qu'on n'eût rendu aux évêques
un honneur qui leur étoit dû, et dont, de mémoire
d'homme, on ne leur avoit jamais disputé la possession. Nous étions quatre évêques, M. de Rennes[2], depuis archevêque d'Auch, MM. de Périgueux[3], de Langres[4] et moi, qui n'avions point d'intérêt personnel à
avoir ce banc. Comme nous avions des charges, nous
étions obligés d'être auprès de nos maîtres. Cependant, chacun de nous, excepté M. de Langres, grand
aumônier de la reine, qui craignoit de perdre sa

---

[1] Jean Dolce.
[2] Henri de La Motte-Houdancourt.
[3] Cyr de Villers-la-Faye.
[4] Louis Barbier de La Rivière.

charge, offrit de sortir de l'église pour témoigner le ressentiment de l'injure qu'on faisoit à notre caractère; mais dans le temps qu'on délibéroit, le roi et la reine arrivèrent dans l'église avec une si grande foule, que, quand nous aurions voulu en sortir, il n'eût plus été en notre pouvoir. Ainsi, la cérémonie s'acheva en notre présence. Le soir de ce même jour, étant allé chez le Cardinal, il me dit qu'un maréchal de France s'étoit vanté, en sa présence, que s'il eût trouvé un évêque assis, et qu'il eût été debout, il l'auroit pris par la main et se seroit mis à sa place. On nous avoit déjà dit, dès l'après-dînée, que ce discours si plein de bravoure étoit du maréchal de Villeroy. Je répondis assez brusquement : « A tel évêque ce maréchal se seroit adressé, qu'on peut dire que de sa vie il n'eût vu une occasion si chaude. » Cette réponse divertit fort le Cardinal, qui n'aimoit ni n'estimoit pas trop le maréchal de Villeroy, quoique, pour des raisons trop longues à dire, il le traitoit bien en apparence.

Quelques jours après, M. le Cardinal commença à tomber dans une langueur assez fâcheuse, qui lui dura pendant tout le chemin. En arrivant à Fontainebleau, son mal redoubla et fit craindre pour sa vie. J'allai le voir le jour qu'il partit de Fontainebleau pour se faire porter à Vincennes, et il me parla encore de mes bénéfices. De Vincennes il alla à Paris, et, sa maladie continuant, il ne fut plus permis de le voir. Je lui fis souvent demander cette liberté; il s'en excusa toujours sous prétexte de sa maladie. Je commençai alors, mais trop tard, à m'apercevoir que mon visage lui étoit devenu importun, parce qu'il sembloit lui reprocher le peu d'exactitude qu'il avoit eu à me remplacer les deux bénéfices que je lui avois donnés de si bonne grâce.

Le mariage de Monsieur et de la princesse d'Angleterre[1], qui se traitoit depuis quelque temps, ayant été alors arrêté, il arriva une assez grande contestation entre l'abbé de Montaigu, grand aumônier de la reine d'Angleterre, et moi, à qui feroit ce mariage. Cet abbé prétendoit, et peut-être avec assez de justice, que cette cérémonie se faisant chez la reine d'Angleterre, c'étoit à lui à faire cette fonction. Je soutenois, au contraire, que, s'agissant d'un sacrement à Monsieur, et d'engager sa personne, M. l'abbé de Montaigu ne devoit pas disputer cet honneur à un évêque, premier aumônier de ce prince. La reine mère étoit entièrement dans les intérêts de M. l'abbé de Montaigu, et Monsieur étoit fort pour moi. La chose fut agitée devant le roi, chez M. le Cardinal, et il fut arrêté que je célébrerois le mariage, mais que j'en ferois la civilité à M. de Montaigu. Tout cela fut exécuté[2].

[1] La princesse Henriette d'Angleterre, fille de l'infortuné Charles Ier, avait été élevée à l'école du malheur. Elle était née à Exeter le 16 juin 1644, au milieu des guerres civiles. La comtesse de Moreton, sa gouvernante, parvint, deux années après, à la soustraire aux mains des rebelles et à la conduire en France auprès de sa mère Henriette de France, fille de Henri IV, qui vivait dans la plus profonde retraite au couvent de Sainte-Marie de Chaillot. Charles II, frère de la princesse Henriette, venait à peine d'être rétabli sur le trône d'Angleterre, lorsque fut célébré le mariage de sa sœur avec le duc d'Orléans.

[2] On lit dans le *Recueil des Gazettes* : « 30 mars 1661. — Monsieur fit le matin ses dévotions en l'église de Saint-Germain-l'Auxerrois, où il communia par les mains de l'évêque de Valence, son premier aumônier, ainsi que la princesse d'Angleterre à Saint-Eustache, pour se disposer à la solennité de leur mariage. Le soir, après que le contract eut été signé par Leurs Majestés et la reine d'Angleterre, ils furent fiancés au Palais Cardinal, dans le grand cabinet de Sa Majesté Britannique, en présence de Leursdites Majestés, de Mlle d'Orléans, du prince et de la princesse de

M. le Cardinal empiroit tous les jours; on en vint même à n'en plus rien espérer. Je crus qu'en cet état il me seroit honteux et inutile de l'importuner. Un matin, étant venu de Paris à Vincennes pour y faire ma cour, on me dit que j'allasse promptement dans la chambre de Son Éminence, et qu'on lui donnoit l'extrême-onction. Je trouvai la chambre toute remplie de monde à genoux. M. le Cardinal étoit assis dans un fauteuil, à côté de son lit. Il m'aperçut, et dès que les prières furent achevées, il cria qu'on me fît approcher. Dès que j'eus fendu la presse, il me dit deux fois de suite, d'un ton fort touchant : « Monsieur de Valence, je vous demande pardon, » ayant toujours les yeux sur moi, tandis que je m'approchois pour lui baiser la main. J'ai toujours eu dans l'esprit qu'il cherchoit en soi-même quelque chose à me donner au lieu de mes deux bénéfices; mais, par un fâcheux contre-temps, dans cet instant, M. de Colbert entra à la tête de ses autres domestiques, et se vint jeter à ses pieds pour lui demander pardon, comme il se fait toujours quand un maître se meurt. Ainsi cette foule de monde, le bruit que l'on fit, l'état où il étoit l'empêchèrent de songer à moi. Il fut encore deux jours à combattre le mal; mais personne ne le voyoit, que son confesseur et ses plus

Condé, du duc d'Enguien, du duc de Vendôme, du prince Palatin, du comte de Saint-Albans, ambassadeur extraordinaire du roi de la Grande-Bretagne, et de divers autres seigneurs et dames de marque. Le lendemain, la cérémonie des épousailles se fit dans la chapelle de l'appartement de la reine d'Angleterre, par le même prélat, où se trouvèrent aussi Leurs Majestés, accompagnées du prince de Condé et de quelques autres principaux de la cour; et le soir elles allèrent souper avec Sa Majesté Britannique et ces illustres mariés, le tout s'étant passé avec la somptuosité et la joie qu'il est aisé d'imaginer. »

confidents domestiques. Il mourut véritablement en grand homme, disposant tranquillement de ses affaires, écrivant divers billets en France, en Italie, distribuant à quelques gens de la cour des bijoux de prix, en envoyant même à quelques particuliers dans Rome, ne témoignant aucune crainte basse, n'affectant aucune grandeur de courage; et, comme s'il n'eût pas daigné se préparer pour cette dernière action, après avoir chrétiennement rempli ses devoirs envers Dieu, il la fit de même qu'une autre action de sa vie, c'est-à-dire comme un vrai sage, à qui la mort paroissoit indifférente, et qui se regarde mourir comme spectateur.

Sa conversation étoit agréable, sa taille et sa mine avantageuses; un jugement très-solide, de l'esprit et de la pénétration dans les affaires au delà de toute expression. Dans la faveur, il étoit doux et humain, plus que les autres ne le sont ordinairement dans la disgrâce; trop avare, trop facile à promettre, trop peu religieux à tenir ce qu'il promettoit; ne sachant ni bien aimer ni bien haïr; récompensant et gratifiant, non selon le mérite, mais selon le besoin qu'il avoit des personnes; n'estimant que les services présents, se moquant du passé; le plus commode favori que l'on verra pour les gens établis, de très-difficile accès pour ceux qui cherchoient quelque établissement. Il mourut le 8 mars 1664, à Vincennes.

Plus j'étudiois les maximes, la conduite, l'esprit de Monsieur, plus je me confirmois dans l'opinion que sa faveur, quand j'aurois pu y parvenir, me seroit non-seulement inutile, mais encore dangereuse. Je n'eus donc pas grande peine à quitter la cour, pour aller travailler à la visite de mon diocèse jusqu'à l'automne. Je tombai alors dans une maladie, où je fus abandonné des médecins; je demeurai tout l'hiver si mal, que mes amis crurent que je n'en reviendrois point. M. de Saint-Ferréol, gouverneur de la ville de Die, trouva ce temps favorable pour usurper mes droits dans cette ville, dont l'évêque est le seigneur. Pour l'exécution de son dessein, il se servit de l'autorité du roi et de l'appui du premier président de Grenoble, qui exerçoit pour lors la charge de gouverneur de la province, en l'absence de M. de Lesdiguières. Il fit emprisonner quelques officiers de ma justice, qui s'opposoient à ses entreprises, et ainsi n'oublia rien pour anéantir mon autorité par ses violences. Dès que je fus en état de songer à cette affaire, j'obtins un arrêt du Conseil, par lequel tous les différends que j'avois avec ce gouverneur furent évoqués; Saint-Ferréol fut ajourné pour comparoir. Enfin, ayant reçu de M. Le Tellier lettres sur lettres, je m'y rendis au mois de février 1663. Ce ministre fut commis par Sa Majesté pour examiner tous nos différends. Je portai tous mes papiers chez lui. Mes prétentions étoient d'une longue discussion, mais si bien justifiées, que, voyant qu'il ne pouvoit me condamner, quoique les intérêts de Saint-Ferréol lui eussent été fortement recommandés par M. de Lesdiguières et par M. le marquis de Louvois, il prit le parti de dire à Sa Majesté qu'il étoit nécessaire qu'elle renvoyât cette affaire à quelque personne qui eût plus de loisir que lui.

Le roi nous renvoya devant M. le prince de Conti. Je lui portai tous mes actes, Saint-Ferréol, les siens. Il rendit compte de tout au roi avec tant d'exactitude et de netteté, que Sa Majesté, parfaitement instruite, ne trouva pas la moindre difficulté, non-seulement à condamner Saint-Ferréol sur toutes ses demandes, au nombre de sept; mais, outre cela, il lui fut ordonné de me venir faire réparation des plaintes injustes et calomnieuses qu'il avoit formées contre moi. Cet arrêt fit un merveilleux effet dans la province, et me donna plus d'autorité que jamais dans mon diocèse. Saint-Ferréol, devenu traitable par ce mauvais succès, fut trop heureux de témoigner qu'il désiroit bien vivre avec moi. Je le reçus avec autant de civilité que si nous n'eussions point eu de différend ensemble. Après avoir terminé cette affaire, comme je ne trouvois plus à la cour les mêmes agréments que j'y avois du temps du cardinal Mazarin, je songeai à me retirer dans mon diocèse. La reine mère avoit bien pour moi les mêmes bontés, mais elles se réduisoient à me faire jouer tous les jours avec elle. Pour Monsieur, il avoit merveilleusement bien conservé et augmenté la réputation, qu'il s'étoit si justement acquise, de n'être capable, ni de secret, ni de conseil.

Un peu après que je fus arrivé à Valence, je reçus un ordre de Sa Majesté, de recevoir M. le cardinal Chigi, légat *a latere* [1]. Dans cette même lettre, le roi me défendoit de paroître devant ce cardinal, en ca-

[1] Le cardinal Chigi, neveu du pape régnant Alexandre VII, venait en France en 1664, pour la réparation d'une insulte faite deux ans auparavant au duc de Créqui, ambassadeur à Rome. La garde corse s'était introduite dans son palais pour y saisir des criminels, malgré l'inviolabilité de la demeure des ambassadeurs, et avait tué un de ses pages. Le pape ayant refusé des réparations, Louis XIV avait fait sortir le nonce de France, retiré de Rome son ambassadeur, et s'était emparé d'Avignon. Le pape répondit d'abord à ces mesures par des préparatifs de guerre; mais enfin, cédant aux instances de la plupart des cardinaux, il souscrivit aux conditions imposées par Louis XIV : le licenciement de la garde corse, l'érection à Rome d'une colonne destinée à perpétuer la

mail et rochet couvert, qui est une manière dont les évêques paroissent devant les cardinaux en Italie. La cour prétendoit avec justice, que, puisque les évêques paroissent devant Sa Majesté en rochet et camail, sans être couvert, nous pouvions bien être avec le même habit devant M. le Légat. Lorsque j'appris qu'il étoit près d'entrer dans mon diocèse, ne voyant pas venir M. de Lesdiguières [1], qui avoit été envoyé de Paris, exprès pour le recevoir à l'entrée de la province, de la part du roi, j'allai trois lieues au-devant de lui, et je le conduisis dans mon église cathédrale. Son maître de cérémonies prétendoit que je n'y paroîtrois qu'en rochet et camail couvert; mais l'obstacle insurmontable que j'y mis le réduisit à composer, et à se contenter que je reçusse le légat en habit long, sans façon et sans cérémonie. Après l'avoir ainsi reçu dans mon église, je l'accompagnai dans ma maison. Il avoit dessein d'y reposer un jour seulement; mais, soit qu'il eût besoin d'un plus grand repos, soit,

mémoire de l'insulte et de la réparation, enfin l'envoi à Paris d'un légat pour faire des excuses publiques.

A l'époque où les cours de France et de Rome songeaient encore à recourir à la voie des armes, le *Recueil des gazettes* contient de curieux articles de plaisanteries sur les préparatifs de guerre du pape et des Romains. On prétend, dans le numéro du 17 février 1663 : «...qu'il fut agité dans le conseil des cardinaux si on ne ferait pas fabriquer dix à douze mille parasols pour préserver l'armée du soleil dans les plaines de la Champagne, et trois à quatre mille guitares pour ceux qui sauront mieux s'en servir que de leurs armes, afin qu'à la manière des anciens, ils maintinssent les autres dans la gaieté à la vue du péril. »

Le même journal raconte un peu plus loin : « que dans une cérémonie, un soldat de la garde du pape tua un pauvre pèlerin français qui ne s'attendait pas à trouver des indulgences de cette force. »

[1] Le duc de Lesdiguières, gouverneur du Dauphiné, était frère du duc de Créqui, ambassadeur à Rome.

comme il y avoit plus d'apparence, qu'il voulût attendre M. de Lesdiguières, qui venoit de Lyon à fort petites journées, il arriva à Valence un mercredi, à deux heures, et n'en partit que le lundi suivant. Pendant qu'il fut à Valence, je le traitai, et la plus grande partie de sa maison, de mon mieux.

M. de Lesdiguières arriva à Valence, samedi au soir. Dès qu'il fut arrivé, il envoya demander audience à M. le Légat. Ce cardinal, sans doute peu satisfait de la marche lente de M. de Lesdiguières, pour le faire attendre à son tour, remit son audience au lendemain, et s'excusa sur quelque légère indisposition. M. de Champigny, intendant du Dauphiné, qui étoit fort mon ami, me vint proposer d'aller rendre visite à M. de Lesdiguières; je m'en défendis sur son procédé peu obligeant dans l'affaire de Saint-Ferréol. M. de Champigny, qui étoit un parfaitement honnête homme, persuadé par une réponse si franche qu'il ne gagneroit rien, me demanda comment je vivrois avec M. de Lesdiguières, si je le rencontrois. Je répondis que je n'étois pas assez brutal pour vouloir lui causer du déplaisir; mais aussi que je n'étois pas assez lâche pour souffrir impunément qu'il m'en donnât. Le lendemain, qui étoit un dimanche, j'appris que M. le Légat devoit sortir pour aller à la messe aux religieuses de la Visitation, et je me rendis dans sa chambre pour avoir l'honneur de l'y suivre. Dans le temps que je lui parlois, on lui vint dire que M. de Lesdiguières entroit dans la salle. Après qu'il l'eut salué, je fis une inclination de tête en regardant M. de Lesdiguières, comme pour le saluer, autant que la bienséance me le permettoit en présence de M. le Légat; mais M. de

Lesdiguières ne fit pas semblant de me voir. Ensuite, M. le Légat fit apporter deux siéges, pour M. de Lesdiguières et pour moi, celui du légat étant au milieu ; M. de Lesdiguières se saisit du plus honorable, sans me faire aucune civilité. Un procédé si hautain me choqua, et me fit prendre la résolution de soutenir le rang que je croyois qui m'étoit dû. M. le Légat, après une fort légère conversation, se leva, sortit le premier, et nous salua avant que de sortir. Je suivis M. le Légat et je fis un pareil salut à M. de Lesdiguières. Il fut tellement surpris de me voir passer devant lui, qu'il demeura quelque temps comme interdit et immobile. Il suivit et se mit en devoir de me devancer à la seconde porte ; mais je me trouvai plus disposé, et je passai immédiatement après le légat. Cette seconde action ne permit plus à M. de Lesdiguières de douter que je n'agisse de la sorte avec dessein. Comme cette affaire s'étoit passée en présence de toute la noblesse de Dauphiné, elle lui fut fort sensible. Il se retira dans sa maison, si transporté de colère, qu'il envoya aussitôt un courrier à la cour, persuadé qu'elle lui feroit justice d'un tel affront, reçu, disoit-il, en obéissant aux ordres du roi. Pour moi, je ne voulus point songer à me justifier, que je n'y fusse obligé.

Cependant, les couches de Madame, dont le temps approchoit, me rappelèrent à la cour, où je ne pouvois pas me dispenser de me trouver pour le baptême. En arrivant à Fontainebleau, je trouvai que tout le monde s'assembloit autour de moi, pour me parler de cette affaire de M. de Lesdiguières. Je saluai le roi, sans m'apercevoir qu'il fût en colère contre moi. Je rendis visite aux ministres ; M. de Colbert ne m'en parla point; mais M. de Lyonne me dit qu'on en avoit parlé dans le conseil de Sa Majesté, que pas un n'avoit su dire mes raisons, que, si je voulois les lui dire, il en informeroit le roi. Comme je les voulois dire moi-même, je tournai la conversation du côté de la raillerie, et je lui dis : « Monsieur, j'ai appris que M. de Lesdiguières n'offre pas la porte, même chez soi, à monsieur votre père, évêque de Gap; j'ai été bien aise, par droit de représailles, de ne la lui pas offrir chez moi. »

M. de Lyonne, qui avoit beaucoup d'esprit, prit fort bien la chose, et me dit que son père étoit un bon homme qui avoit été élevé dans la province, et qui ne regardoit pas de si près avec M. de Lesdiguières. Quoique je susse que je trouverois en cette occasion M. Le Tellier peu favorable, je voulus pourtant lui rendre visite. Je priai M. l'abbé de Tressan, depuis évêque du Mans, et M. l'abbé de Chambonnas, qui a été depuis évêque de Viviers, d'être présents. Dès que je l'eus salué, il me dit : « Monsieur, le roi est fort mal satisfait de ce qui vous est arrivé à Valence avec M. de Lesdiguières. » Je lui répondis : « Monsieur, j'ai déjà eu l'honneur de saluer le roi, et il ne m'en a rien témoigné. — Il vous le témoignera sans doute, répliqua-t-il, et vous demandera un désaveu de ce que vous avez fait; il n'y a pas un de Messieurs vos confrères qui ne vous ait blâmé. Sa Majesté ne prétend pas qu'il y ait personne en son royaume, qui puisse disputer la préséance aux gouverneurs qui représentent sa personne. » Je lui répondis : « Pour les évêques qui m'ont blâmé, tant pis pour eux. » M. Le Tellier me repartit assez aigrement : « Je vous ai déjà dit que l'intention du roi est que les gouverneurs précèdent tout le monde dans leurs gouvernements. — C'est une chose qui m'est nouvelle, lui répondis-je. » Alors, piqué sans doute de ce que je lui résistois devant tout le monde, il ajouta : « Je ne m'étonne pas, Monsieur, si cela est nouveau pour vous, ce n'est pas un point de théologie. — Monsieur, lui répliquai-je fièrement, je crois être de qualité à savoir, non-seulement la théologie, mais de quelle manière on vit dans le plus grand monde, et j'espère que Sa Majesté sera satisfaite, lorsqu'elle saura que je n'ai rien fait qui ne soit conforme à ses déclarations, à ses règlements et à ses arrêts ; mais comme ce sont des arrêts et des règlements faits dans un temps où vous n'aviez pas encore les emplois que vous avez aujourd'hui, je ne m'étonne pas si vous me blâmez. » Cela dit, je me retirai.

Le lendemain, Monsieur me dit qu'en effet, le roi étoit fort en colère contre moi pour cette affaire. Je suppliai Monsieur de demander pour moi, à Sa Majesté, la permission de lui dire mes raisons; c'est la seule grâce que j'aie jamais demandée à Monsieur. Il me répondit, fort prudemment et fort timidement, que le roi lui en ayant parlé en confidence, il n'osoit lui demander audience pour moi. J'allai donc supplier la reine mère de l'obtenir; elle l'obtint, et me donna l'heure de Sa Majesté, au sortir de son dîner. Je demeurois loin du château; elle eut la bonté de le faire attendre un quart d'heure, et m'envoya un valet de pied. J'entrai dans son conseil, je dis mes raisons, fortement et en peu de paroles. Quand le roi vit que j'étois fondé sur tant d'arrêts, de déclarations et de règlements de ses prédécesseurs, par lesquels il étoit expressément porté que les évêques, dans leurs diocèses, précéderaient les gouverneurs de province, s'ils n'étoient princes du sang, il parut incliner pour moi. Alors, M. Le Tellier, dépité de voir tourner la chance si visiblement, voulut faire un dernier effort, et remontrer que M. de Lesdiguières représentoit la personne du roi. « *Avouez du moins, Monsieur*, lui dis-je, *qu'on est fort excusable de s'y méprendre, puisque jamais copie n'a moins ressemblé à son original.* » Cette répartie brusque acheva de le déconcerter et fit rire le roi; et ce fut par là que finit cette affaire.

Au mois de mai de l'année 1665, je fus obligé de venir assister à l'Assemblée générale du Clergé, où j'étois député. En arrivant à la cour, je trouvai toujours la reine mère avec la même bonté pour moi. Elle étoit déjà très-incommodée de la maladie dont elle est morte. Monsieur me reçut avec plus d'amitié qu'il n'avoit jamais fait, et m'offrit de demander pour moi l'évêché d'Orléans, vacant depuis peu. Je lui témoignai que c'étoit un poste de trop grande dépense pour mon bien, et que je ne croyois pas, par des raisons de politique, que le roi le lui accordât. Monsieur eut la bonté de trouver d'abord toutes mes raisons solides, et ne m'en parla plus[1].

L'Assemblée, dans le commencement, fut convoquée à Pontoise, où je fus obligé d'aller faire ma résidence, en homme qui faisoit son capital des affaires que l'on y traitoit[2], et qui songeoit plus que jamais à se défaire

---

[1] L'évêché d'Orléans vacant par la mort d'Alphonse d'Elbène, fut donné à l'abbé de Coislin, depuis cardinal, premier aumônier du roi.

[2] Voir la notice.

de sa charge. J'y reçus cette lettre de Monsieur, la première dont j'eusse été honoré de sa part :

« Ma maladie m'oblige de me servir d'une main étrangère, pour vous dire que vous ne sauriez rien faire qui me puisse être plus agréable que de vous porter, avec beaucoup de soin et de chaleur, à tout ce qui regarde la satisfaction du roi dans l'Assemblée du Clergé; et, comme la bulle est une des plus importantes affaires qui s'y traitera, je vous prie de vouloir voir M. l'évêque de Luçon, pour vous concerter avec lui sur ce sujet, afin que vous contribuiez à une affaire que le roi désire, et que je puisse avoir, par votre moyen, quelque part au succès avantageux qu'il en attend. Vous en userez, je vous prie, de même dans toutes les autres choses qui se présenteront pour son service, et soyez persuadé que j'aurai toujours bien de la joie de vous donner des marques de son estime et de son affection. Philippe. »

Je crus qu'en cette occasion, je répondrois mieux moi-même en personne que par une lettre. J'allai donc à Saint-Germain protester à Monsieur que je m'estimerois fort heureux si, par mes services, je pouvois lui donner quelque satisfaction. Monsieur me regarda alors comme une personne qui lui pouvoit être plus nécessaire qu'il n'avoit cru, et commença à me traiter avec plus de confiance et plus de considération. Toutes les fois que je venois lui rendre mes devoirs, il me faisoit l'honneur de me parler, et quoiqu'il ne me dît pas ses affaires (la reine mère et Boisfranc, son trésorier, étant ses seuls confidents), j'étois pourtant un des mieux traités de ses domestiques.

L'Assemblée fut transférée à Paris, où j'eus plus de commodité de faire ma cour à Monsieur. Deux personnes alors contribuèrent beaucoup à lui inspirer quelque estime pour moi : c'étoit le P. Zoccoli, jésuite, son confesseur, et M. Mérille, son premier valet de chambre. Ce dernier me parut un homme plein d'honneur, d'un cœur franc, qui estimoit la gloire de son maître, qui souhaitoit avec passion qu'il prît d'autres chemins que ceux qu'il avoit suivis jusqu'alors. Le P. Zoccoli me parut un homme plein de bonnes intentions, aimant son maître, mais un peu trop complaisant. Je crois que M. Mérille fut le premier qui donna à Monsieur une idée de moi toute autre que celle qu'il avoit eue jusqu'alors. Il lui en parla comme d'une personne qui n'avoit pas été inutile à M. le prince de Conti, et qui avoit assez contribué à sa gloire. Comme il étoit naturellement hardi et qu'il m'aimoit, il dit à son maître que c'étoient des personnes de ma sorte qu'il pouvoit consulter, sans que cela lui fît tort dans le monde. Le P. Zoccoli lui parla de la passion que j'avois pour son service, et de la tendresse que j'avois pour sa personne. L'un et l'autre, dans un même temps, sans concert entre eux, faisoient leur possible pour insinuer à Monsieur quelque bon sentiment pour moi. Ils tâchoient aussi de me faire approcher de ce prince, plus que mon inclination ne m'y portoit. Je leur dis franchement qu'il n'y avoit aucune gloire, ni aucun avantage, à espérer de Monsieur, puisque chacun savoit qu'il avoit la foiblesse de redire tout ce qu'on lui disoit ; que cependant, sans lui inspirer rien contre son devoir, il y avoit mille petits avis à lui donner, que l'on interpréteroit peut-être mal, et qui perdroient le conseiller; que la première maxime qu'il falloit donner à Monsieur, c'étoit d'être secret, cette vertu morale étant la plus nécessaire à un prince.

Telle étoit ma situation à la cour de Monsieur, lorsque la reine mère, dont la maladie étoit incurable, mourut le 20 de janvier 1666. Elle fut généralement regrettée; elle avoit mille bonnes et médiocres qualités, et pas une mauvaise[1]. En mon particulier, je fus aussi sensiblement touché de cette mort que je le devois, après avoir reçu tant de marques de sa bonté.

Mon affliction ne me permit pas, ce jour-là, de suivre Monsieur à Saint-Cloud. J'y allai le lendemain. Je le trouvai fort affligé, et, après m'avoir parlé de la perte qu'il avoit faite avec beaucoup de tendresse, il me dit que le roi avoit fort aidé à le consoler, par les bontés extraordinaires qu'il lui avoit témoignées, et par la liberté qu'il lui avoit donnée d'assister aux conseils qu'il tiendroit tous les vendredis. Il ajouta qu'il avoit résolu de changer de conduite, et qu'il savoit bien que son grand attachement pour la reine sa mère lui avoit nui dans le monde, et qu'on s'étoit imaginé qu'il n'avoit ni esprit, ni ambition; mais qu'à l'avenir, il feroit voir par sa conduite, qu'il aimoit la gloire. Jamais Monsieur ne m'avoit parlé avec tant d'ouverture de cœur. Je

---

[1] On lit dans *la Gazette* du 13 février 1666 : « Le 5 février, Monsieur et Madame reçurent à Saint-Cloud les compliments de condoléance du nonce du pape, de l'ambassadeur d'Espagne et des autres ministres étrangers. — Le 9, ils se rendirent au Val-de-Grâce, pour le service que Monsieur y fit faire avec toute la pompe imaginable. L'évêque de Valence, premier aumônier de Monsieur, y officia pontificalement, assisté des prêtres de l'Oratoire du faubourg Saint-Jacques, et l'évêque d'Acqs, nommé à l'évêché de Mâcon, prononça le discours funèbre avec tout le succès qu'on devoit attendre de sa piété et de son éloquence. »

pris donc la liberté de lui dire que, si on ne lui faisoit pas toute la justice qu'il méritoit, touchant l'élévation de son esprit et de son cœur, au moins je pouvois l'assurer qu'il étoit fort aimé, et que, pour peu qu'il voulût aider à la bonne disposition qui étoit dans les cœurs de tout le monde pour lui, il parviendroit au but qu'il se proposoit, d'acquérir de la gloire et de l'estime. Je crus qu'il y avoit dans ce cœur et dans cet esprit un bon fonds, qui n'avoit besoin que d'être cultivé, et peut-être que l'envie que j'en avois aidoit à me tromper. Je commençai dès lors à l'estimer et l'aimer davantage. Quelques jours après, il me parla encore avec beaucoup de confiance, et même comme s'il eût fortement désiré mon estime ; de sorte qu'insensiblement je me trouvai pour Monsieur comme on est dans les commencements pour une maîtresse, ne pouvant, ni assez le voir, ni assez le louer. Je disois tout ce qu'il faisoit et tout ce qu'il disoit, avec une joie incroyable.

Ces dispositions d'une vive affection pour Monsieur n'empêchèrent pas que je ne fusse fortement touché de la mort de M. le prince de Conti, qui mourut à la Grange de Pézénas, le 21 février de l'année 1666[1]. Cette perte me fut plus sensible que je n'eusse cru. Je m'imaginois que mon cœur s'étoit accoutumé à ne le plus aimer ; mais alors je repassai dans mon esprit tous les endroits où il m'avoit marqué tant d'amitié, particulièrement les dernières bontés qu'il avoit eues

[1] Le prince de Conti, qui fut assisté à ses derniers moments par l'abbé Ciron, mourut dans sa trente-sixième année. Il laissait de son mariage avec la nièce du cardinal Mazarin deux enfants : le prince de Conti et le comte de Clermont. Son corps, d'après ses volontés, fut porté à la Chartreuse de Villeneuve, près d'Avignon, où il fut enterré.

pour moi depuis mes brouilleries. Je lui témoignai ma reconnoissance par une douleur publique, et par des services solennels que je fis faire en beaucoup de lieux de mon diocèse. Il mourut en saint, comme il avoit vécu depuis six ans. Ce prince avoit de grandes qualités, un esprit agréable, un cœur intrépide, beaucoup de savoir; et, sans son peu de fermeté, une certaine paresse d'esprit et de corps qui lui venoit de sa délicate complexion, ce prince auroit été un grand homme.

Cependant il fallut faire violence à ma douleur, pour aller satisfaire à mon devoir dans l'Assemblée du Clergé, où j'avois beaucoup d'affaires[1]. Ensuite, j'allai à Saint-Germain, où la cour étoit depuis la mort de la reine mère. Monsieur me témoigna beaucoup de tendresse, à l'occasion de la mort de M. le prince de Conti, et me dit qu'il avoit demandé le gouvernement de Languedoc, mais qu'il ne savoit s'il l'obtiendroit. L'indifférence où il paroissoit être dans cette affaire, me donna lieu de lui faire concevoir de quelle importance il étoit, pour son honneur et pour son intérêt, d'avoir cet établissement. Je lui représentai que tous les autres gouvernements considérables étoient sur la frontière, et que par conséquent on ne devoit pas les lui donner; mais que le Languedoc étoit au milieu de la France, et avoit déjà été à feu M. le duc d'Orléans, et qu'ainsi on ne pouvoit lui alléguer aucun prétexte pour le lui refuser. J'ajoutai qu'il en devoit parler aux ministres d'une manière fort obligeante, et leur donner à connoître qu'il auroit du res-

---

[1] Voir la notice.

sentiment du bon ou du mauvais succès. Cette conversation finie, je m'en retournai à Paris. Quelques jours après, je sus, par Monsieur même, que le roi lui avoit déclaré qu'il ne falloit pas qu'il espérât ce gouvernement; que feu M. le duc d'Orléans ne l'avoit eu que pendant sa minorité : « et, en effet, continua Monsieur fort tranquillement, j'ai toujours cru que le roi me le refuseroit; car il me dit, à la naissance de mon fils, qu'il ne me donneroit jamais de gouvernements. » Monsieur me parut, non-seulement consolé, mais encore fort content de ce refus; et moi, sans me contraindre et sans dissimuler, lui ayant témoigné le déplaisir que j'en avois, il me parut qu'il m'en savoit mauvais gré.

Il me fit ce jour-là confidence que M. Colbert lui avoit rendu de mauvais offices, parce qu'il savoit bien que la reine, sa mère, ne l'aimoit pas, et que lui-même aussi ne la pouvoit souffrir; qu'il vouloit avoir une conférence avec le roi, où il lui feroit bien connoître qu'il n'étoit pas satisfait de Colbert. Je crus sur cela être obligé de l'avertir qu'il falloit se conduire, en une occasion si délicate, avec beaucoup de prudence, et considérer, avant que de parler contre M. Colbert, si son discours feroit tout l'effet qu'il prétendoit. « Si vous avez, lui dis-je, des choses à dire à Sa Majesté qui puissent lui prouver que M. Colbert le sert mal, le trahit, ou nuit à sa réputation, cela sera admirable; mais de dire seulement au roi que vous n'aimez pas Colbert, je ne sais si vous ne l'établirez point encore plus fortement auprès de Sa Majesté. La haine de la feue reine, Marie de Médicis, et de feu M. le duc d'Orléans, votre oncle, ont mieux fait les affaires du cardinal de Richelieu que tous ses services. Dès que Sa Majesté verra que vous n'aimez pas M. Colbert, il s'y fiera davantage, et le croira plus solidement attaché à lui seul. Vous vous ferez un ennemi redoutable; puisqu'il paroît au roi plus nécessaire que vous, il sera plus puissant. Mon seul sentiment est, si j'ose vous parler librement, que vous tâchiez de gagner l'estime et l'amitié du roi, et même des ministres; s'ils sont assez mal habiles pour ne pas se rendre, alors vous songerez à vous faire craindre. Il faut, ce me semble, commencer par les voies douces; elles donnent moins de peine, et le succès en est infaillible. Pour gagner les ministres, il faut nécessairement leur donner une autre impression de vous que celle qu'ils ont. Ils vous croient un prince sans vues et sans ambition, éloigné de toute application; je voudrois leur faire changer de sentiment. Dans ce dessein, il seroit à propos de vous appliquer à l'étude et à la lecture des bonnes histoires : car là vous apprendriez plusieurs choses qu'on n'oseroit vous dire, vous vous rendriez capable d'affaires, vous deviendriez considérable dans les conseils du roi; et, quand même vous ne pourriez obtenir sur vous de lire quelque heure par jour, il faut vous enfermer dans votre particulier pour en faire le semblant, afin que l'on perde cette mauvaise opinion, que le cardinal Mazarin avoit jetée dans les esprits, que vous n'étiez capable que de bagatelles. Si nous étions dans un temps de guerre, vous avanceriez plus vos affaires en un jour par quelque action de fermeté, qu'en dix ans de lecture; mais nous voici dans une profonde paix; il faut songer à acquérir la réputation d'un prince prudent, secret, sage. »

Je dis toutes ces choses de suite à Monsieur avec force. L'affection que j'avois pour lui me rendoit orateur. Il me témoigna que la lecture étoit fort opposée à son inclination; qu'il s'y appliqueroit pourtant quelquefois, et qu'il profiteroit des autres avis que je lui avois donnés. Je lui parlai sur le même ton en beaucoup de rencontres semblables, le suppliant de considérer qu'il avoit trois choses à examiner et à régler :

  Sa manière d'agir avec le roi,
     avec les ministres,
       et avec le reste de la cour.

Pour la conduite qu'il devoit garder avec le roi, je lui dis qu'il falloit éviter sur toutes choses son mépris, mériter son estime et son affection; qu'en l'état où je voyois les choses, cela ne pouvoit se faire qu'avec le temps; qu'il devoit effacer, peu à peu, de l'esprit de Sa Majesté les impressions qu'elle pouvoit avoir prises; l'accompagner dans toutes les revues des gens de guerre; avoir une complaisance aveugle pour toutes ses volontés, le louer en toutes occasions, souffrir ses railleries sans s'emporter, témoigner un extrême attachememt et une grande tendresse pour sa personne; ne perdre aucune occasion d'être de ses divertissements, afin de se conserver et d'augmenter même auprès de lui cette familiarité que la nature lui avoit donnée; affecter de lui demander conseil pour sa conduite, particulièrement pour les affaires de sa maison; parler pendant les conseils, et jamais qu'à propos; soumettre toujours ses avis à ceux du roi; lui demander peu de choses et toujours justes; rapporter tous ses désirs et toutes ses passions à plaire à

Sa Majesté, sans pourtant oublier jamais l'honneur qu'il avoit d'être son frère, de peur de rien faire qui sentît trop la flatterie.

Pour la conduite qu'il devoit tenir avec les ministres, j'estimois que le moyen le plus avantageux et le plus infaillible de se faire aimer, ou de se faire craindre, étoit assurément celui de se bien conduire avec le roi, puisqu'on ne pouvoit douter que dès qu'ils s'apercevroient que Sa Majesté avoit de l'inclination et de la considération pour lui, ils lui feroient leur cour avec assiduité, et rechercheroient même soigneusement les occasions de lui plaire; qu'il falloit les louer en public, leur faire en particulier beaucoup d'amitiés, mais sans y avoir aucune confiance, de peur qu'ils ne s'en servissent pour lui nuire dans l'esprit du roi.

Je continuai en disant qu'avec la cour et avec les courtisans, je prendrois une conduite tout opposée à celle du roi; qu'il paroissoit fier, peu familier, peu caressant: que lui, au contraire, devoit être doux, accueillant; que le roi passoit pour dur, difficile à accorder des grâces, louant rarement: que lui, au contraire, devoit entrer dans les intérêts de chacun, affectant de se réjouir de leur joie, de compatir à leur déplaisir. J'ajoutai que, comme il n'avoit aucun bienfait à donner, il falloit au moins suppléer par des paroles, et pour cela les choisir si flatteuses et si complaisantes, qu'elles valussent, en quelque façon, des effets, louant les belles actions, même avec excès, excusant les fautes avec bonté.

Je dis toutes ces choses à Monsieur avec beaucoup de précipitation, Monsieur m'ayant quitté, en une demi-heure, dix ou douze fois pour aller donner ordre à des bagatelles. J'espérois pourtant que, par nécessité ou par gloire, il songeroit avec plus d'application que par le passé à sa conduite. Ce qui me le persuadoit, c'est qu'à la fin de chaque conversation, il me remettoit à une autre occasion à agiter plus au long les choses que je venois de lui dire. Je crus aussi que, si je les lui écrivois, il y pourroit faire plus de réflexion. Ces raisons m'obligèrent de lui écrire. Je confiai ma lettre à M. Mérille; cette lettre lui expliquoit, un peu mieux que je n'avois fait, combien de prudence il devoit mettre dans sa conduite avec les ministres; qu'il falloit les regarder comme des gens déjà établis dans l'esprit du roi, jaloux de tous ceux qui s'y pourroient bien mettre, ennemis généralement de toute la France, et tellement unis entre eux, qu'à moins que d'être dupe, on ne pouvoit pas donner dans les apparences extérieures de l'aversion qu'ils faisoient paroître, de temps en temps, les uns pour les autres. Je lui représentai, avec beaucoup de liberté, l'humeur des deux ministres MM. Le Tellier et Colbert, comme je la connoissois; j'en dis le bien et le mal sans me contraindre. Je lui marquai les moyens de se pouvoir servir utilement de ce qu'ils avoient de bon, et se garantir de ce qu'ils avoient de mauvais. Enfin j'écrivis comme un très-fidèle et très-zélé domestique. Je priai pourtant M. Mérille de me rapporter ma lettre, et de faire connoître à Monsieur qu'il pourroit arriver, contre son intention, de mauvais effets de ma franchise. Voici la réponse qu'il me fit :

« J'ai reçu votre lettre avec la plus grande joie du monde, et les avis que vous m'y donnez aussi, voyant bien qu'ils viennent d'un bon fonds qui n'est plein que d'une grande amitié pour ma personne et pour ma réputation. Je vous assure que la dernière m'est bien plus chère que l'autre; mais, pour venir à votre lettre, je vous dirai qu'elle tombe tout à fait dans mon sens, et que quand cela ne seroit pas, je crois votre intention si bonne, que je suivrai vos conseils de fort bon cœur. Pour vous dire donc ce qui s'est passé, j'aurai plus tôt fait de ne vous rien dire du tout, ayant résolu, comme vous saurez, de laisser passer quelque temps sans rien dire. Je ne vous fais point de compliments, en vous disant que j'ai une estime toute particulière pour vous, et que vous êtes une des personnes du monde que j'aime le mieux, puisque cela est très-fort. Soyez-en persuadé, et continuez toujours d'aimer et mon honneur et ma personne. »

Je sus par Mérille, qui me rapporta cette lettre au lieu de la mienne, que Monsieur avoit témoigné qu'il vouloit la garder. Je fis alors d'inutiles réflexions sur les raisons qui le pouvoient obliger d'en user de la sorte; je trouvai que j'avois fait une imprudence de lui écrire si librement et de me confier à sa discrétion; mais, comme c'étoit une chose faite, je cherchai à m'en faire un mérite. Dès la première fois que je vis Monsieur, je lui dis que j'étois bien aise qu'il gardât ma lettre, comme pour lui servir de caution. Monsieur me répondit que je ne devois rien craindre, qu'il avoit beaucoup d'amitié pour moi, et que, quand bien même je viendrois à faire quelque chose contre son service, ce qu'il ne croyoit pas, il n'étoit pas si malhonnête homme qu'il voulût se servir de cette voie pour me perdre. Je lui dis qu'il ne m'étoit jamais venu en pensée que cette lettre me fît des affaires, et que j'étois si attaché à sa personne et à ses intérêts que, si ma perte lui pouvoit être bonne à quelque chose, j'y consentirois.

Peu de temps après, le roi s'en alla du côté de Compiègne faire une grande revue. Monsieur suivit Sa Majesté. Ce fut dans ce voyage que le gouvernement de Languedoc fut donné à M. de Verneuil. Sa Majesté le donna même en présence de Monsieur, sans lui en rien dire, ce qui lui causa un peu de chagrin, et l'obligea de s'en aller passer quelques jours à Villers-Coterets. Comme il y devoit faire quelque séjour, je crus qu'il étoit de la bienséance de lui aller faire ma cour en ce lieu. Avant que de partir, j'allai dans l'appartement de M. le duc de Valois et de Mademoiselle, pour porter de leurs nouvelles à Monsieur. Jusqu'à cette heure, je n'avois eu non-seulement aucune habitude avec Mme de Saint-Chaumont[1], gouvernante des enfants de Monsieur, mais à peine avois-je l'honneur de la connoître. Elle me parla de l'état auquel étoit M. le duc de Valois, qui déjà commençoit de se trouver mal de cette maladie dont il est mort. Elle s'ouvrit à moi des mauvais offices qu'on lui rendoit auprès de Leurs Altesses Royales, touchant le peu de soin qu'elle en prenoit, et m'ayant pleinement informé de toutes ses raisons, elle me pria de les représenter à Monsieur. En arrivant à Villers-Coterets, Monsieur me reçut de la plus tendre manière du monde; il me mena dans son

---

[1] La marquise de Saint-Chaumont était sœur du maréchal de Gramont et tante du comte de Guiche.

cabinet; il me dit tout ce qui lui étoit arrivé, et la manière dont il s'étoit retiré de Sa Majesté. Elle me parut un peu brusque. Je lui dis mes sentiments avec franchise, et je crois que cette conversation ne contribua pas peu à la lettre qu'il écrivit au roi le même soir. Elle étoit à la vérité pleine de quelque chagrin, mais d'un chagrin tendre et respectueux, qui n'étoit fondé que sur l'appréhension qu'il avoit, que Sa Majesté ne l'aimât ni ne l'estimât pas assez. Ensuite je m'acquittai de la commission de Mme de Saint-Chaumont, avec toute l'adresse et le soin qu'il me fut possible, et, ce me semble, avec beaucoup de succès. Après avoir fait ma cour cinq ou six jours, je m'en retournai à l'Assemblée où je n'étois pas inutile. En arrivant à Paris, j'allai rendre compte à Mme de Saint-Chaumont de la manière dont elle étoit dans l'esprit de Monsieur et de Madame, et à quel point ils avoient été l'un et l'autre satisfaits de son affection et de ses soins, après les raisons que je leur avois dites. Cette dame me parut sensiblement touchée de ce petit service, et je sus que, pour le reconnoître, elle parloit fort avantageusement de moi, ce qui contribua à me faire souhaiter son amitié.

Quelques jours après, Monsieur et Madame revinrent à la cour. J'appris par Monsieur que le roi lui faisoit des railleries qu'il souffroit avec peine, et auxquelles il ne pouvoit s'empêcher de répondre aigrement, ce qui me paroissoit fort fâcheux pour Monsieur. Je lui remontrai que, s'il n'avoit pas la prudence de paroître complaisant envers Sa Majesté, qui étoit le maître, il étoit à craindre qu'à ce mépris dont il vouloit se défendre, il ne mêlât de la haine; que de la manière dont les choses étoient dans l'État et à la cour, ce seroit son dernier malheur, parce que le roi étoit puissant et autorisé, lui sans crédit et sans amis. Je lui dis même que par le moyen de Madame, que le roi considéroit fort, il falloit se ménager une espèce d'éclaircissement, où il devoit ouvrir son cœur entièrement à Sa Majesté, et où il lui voueroit une affection, un respect et une fidélité inviolables, à condition, pourtant, que le roi le traiteroit comme son frère. En effet, cette conférence se fit à Versailles, par les soins de Madame, et réussit au grand contentement de Monsieur.

C'étoit sans doute une conjoncture où je pouvois me promettre des grâces de Monsieur. Cependant, l'abbaye de Saint-Mesmin, qui étoit dans son apanage et à sa nomination, vint à vaquer, et je ne l'eus point. Comme Monsieur me traitoit fort honnêtement, étant le premier ecclésiastique de sa maison par ma charge, je pouvois raisonnablement la prétendre; j'étois à lui depuis plusieurs années, j'avois eu l'honneur de le marier, je n'avois jamais reçu de ses grâces. Mes amis me pressèrent fort de la demander; mais je savois que Boisfranc la prétendoit pour un de ses beaux-frères; mon dessein étoit de m'en faire un mérite auprès de Boisfranc, avec lequel je vivois bien, et de qui l'amitié me pouvoit être de quelque usage. Le trouvant chez Monsieur, je lui dis: « Voilà une belle abbaye vacante. » Il m'interrompit me disant d'un air sérieux et moqueur : « Tout de bon ! » et puis me quitta. Je trouvai cette manière non-seulement incivile, mais insolente envers un homme comme moi; j'en parlai de la sorte à ses amis et aux miens. Le lendemain, le P. Zoccoli me dit que les égards que Monsieur avoit pour moi, touchant cette abbaye, lui faisoient de la peine. J'allai sur-le-champ dire à Monsieur, que je me tenois trop heureux de son amitié, et que la seule pensée qu'il avoit eue me contentoit plus que n'auroit fait l'abbaye même. Monsieur m'interrompit, me parut embarrassé, et m'ayant fait beaucoup d'amitiés, il s'en alla coucher à Saint-Germain. J'y allai, après avoir laissé passer quelques jours.

Dès que je fus dans la chambre de Monsieur, il me fit entrer dans son cabinet, et me dit qu'il avoit été bien fâché d'être engagé à Boisfranc; mais qu'il me destinoit des places plus considérables. Je lui répondis : « Monsieur, dans un temps où j'avois moins de bien, on ne m'a jamais vu d'avidité pour en acquérir; à présent je n'en ai pas besoin. Si j'ai quelque chose à désirer, c'est votre gloire, c'est votre affection; c'est que vous me fassiez la justice de juger de moi par mes actions, et non par les impressions que mes ennemis vous voudroient donner; et c'est la solide grâce que je vous demande. » Monsieur me promit très-positivement que jamais personne n'auroit le pouvoir de me nuire dans son esprit, et qu'il m'avertiroit de tout ce qu'on lui diroit contre moi. Depuis ce temps, je me reposai sur la foi de ses promesses, et je fis fort mal. Je sortis assez satisfait de cette conversation; elle adoucit les dégoûts qu'il m'avoit donnés, et je me trouvai dans la même passion de lui rendre service. Il me continua sa confiance comme auparavant, et je n'avois pas l'honneur de le voir, qu'il ne me dît tout ce qui lui étoit arrivé avec le roi et avec les ministres, et qu'il ne me demandât mes avis. Je me conduisis avec cette prudence, connoissant la foiblesse de Monsieur, que je ne disois jamais rien qu'il ne m'y obligeât par ses demandes, sans témoigner, ni empressement à lui donner conseil, ni affectation de désirer qu'ils soient suivis, et lui laissant toujours le choix et la liberté d'agir et de se conduire comme il le trouveroit à propos. D'ailleurs, les affaires où je me trouvois engagé ne me permettoient pas de le voir avec assiduité. J'étois trop occupé dans l'Assemblée du Clergé, et chez M. le Chancelier avec les commissaires du roi.

M. Colbert en étoit un. Son humeur sévère et ennemie de tout privilége le portoit à donner atteinte aux nôtres. Il s'attendoit de trouver parmi nous la même facilité qu'il trouvoit à faire des taxes sur les financiers. Il fut fort surpris de trouver une aussi grande résistance; mais ce qui le choqua davantage, c'est que, nous disputant le privilége qui nous exempte de donner des aveux et dénombrements des biens d'église, et quelques évêques ayant répondu que nous avions les déclarations de Charles IX et de Henri III en notre faveur sur cet article, et lui, nous ayant objecté que ces deux rois nous avoient accordé ces priviléges comme par contrainte et durant les troubles, je pris la parole, et j'ajoutai que nous avions une confirmation très-authentique de Henri IV, qu'il nous avoit accordée dans un temps où il gouvernoit très-paisiblement et très-heureusement son royaume; que même elle nous avoit été accordée à titre onéreux, le clergé ayant donné des sommes immenses pour obtenir cette confirmation; ensuite je produisis cette déclaration en forme. M. Colbert voulant à toute force nous ôter ce privilége, nous dit que cette déclaration n'avoit jamais été vérifiée en Parlement. Je ne pus m'empêcher de sourire et de lui répondre : « Si c'étoit M. le Procureur général qui nous alléguât cette raison, elle pourroit nous faire quelque peine ; mais vous autres, Messieurs commissaires du roi, vous voudriez nous opposer, comme une nullité, le défaut d'une formalité que vous croyez sans doute, aussi bien que nous, n'être pas nécessaire. Le clergé a toujours agi avec nos rois dans la bonne foi, nous nous sommes fiés à leur parole ; il nous suffit de prouver que telle a été leur volonté, pour être assurés qu'elle sera suivie et exécutée, et par nous et par vous autres, Messieurs, avec toute la soumission que nous leur devons. » Cette réponse ne plut pas à M. Colbert, il en changea de couleur, et voyant que les autres commissaires du roi l'avoient assez approuvée, il prit la chose de hauteur, et dit qu'il savoit bien que le roi ne passeroit jamais cet article.

Il me fit passer auprès de Sa Majesté pour un esprit difficile, et opposé à ses intérêts. Le roi en parla en ces termes à Monsieur, et le railla publiquement de ce que je commençois à m'établir auprès de lui, de la même façon dont M. l'abbé de La Rivière, depuis évêque de Langres, avoit fait. Monsieur m'en fit confidence. Je lui répondis qu'au moins je méritois toujours que l'on y mît cette différence, qu'on ne pouvoit jamais dire que j'eusse sacrifié mon maître, pour me mettre bien à la cour. Je pris de là occasion de représenter à Monsieur que, m'honorant de son amitié, cela ne fît quelque peine au roi, et ne donnât quelque ombrage aux ministres, et que, comme assurément ils ne trouveroient pas en moi autant de complaisance ni de dévouement à leurs intérêts qu'ils pourroient le souhaiter, je devois craindre que, par leur autorité, ils ne vinssent à bout de me détruire dans son esprit; mais que toute la faveur que je lui demandois étoit de ne me point priver de ses bonnes grâces sans m'entendre. Mais j'eus le déplaisir de connoître, par le peu de sensibilité avec laquelle il écoutoit tout ce que je lui disois, que, loin d'avoir le cœur tendre et grand, il ne connoissoit pas même ce que c'étoit, et qu'encore qu'il eût assez de jalousie contre les ministres pour être fâché si je leur faisois ma cour, il n'avoit pas assez de reconnoissance pour me savoir gré de ce que je ne la leur faisois point.

Le peu d'inclination que M. Colbert avoit pour moi augmenta encore par une espèce de démêlé qui survint entre nous. J'avois été nommé commissaire avec M. de Luçon, son frère, pour examiner quelques différends du clergé avec les receveurs payeurs de rentes de l'Hôtel de Ville. Ma grande application me fit voir clair en cette affaire; j'en fis mon rapport à l'Assemblée. Le président dit d'abord que Messieurs les commissaires étoient suppliés de poursuivre l'arrêt du Conseil du roi, pour faire venir à compte lesdits receveurs payeurs, ainsi que j'avois conclu. M. de Luçon dit aigrement que, puisque j'avois commencé l'affaire sans sa participation, je l'achèverois de même. Cela me surprit; je l'appelai lui-même à témoin, si je ne lui avois pas offert plusieurs fois de lui en donner connoissance, s'il ne s'en étoit pas entièrement déchargé sur moi, me disant qu'il n'entendoit rien à tout cela. Il me répondit encore avec tant d'animosité, que je ne pus m'empêcher de dire : « J'avoue, Messieurs, que j'ai tort, et que je ne pouvois tirer de grandes lumières de l'esprit de M. de Luçon. » M. de Bourlemont, archevêque de Toulouse, entièrement dévoué à la cour, ne manqua pas de se faire valoir auprès de M. Colbert par le récit de cette brouillerie; cependant ce ministre, soit qu'il fût plus reconnoissant que son frère de ce que je lui avois donné le moyen de demander l'évêché de Luçon, en le faisant députer par la province du Dauphiné pour l'assemblée de 1660, soit qu'en effet il eût de l'estime pour moi, ne me témoigna depuis ce temps-là aucune mauvaise volonté. Au contraire, quand j'eus fait ma harangue de la clôture de l'Assemblée du Clergé [1], il fut le premier à me louer avec tel excès, que non-seulement il m'envoya faire des compliments chez moi, mais encore il en parla à plusieurs personnes avec des louanges outrées. Ensuite il me donna lui-même un arrêt par lequel Sa Majesté permettoit d'imposer sur le Dauphiné la somme de seize mille livres, pour être employée à la réédification de mon église cathédrale de Die, démolie depuis les premiers troubles de la Religion. Je l'ai fait rebâtir depuis sur ses anciens fondements, et j'ose dire qu'il n'y aura personne qui, en voyant cet édifice, refuse de me croire quand je dirai, comme il est vrai, qu'outre le don fait par le roi, j'y ai employé dix mille écus de mon bien.

L'Assemblée finie, je pris la résolution d'aller dans mon diocèse. J'étois alors assez bien avec Monsieur, j'avois peine à le quitter; mais j'y avois des affaires. Il

---

[1] Cette harangue, prononcée le 17 mars 1666, est insérée à la suite des Mémoires.

s'opposa à ce voyage, et ne me le permit qu'à la charge que je reviendrois dans six semaines.

Avant mon départ, j'appris de Mme de Saint-Chaumont qu'un manuscrit portant pour titre : *Amours de Madame et du comte de Guiche*, couroit par Paris et s'imprimoit en Hollande. Madame appréhendoit que ce livre, plein de faussetés et de médisances grossières, ne vînt à la connoissance de Monsieur par quelque maladroit ou malintentionné, qui peut-être envenimeroit la chose. Elle me choisit pour lui en porter la nouvelle. Elle en écrivit à Mme de Saint-Chaumont, qui étoit à Saint-Cloud, et à moi, à Paris. J'allai à Fontainebleau. D'abord, je vis Madame, pour m'instruire plus amplement; elle me dit que Boisfranc avoit déjà dit la chose à Monsieur, sans sa participation; mais que ce qui la touchoit davantage, c'étoit l'impression de ce manuscrit. J'envoyai exprès en Hollande un homme intelligent (ce fut M. Patin) pour s'informer de tous les libraires entre les mains de qui ce libelle étoit tombé. Il s'acquitta si bien de sa commission, qu'il fit faire, par les États, des défenses de l'imprimer, retira dix-huit cents exemplaires déjà tirés, et me les apporta à Paris; et je les remis, par ordre de Monsieur, entre les mains de Mérille. Cette affaire me coûta beaucoup de peine et d'argent; mais, bien loin d'y avoir regret, je m'en tins trop payé par le gré que Madame me témoigna.

Pendant le séjour que je fis à Fontainebleau, Monsieur voulut faire l'accommodement de Boisfranc et de moi. Si j'eusse jugé que Monsieur eût été capable d'ouvrir les yeux à la vérité, je lui aurois dit, sur ce sujet, des choses assez solides : c'étoit un homme de petite naissance, de petit mérite, de peu de biens, qui, après avoir passé sa jeunesse à être commis dans la province, avoit été élevé à la haute fortune de commis de M. de Bertillac, trésorier de la reine mère. Par le crédit de ce maître, il avoit trouvé quarante mille livres, lorsqu'on fit la maison de Monsieur, pour acheter la charge de trésorier chez ce prince; et il se trouvoit alors, sans s'être mêlé d'aucune affaire, ni avec le roi ni avec les particuliers, riche de plus de deux millions de biens. Je laisse à juger si cela se pouvoit faire sans avoir confondu le bien de son maître avec le sien. Il avoit pris un tel empire sur Monsieur, qu'il lui parloit presque toujours en le menaçant de l'abandonner, comme si Monsieur n'eût pu vivre sans son crédit, et il étoit si insolent, qu'il se vantoit partout de le gouverner. Il y avoit là de quoi me venger; mais Monsieur étoit tellement prévenu de l'opinion, que cet homme lui avoit donnée dans son enfance, que toute la maison ne subsistoit que par ses soins et par son argent, que je jugeai toutes mes remontrances inutiles. Je donnai donc les mains à tout ce que Monsieur exigea de moi sur cet accommodement; je ne lui demandai autre satisfaction que celle de bien faire connoître à Boisfranc que je n'avois demandé ni fait demander cette abbaye. Ce soupçon pourtant avoit été le fondement de tout le mal qu'il me vouloit. Nous nous fîmes beaucoup de protestations d'amitié, qui ont été sincères, de ma part, jusqu'au moment que je quittai Monsieur; pour lui, il n'est pas besoin d'en rien dire: le monde en est assez informé!

Rien ne me retenant plus, et étant sur le point de partir, Mérille vint me dire qu'il avoit cru être obligé, pour mes propres intérêts, voyant Monsieur en peine d'argent, de lui proposer qu'il en prît de moi; que Monsieur l'avoit agréé, et qu'il l'avoit envoyé pour m'emprunter trois mille pistoles. Je reçus avec plaisir cette occasion avantageuse, et j'en remerciai Mérille. J'avois assez d'argent à Valence, mais peu à Paris, et la chose pressoit. Depuis quelque temps, ayant su que Monsieur ne vouloit plus faire faire des avances à Boisfranc comme par le passé, j'avois pris mes mesures pour persuader à ce prince que, dans l'occasion, sans son trésorier, il trouveroit bien une somme considérable. J'avois rendu service à M. de Mennevillette, receveur général du Clergé; il se disoit fort mon ami; je l'avois sondé plusieurs fois si, au cas que Monsieur eût besoin d'argent, il seroit homme à lui en prêter, et je lui avois fait connoître les avantages qu'il pourroit tirer d'un tel service. Il m'avoit toujours répondu que, pourvu que Monsieur ne lui demandât que trois mille pistoles, il les lui donneroit en vingt-quatre heures. Il ajoutoit même souvent, ayant besoin de moi dans l'Assemblée, que ma considération seule suffisoit pour cela.

Comme il étoit Normand et connu pour tel, je lui avois dit qu'il ne me fît pas espérer cette grâce, s'il n'étoit très-assuré de pouvoir et de vouloir me la faire; il s'étoit moqué de ma précaution, m'avoit témoigné de l'impatience de me servir, et m'avoit prié de le prendre au mot. Je m'en allai donc chez Mennevillette, et je crus les trois mille pistoles dans ma bourse. Il me dit qu'il avoit fait de grandes avances, que nous étions dans de mauvais temps; enfin, il ne me laissa pas douter qu'il ne voulût se dédire. Je le priai très-doucement de considérer qu'il m'avoit donné sa parole, même depuis la fin de l'Assemblée, non-seulement pour trois mille pistoles, mais pour trente mille ; et je lui demandai si, pour si peu de chose, il pourroit se résoudre à se moquer d'un homme comme moi. Après beaucoup de tours, il finit en disant qu'il verroit ce qu'il pourroit faire, et que, le lendemain matin, il me rendroit réponse. Je fis semblant, ayant besoin de lui, de me retirer fort satisfait. Le lendemain, après beaucoup de galimatias, il me dit qu'il ne vouloit point me prêter cet argent, à moins que Monsieur ne le fît traiter de la charge de surintendant de ses finances, ou de quelque autre charge de sa maison, comme de celle de chancelier. Je pressai fort cet homme de ne pas manquer si vilainement de parole ; je me réduisis à lui demander seulement dix mille livres ; mais il fut toujours inexorable, et en revenoit toujours à me dire que je lui procurasse quelque chose chez Monsieur, et qu'après cela il me rendroit ce service. Alors pleinement convaincu de sa mauvaise intention, et outré de dépit, je lui dis froidement : « Si Monsieur étoit dans cette pensée, je me mettrois à genoux devant lui pour le supplier de ne pas mettre dans sa maison un si malhonnête homme que vous. Il y a longtemps que je vous connoissois pour une âme basse et pour un lâche ; mais les obligations que vous m'aviez m'avoient persuadé que vous n'oseriez pas l'être avec moi. » Après ces mots, je lui tournai le dos, et je poussai sur lui la porte de ma chambre.

Dans cet embarras, M. de Saint-Laurent, son allié et son collègue dans la recette du Clergé, me vint dans la pensée. Je me souvins des offres obligeantes qu'il m'avoit faites autrefois. J'allai lui demander s'il pourroit me prêter dix mille livres, il me dit qu'il ne m'en pourroit rendre réponse que dans deux heures. A peine fus-je arrivé chez moi que je le vis arriver avec cette somme, la joie peinte sur le visage. Un des plus honnêtes hommes de chez Monsieur me prêta pareille somme, je pris le reste chez Sanguinières, mon banquier, et je donnai à Mérille les trois mille pistoles que je lui avois promises dans ce jour. Je partis le lendemain pour m'en aller à Fontainebleau ; je n'y demeurai que deux jours, pressé par l'impatience de me rendre dans mon diocèse, qui étoit fort augmentée par la passion que j'avois d'acquitter ces emprunts.

Monsieur me fit beaucoup d'amitié sur le sujet de cet argent, me fit donner son billet, afin, disoit-il, que s'il venoit à mourir, je n'y perdisse rien. Je lui répondis que si je faisois une si grande perte, je ne serois pas en état de songer à une si petite, et ne pouvant faire autrement, je le laissai entre les mains de Mérille pour le lui rendre.

Madame me fit aussi mille remerciments sur ce libelle imprimé en Hollande et retiré par mes soins. Elle dit à Monsieur, en ma présence, qu'il falloit bien me rendre la dépense que j'avois faite pour elle ; je lui dis en riant que je n'en serois pas ruiné. Cependant Madame me voyoit partir avec regret ; elle espéroit que, par quelques intrigues que j'avois à Paris et en Hollande, je pourrois découvrir l'auteur de cette méchante pièce. Je lui fis connoître qu'il ne falloit pas témoigner d'empressement, et que l'auteur se découvriroit avec plus de facilité, lorsqu'il ne seroit pas averti qu'on le cherchoit. Je lui dis encore, et il étoit vrai, que je laissois des ordres et de l'argent pour distribuer à quelques personnes intrigantes qui, en attendant mon retour, travailleroient soigneusement à cette affaire. Cette princesse me témoigna beaucoup de reconnoissance de mes petits services, et ses yeux et ses paroles me marquèrent une grandeur d'âme et une sensibilité fort au-dessus de tout ce que je pourrois dire.

Je partis de la cour à la fin de juillet de l'année 1666. Malgré toute ma diligence, je vis bien que je ne pouvois pas être de retour dans le temps que j'avois promis à Monsieur [1]. Je lui en écrivis pour lui en faire mes excuses. Voici la réponse qu'il me fit :

« ..... J'ai reçu la lettre que vous m'avez écrite avec joie, étant toujours de nouvelles assurances de votre

---

[1] On lit dans le *Recueil des Gazettes* du 23 octobre 1666 un fait qui se rapporte au court séjour que l'évêque de Valence fit à cette époque dans son diocèse :

« Valence, 15 octobre. — Le 6 de ce mois, on commença ici la cérémonie de la translation du corps de saint Romain, martyr, en l'église des Filles de la Visitation de Sainte-Marie, auxquelles le cardinal Chigi l'avoit donné, passant par cette ville : notre évêque en ayant fait l'ouverture par les premières vêpres chantées avec une excellente musique. Le lendemain, la relique fut portée en procession dans une riche châsse sur un brancard de velours rouge, chamarré d'argent, suivie et précédée de près de trois cents ecclésiastiques et curés de ce diocèse, chacun un flambeau à la main, ayant eu ordre de ce prélat de demeurer après le synode pour rendre la fête plus auguste. Les consuls et le corps de ville y assistèrent pareillement avec toutes les communautés religieuses, et la procession étant arrivée en l'église de la Visitation, superbement parée, ce prélat, revêtu de ses habits pontificaux, exposa le corps saint sur l'autel. Ensuite la solennité fut continuée par la messe et les vêpres aussi chantées en musique, ainsi que les jours de l'Octave, avec un concours extraordinaire, notre évêque y ayant tous les soirs donné la bénédiction du Saint-Sacrement, et l'abbé de Brissac prononcé l'un des panégyriques avec grand applaudissement de son auditoire. »

amitié qui est une chose que j'estime et considère, puisque je fais fort grand cas de vous, avec beaucoup de raisons. J'espère que les occasions me donneront un autre moyen de vous le faire connoître, que cette lettre. Cependant soyez assuré de mon amitié et de mon estime, et continuez toujours d'être pour moi dans les mêmes sentiments que vous m'avez témoignés; pour moi, je vous assure que je continuerai d'être dans ceux que je vous ai promis. Il s'est bien passé des choses depuis que vous êtes parti; j'attendrai votre retour pour vous les dire, cette lettre pouvant être vue en chemin. »

Cette lettre me donna encore plus d'impatience d'être auprès de Monsieur, où j'arrivai le 13 de novembre. Monsieur eut pour moi la même confiance qu'il avoit eue, et il me parut que mon absence n'avoit rien diminué de ses bontés. Je payai à M. de Saint-Laurent, à Surnon et à mon banquier, les trois mille pistoles empruntées, et les forçai d'en prendre l'intérêt, quoique longtemps devant le terme échu.

Quelques jours après mon arrivée, M. le duc de Valois, qui étoit déjà malade, se trouva plus mal, et Monsieur, appréhendant qu'il ne mourût, désira que je lui donnasse les cérémonies du baptême [1]. La reine fut la marraine, et Monsieur le duc d'Enghien tint la place du roi d'Angleterre, qui étoit parrain. Il fut nommé Charles-Philippe du nom du roi d'Angleterre et de Monsieur. Le lendemain de cette cérémonie, huitième de décembre, ce prince mourut. Il étoit bien fait dès

[1] Le duc de Valois, bien qu'âgé de près de deux ans et demi, n'était pas encore baptisé, d'après l'usage d'ondoyer les princes de la famille royale à leur naissance et de ne les baptiser qu'à douze ans.

ce bas âge, il donnoit de grandes espérances, il étoit fils de mon maître : toutes ces raisons, jointes à l'intérêt que j'avois à sa personne, qui rendoit ma charge plus considérable et plus sûre, me le firent extrêmement regretter.

Madame fut inconsolable de cette perte, et en conçut toute la grandeur. Monsieur s'efforça de paroître beaucoup plus affligé qu'il n'étoit; mais il joua son personnage si mal, que les plus grossiers connurent qu'il n'étoit pas capable d'un grand déplaisir. Dès que ce prince eut expiré, je donnai tous les ordres nécessaires pour les cérémonies de son enterrement, et je gardai toujours le corps, jusqu'à ce qu'il fût remis à Saint-Denis dans le tombeau de nos rois. J'avois déjà porté son cœur au Val-de-Grâce, et ses entrailles aux Célestins dans le tombeau des ducs d'Orléans, et j'accompagnai le corps jusqu'à Saint-Denis. M. le comte de Saint-Paul[1], comme prince, fut, selon la coutume, choisi par Monsieur pour cette fonction. Il étoit arrivé à la mort de Madame, fille de France, que Monsieur l'évêque de Coutances, l'ancien, avoit cédé la première place dans le carrosse à M..., et M. de Saintot, maître des cérémonies, prétendoit que l'exemple servoit de règle et de foi; mais je lui dis qu'étant en habit et en fonctions, je ne devois ni ne pouvois céder à personne, et en effet je me mis au-dessus de M. le comte de Saint-Paul[2].

[1] Le comte de Saint-Paul ou de Saint-Pol, frère cadet du duc de Longueville, descendait au sixième degré du fameux bâtard d'Orléans, le comte de Dunois, fils naturel de Louis, duc d'Orléans, frère de Charles VI.

[2] On lit dans le *Recueil des Gazettes* le récit du baptême ainsi que des cérémonies qui suivirent la mort du duc de Valois :

Gazette du 11 décembre 1666. — « Le 6 du courant, M. le duc de Va-

Pendant la maladie de M. le duc de Valois, j'eus un peu plus de commerce avec Mme de Saint-Chaumont, que je n'avois eu par le passé. Je lui trouvai du bon sens, un bon cœur, du zèle et de l'amour pour Monsieur et pour Madame, et une affliction extrême de cette mort. Elle m'avoit d'ailleurs rendu de si bons offices, par rapport aux peines que j'avois prises, Mon-

lois s'étant trouvé beaucoup plus mal fut baptisé en son appartement du Palais-Royal, et tenu pour le roi d'Angleterre par le duc d'Enghien, qui le nomma Philippe-Charles, et par Mademoiselle pour la reine, que sa grossesse avoit empêchée d'y venir de Saint-Germain. La cérémonie se fit par l'évêque de Valence, accompagné du curé de Saint-Eustache et des aumôniers de LL. AA. RR., en présence du roi, de la reine d'Angleterre, de mademoiselle d'Alençon, du prince de Condé, de la duchesse d'Enghien, de la princesse de Carignan, de la princesse de Monaco, et de beaucoup de personnes de la cour. Le 8, sur les sept heures du soir, qui étoit le huitième de la fièvre continue, ce prince décéda, âgé de deux ans quatre mois et vingt-quatre jours, ensuite d'un redoublement dans lequel, après une forte agitation d'humeurs au cerveau, les convulsions survinrent qui l'emportèrent, n'ayant pu y résister à cause de la foiblesse où l'avoit réduit une extrême maigreur qui le rendoit incapable d'aucun remède.

« Aussitôt les Feuillants furent mandés pour veiller et prier autour du corps, qui fut le lendemain exposé sur un lit de parade, environné de ces religieux avec plusieurs ecclésiastiques de Saint-Eustache qui accompagnoient l'évêque de Valence, et sur le soir, le corps ayant été ouvert pour être embaumé, le cœur fut porté au Val-de-Grâce pour y être déposé auprès de celui de la reine mère, et les entrailles en la chapelle des ducs d'Orléans dans l'église des Célestins : l'évêque de Valence, accompagné du curé de Saint-Eustache, de l'abbé de Montaigu, et des aumôniers de Monsieur et de Madame, ayant présenté l'un et l'autre par un beau discours, auquel il fut répondu par la supérieure dudit monastère du Val-de-Grâce, assistée de sa communauté, et par le prieur des Célestins à la tête de ses religieux. »

Gazette du 18 décembre 1666. — « Le corps de M. le duc de Valois, ayant, comme vous l'avez su, été exposé sur un lit de parade, où le roi, sensiblement touché de la mort de ce prince, lui vint jeter l'eau bénite ainsi que les princes et princesses, les seigneurs et dames de la cour, les

sieur et Madame m'en avoient si obligeamment remercié, que je souhaitai son amitié, par estime et par reconnoissance.

M. de Valois mort, Monsieur me témoigna un grand désir de demander au roi qu'il lui laissât la pension de cent cinquante mille livres qu'il donnoit à son fils ; je le confirmai dans ce dessein, il suivit mon conseil, et ne fut pas plus heureux que dans l'affaire du gou-

> principaux de cette ville et une assistance extraordinaire de peuple. Le 10, sur les six heures du soir, l'évêque de Valence, accompagné du curé de Saint-Eustache, de l'abbé de Montaigu et de quantité d'ecclésiastiques, le fit lever, ensuite des prières accoutumées. Quatre gentilshommes ordinaires de Monsieur firent cette fonction et le portèrent dans le carrosse du corps de S. A. R., les quatre coins du poêle soutenus par le premier gentilhomme ordinaire avec trois de la chambre, et ce prélat monta dans le même carrosse avec le comte de Saint-Paul, la marquise de Saint-Chaumont, gouvernante, l'abbé de Montaigu, le marquis de Cœuvres et la sous-gouvernante. Ensuite le sieur de Saintot, maître des cérémonies, qui avoit tout disposé pour le convoi, ayant donné l'ordre pour la marche des carrosses des seigneurs, ducs et pairs, princes et princesses, et de ceux de Mademoiselle, de madame la duchesse d'Orléans, de monseigneur le Dauphin, de la reine et du roi, les Suisses de la garde de Monsieur suivirent, chacun tenant une torche de cire blanche ; puis le carrosse où étoit le corps de M. le duc de Valois, environné des valets de pied et des pages du roi, à cheval, aussi chacun avec un flambeau. Après eux étoient les gardes du corps de S. A. R. avec une foule de ses domestiques ; et en cet ordre, à la clarté d'un merveilleux nombre de flambeaux, on passa par les rues accoutumées toutes fourmillantes du peuple, ainsi que les fenêtres, chacun témoignant par ses pleurs la douleur qu'il avoit de la perte de ce jeune prince. Le convoi étant arrivé à Saint-Denis dans la nef de l'église, l'évêque de Valence fit un discours sur le sujet avec tant de force qu'il tira les larmes de tous les auditeurs : ensuite de quoy le supérieur de l'abbaye lui ayant répondu, le corps fut mis au chœur sur un mausolée pareillement des mieux éclairés, puis porté au tombeau de nos rois, suivi du comte de Saint-Paul, de la marquise de Saint-Chaumont et du marquis de Cœuvres ; grand nombre d'évêques en camail et en rochet s'étant trouvés à la cérémonie avec plusieurs princes, ducs et pairs et quantité d'autres seigneurs. »

vernement de Languedoc. Je lui dis que, sans se rebuter, il falloit, dans la première occasion qui se présenteroit, faire de nouvelles instances. Je lui en parlai assez au long la veille de son départ pour Saint-Germain; mais ayant été interrompu, je lui écrivis tout ce qu'il devoit dire au roi sur ce sujet : que le roi étant toujours en état de lui ôter cette pension quand il voudroit, cela le rendroit de plus en plus dépendant; que cela feroit voir au monde que le roi avoit de la considération pour lui; que l'on n'étoit heureux que du superflu (il avoit à peine de quoi suffire aux dépenses nécessaires); qu'on avoit à la vérité ôté à M. le duc d'Orléans la même pension après la mort de son fils, mais qu'il y avoit bien de la différence entre leurs conduites, Monsieur ayant toujours été inviolablement attaché à la volonté du roi, et feu M. le duc d'Orléans toujours chancelant dans son devoir; que lorsqu'on lui ôta la pension, il avoit le gouvernement de Languedoc et six cent mille livres de rente de plus que lui; que pas un frère de roi n'avoit jamais si long-temps vécu sans gouvernement. Je lui marquois encore qu'il pouvoit se plaindre obligeamment et adroitement de ce qu'on avoit donné le gouvernement de son apanage à M. le marquis d'Alluye sans sa participation, et même à un homme qui ne lui étoit pas agréable; que cela, joint aux railleries publiques que le roi faisoit de lui, marquoit à toute la cour qu'il en étoit peu estimé, et qu'il ne savoit pas comment se conduire pour gagner ses bonnes grâces.

Je me doutois bien qu'il n'étoit pas assez ferme pour pousser ces raisons avec force; mais je crus que, pour peu qu'il se plaignît, le roi du moins le croiroit plus sensible que par le passé, et le traiteroit un peu mieux. Mérille fut encore le porteur de cette lettre; je le priai fort de la retirer, quoiqu'à me faire justice, il n'y eût rien dedans qui passât le zèle et le style d'un serviteur très-fidèle. Monsieur la lut avec application, refusa de la rendre, et dit qu'il la vouloit lire plusieurs fois; mais il me fit la réponse seulement trois jours après.

« Je ne vous ai point fait de réponse plus tôt, n'étant rien arrivé de nouveau. Pour ce qui est de votre lettre, je l'ai trouvée fort bien; il y a des choses dedans qui se trouvent fort bonnes, et dont je ferai mon profit. Vous croyez bien que je ne laisserai perdre aucune occasion de faire mon devoir que je ne le fasse, ayant une fort grande envie d'avoir l'estime du roi et de tous les honnêtes gens. Je voudrois que tout le monde fût de votre sentiment; si cela étoit, je n'aurois rien à désirer. Vous voyez par là la confiance que j'ai en votre amitié, et que celle que j'ai pour vous est assurément très-grande. Voilà tout ce que je vous puis dire pour le présent. »

Quoique Monsieur m'eût écrit qu'il feroit son profit des choses que je lui avois mandées, il trouva à propos de ne s'en pas servir; il aima mieux prendre le parti du silence, et se contenter de faire connoître au roi, par les voyages qu'il venoit faire toutes les semaines à Paris pour un ou deux jours, qu'il n'étoit pas satisfait. Ces voyages étoient fort de son goût; il croyoit qu'ils réussiroient admirablement; qu'ils donneroient du déplaisir à Sa Majesté; mais c'est qu'en effet, ils lui donnoient à lui la joie d'avoir une cour particulière : car il étoit ravi lorsqu'il voyoit dans le Palais-Royal une grande affluence de beau monde qui venoit pour l'amour de lui, à ce qu'il disoit, quoique ce ne fût que pour Madame. Il n'oublioit toutefois rien pour caresser chacun, et l'on remarquoit visiblement qu'il étoit plus ou moins gai, selon qu'il y avoit chez lui une plus grande ou plus petite cour. Cependant, comme je ne voyois pas que ces voyages fissent l'effet qu'il devoit désirer, et qu'au contraire je jugeois, par ce que lui-même me disoit, qu'au commencement ils avoient aigri Sa Majesté, et qu'ensuite elle s'en étoit moquée, je ne pus jamais avoir la complaisance d'applaudir à cette conduite, et je lui dis que je ne croyois pas qu'il fût prudent de donner de petits déplaisirs à quiconque pouvoit si aisément lui en donner de grands. Mais Monsieur étoit si satisfait de pouvoir, tous les soirs qu'il passoit à Paris, demander à dix ou douze personnes en particulier : « Eh bien ! n'ai-je pas bien du monde aujourd'hui ? » que c'étoit s'opposer à ses plaisirs que de lui représenter de telles vérités, et ses plaisirs l'emportoient toujours, dans son esprit, sur les plus importantes affaires.

A quelque temps de là, il s'en présenta une d'une assez grande conséquence pour sa gloire et pour son établissement. Il me dit en confidence que le P. Pérignan, théatin, avoit travaillé à son horoscope ; qu'il étoit venu l'assurer que, dans deux ans, il seroit roi de Naples ; que même des Napolitains résidant à Paris avoient témoigné au P. Zoccoli qu'ils avoient dans ce royaume de puissantes intrigues et capables de faire réussir la chose ; que voyant qu'il n'y avoit rien à faire en France, par le peu d'inclination que le roi avoit pour lui, il étoit résolu de songer sérieusement à cette affaire, et qu'il seroit bien aise que je visse le P. Pérignan. Quoique cette astrologie ne me plût pas, je fus bien aise d'examiner si je trouvois quelque apparence de solidité dans son raisonnement. Je l'allai trouver de la part de Monsieur. D'abord, il me voulut parler fort au long de la connoissance qu'il avoit des astres; mais il s'aperçut bientôt que je ne faisois pas grand cas de toute cette science, et que je n'étois pas tout à fait dupe. Alors il changea de langage, et me dit qu'il avoit des intelligences si bonnes et si sûres, que je serois étonné quand je viendrois à connoître avec combien peu de temps cette entreprise réussiroit. Il continua par me dire qu'il y avoit des personnes dans Paris, députées par la noblesse et par le peuple, avec ordre d'attendre quelque conjoncture favorable pour agir et pour demander secours à la France; qu'il avoit de grandes liaisons avec ces députés, et que même il leur avoit déjà inspiré de travailler pour Monsieur.

Après ce discours, je commençai à voir clair dans son astrologie; je connus qu'ayant su par les députés que ce royaume étoit pour la seconde fois mécontent des vice-rois espagnols, il avoit pris de là occasion de faire l'astrologue et l'habile homme. Je demandai s'il n'y avoit pas moyen de voir ces messieurs; il me promit de leur en parler, et le lendemain il me manda qu'ils m'attendoient dans sa chambre. Je m'y rendis. J'y trouvai l'abbé Laudati, frère d'un duc du royaume de Naples, et don Louis de Saint-Severin, gentilhomme du même pays. L'abbé Laudati commença cette conférence par me représenter les pouvoirs qu'il avoit, du temps des premiers troubles, pour venir solliciter le secours de France, et me fit une fort ennuyeuse relation de ses services, des promesses du cardinal Mazarin, du peu de récompense qu'il en avoit tiré, n'ayant du roi que mille écus de pension, et conclut en disant qu'il seroit nécessaire de lui faire donner quelque abbaye, pour faire voir à la noblesse de Naples la considération que le roi avoit pour lui. Je jugeai pour lors plus que jamais que toute cette intrigue pourroit bien n'être que chimérique, et l'intrigant qu'un fourbe. Mais don Louis de Saint-Severin me parla plus raisonnablement. Il me dit qu'ils devoient avouer de bonne foi qu'ils étoient en France pour attendre une rupture entre ce royaume et l'Espagne, ou quelque autre conjoncture favorable, qui leur donnât lieu de faire des propositions de la part de la noblesse et du peuple de Naples; que, toutefois, si M. le duc d'Orléans avoit la bonté de vouloir les secourir, ils écriroient à Naples, et que les esprits étant mutinés au point qu'ils l'étoient, on leur enverroit assurément tous les pouvoirs nécessaires pour agir dès à présent. Je trouvai cette proposition assez vraisemblable, et ayant conclu que nous attendrions des nouvelles, nous nous séparâmes.

Je rendis compte à Monsieur de tout ce qui s'étoit passé dans cette conférence. Je lui en parlai comme un homme qui ne vouloit, ni l'abuser par une espérance qui me paroissoit encore assez frivole, ni aussi le dégoûter par les difficultés que j'y prévoyois.

Le lendemain, l'abbé Laudati et don Louis de Saint-Severin me vinrent dire que le jour de devant, ils n'avoient pas voulu s'ouvrir devant le P. Pérignan, auquel ils n'avoient point de confiance, et qui eût voulu s'attirer tout le mérite du succès d'une affaire dans laquelle il n'avoit aucune part, et qu'ils ne vouloient agir qu'avec moi seul. Je leur parlai longtemps des grands avantages que ce seroit à leur pays d'avoir un roi de la naissance et du mérite de Monsieur, qui seroit soutenu de la France et de l'Angleterre, et parmi tout cela, je leur insinuai pour eux d'infaillibles espérances d'une fortune très-considérable. Il fut arrêté que chaque semaine nous aurions une conférence ensemble, afin que par tous les courriers, ils pussent avancer les choses. Dans toutes nos conversations, nous supposâmes que le roi donneroit sa protection à cette entreprise. Nous arrêtâmes que ces messieurs de Naples leur enverroient par écrit un état de tout ce qu'ils croyoient nécessaire, afin que Monsieur pût trouver les moyens de réussir : de quelle quantité de vaisseaux, de troupes, d'argent, il falloit se munir; de ce qu'ils pouvoient faire de leur côté, et des sûretés qu'ils pouvoient donner pour l'exécution de leur parole.

Ils m'apportèrent, environ six semaines après, une réponse de leurs amis qui commençoit par une description des misères de leur patrie, et du grand désir qu'ils avoient de s'en délivrer[1]; mais qu'ils avoient été si souvent abusés par la France, qu'ils ne pouvoient se fier aux bonnes dispositions dont l'abbé Laudati et don Louis de Saint-Severin les assuroient, tant qu'ils verroient durer la paix entre les deux couronnes; qu'ils s'en remettroient pourtant à leur prudence; mais que surtout ils ne donnassent aucune vue au roi

---

[1] La dernière tentative des Napolitains pour secouer le joug des Espagnols avait été la révolte promptement comprimée, en 1647, de Masaniello, appuyé par ce fameux duc de Guise, petit-fils du *Balafré*, surnommé de son temps le *Héros de la Fable*.

très-chrétien de prendre cette conquête pour lui, n'y ayant aucun homme à Naples qui n'aimât mieux encore être sous la domination espagnole, que d'avoir un roi qui ne résidât pas en leur pays, pour consommer les subsides qu'il y lèveroit et pour y donner les charges aux regnicoles; qu'en effet on ne pouvoit être plus las qu'ils l'étoient de vice-rois, qui n'ayant aucun intérêt particulier à leur conservation, ne songeoient qu'à s'enrichir en passant, et puis laissoient le royaume en proie à un successeur qui faisoit la même chose. Ils finissoient par exagérer l'inclination qu'ils avoient conçue pour la personne de Monsieur, sur les rapports que ces messieurs leur avoient faits de son mérite, et témoignoient qu'ils attendoient avec impatience de plus amples nouvelles de leur part, avant que de faire aucune proposition en forme et précise.

Quoique cette lettre ne fût rien de décisif, qu'elle ne contînt que des choses générales dont on ne pouvoit rien conclure, et que je la soupçonnasse d'être fabriquée à Paris, cependant je crus que, dans le doute, je ne pouvois pas m'ouvrir, et je contrefis le satisfait. Je leur dis que cette lettre étoit suffisante pour obliger Monsieur à faire le premier pas dans cette affaire, qui étoit d'en parler à Sa Majesté. En effet, en rendant compte à Monsieur de ce que contenoit cette lettre, je lui dis que, s'il trouvoit quelque favorable occasion, il ne feroit pas mal de sonder quelle seroit la volonté du roi. Je lui donnai même un grand mémoire où je lui mis toutes les raisons dont il devoit se servir pour gagner Sa Majesté; et parce que l'obstacle le plus considérable étoit la paix, je lui mis l'exemple d'Henri III, qui avoit secouru le duc d'Alençon, son frère, pour la conquête de Flandre sans rompre avec l'Espagne. J'ajoutai que d'ailleurs le roi pouvoit lui donner du secours sous main, comme si Monsieur n'en recevoit que du roi d'Angleterre, sans sa participation.

Monsieur me promit fort d'en parler à Sa Majesté; mais, voyant quelques semaines écoulées sans qu'il m'eût rendu de réponse, je lui demandai s'il avoit parlé au roi; il me répondit qu'il n'avoit pas trouvé d'occasion, mais qu'on disoit qu'auprès de Naples il y avoit une montagne de feu qui rendoit cette ville si sujette aux tremblements de terre, que cela le dégoûtoit. Ce discours pensa m'ôter toute espérance et me faire abandonner tout. Je jugeai que l'affaire seroit encore plus difficile de la part de Monsieur, que de celle des Napolitains; mais comme il n'y avoit rien à faire en France, la paix étant profonde de tous côtés, j'eusse fort souhaité que Monsieur eût entrepris quelque chose de grand, et ce désir l'emporta sur mon dépit. Je lui répondis que ce tremblement de terre étoit une terreur panique; que depuis quarante ans on n'en avoit point vu; que ces flots de feu et de soufre qui rouloient autrefois jusqu'aux portes de Naples, depuis que la montagne étoit élargie, demeuroient à moitié chemin; que cette ville, qui avoit duré tant de siècles, dureroit encore plus que lui; ensuite je l'animai plus que jamais à en parler au roi, et il me le promit.

Cependant nos deux Napolitains m'apportoient toutes les semaines de nouvelles lettres par lesquelles je voyois plus de facilité à cette expédition. Ceux de Naples demandoient que Monsieur vînt en personne avec six mille hommes de pied et deux mille chevaux, dix vaisseaux armés, quinze cent mille livres d'argent pour la subsistance de ses troupes, et pour gagner d'abord quelques gouverneurs qui avoient promis de rendre leurs places. Ils promettoient que le royaume de Naples s'obligeroit à rendre au roi les quinze cent mille livres dans deux ans, parce qu'en ce temps, ils s'assuroient d'avoir établi Monsieur le roi paisible de tout ce royaume. La noblesse offroit de se déclarer dès que Monsieur paroîtroit, et qu'aussitôt on commenceroit par la ville de Naples, où ils avoient des intelligences certaines, et de laquelle ils se promettoient de se rendre maître absolu dès le premier jour, et, quelques semaines après, des châteaux, soit qu'ils les attaquassent par force, soit que l'intelligence qu'ils avoient dans les garnisons les aidât à cette conquête. Enfin, ils disoient qu'il n'y avoit dans tout le royaume que trois mille hommes de garnison espagnole, la plupart mariés et faciles d'être gagnés. Tous ces projets commencèrent à me paroître assez solides; je leur représentai pourtant qu'ils devoient bien prendre garde de ne pas engager légèrement, ni la réputation, ni la personne de Monsieur, et qu'il ne falloit pas que leurs amis trouvassent mauvais qu'on exigeât toutes les plus grandes sûretés, qui n'approcheroient point de celles que la France leur donnoit, en mettant entre leurs mains une tête aussi précieuse que celle de Monsieur; qu'ainsi ils songeassent à envoyer des otages dignes d'une telle confiance, et à mettre Monsieur en possession d'un poste dans le royaume, où d'abord il fût le maître. Je leur dis encore qu'il falloit que l'un d'eux allât sur les confins de ce royaume, accompagné d'une personne que le roi ou Monsieur enverroit, afin que l'on concertât les choses de plus près. Toutes ces propositions leur plurent, et ils les acceptèrent avec grande joie.

Alors je n'oubliai rien pour persuader tout de bon Monsieur qu'il ne falloit pas laisser passer cette occasion, d'autant plus que, quand elle manqueroit, elle serviroit toujours à lui acquérir une réputation immortelle, et à faire connoître au roi qu'il étoit capable de grands desseins. Je lui dis que, pour engager plus facilement Sa Majesté à lui accorder cette grâce, il ne demandât que quatre mille hommes et quinze cent mille livres; que, pour le surplus des troupes, il le pourroit faire de lui-même; que, pour les vaisseaux, il falloit qu'il les obtînt du roi d'Angleterre, qui ne les lui refuseroit pas pour une telle occasion, surtout les lui demandant en payement de ce qu'il lui devoit pour la dot de Madame.

Après tant de raisons, Monsieur fit enfin sur lui un grand effort; il en parla au roi, mais une fois seulement et très-légèrement, et puis il se contenta de lui donner le mémoire que je lui avois dressé. Quelques jours après, il me dit que Sa Majesté lui avoit répondu qu'elle n'étoit pas en état de lui donner du secours, et qu'ainsi il ne falloit plus songer à cette affaire. Il m'annonça la nouvelle de ce refus, non-seulement avec tranquillité, mais avec autant de joie que s'il fût sorti de quelque mauvais pas, d'où je compris qu'il avoit eu grand'peur d'être roi.

Aussitôt que le roi eut fait cette déclaration, cette intrigue avorta, et par ordre de Monsieur, je remerciai nos deux Napolitains dans le temps qu'ils croyoient leurs affaires en meilleur état : car on commençoit à parler de la rupture avec l'Espagne, et Sa Majesté n'avoit plus besoin de prétexte pour appuyer Monsieur, outre que le roi empêchoit par là le secours que les Espagnols pouvoient tirer de Naples. Je ne voulus pourtant pas dire à nos négociateurs que Sa Majesté avoit refusé de secourir Monsieur; mais qu'ayant à faire la guerre en Flandre, il ne pouvoit pas pour cette année donner des troupes, outre que la saison étoit trop avancée pour commencer cette entreprise. Ces messieurs me témoignèrent grand déplaisir de ce retardement; mais, comme ils n'avoient pas d'autre parti à prendre, ils me dirent qu'ils tiendroient les choses en état pour le printemps de l'année suivante; qu'il falloit toujours, ainsi que je l'avois proposé, un homme du roi ou de Monsieur en Italie, afin qu'on commençât à négocier. En effet, comme, durant cette rupture avec l'Espagne, le roi pouvoit changer de sentiment, je fis tout ce que je pus pour y envoyer un homme, la dépense en étant très-petite et m'offrant d'en faire les avances. Mes raisonnements ne servirent de rien; Monsieur me dit toujours que ce voyage seroit inutile.

Il n'avoit alors dans la tête que de faire faire des tentes propres et galantes, ayant grand soin qu'elles fussent remplies de miroirs et de chandeliers de cristal. Cette manière d'agir de Monsieur me dégoûta si fort, que je pris, plus absolument que jamais, la résolution d'aller dans mon diocèse. Monsieur, se doutant du sujet de mon chagrin, s'efforça de me témoigner plus fortement que jamais, que, cette fois, il feroit son devoir à l'armée, et qu'il vouloit que j'en fusse le spectateur et le témoin. Je lui dis alors, avec une liberté incroyable, que cette campagne étoit l'extrême-onction pour lui, et que, s'il ne se tiroit à ce coup de la bagatelle, il n'y auroit plus de salut pour sa gloire. Je lui fis ensuite une peinture de sa vie passée, qui n'étoit pas tout à fait si belle qu'il la croyoit. Je lui dis que, jusqu'ici, son esprit n'avoit été occupé qu'à des enfances, son affection qu'à des plaisirs assez mal expliqués; qu'il ne restoit plus qu'à porter jugement de son cœur. Enfin je lui parlai en domestique qui croit avoir droit de maltraiter son maître, parce qu'il l'aime. Monsieur me parut recevoir assez bien cet emportement, et me dit : « Vous serez content; suivez-moi en Flandre sur ma parole. » Cela m'obligea à lui communiquer une pensée qui m'étoit venue, et que je croyois propre à l'animer. J'avois espéré qu'il se pourroit trouver, dans cette rupture de paix avec l'Espagne, une conjoncture favorable pour obtenir du roi, par la prière du roi d'Angleterre, que Monsieur commandât l'armée, sous l'autorité du roi. J'en parlai à Madame, qui l'approuva, et dit qu'elle étoit prête d'en écrire au roi d'Angleterre. On attendoit, à toute heure, la nouvelle de la conciliation du traité; et ainsi, comme il étoit de la bienséance que Monsieur, en cette occasion, envoyât faire compliment au roi d'Angleterre, on trouva à propos que la personne qui seroit envoyée se chargeât de la lettre de Madame.

Cependant, Sa Majesté partit pour se mettre à la tête de son armée et entrer dans la Flandre, et Monsieur se disposa à aller joindre le roi, dans cinq ou six jours, à Péronne. Pour moi, comme je n'avois pris la résolution de suivre Monsieur que depuis peu de temps, je ne pus être en état de marcher sitôt; mais, venant à considérer que du commencement dépendoit toute la bonne ou mauvaise impression qu'on pren-

droit de lui, je lui fis un mémoire de toutes les choses
que je crus qu'il devoit faire. Ce mémoire contenoit la
manière dont il se devoit conduire avec le roi, les généraux,
les officiers, les soldats, louant et caressant
tout le monde, parlant des braves gens avec des éloges,
même excessifs, pour les obliger à la pareille, envoyant
visiter les blessés, donnant de l'argent aux pauvres
officiers, et préférablement à ceux qui avoient le plus
de réputation; tout ce qu'il devoit faire dans la tranchée,
dans une alarme, dans une rencontre, dans un
parti, et généralement partout où il pouvoit acquérir
de la gloire, et même d'une façon où il ne seroit que
très-médiocrement exposé. Je lui insinuois qu'il falloit
songer à acquérir de la réputation à force d'argent,
de louanges et de caresses; parce que tout cela étant
bien ménagé et bien conduit, étoit plus capable de le
faire estimer que le courage même. Surtout je l'exhortois
à ne point témoigner de l'ennui de la vie qu'il
feroit; au contraire, à faire connoître à tout le monde
que c'étoit le genre de vie qui lui étoit le plus agréable;
que, pour le persuader, il ne falloit point qu'il
abandonnât l'armée, quand même le roi s'en reviendroit.
J'avois fait ce mémoire sur la connoissance que
j'avois eue de ces choses pendant nos guerres civiles
de Bordeaux; mais, parce que j'appréhendois que
Monsieur n'ajoutât pas grande créance à un homme
de ma profession sur le fait de la guerre, je lui dis que
feu M. le prince de Conti ayant pris l'épée, avoit demandé
une instruction à M. le Prince qui la lui avoit
donnée par écrit, qu'elle m'étoit demeurée entre les
mains, et que je n'avois ajouté que quelques choses
particulières pour lui. Monsieur en lut quelques

lignes, et la serra fort soigneusement dans sa cassette, me promettant d'en faire son profit.

Le roi, comme j'ai dit, étoit déjà parti; toute la cour l'avoit suivi, et la plupart, pour se rendre à leurs emplois, avoient abandonné le soin de leur équipage. Madame la princesse de Monaco[1] étoit chargée de celui de M. son mari, et n'avoit pas un sol pour le faire partir; elle avoit cherché de l'argent à emprunter sur des pierreries et sur la caution de madame sa mère, mais en vain. Je la trouvai un soir chez Mme de Saint-Chaumont, dans un grand chagrin de cet embarras. Je m'offris de lui en trouver sur ces mêmes pierreries et d'être sa caution. Elle se sentit fort obligée de mon offre, et l'accepta. Monsieur entendit toute cette conversation, me vit sortir, me suivit et m'ayant appelé: « M. de Valence, me dit-il tout bas, j'ai vu dans votre mémoire que votre sentiment est que je donne beaucoup d'argent durant ma campagne, je crains d'en manquer; au lieu de songer à Mme de Monaco, songez à moi, je vous donnerai des diamants, il me faudroit deux mille louis d'or. — Il est juste, lui répondis-je, que vous ayez la préférence; si vous m'aviez averti plus tôt, j'aurois trouvé d'autres expédients, et je n'aurois pas le chagrin de voir vos pierreries engagées; mais vous partez dans deux jours. — Oui, dit Monsieur, j'ai besoin de cet argent dès demain, et je vous donnerai sans regret des bijoux deux fois plus qu'il ne faut, il m'en reste assez d'autres. En effet, il me montra pour plus d'un million de rubis, de diamants

---

[1] Elle était fille du maréchal de Gramont et nièce de la marquise de Saint-Chaumont.

et de perles. Je lui dis en passant : « Voilà de quoi faire bien des amis. »

Tous ceux sur qui j'avois fait quelque fondement me manquèrent, et je fus réduit à m'adresser à mon notaire. Dès le soir, il me vint dire qu'il avoit trouvé un homme qu'il me nomma (il étoit des plus relevés dans la robe), qui prêteroit dix-huit mille livres sur les pierreries pour un an, passé lequel elles lui seroient acquises, et qu'il vouloit que l'obligation fût de dix-neuf mille cinq cent livres. Ces conditions étoient bien dures; mais je passai par-dessus, et ne dis mot à Monsieur des cinq cents écus que j'ai perdus, les ayant payés du mien. J'empruntai à gros intérêts de Sanguinières, banquier, les quatre mille livres restant, je changeai le tout à la monnoie en louis neufs, je fournis quantité d'écus blancs pour remplacer les faux qui s'y trouvèrent, et tout cela de peur de diminuer à Monsieur le plaisir que je lui faisois.

A l'égard de madame de Monaco, elle avoit reçu des nouvelles de ses receveurs que, dans huit jours, elle auroit de l'argent; de sorte que n'ayant besoin que de mille écus pour faire partir l'équipage de M. son mari, je les lui prêtai du mien, et elle me les rendit même plus tôt qu'elle n'avoit espéré.

Monsieur partit de Paris le jour qu'il avoit résolu. En partant, il me témoigna fortement qu'il désiroit que je le suivisse le plus tôt que je pourrois. Je lui dis que dès que les médecins m'assureroient de la grossesse de Madame, je partirois pour lui porter cette bonne nouvelle. Monsieur quitta Madame, et quelques autres dames qui s'y trouvèrent à son départ, avec beaucoup de tendresse. Il remarqua fort celles qui pleuroient, et madame de Thianges n'ayant pas été de ce nombre, n'a jamais été bien depuis dans son esprit.

Après que les médecins m'eurent donné des assurances de la parfaite grossesse de Madame, je m'en allai de compagnie avec M. l'évêque d'Orléans, premier aumônier de Sa Majesté. Comme le roi s'étoit avancé dans le pays ennemi, nous étions assez incertains où nous pourrions joindre l'armée, n'en ayant point de nouvelles positives. Nous arrivâmes à la Fère; là nous prîmes le chemin de Guise et d'Avesnes qui nous parut le plus sûr. A Avesnes, nous apprîmes que le roi étoit à Charleroi, où il faisoit fortifier ce poste que les ennemis avoient abandonné, après avoir fait sauter par des mines toutes ses fortifications. Comme il y avoit du danger d'aller d'Avesnes à Charleroi sans escorte, nous attendîmes deux jours un convoi qui devoit partir. Dans l'intervalle de ces deux jours, nous sûmes que Sa Majesté devoit arriver trois jours après à Avesnes, et qu'elle avoit mandé à la reine qu'elle y vînt. On m'assura aussi que Monsieur viendroit avec le roi. Sa Majesté, en effet, vint à Avesnes; mais Monsieur étoit demeuré à Charleroi. J'eus bien du chagrin de ne m'être point servi du convoi qui étoit parti, pour me rendre auprès de Monsieur; il fallut nécessairement attendre que Sa Majesté s'en retournât, ce qui ne fut que sept ou huit jours après, ayant demeuré tout ce temps avec la reine à Avesnes. Je passai donc avec la cour. Monsieur vint au-devant de Sa Majesté à trois lieues de Charleroi. Après avoir marché quelque temps, il m'aperçut, s'en vint à moi avec grande joie, et me tirant en particulier, il me dit : « Je me suis bien servi de votre mémoire, et vous

trouverez que je ne suis pas trop mal établi à l'armée. »
Je lui dis que j'étois ravi de ces beaux commencements; qu'assurément la fin en seroit glorieuse, et je le louai fort d'être demeuré à Charleroi pendant l'absence de Sa Majesté, parce que cela seul étoit capable de faire passer la mauvaise opinion qu'on avoit de sa paresse.

De Charleroi, Sa Majesté passa à Tournai. Dans cette longue et ennuyeuse marche, j'eus beaucoup de conférences avec Monsieur, et je lui fis remarquer combien son procédé caressant commençoit à produire pour lui de bons effets; qu'il pouvoit s'en apercevoir dans cette suite nombreuse d'officiers qui lui faisoient leur cour. Je l'assurai que, pour peu qu'il voulût témoigner de vigueur, il acquerroit, en deux ou trois mois, une gloire dont il auroit le plaisir de jouir toute sa vie; qu'il falloit qu'il songeât, par son cœur et par son mérite, à obliger le roi de lui donner du commandement, ou que, du moins, il obligeât le monde d'avouer qu'on ne lui faisoit pas justice; que jusqu'à présent il avoit eu la réputation d'avoir toutes les vertus douces et de la société, qu'il falloit désormais faire voir qu'il en avoit de grandes et d'héroïques. Monsieur reçut bien tout cela, et m'y répondit d'un assez bon air.

La ville de Tournai fut investie par nos troupes [1].

---

[1] Cette campagne est celle de 1667 entreprise par Louis XIV après la mort de Philippe IV, roi d'Espagne, pour revendiquer ses droits sur les Pays-Bas du chef de la reine Marie-Thérèse. Le maréchal de Turenne commandait le principal corps d'armée, sous les ordres du roi; deux corps détachés avaient pour chefs le maréchal d'Aumont et le marquis de Créqui.

On résolut d'ouvrir la tranchée, avant que notre canon fût arrivé. Dès le lendemain, je dis à Monsieur qu'il falloit y aller. Je le priai de se souvenir de bien louer les officiers qui y commandoient, d'aller jusqu'aux bornes donner de l'argent aux soldats, de refuser les louanges qu'on lui donneroit. Avant de partir, il prit une précaution toute chrétienne; il se confessa, ensuite il entra dans la tranchée. Comme je m'imaginai qu'il fût bien aise que je fusse témoin qu'il étoit tel qu'il m'avoit promis, j'y allai. En arrivant à la queue de la tranchée, tous les officiers des gardes le suivirent et dirent qu'ils n'avoient jamais vu un prince si honnête, plus caressant, ni plus intrépide, marchant avec une assurance qui leur faisoit honte. Je leur dis qu'assurément Monsieur n'étoit pas connu; mais que son cœur, son esprit, sa bonté se feroient bientôt connoître, et que, s'ils en étoient satisfaits dans ces commencements, j'osois leur dire qu'ils le seroient encore davantage, lorsqu'ils le verroient un jour à leur tête commander les armées de Sa Majesté; qu'en leur particulier, je pouvois leur assurer qu'ils devoient avec raison se louer de lui, qu'il avoit une estime particulière pour leur corps; que le matin, il avoit dit au roi que, puisque c'étoient eux qui commandoient la tranchée, il devoit être en sûreté, que tout ce que la bravoure et l'expérience pourroient faire seroit assurément fait.

Quelques jours après, le roi fut à la tranchée, et m'y ayant trouvé, il me dit : « Quoi! M. de Valence dans la tranchée? — Sire, lui répondis-je, je ne suis venu que pour pouvoir me vanter d'avoir vu le plus grand roi du monde s'exposer comme un soldat. »

Après cela, j'étois fort satisfait de la fermeté que Monsieur avoit fait paroître. Comme il avoit été le premier à la tranchée, qu'il avoit fait des largesses aux soldats, loué et caressé les officiers, on parla beaucoup plus de lui que du roi, sans doute parce qu'on s'étoit moins attendu à ce qu'il fit. Cette réputation lui attira encore dans sa cour beaucoup plus de monde, et chacun en étant bien traité, il sembloit aussi que chacun eût intérêt à le faire valoir. On commença à se persuader qu'il avoit, et la force pour résister au travail, et le cœur pour ne pas fuir les dangers; enfin on le regarda comme s'il fût devenu un autre homme. La ville de Tournai capitula dès le lendemain que la tranchée eut été ouverte, quoique l'on n'eût encore ni canons, ni munitions. Sa Majesté y entra, y fit chanter le *Te Deum*, et y laissa une forte garnison. Ensuite elle prit sa marche avec son armée du côté de Courtrai, comme si elle eût voulu attaquer cette place; mais, après s'être avancé une journée de ce côté-là, soit qu'on eût changé de dessein, soit qu'on eût fait cette fausse marche exprès, toute l'armée repassa devant Tournai, et on alla attaquer Douai. Le gouverneur de cette ville nous parut se mettre mieux en état de se défendre que celui de Tournai. Dès la première nuit, le roi fit lui-même faire la reconnoissance de la place; Monsieur le suivit. Un coup de canon de la ville donna dans leurs troupes, un page du roi et un officier de la maison de Monsieur furent blessés d'un éclat. On ouvrit la tranchée le lendemain qu'on fut arrivé devant la place.

Ce même jour, Monsieur étant chez le roi, Sa Majesté, en sa présence, appela dans la tente où il te-

noit son conseil, MM. de Turenne, de Bellefond, de
Duras et d'Humières, et laissa Monsieur avec la foule
des courtisans et plusieurs officiers dans une autre
tente. Cette espèce de mépris le piqua vivement. Il se
retira dans sa chambre, je l'y suivis. Il me fit ses
plaintes, et je pris la liberté de lui dire : « La plus honnête façon de vous fâcher, c'est d'aller dans la tranchée; au retour, dire à Sa Majesté, que voyant qu'elle
n'avoit pas besoin de vous dans son conseil, vous
avez été dans un lieu où vous avez cru que vous lui
seriez plus utile, et où peut-être il y auroit quelque
chose à exécuter, pendant qu'elle ordonnoit. » Monsieur approuva mon avis, et sans en rien dire au maréchal du Plessis, il s'en alla dans la tranchée. M. Les-
prit, son premier médecin, me vint dire que, si
Monsieur venoit à être tué, on s'en prendroit à moi;
cela me donna du chagrin : car je ne voulois, ni être
chargé du succès, ni être soupçonné par le roi d'a-
voir donné ce conseil. Il revint de la tranchée, et
trouva assez heureusement l'occasion de dire au roi
tout ce qu'il avoit résolu, et cela fit un si bon effet,
que depuis, dans tous les conseils qui furent tenus
pendant le siége de Douai, Monsieur y fut toujours appelé. J'eus encore un autre soin, et qui ne contribua
pas peu à étendre la gloire de Monsieur, c'est que, durant toute la campagne, je ne manquai jamais d'envoyer à M. Renaudot des mémoires exacts et avantageusement tournés des choses que Monsieur avoit
faites, et Renaudot, sans y rien changer, les plaça
toutes dans les gazettes[1].

[1] Effectivement on peut remarquer en lisant le *Recueil des Gazettes*

Dès le commencement de ce siége, le roi s'étoit déclaré qu'après la reddition de la place, il iroit voir la reine à Compiègne pour quinze jours, pendant lesquels on feroit rafraîchir les troupes fort fatiguées. Je pressai Monsieur fort instamment de demeurer à l'armée pendant cette absence. Je lui dis que le gain d'une bataille à peine lui donneroit plus de réputation d'être né pour la guerre; qu'outre cela, s'il arrivoit quelque entreprise, il en auroit toute la gloire, le roi n'y étant pas pour l'offusquer. J'ajoutai encore beaucoup d'autres raisons trop longues à écrire; mais on ne persuadoit point Monsieur, quand on lui parloit contre un plaisir. Il avoit une passion démesurée d'aller recevoir à Saint-Cloud, des mains des dames, des lauriers qu'il croyoit avoir si bien mérités. Ne pouvant rien obtenir, je le suppliai que, du moins, il s'en fît un mérite auprès de Sa Majesté, et qu'il fît semblant de vouloir demeurer; mais il avoit si grande peur que Sa Majesté le prît au mot, qu'il fuit trois jours après notre arrivée devant Douai. Les ennemis capitulèrent. Sa Majesté devoit y entrer le lendemain, ensuite partir pour Compiègne. Monsieur devoit l'accompagner, l'y laisser, et de là s'en aller à Saint-Cloud; mais l'arrivée de M. l'abbé de Clermont, à présent marquis de Saissac, qui apporta la nouvelle que Madame s'étoit blessée, fit prendre à Monsieur ce prétexte pour partir sur-le-

qu'elles s'occupent du duc d'Orléans pendant la campagne de 1667 plus qu'elles ne l'ont fait depuis dans aucune autre, et qu'elles donnent à la valeur de ce prince des éloges nombreux.

On sait que le *Recueil des Gazettes*, auquel *la Gazette de France* a fait suite, fut fondé en 1634 par Théophraste Renaudot, médecin, né à Loudun en 1584, mort en 1653. Ses deux fils, Isaac et Eusèbe, continuèrent après lui la publication de *la Gazette*.

champ sans attendre le roi. Alors je ne pus m'empêcher de dire à Monsieur qu'il avoit perdu une belle occasion, et que, s'il eût suivi mon conseil, il eût eu tout ensemble la gloire d'avoir voulu demeurer et le plaisir de s'en aller. Le roi ordonna cinq cents chevaux pour l'accompagner. Il partit en carrosse où étoit le maréchal du Plessis, le comte du Plessis et moi. Au lieu de cinq cents chevaux pour l'escorte, il ne s'en trouva que cent, par les ordres que M. de Turenne avoit donnés, dont Monsieur fut fort en colère. En effet, en arrivant à Arras, la plupart de ces cavaliers ne purent suivre, et Monsieur marcha toute la nuit avec vingt-cinq ou trente cavaliers seulement. S'il se fût trouvé le moindre parti des ennemis, sa personne étoit fort en danger. Nous arrivâmes à sept heures du matin à Doulens, et à Senlis au bord de la nuit. On y trouva des carrosses qui avoient été envoyés de Paris pour Monsieur. Nous l'accompagnâmes jusqu'à Saint-Cloud, où il arriva à deux heures après minuit. Madame étoit encore assez malade. Je m'en allai à Paris, dès qu'il fit jour, pour me remettre de cette fatigue.

Le lendemain de mon arrivée, don Louis de Saint-Severin me vint trouver dans ma chambre au Palais-Royal, et m'abordant avec une joie qui paroissoit sur son visage, me dit que tout étoit si bien disposé, qu'il falloit tout de bon songer à notre entreprise; que ses lettres marquoient qu'on donneroit, en arrivant, la place de Gaëte, qui étoit le poste le plus considérable du royaume de Naples; qu'on s'engageoit à lui donner encore, huit jours après, Baye, autre poste bien avantageux; qu'ainsi on accordoit tout ce que j'avois demandé. Il ajouta que, depuis la déclaration de la guerre avec l'Espagne, les esprits s'étoient tellement échauffés à Naples, qu'il y étoit déjà arrivé quelque commencement de troubles qu'on ménageoit si bien, qu'il n'y avoit plus de temps à perdre. Je témoignai la joie que j'avois de ces belles dispositions, et lui dis que, pour animer Monsieur, et l'obliger de presser Sa Majesté, il seroit important que lui-même vînt dire ces bonnes nouvelles.

Don Louis s'offrit de venir à Saint-Cloud. J'espérois que, par l'importance et la facilité de l'exécution, Monsieur seroit ravi de faire encore de nouveaux efforts auprès de Sa Majesté qui pourroient réussir peut-être; mais ce ne fut qu'avec bien de la peine que je pus le résoudre à voir ce gentilhomme. Enfin il fit cet effort. Don Louis fut assez satisfait de Monsieur qui lui avoit donné une audience favorable, lui avoit fait quelques caresses, et lui avoit promis qu'il parleroit au roi de cette affaire.

Le roi, qui étoit à Compiègne, vint peu de jours après à Saint-Cloud rendre visite à Madame sur sa maladie. Je pressai de nouveau Monsieur de faire encore une tentative auprès de Sa Majesté. Il me dit, après que le roi fut parti, qu'il lui avoit parlé, mais qu'il n'y avoit rien à faire : que le roi l'avoit entièrement refusé, et qu'ainsi je rompisse tout commerce avec ces Napolitains, ce que j'exécutai dès le lendemain, ne voulant point les abuser plus longtemps.

Cependant, comme je m'obstinois résolûment à tâcher que Monsieur eût dans la tête quelque grand dessein qui lui élevât le cœur, je recommençai à parler de l'affaire de la lieutenance générale de l'armée. Je lui demandai s'il ne vouloit pas envoyer faire compliment au roi d'Angleterre sur la conclusion de la paix avec la France. Il me répondit qu'il n'avoit garde d'y manquer. J'ajoutai que, par même moyen, après en avoir parlé à Sa Majesté et obtenu son consentement, il pourroit faire proposer l'affaire dont je l'avois entretenu, et que Madame avoit approuvée. Je lui dis encore qu'il falloit que la personne qui iroit de sa part en Angleterre pût lier, entre ce monarque et lui, une amitié plus forte et plus tendre que celle qui avoit été entre eux jusqu'alors; que pas un de ses domestiques ne me paroissoit plus propre à ce voyage que M. de Saint-Laurent, son introducteur des ambassadeurs; qu'il avoit du bon sens, de l'esprit, de la probité, et qu'il pouvoit facilement inspirer au roi d'Angleterre une estime particulière pour le mérite et la personne de son maître. Monsieur reçut assez bien cette proposition; il me promit qu'il enverroit Saint-Laurent en Angleterre, et que, dès qu'il auroit rejoint le roi, il lui en demanderoit la permission. Il approuva fort toutes les réflexions que j'avois faites, et dit à Saint-Laurent qu'il se tînt prêt pour ce voyage, pour lequel il lui enverroit de l'armée ses instructions.

On apprit, dans ce temps, à Saint-Cloud que le maréchal d'Aumont avoit pris la ville et la citadelle de Courtrai en deux jours, et que le roi partoit de Compiègne pour s'en aller à l'armée. Cette nouvelle obligea Monsieur à partir aussi. Il joignit Leurs Majestés à Mailly. Le roi ayant désiré que la reine et toutes les dames de la cour vinssent voir ses nouvelles conquêtes, toute la cour alla à Douai[1] et de là à Tournai.

[1] Louis XIV fit une entrée solennelle à Douai, le 23 juillet 1667.

Le chevalier de Lorraine, qui avoit servi dans l'armée du maréchal d'Aumont depuis le commencement de la campagne, vint à Tournai saluer Leurs Majestés. Monsieur, au commencement de l'hiver, avoit pris une forte inclination pour lui. Il avoit demandé à Sa Majesté que le régiment de ce chevalier servît dans l'armée du roi, afin qu'ils pussent être ensemble durant la campagne. Sa Majesté lui avoit refusé cette grâce. Il lui fit alors la même demande, et le roi la lui accorda. Du plus loin qu'il me vit, il me dit que Sa Majesté le traitoit en perfection : c'étoit une de ses manières de parler. Voyant son transport et la joie qui éclatoit sur son visage, j'attendois quelque grâce extraordinaire, lorsqu'il me déclara ce que c'étoit. Je lui répondis fort sérieusement : « Monsieur, je suis bien aise ; voilà de fort beaux commencements. »

Après que la reine eut été quelques jours à Tournai, elle partit pour revenir en France, et toute notre armée marcha pour aller assiéger la ville d'Audenarde. Du côté où le roi avoit campé, on n'ouvrit point la tranchée. On avoit seulement mis sur une montagne qui commandoit la ville, une batterie de vingt canons dont les assiégés étoient fort incommodés. Monsieur, par mon conseil, y alla et eut le plaisir d'en voir l'effet sans aucun danger. Il y distribua quelque argent aux officiers de l'artillerie, qui parlèrent fort avantageusement de lui. Le gouverneur d'Audenarde se rendit prisonnier de guerre dans vingt-quatre heures avec toute sa garnison.

Le lendemain, Sa Majesté marcha, avec toute son armée, vers Dendermonde. M. de Duras étoit parti, le jour de devant, pour aller se saisir d'un poste avantageux; en passant, il prit la ville d'Alost. Toute l'armée alla camper devant Dendermonde. Cette ville est entourée de rivières et de canaux, et ne peut être attaquée que par une langue de terre régulièrement fortifiée. Cette conquête eût été d'un grand effet pour nous rendre maîtres de la Flandre. Par là, on coupoit entièrement la communication de Bruxelles, de Gand et d'Anvers; mais cette place n'avoit pas été bien reconnue; car on ne pouvoit empêcher qu'il n'y entrât du secours que par une grande estacade de bateaux, dont on n'avoit pas songé à se munir. D'ailleurs, étant fort avancés dans le pays ennemi, nous ne pouvions faire subsister nos gens que par des convois difficiles à faire venir, si le siége étoit long. On abandonna donc ce dessein, de peur qu'en levant le siége, on ne vînt à perdre la réputation qu'on avoit déjà acquise.

Après six jours de marche, nous arrivâmes devant Lille. Cette ville étoit fort célèbre par la grande quantité de ses habitants, par ses fortifications, et par l'expérience du comte de Brouai qui en étoit gouverneur. On s'attendoit donc à avoir un siége long et régulier, ce que nous n'avions pas encore vu dans cette campagne. D'abord, ce gouverneur fit sortir cinq escadrons qui vinrent se poster à un quart de lieue de la place. Cependant il y alloit de la gloire de Sa Majesté de réussir dans cette entreprise, après l'espèce d'échec qui nous étoit arrivé à Dendermonde. On prit toutes les précautions possibles, on fit des lignes de contrevallation et de circonvallation, on disposa des corps de garde à tous les passages, à trois lieues aux environs, pour s'opposer aux secours; on fit venir toutes les munitions nécessaires. Enfin on fut neuf jours devant cette place avant de l'attaquer.

Pendant ce temps, je pressai Monsieur de demander à Sa Majesté la permission d'envoyer en Angleterre faire son compliment sur la paix; ce qu'il n'avoit pu encore faire faute de loisir, à ce qu'il disoit, pour écrire les lettres nécessaires dans cette occasion. Monsieur obtint cette permission, et me commanda de faire les instructions pour M. de Saint-Laurent. Je les mis en chiffre, Monsieur m'ayant donné celui dont il se servoit quand il écrivoit à Madame, et je les portai à Monsieur, qui, les ayant confrontées, les trouva bien et les envoya à Madame par un courrier, avec un ordre à Saint-Laurent de partir.

Pour revenir au siége de Lille, je remarquai que, depuis l'arrivée du chevalier de Lorraine dans notre armée, Monsieur n'avoit plus les mêmes empressements de suivre le roi partout où il alloit, qu'il s'exemptoit souvent des fatigues de cette guerre, qu'il négligeoit de visiter les postes, et que même il y avoit cinq jours que la tranchée étoit ouverte, sans que Monsieur eût parlé d'y aller. Il demeuroit toujours enfermé avec ce chevalier. Je crus qu'il étoit de mon devoir d'avertir Monsieur que le monde s'apercevoit qu'il s'étoit relâché de sa première vigueur; qu'il étoit pourtant aisé de soutenir sa gloire, puisqu'il n'y avoit plus que ce siége à essuyer pour cette campagne. Mes remontrances firent quelque impression sur son esprit; il alla dans la tranchée, et, deux jours après, M. le chevalier de Lorraine y étant avec son régiment, il y alla, pour la seconde fois, lui rendre visite. Cela fit d'autant plus d'effet, que tout ce qu'il y avoit de gens de la plus grande distinction avoient obtenu de Sa Majesté qu'elle ne s'y exposeroit pas. Outre ces actions de courage, quelque argent que Monsieur envoya à des officiers blessés, beaucoup de louanges qu'il donna aux plus braves, contribuèrent beaucoup à lui faire acquérir la réputation de prince libéral et magnanime; et quelques-uns, pour enchérir sur les autres, même prenoient à tâche de lui faire présent de beaucoup de bonnes qualités qu'il n'avoit point. Comme il songeoit à se faire aimer, chacun prenoit intérêt à l'élever, et on vouloit absolument que ce fût un grand homme. Pendant ce siége, les ennemis ne firent aucune défense considérable; ils laissèrent prendre tous les dehors sans se mettre en état, ni par des sorties, ni par des travaux, de s'opposer à nos gens. On attaqua la demi-lune, et on l'emporta dans le moment. Le chevalier de Lorraine fut, dans cette occasion, légèrement blessé au pied de l'éclat d'une grenade. Monsieur en ayant appris la nouvelle, témoigna l'amitié qu'il lui portoit par son extrême inquiétude. Il passoit des jours entiers dans sa chambre, en faisoit les honneurs, caressoit ceux qui venoient voir le chevalier, et les obligeoit à louer la belle action qu'il avoit faite.

Le neuvième jour après l'ouverture de la tranchée, ce redoutable et tant vanté gouverneur demanda à capituler, et sortit le lendemain de sa place. Sa Majesté y entra pour faire chanter le *Te Deum*, et, dès le jour même, marcha avec son armée du côté du canal de Bruges, où elle avoit avis que les ennemis s'étoient assemblés. Le chevalier de Lorraine, quoique incommodé encore de sa blessure, voulut venir à cette occasion, et prit une place dans le carrosse de Monsieur.

J'y étois seul avec lui, car Monsieur étoit à cheval avec le roi, qui n'a jamais marché autrement dans tout le temps de la campagne. Nous eûmes une grande conversation ensemble. Je connus que c'étoit un jeune homme sans expérience, sans habileté pour sa conduite, et qui, loin de pouvoir donner conseil à Monsieur, n'étoit pas capable de former aucun dessein pour lui-même, et n'envisageoit sa faveur que comme une chose utile à ses plaisirs. Cependant, comme il étoit fort bien dans l'esprit de Monsieur, je le ménageai fort, et je crus que je pouvois n'être pas incompatible avec lui. Le lendemain, il se trouva plus incommodé, et je lui donnai mon carrosse pour s'en retourner à Lille.

Alors j'eus avec Monsieur, qui n'étoit plus distrait par ce continuel attachement auprès du chevalier de Lorraine, de plus longues conférences que je n'en avois eu depuis quelques jours. Il s'étendit fort sur les bonnes qualités du chevalier, et avec tant de plaisir, qu'il eut bien de la peine à parler d'autre chose. Il me dit qu'il vouloit absolument le mettre dans sa maison, et que c'étoit la plus avantageuse acquisition qu'il pût faire. Quoique j'eusse bien eu quelque chose à représenter là-dessus, je ne crus pas que ce fût l'affaire de son premier aumônier de s'opposer à ce dessein.

Sa Majesté poussa jusqu'à Dinant, petite ville à quatre lieues de Gand. Là elle apprit que les ennemis se retiroient ; elle s'arrêta avec une partie de son armée, et envoya le marquis de Créqui d'un côté, et M. de Bellefond de l'autre, pour tâcher de les couper. On apprit, la nuit même, que ces messieurs avoient tous deux rencontré les ennemis, et qu'ils étoient aux mains avec eux du côté de Bruges. Le roi, Monsieur et toute l'armée accoururent de ce côté-là sans aucun ordre, tant on avoit d'ardeur et d'envie de se trouver à l'occasion. Sa Majesté s'arrêta sur un pont qui est sur le canal de Bruges, à demi-quart de lieue de la ville de Gand. Monsieur, qui sut que M. de Turenne s'étoit avancé, passa le pont et s'en alla une lieue plus loin où il étoit. On vint dire à cet endroit que les troupes du roi avoient poussé les ennemis, et qu'après les avoir mis en déroute et pris beaucoup de prisonniers, il s'étoit retiré. Monsieur revint donc trouver Sa Majesté. Chacun croyoit que cet avantage, qui jetoit la consternation dans l'armée ennemie et une épouvante générale dans tout leur pays, obligeroit le roi d'entreprendre encore quelque conquête, et même d'assiéger la ville de Gand; mais il jugea que cette entreprise étoit trop considérable pour s'y engager à la fin d'une campagne. Sa Majesté prit donc la résolution de se retirer, et laissa la conduite de son armée à M. de Turenne.

En repassant à Lille, nous eûmes le loisir de considérer cette grande ville, qui nous parut riche, pleine de commerce et peuplée autant à proportion que Paris. Dès que Monsieur y fut arrivé, il alla rendre visite au chevalier de Lorraine encore incommodé. Je l'y suivis. Il me reçut fort bien, me demanda mon amitié, et me pria de lui écrire, le tout avec tant d'empressement que je le crus véritablement de mes amis. Le soir je me trouvai au coucher de Monsieur. Son premier valet de chambre demanda à M. Boyer, premier maître d'hôtel, deux cents pistoles pour payer une tenture de tapisserie que Monsieur avoit achetée à Audenarde. Personne n'avoit d'argent, et si je ne les eusse prêtées, on emportoit la tenture. Monsieur, qui me les voyoit compter au marchand, ne me fit pas seulement la grâce de s'en apercevoir.

Le lendemain, le roi et Monsieur s'en allèrent à Arras, où la reine l'attendoit. D'Arras, toute la cour passa à Péronne, où Monsieur la quitta pour aller à Villers-Coterets se délasser de ses fatigues. En arrivant, Monsieur y trouva Madame et toute sa cour, composée de Mmes de Monaco, maréchale du Plessis, Saint-Chaumont, Thianges, Fiennes et Gourdon. Boisfranc y étoit aussi. Monsieur eut bien du regret de n'être pas arrivé un jour avant Madame, afin de pouvoir ordonner de ce qu'il falloit mettre dans les chambres, qu'il trouva, par malheur, toutes meublées. Il n'eut que la seule satisfaction de faire changer quelque chose, ce qui n'étoit pas contentement pour lui. Il s'y appliqua pourtant avec grand soin, et ces dames purent remarquer qu'il avoit extrêmement bien profité à l'armée. Il fit mettre toutes les chaises sur une même ligne, fortifia les ruelles de tableaux, tablettes, plaques; plaça les miroirs dans des postes avantageux, flanqua chaque table de quatre guéridons; enfin, disposa généralement de tout le corps de ses meubles avec un ordre merveilleux. Mon zèle me fit, dans ces commencements, regarder cette occupation avec dépit, et comme un mauvais présage de ce qui arriveroit dans la suite; et je fis réflexion qu'on avoit bien raison de dire qu'il étoit presque impossible de changer la nature, quand elle avoit une fois pris sa pente.

Je connus, à la manière que Monsieur me traitoit, que Boisfranc avoit renouvelé ses avis et ses mauvais offices contre moi; car, lui donnant de nouveaux conseils pour sa conduite, il me dit qu'on l'avoit averti que j'avois mes desseins et mes vues, et que, sous ces belles apparences d'amitié pour lui, je cachois une fort grande ambition pour moi. Je répondis à ce reproche sans m'émouvoir, que depuis dix ans que j'avois l'honneur d'être chez lui, je ne lui avois rien demandé; qu'avant d'être dans sa maison, ma fortune étoit faite; que je ne voyois rien au-dessus de moi que la dignité de cardinal, à laquelle je ne pouvois porter ma pensée, tant à cause de mon peu de mérite, qu'à cause du peu de secours que je pouvois tirer de sa bonté, puisque cette dignité ne se pouvoit obtenir que par la volonté du roi; que je ne me rendois pas fort favorable auprès de Sa Majesté, par le grand attachement que j'avois pour lui; que si j'étois touché de quelque ambition, elle n'avoit que ses intérêts pour objet; que, s'il vouloit me rendre justice, il connoîtroit que sa gloire étoit augmentée; qu'il avoit plus besoin de s'élever et de faire fortune que moi, qui étois tout ce que je pouvois être; mais que, du mérite et de la naissance dont il étoit, il me sembloit qu'il étoit au-dessous. Monsieur, voyant qu'il avoit tort et ne voulant pas m'aigrir, tâcha de m'adoucir par de fort obligeantes paroles. Je rendis compte à Madame de toute cette conversation; elle entra dans mes sentiments si obligeamment, avec tant de bon sens et de bonté, que cela m'engagea à lui faire ma cour avec plus d'attachement que je n'avois fait. Pour Boisfranc, je ne me vengeai que par un grand mépris, sans avoir aucune aigreur contre ses bassesses, qui lui étoient naturelles, vu sa naissance et son génie.

Dans ce temps, on reconnut un si grand attachement dans l'esprit de Monsieur pour le chevalier de Lorraine, qu'on le regarda comme un favori déclaré. Monsieur ne parloit jamais à Madame ni à toute sa cour, que de l'inclination qu'il avoit pour lui. Il dit même à Madame et à moi qu'il s'étoit engagé, par serment, de ne lui rien cacher. Il ne se passoit point de jour qu'il ne lui écrivît. Madame me parlant de cette grande passion, je lui répondis que, pourvu que le chevalier voulût songer à la gloire de Monsieur, à ses intérêts, à l'éloigner de la bagatelle, ce ne seroit peut-être pas une chose désavantageuse qu'il y eût un homme qui eût du pouvoir sur son esprit. Madame me témoigna qu'elle croyoit avoir assez d'empire sur l'esprit du chevalier, pour l'obliger à prendre une bonne conduite.

Le lendemain, Monsieur m'appela dans son cabinet, et me consulta pour savoir si, au cas que le roi lui refusât le commandement d'une armée, il devoit servir en volontaire la campagne prochaine. Je lui dis qu'il n'y avoit rien qu'il ne dût faire pour commander une armée, et qu'on ne trouveroit guère d'exemples qu'un fils de France eût fait même une campagne, sans commander; que cela pourtant avoit un spécieux prétexte, qui étoit d'apprendre le métier et de montrer son cœur; mais qu'une seconde campagne, cela ne seroit pas bien reçu; qu'il ne pouvoit guère acquérir de réputation comme particulier; qu'il falloit songer à quelque chose de grand, et profiter, non-seulement de ses belles actions, mais même de celles de toute l'armée, de sorte que mon sentiment étoit, qu'il fît tous ses efforts auprès de Sa Majesté et des ministres, pour commander; qu'il témoignât qu'absolument il n'iroit point servir en volontaire, et qu'il laissât commencer la campagne sans lui. « Toutefois, ajoutai-je, quand on ne vous donneroit point de commandement, je trouve fort à propos, pour votre réputation, que, dès qu'il y aura un siége, vous partiez pour faire connoître à Sa Majesté et au public que, malgré votre dépit, vous n'avez pas demeuré oisif, dès que vous avez su qu'il y avoit de la gloire à acquérir et du service à faire. »

Monsieur ne me répondit rien; mais, changeant brusquement de discours, comme s'il y avoit longtemps qu'il eût eu son esprit ailleurs, il me dit que le chevalier de Lorraine devoit bientôt arriver, qu'il avoit résolu de le distinguer de tous les autres du royaume, de lui donner logement dans sa maison, grand crédit sur son esprit, sachant qu'il étoit attaché à sa personne préférablement à celle du roi, et lui ayant entendu dire plusieurs fois que, quoi qu'il lui pût arriver, il seroit toujours à lui, et de la même manière que M. le duc de Montmorency avoit été à M. le duc d'Orléans.

Ce discours de Monsieur, que je trouvai bien franc et bien délibéré, me fit rêver, ce qui l'obligea de me demander quel étoit mon sentiment. Alors je lui dis que l'acquisition qu'il vouloit faire de M. le chevalier de Lorraine lui pourroit être très-avantageuse; que c'étoit un homme de grande naissance, de beaucoup d'esprit et de cœur. Monsieur m'interrompit pour me presser une seconde fois d'ouvrir plus sincèrement ma pensée. Je lui repartis que, puisqu'il me commandoit de parler comme un fidèle domestique qui aimoit sa gloire et sa personne, je commençois par lui dire que j'eusse voulu que M. le chevalier de Lorraine eût été présent, et qu'aimant sans doute Monsieur autant qu'il faisoit, il auroit été peut-être lui-même de mon sentiment. « Je ne crois pas, poursuivis-je, que vous deviez faire un favori déclaré. Vous avez besoin de plusieurs chevaliers de Lorraine; il faut que tout ce que vous avez de gens à votre cour se flattent d'être les premiers dans votre cœur. Dès que cette place sera remplie, tout le monde se retirera. C'est là le seul bien que vous puissiez faire; vous n'avez que votre amitié à donner, il faut la montrer à tout le monde, la faire espérer à chacun, non pas en enrichir une seule personne. Un favori est une étrange chose : s'il est habile, il ruine son maître de réputation, on lui attribue tout ce que le maître fait de bien; que s'il est maladroit, il donne de la peine à son maître pour le soutenir dans le haut rang où il l'a élevé; il faut qu'on blâme son mauvais choix. M. le chevalier de Lorraine doit jouir en secret de votre amitié et de votre confidence; mais il ne doit pas désirer de passer dans le monde pour vous gouverner; cela vous feroit également tort à l'un et à l'autre, auprès de Sa Majesté et auprès de tout le monde. Vous pouvez lui donner du bien; mais ne fermez pas la porte à tous ceux qui voudront songer à vous plaire, et à s'attacher à vous aussi fortement que lui. »

Monsieur me quitta dans le milieu de mon discours, sans me dire un seul mot, d'où je compris aisément que je n'avois pas persuadé; mais, comme je parlois selon mon cœur et selon mon devoir, j'étois consolé du succès qui ne dépendoit pas de moi. Ce même jour, le chevalier de Lorraine arriva à Villers-Coterets; il fut reçu de Monsieur avec des transports de joie incroyables. Dès ce moment, sa faveur fut déclarée. Il me fit dans ce commencement beaucoup d'amitiés, et me témoigna qu'il étoit dans mes intérêts; mais cela ne dura pas longtemps. Quelques jours après, Boisfranc lui fit connoître que son amitié lui seroit bien plus utile que la mienne. Ce jeune homme étoit si fier de se voir dans une faveur plus grande qu'il n'avoit espéré, qu'il ne voulut prendre aucune liaison avec Madame, n'écoutant ce qu'elle lui disoit pour son avantage ou pour celui de Monsieur, qu'afin de lui en faire le récit. Je sus de Mérille que Monsieur ne cherchoit plus qu'un prétexte pour ne me traiter plus de la manière qu'il avoit accoutumé, voulant sans doute satisfaire la jalouse et peu commode humeur de ce chevalier, qui ne pouvoit souffrir dans le cœur de Monsieur ni petite ni grande amitié. Monsieur se plaignoit que j'avois trop d'assiduité auprès de sa personne, trop de conversation avec Madame, trop de commerce avec Mmes de Saint-Chaumont et de Thianges. Ces grands sujets de mécontentement de Monsieur me firent plus de peine pour lui que pour moi. Mon assiduité ne lui avoit pas été inutile ; c'étoit par ses ordres que j'écrivois et déchiffrois avec Madame les lettres qui alloient en Angleterre et en revenoient; lui-même traitoit Mmes de Saint-Chaumont et de Thianges comme ses meilleures amies ; il ne s'agissoit entre nous d'aucune affaire : de sorte que je jugeai que Monsieur cherchoit seulement quelque occasion de se plaindre, bien ou mal à propos. Dans cette pensée, je pris la résolution de m'en aller à Paris, de là dans mon diocèse, et même de me défaire de ma charge.

Quelques jours après mon départ de Villers-Coterets, Monsieur revint à la cour. Sa Majesté lui promit qu'il commanderoit, la campagne prochaine, l'armée de Catalogne. Monsieur me dit cette bonne nouvelle; je lui témoignai que ce qui m'obligeoit à m'en réjouir davantage, c'étoit que j'espérois que ce grand emploi lui serviroit à obtenir le gouvernement de Languedoc. Il me répondit : « Vous n'êtes pas content; pour moi je le suis, et ne demande plus rien au roi. — Je n'espère rien, lui dis-je, du gouvernement du Languedoc; ainsi, puisque vous êtes satisfait, j'aurois tort de ne le pas être. » Monsieur me sut fort mauvais gré de lui avoir souhaité ce gouvernement; il en fit ses plaintes à Madame, qui ne put jamais lui persuader que tout mon crime étoit de le trop aimer et d'être trop attaché à ses intérêts.

Cependant, je voyois tous les jours que l'aigreur de Monsieur augmentoit, et je n'en demandois pas les sujets, sachant que le chevalier de Lorraine se plaignoit ouvertement que j'avois parlé à Monsieur contre lui et qu'il le tenoit de Monsieur même. Je comprenois bien qu'il vouloit parler de cette conversation que j'avois eue avec Monsieur à Villers-Coterets, lorsqu'il me témoigna qu'il songeoit à en faire son favori déclaré. Je m'aperçus clairement que Monsieur avoit mal tourné cet entretien, pour faire sa cour auprès du chevalier. Cependant, je ne voulus jamais faire aucune avance, ni auprès de Monsieur, ni auprès de son favori, et je vis ma disgrâce sans daigner m'en plaindre. Ce ne fut plus moi qui eus le soin de déchiffrer et de répondre aux lettres qui venoient d'Angleterre, ce fut le chevalier de Lorraine; et Monsieur ôta à Madame tous les chiffres qui concernoient cette affaire. Dès ce moment, je prévis bien que toutes mes négociations s'alloient évanouir, et que Madame n'agissant plus, on ne pourroit jamais prendre les expédients nécessaires pour profiter des avantages qu'il étoit aisé de retirer de ce côté-là. Je fus tellement rebuté de cette cour, que je l'aurois quittée dès lors, si, avant mon départ, je n'eusse voulu faire arrêter cet homme qu'on croyoit auteur du libelle contre Madame.

Je prenois mon temps pour entretenir Madame de mes soins pour cette affaire, lorsque Monsieur étoit absent, et elle l'avoit ainsi désiré, de peur de renouveler les chagrins de Monsieur là-dessus. Ses espions lui rendoient compte des conversations fréquentes que j'avois avec Madame, et il crut que je tramois quelque chose contre lui et contre le chevalier de Lorraine. Il n'en fallut pas davantage pour augmenter son aversion contre moi. Un jour qu'il m'avoit trouvé dans la chambre de Madame, il me demanda quels grands secrets j'avois avec elle; je crus qu'en cette occasion, il eût été dangereux de déguiser la chose, je la lui dis sincèrement. Je vis bien qu'il ne me croyoit pas, et qu'il me soupçonnoit à faux d'avoir d'autres intrigues. Cependant je fis arrêter cet homme, qui se trouva être un distributeur, et non pas l'auteur de la pièce. On en tira pourtant de grandes lumières, qui auroient servi à trouver d'où elle venoit, si je n'eusse été obligé d'en laisser le soin à d'autres pour songer à mon départ.

Avant que de quitter la cour, je demandai une audience au roi. J'avois appris qu'il avoit parlé de moi peu obligeamment à Monsieur, qui pourtant ne m'avoit pas fait la grâce de m'en avertir. Il me donna une audience très-favorable; je lui rendis compte de toute ma vie, et je finis par la grâce que je lui demandois, de juger de moi par mes actions seulement, et non par le rapport de mes ennemis. J'en sortis si plein d'estime et de vénération pour le roi, je le trouvai si rempli de bon sens, d'habileté, de justice, de véritable mérite, que je dis à M. de Luxembourg en sortant : « Je viens d'entretenir un grand homme, qui me dégoûte fort de mon petit maître. » Après cela, je ne songeai plus qu'à partir.

La veille de mon départ, Mérille me vint dire que le chevalier de Lorraine lui ayant témoigné qu'il vouloit être de ses amis, il avoit cru qu'il devoit l'avertir de l'amitié qui nous lioit; qu'il lui avoit fait remarquer que, voulant toujours vivre avec moi aussi bien qu'il y vouloit vivre, il seroit difficile que M. le chevalier lui continuât sa bienveillance; que cependant, puisqu'il lui témoignoit tant de bonne volonté, il croyoit être obligé de lui dire qu'il ne me connoissoit pas; que mes conseils lui pouvoient être utiles; que le rapport de mes ennemis l'avoit trompé; que j'avois toujours parlé de lui avec estime; enfin, il le pressa par tant de raisons, qu'il lui fit promettre qu'il se trouveroit le soir chez Mme de Saint-Chaumont, et que là nous nous éclaircirions de toutes choses. Je m'y rendis; le chevalier étant arrivé, nous commençâmes une conversation sur tout ce qui s'étoit passé entre nous, dans laquelle je prouvai nettement qu'il avoit peu, ou plutôt point de sujets de se plaindre de ma conduite. Il me demanda mon amitié avec empressement, et me fit des protestations si grandes de la sienne, que je crus qu'à ce coup il étoit dans le dessein d'être de mes amis ; mais je regardai alors son amitié comme une chose très-inutile, et je partis le lendemain pour aller dans mon diocèse, bien résolu de ne plus venir à Paris que ma charge ne fût vendue, et ayant laissé pour l'exécution de ce dessein une procuration à M. de Saint-Laurent, receveur du clergé.

Un mois après que je fus parti de la cour, j'appris que le maréchal du Plessis avoit montré à Monsieur une lettre à moi adressée, qu'il disoit avoir trouvée sur les degrés de son appartement. Elle contenoit des finesses grossières, à la vérité, mais qui ne laissoient pas de faire un aussi grand effet, que si elles eussent été plus délicatement inventées. Voici un des endroits : « Que ne venez-vous détruire le chevalier de Lorraine, qui profite de votre absence ? » Et cent autres choses qui tendoient à faire croire que je gouvernois Monsieur. Le maréchal aidoit encore cette lettre par des commentaires de sa façon, et affecta d'en faire confidence au chevalier, à Boisfranc, et à tous ceux enfin qu'il pût soupçonner n'être pas dans mes intérêts. Quand mes amis demandèrent à la voir, il contrefit le charitable, il dit qu'il l'avoit brûlée de peur qu'elle ne me fît tort. Il faut avouer qu'il n'y avoit que ce parti à prendre pour un homme qui, après m'avoir noirci par cette lettre, ne vouloit pas demeurer exposé à être confondu par cette lettre même. On me manda ce beau trait de subtilité d'un vieux courtisan ; je ne voulus point m'en plaindre, et je crus que ne pouvant point apporter remède pendant mon absence, il valoit mieux quitter la chose et la traiter de ridicule. Cependant, je ne doutai point que Monsieur, qui avoit très-grand'-peur que je ne le voulusse gouverner malgré lui, n'ajoutât foi à cette lettre supposée, et je suis encore persuadé que ce fut là un des plus solides motifs qui l'ont obligé à me traiter comme il a fait.

Cependant, je regardai cette conjoncture comme favorable pour me faire obtenir la permission de vendre ma charge. M. de Tréville vouloit l'acheter, ainsi que me l'avoit mandé M. l'archevêque de Vienne; et j'allai me rendre à Paris pour cela, après quatre mois d'absence. A mon arrivée, je sus que Monsieur étoit à Saint-Germain et qu'il devoit revenir dans trois jours. J'attendis son retour sans impatience, il me reçut fort froidement, et dit tout bas à Benserade : « Vous avez été témoin comme je l'ai reçu, rendez-en bien compte au chevalier de Lorraine. » Quand on m'en avertit, je connus bien qu'il falloit me presser de quitter la partie. Je voulus pourtant aller rendre visite au chevalier de Lorraine, pour voir s'il en useroit avec moi aussi bien qu'il me l'avoit promis en nous séparant. Il fit merveilleusement bien son devoir de fourbe; il m'embrassa avec une tendresse si cordiale, qu'elle me devint suspecte.

Pendant ce temps-là, tous les desseins de guerre avec l'Espagne avortèrent[1]. Monsieur avoit résolu, lorsqu'il croyoit aller à l'armée, de chasser en par-

[1] La paix entre la France et l'Espagne fut signée à Aix-la-Chapelle le 2 mai 1668. La conquête rapide de la Franche-Comté au cœur de l'hiver, par le roi en personne, avait alarmé l'Angleterre, la Suède et la Hollande, qui s'unirent par une triple alliance pour forcer Louis XIV à déposer les armes et à conclure un traité de paix qui n'en fut pas moins glorieux pour le roi, puisque s'il abandonnait la Franche-Comté, il gardait Lille et ses conquêtes des Pays-Bas.

tant M`lle` de Fienne, fille d'honneur de Madame : cette fille aimoit éperdument le chevalier de Lorraine et en étoit aimée de même. Leur amour étoit si public, que le P. Zoccoli, confesseur de Monsieur, avoit été obligé, le jour de Pâques, de l'avertir qu'en conscience il devoit faire cesser ce scandale. Monsieur y étoit assez porté de lui-même ; l'attachement du chevalier pour cette fille ne lui plaisoit point. Le chevalier lui fit généreusement ce sacrifice, et Benserade fut chargé de porter à cette fille l'ordre de sortir de la maison, sans en parler même à Madame. Le chevalier s'en alla à la campagne pour quelques jours, soit pour n'être point importuné de ses plaintes, soit pour être en droit de feindre qu'il n'avoit rien su de son malheur. Benserade s'acquitta de ces ordres; cela fit grand fracas. Madame avertit cette fille qu'elle n'avoit en rien contribué à cette affaire. M`lle` de Fienne publiant cela partout, donna lieu aux ennemis du chevalier de Lorraine de dire que la jalousie de Monsieur avoit exigé ce sacrifice du chevalier, et ce mauvais discours fit un terrible tort à la réputation de tous les deux.

Comme j'allois rarement chez Monsieur et que l'éclat de cette affaire le chagrinoit, il lui plut de se figurer, ou de se laisser persuader, que c'étoit moi qui avois poussé son confesseur à l'engager dans cette démarche, sans faire réflexion que, dès le jour de Pâques, il lui avoit promis de donner cet ordre, et qu'alors j'étois encore dans mon diocèse. Ceux qui lui avoient donné cette fausse idée lui faisoient remarquer, comme l'objet de ma politique, de faire, ou que le chevalier de Lorraine rompît avec Monsieur, en lui refusant le sacrifice de cette fille, ou qu'en la lui sacrifiant, il se perdît d'honneur, et Monsieur aussi. On poussa contre moi la calomnie bien plus avant. Madame ayant su que Mme Desbordes, sa première femme de chambre, avoit la cassette de Mlle de Fienne, se la fit apporter, la garda un jour entier, et en retira cinq ou six lettres, soit par curiosité, soit pour trouver des lettres qui pourroient nuire au chevalier, dont elle n'étoit pas satisfaite, peut-être même pour en supprimer des lettres importantes à l'honneur de Monsieur. Mlle de Fienne en fit d'étranges vacarmes, et tout ce procédé fut mis sur mon compte. On dit à Monsieur que je l'avois conseillé à Madame. Quoique tout cela me parût grossièrement inventé, je priai Mérille de dire à Monsieur de ma part, sur ce sujet, qu'il m'avoit promis de ne me jamais condamner sans m'entendre. Monsieur lui répondit d'un air si obligeant pour moi, que Mérille vint à Paris exprès me quereller de ce que je prenois l'alarme si légèrement. Il parla encore au chevalier, qui loin de lui témoigner de l'aigreur, lui promit de me venir voir, quand il seroit à Paris. Cependant, le lendemain, premier jour de mai, il y vint et ne me rendit point de visite, de sorte que, soupçonnant qu'il se tramât quelque chose contre moi, je voulus m'en éclaircir.

J'allai donc à Saint-Germain, dans le dessein de parler à Monsieur de tous les bruits qui couroient, de m'en justifier, et de lui demander ensuite la liberté de me défaire de ma charge. Dès que Monsieur fut en état d'être vu, j'entrai dans sa chambre avec quelques autres ; il me sembla qu'il m'évitoit. Cela me confirma, de plus en plus, dans mes soupçons, et me fit prendre une plus forte résolution de lui parler absolument. Il connut mon intention, et dès qu'il fut habillé, il s'en alla chez Madame. En revenant de chez elle, il se pressa de rentrer dans son cabinet avec le chevalier de Lorraine, et dit qu'on ne laissât entrer personne. J'attendis à la porte. Monsieur sortit avec le chevalier et lui parla à l'oreille tout le temps qu'il fut à aller au bas du degré où étoit sa chaise. Je le suivis ensuite à sa messe, comme je faisois d'ordinaire, et à la fin, m'étant approché pour lui demander audience, il se tourna brusquement vers le chevalier, pour éviter de m'entendre. Cela fut si visible que tout le monde s'en aperçut, de sorte que je me retirai, résolu, ou de lui écrire, ou de lui faire parler. De là, je m'en allai chez Madame que je n'avois point vue depuis dix jours. Je la trouvai seule dans son cabinet; je lui dis tous les bruits qu'on faisoit courir, et qu'absolument je voulois vendre ma charge; que je n'étois, ni de condition, ni d'humeur à vouloir être à Monsieur malgré lui. Je la suppliai de dire à Monsieur que j'étois venu dans ce dessein; elle eut la bonté de s'y opposer fortement. Elle me dit qu'il n'y avoit pas d'apparence que mes ennemis eussent le pouvoir de me nuire; qu'elle ne vouloit pas, tant par l'estime qu'elle avoit pour moi que par l'amitié qu'elle avoit pour Monsieur, que je quittasse sa maison, et qu'elle répondoit qu'il n'étoit pas capable de me faire une si grande injustice. Elle s'offrit très-obligeamment de parler à Monsieur, et après l'avoir encore suppliée très-instamment qu'en demandant elle-même la permission pour me retirer, elle voulût bien m'épargner la honte d'être encore refusé : je m'en revins à Paris.

Dès que je fus de retour, Mérille vint chez moi. Je lui appris tout ce détail, et dans le temps que nous raisonnions sur mes affaires, on m'avertit que Varangeville, le fils du secrétaire des commandements de Monsieur, me demandoit. Je dis à Mérille : « Je crois qu'il m'apporte un ordre de me défaire de ma charge. » Mérille rebuta cette proposition comme impossible. Varangeville me tira en particulier, et me dit qu'il étoit bien fâché que Monsieur lui eût ordonné de me venir dire qu'il me commandoit de me défaire de ma charge. J'appelai Mérille, et, devant lui, je répondis à Varangeville : « Je vous supplie de dire à Monsieur que je ne suis, ni surpris, ni affligé de son ordre; que je lui obéirai avec toute la diligence possible; que si, avec vous, il m'eût encore envoyé un marchand, je n'en aurois pas fait à deux fois. J'ai tant de passion de lui plaire en cette rencontre, que bien que ma charge doive valoir beaucoup davantage que je ne l'ai achetée, parce qu'alors elle n'étoit pas établie, je ne la mets qu'au même prix, c'est-à-dire vingt-cinq mille écus; que même, pour obéir plus promptement, je me contenterois de moins. » Varangeville me dit que Monsieur me laissoit la liberté de la vendre à qui je voudrois; mais qu'il vouloit que je m'en allasse dans mon diocèse. Je lui dis que, si Monsieur avoit commencé par ce dernier ordre, je n'eusse pas pu lui désobéir, étant encore à lui; mais que le premier commandement qu'il m'avoit fait étoit le dernier qu'il eût droit de me faire, et que je ne connoissois plus de maître que le roi. Varangeville ajouta que, si je ne partois pas, dès le lendemain, Monsieur avoit résolu de m'envoyer un ordre de Sa Majesté. Je lui répondis que je ne doutois pas que Monsieur n'obtînt cette grâce du roi, et même avec plus de facilité qu'un gouvernement. Ensuite, Varangeville me donna un paquet cacheté. Je trouvai les trois lettres que je lui avois écrites sur sa conduite avec le roi, avec les ministres et avec les courtisans, sur les moyens de garder sa pension de cinquante mille écus du duc de Valois, après qu'il fut mort. Comme je l'ouvrois, Varangeville me dit que Monsieur l'avoit chargé de me dire qu'il n'avoit pas voulu les garder, parce que, si on les voyoit, elles me pourroient nuire. « Dites à Monsieur, lui répondis-je, que je n'ai rien fait, ni rien écrit qui puisse me perdre, et que quand on verroit ces trois lettres, si elles faisoient un mauvais effet pour mes intérêts, elles n'en feroient pas un guères meilleur pour sa gloire. »

Dès ce soir, je sortis du Palais-Royal, et j'allai loger chez M. de Saint-Laurent, receveur général du clergé. Le lendemain, Varangeville vint encore me presser de partir; je lui dis, sans m'émouvoir, que j'attendois cet ordre du roi. A peine étoit-il sorti de ma chambre, que j'appris, par un de mes amis, que Boisfranc, dont jamais je n'ai pu vaincre la lâche jalousie, avoit fait des merveilles contre moi. Deux jours avant ma disgrâce, à toutes les batteries ordinaires il avoit ajouté cette noire calomnie, que ma cabale étoit si forte et mes mesures si bien prises avec Madame, que par mes conseils, dans trois jours, elle devoit proposer à Monsieur de rompre avec le chevalier ou avec elle. Monsieur en conçut une si horrible frayeur, qu'il ne fut plus capable de raisonner; ce fut là ce qui acheva de le déterminer de se défaire promptement de moi comme d'un homme formidable, et de plus de trois mois après, il ne put se rassurer de cette crainte. Il s'imaginoit toujours que j'étois caché dans Paris, et que je l'obligerois par mes machines imaginaires à chasser ce digne favori.

L'après-dîner, le généreux Boisfranc vint me faire compliment sur ma disgrâce, et me dire que Monsieur lui avoit commandé de me rendre trois mille louis d'or, et qu'il étoit prêt de les donner à quiconque les viendroit prendre chez lui, de ma part. Je fis l'étonné et lui dis assez froidement : « Comme depuis trois ans que j'ai prêté cette somme à Monsieur, il ne m'en avoit jamais parlé, je croyois qu'il l'eût oublié, et j'avois cru que je devois l'oublier aussi. — Loin de cela, me répliqua-t-il, j'ai ordre d'y ajouter mille écus pour les intérêts. — Monsieur, lui dis-je, qui ne m'a jamais bien connu, me connoît encore moins que jamais en cette occasion ; je suis gentilhomme, et non pas banquier ; l'usure n'est point permise, mais surtout à un homme de ma profession. Dites, s'il vous plaît, à Monsieur, que j'ai pris l'usure par avance, et qu'elle consiste en l'honneur que j'ai eu de lui faire ce petit plaisir. » J'écrivis au roi pour le supplier qu'il me permît de lui aller rendre compte de ma conduite, qui, par ma disgrâce, pouvoit lui être devenue suspecte, outre que, sans son commandement, je ne croyois point devoir quitter Paris. Je reçus ce soir là même cette lettre de Madame :

« Vous m'avez toujours vue si attachée par mon inclination, aussi bien que par mon devoir, aux intérêts de Monsieur, que, si je ne savois bien distinguer les véritables amis d'avec ceux qu'on voudroit lui faire passer pour tels, vous auriez sujet de douter de mon amitié par son procédé envers vous; mais comme ce n'est pas la première fois que le malheur des particuliers l'a emporté par-dessus la justice des princes qui en avoient le plus dans le fond de leur cœur, je veux vous conter ce qui s'est passé comme un effet de la destinée dont on ne peut se défendre, et vous assurer que cette fatalité qui vous a fait perdre les bonnes grâces de Monsieur, ne s'est point étendue jusqu'à moi, et que vous me trouverez toujours avec la même estime pour vous que j'aie jamais eue, et avec beaucoup plus d'envie de vous le témoigner par mes actions. »

Madame avoit été touchée de ma disgrâce, et par l'injustice qu'on me faisoit, et parce qu'on disoit que l'attachement que j'avois à ses intérêts et les conseils que je lui avois donnés en étoient la principale cause. Elle étoit, outre cela, fort animée contre le chevalier de Lorraine, qui, deux jours auparavant, lui avoit fait mille protestations d'un respect et d'un zèle inviolables. La reine d'Angleterre me fit l'honneur aussi de m'envoyer quérir pour m'assurer qu'elle en parleroit fortement à Monsieur. Je reçus une infinité de visites de la plupart des gens qui ne se trouvoient pas liés d'intérêts et de parenté avec le chevalier de Lorraine, et si tous ceux qui me firent des compliments, les firent de bonne foi, le parti de mes ennemis n'étoit pas assurément le plus nombreux. Le lendemain, la reine d'Angleterre et Madame firent tout leur possible pour obtenir de Monsieur qu'il se contentât de me faire vendre ma charge, sans vouloir encore exiger de moi que je quittasse Paris et mes affaires; mais la peur fut plus forte dans son cœur que les remontrances de la reine d'Angleterre et de Madame.

Cependant, M. l'abbé de Lesseins, qui avoit rendu ma lettre au roi, me vint dire qu'il l'avoit lue avec beaucoup d'attention et qu'il lui avoit dit ensuite : « Dites à l'évêque de Valence, qu'étant comme il est avec mon frère, il ne seroit pas honnête à moi de le voir, et qu'il ne doit pas lui refuser la satisfaction qu'il désire, en s'en allant dans son diocèse. » Cette réponse me fit résoudre à partir. Je laissai à M. l'abbé de Bellébat et à M. de Saint-Laurent, ma procuration pour vendre ma charge, le plus tôt qu'ils pourroient. J'arrivai à Valence le 17 mai[1]. Les premières nouvelles que je reçus m'apprirent que Monsieur et mes ennemis ne pouvoient se remettre de la frayeur qu'ils avoient eue que je ne fusse encore dans Paris, et que jamais homme ne leur fut plus redoutable dans sa mauvaise fortune. J'attendis avec impatience qu'on m'accusât de quelque crime, et qu'on justifiât par là le mauvais traitement qu'on m'avoit fait, et qui passoit, dans le monde, pour une ingratitude effroyable de Monsieur envers moi; mais je suis encore à attendre. Un de mes amis m'avertit seulement, par une de ses lettres, que Monsieur se plaignoit, en général, que je faisois des cabales dans sa maison. Voici la réponse que je lui fis :

« J'ai reçu votre lettre et j'ai vu les motifs de consolation que vous m'y donnez; mais j'avoue, avec grande confusion, qu'ils n'ont pas fait sur moi tout l'effet qui eût été nécessaire. Ce n'est pas la faute du remède; je sais qu'il a servi depuis près de dix-sept cents ans,

[1] De l'année 1668.

avec un merveilleux succès, à une infinité d'infortunés, et je demeure d'accord avec vous que c'est le seul que l'on devroit chercher dans le monde ; mais, afin que ce remède agisse, il faut de la vertu, et je ne m'en sens pas assez. Je regarde en profane les choses qui me sont arrivées, et je me laisse bien plus emporter, en cette occasion, aux mouvements de la raison et de la nature, qu'à ceux de la grâce. Le moyen de supporter tranquillement une telle injustice? après avoir acheté fort chèrement l'honneur d'être à Monsieur; après avoir dépensé en cinq ou six voyages à Paris, à celui que je fis pour faire son mariage avec Madame, à celui de Marseille, à celui du baptême de M. de Valois, à celui de l'armée, plus de cinquante mille écus de frais extraordinaires ; après avoir passé les nuits et les jours à songer aux moyens de lui faire acquérir de la gloire, après avoir employé plus de six cents pistoles, en pure perte, à payer de gros intérêts pour lui prêter ou lui faire prêter; après avoir sacrifié plus de deux cents louis en Hollande à gagner des gens pour supprimer ce libelle fabuleux dont vous avez entendu parler, et pour en découvrir l'auteur; pour tout prix de mes travaux et de mes dépenses, Monsieur, de guet-apens, me fait une querelle étudiée, comme un particulier qui, se trouvant trop redevable à un domestique de ses grands services, cherche à se défaire de lui à contre-temps, de peur de lui donner récompense; et tout cela sous le prétexte de cabales imaginaires. Cela est surprenant. Il faut pourtant que j'avoue que j'ai eu des desseins chez Monsieur. J'ai tenté toutes sortes de moyens, afin que Monsieur eût toutes les qualités d'un grand prince, qu'il fût estimé de tout le monde, et surtout de Sa Majesté ; qu'il tâchât de se rendre utile ou agréable au roi ; qu'il aimât et considérât Madame, comme la grandeur de son âme et la bonté de son cœur le méritoient ; qu'il fît grâce et justice à ses domestiques autant que leur fidélité, leurs services et la raison le demandoient : voilà quelles ont été mes cabales. »

Après ma retraite, je crus que je n'avois plus d'autres affaires que de vendre ma charge, et j'en avois laissé le soin à M. l'abbé de Bellébat et à M. de Saint-Laurent, receveur général du clergé. Je craignois que Monsieur n'ajoutât à l'injustice qu'il venoit de me faire, celle de me forcer de donner ma démission, pour un prix modique, à quelque créature naissante du chevalier de Lorraine. La reine étoit prête d'accoucher : ce pouvoit être d'un fils, comme en effet ce fut de M. le duc d'Anjou ; par là j'eusse vu ma charge diminuer. Dans tout le royaume, il ne se présenta que deux personnes : M. l'abbé de Tressan, depuis évêque du Mans, et M. l'abbé de Tréville. Ce dernier auroit fait ma condition beaucoup meilleure ; mais l'autre, étant déjà maître de la chapelle chez Monsieur, obtint d'abord l'agrément, par le moyen du chevalier de Lorraine. Mes amis conclurent donc avec lui à vingt-cinq mille écus. Le chagrin que j'avois de ce qu'il s'étoit servi de la faveur du favori, de ce qu'il m'empêchoit d'en tirer davantage, mais, plus que tout cela, le peu de bien qu'il avoit, me poussèrent à le presser pour le paiement, avant que de donner ma démission. Il me surprit ; il trouva de si bons amis, qu'il s'en acquitta avec toutes sortes d'honneur et de diligence.

Quand je faisois réflexion à tant de temps et tant de

bien employés au service d'un maître qui l'avoit si mal reconnu, je n'étois pas sans chagrin; mais il étoit adouci par la joie de me voir en état d'être et de vivre à moi; je n'avois eu, jusqu'à ce jour, que de fausses ou foibles idées de l'indépendance dont je n'avois jamais encore goûté la douceur; mais alors je me trouvai assez désabusé des promesses du monde, et je n'eus plus d'autre passion que celle de régler mes diocèses.

Dans le temps que je travaillois avec plus d'application, je reçus une lettre de M. l'archevêque de Paris qui m'avertissoit que le roi souhaitoit que je ne sortisse plus de mon diocèse, sans son ordre. Cette disgrâce m'affligea plus que la première. Il me sembloit qu'elle faisoit quelque tache à mon honneur. J'appris par le même ordinaire que Madame s'étoit excusée de me mander cette nouvelle.

Je voyois bien que c'étoit par bonté; mais cette bonté ne me paroissoit pas avantageuse pour moi, parce que, si elle eût accepté la commission, elle auroit été par là engagée à demander plus tôt mon retour. J'en écrivis à M. de Paris; il entretint le roi là-dessus, et je fus fort consolé d'apprendre, par sa réponse, que Sa Majesté n'avoit aucun sujet d'être mécontente de moi; mais qu'elle n'avoit pu s'empêcher de satisfaire Monsieur qui lui demandoit cette grâce. Je mettois une grande différence entre ces deux colères. Mes amis obtinrent de Monsieur, en peu de jours, qu'il ne s'opposeroit plus à mon retour dans Paris où mes affaires domestiques et de famille périssoient par mon absence. Ils concertèrent là-dessus avec M. de Paris. Il se chargea de cette commission et en parla au roi. Il se défendit d'abord sur le chagrin qu'en auroit Monsieur. M. de Paris l'assura que son esprit étoit adouci. Alors le roi, se voyant pressé, remit au premier jour à lui rendre réponse. Dès le lendemain, Madame en parla au roi qui, soit qu'il prît tout ce procédé pour une intrigue, soit qu'il trouvât que Madame prenoit trop fortement mes intérêts, loin d'accorder ce qu'on demandoit, fit des reproches à Monsieur d'avoir si légèrement changé. On peut aisément s'imaginer le déplaisir que j'eus, quand j'appris tout ce détail. Je ne pus m'empêcher d'en écrire au roi. M. de Paris, poussant jusqu'au bout la défense d'un innocent, lui rendit encore ma lettre; mais il n'eut d'autre réponse, sinon que je pouvois aller par tout le royaume, hors à la cour et dans Paris.

Dans l'accablement où j'étois, je reçus des lettres de Madame, mais si pleines de bonté, si généreuses, si touchantes, que je ne pouvois quelquefois m'empêcher de croire qu'il y avoit peu de prospérité plus douce et plus gracieuse que ma disgrâce. Beaucoup de mes amis demeurèrent encore fermes; mais Mme de Saint-Chaumont surpassa tous les autres. Cette dernière injustice lui paroissoit si dure, qu'elle ne la pouvoit digérer, et elle y prenoit d'autant plus de part, qu'en effet elle s'imaginoit y en avoir la plus grande. Elle se représentoit que mes malheurs venoient de mon trop d'attachement aux intérêts de Madame; que c'étoit elle, la première, qui m'avoit engagé, et qu'elle étoit, par conséquent, comme obligée de me tirer d'affaire. Elle ne cachoit pas tous ses bons sentiments, et elle s'attira par là l'inimitié du chevalier de Lorraine, et toutes les affaires fâcheuses qui depuis lui sont arrivées, et qui en furent la suite.

Ce chevalier, ou par crainte, ou par jalousie, ou par tous les deux ensemble, ne pouvoit souffrir que je survécusse, pour ainsi dire, à moi-même dans l'âme de Monsieur. Peut-être aussi croyoit-il que je nourrissois la juste aversion que Madame avoit pour lui. Ce jeune homme sans expérience se tenoit si fier de la faveur de son maître, que non-seulement il auroit cru se faire tort d'avoir de la complaisance pour Madame, mais que fort souvent il lui attiroit des procédés fort désagréables de la part de Monsieur. Peut-être aussi cela pouvoit-il venir de ce qu'il n'avoit pas l'adresse de l'obliger à vivre bien avec elle.

Quelque touché que je fusse de ma situation, je regardai comme un nouveau malheur la mort de M. de Saint-Laurent, receveur général du clergé. Comme il se trouvoit des personnes puissantes qui avoient intérêt qu'il mourût, on parla diversement de cette mort, qui arriva le troisième jour de sa maladie, quoiqu'il eût peu de fièvre, et qu'il fût dans la fleur de son âge. Pour moi, j'avois grand intérêt qu'il ne mourût pas; il étoit ami généreux et solide, très-digne d'une plus grande fortune et d'un meilleur sort. Tout l'argent que Monsieur m'avoit rendu, et celui de ma charge, étoit chez lui; comme sa mort étoit un cas fortuit qui ne pouvoit pas avoir été prévu, une si grande somme chez le comptable du clergé rendoit ma personne nécessaire pour la tirer. Madame crut ne rien hasarder en faisant pour moi un dernier effort; cependant, malgré toutes ses raisons, le roi demeura toujours inflexible.

Après tant de mesures prises inutilement, il étoit aisé de juger qu'il n'y avoit plus rien à tenter pour moi, ou du moins que ce ne pouvoit plus être par la voie de Madame. Cependant ni elle, ni Mme de Saint-Chaumont, en perdant l'espérance, ne perdirent ni le courage ni l'envie de me servir. Au contraire, les difficultés les animèrent. Madame crut que M. de Louvois et M. le coadjuteur de Reims[1] seroient bien aises de se faire un mérite auprès d'elle, en faisant agir M. Le Tellier, et en agissant eux-mêmes pour moi auprès de Sa Majesté. Elle leur en parla avec des termes qui marquoient quel étoit son empressement et quelle seroit sa reconnoissance ; ils répondirent à leur tour avec autant de véhémence, et furent prodigues en promesses magnifiques. Mme de Saint-Chaumont donna assez dans cet expédient, soit par l'opinion où elle étoit qu'il pouvoit réussir, soit parce qu'aussi bien il n'y en avoit plus d'autre à prendre. Quand je reçus cette nouvelle, j'en fus fort fâché ; j'avois grand regret aux avances qu'on avoit faites à ces messieurs ; je crus que, non-seulement elles me seroient inutiles, mais que même elles me pouvoient être fort dommageables. Je connoissois que la maxime et la politique de ces messieurs étoient de rendre de mauvais offices à tout le monde, afin de passer dans l'esprit de Sa Majesté pour sujets habiles et fidèles ; de tourner en ridicule tous ceux qui leur demandoient des services et des grâces, afin de lui faire voir qu'ils n'avoient point de secrets pour Sa Majesté, ni d'intention de servir personne qu'autant qu'elle l'agréeroit ; que, par conséquent, ils lui sacrifieroient la confiance que Madame avoit en eux ; que même, selon leur louable coutume, ils y ajou-

---

[1] Charles-Maurice le Tellier, fils de Michel le Tellier, et frère du marquis de Louvois.

teroient, de leur chef, beaucoup de malignes circonstances, pour rendre leur sacrifice plus complet et pour mieux faire leur cour.

Depuis ce temps, j'ai toujours cru que cette envie de me servir, que Mme de Saint-Chaumont et Madame témoignèrent à ces messieurs, et que, sans doute, ils dépeignirent encore plus grande au roi qu'elle ne leur avoit paru, avoit été le plus puissant motif qui eût empêché mon retour. Le roi crut que Madame ne pouvoit pas conserver un si violent et si continuel désir de mon retour, sans que nous eussions ensemble de grandes liaisons, et sans que je lui fusse fort nécessaire; et ces liaisons, selon les idées qu'on lui en avoit données, lui paroissoient une cabale formée, qu'on ne pouvoit détruire avec trop de soin. J'aurois évité ce nouveau malheur si j'avois pu le prévoir; mais je n'en fus averti qu'après le coup. Tout le remède que je pus y apporter, ce fut de leur faire part de mes soupçons, de les avertir qu'elles missent, à l'avenir, une grande circonspection dans leur conduite avec ces deux messieurs, et qu'elles n'espérassent pas grand succès de leurs périlleuses promesses.

Les choses étoient en cet état, lorsque, par un exprès, je reçus une lettre de Madame. Il est important de la mettre ici mot pour mot, parce qu'elle est comme la suite de tous les malheurs qui me sont arrivés depuis.

« A Saint-Cloud, ce 10 juin 1669.

« Dans la douleur que vous devez avoir des injustices qu'on vous fait, il y en auroit beaucoup que vos amis ne songeassent pas aux consolations qui peuvent vous aider à supporter vos disgrâces. Mme de Saint-

Chaumont et moi avons, pour y parvenir, résolu que vous auriez un chapeau de cardinal. Cette pensée, je m'assure, vous paroîtra visionnaire d'abord, voyant ceux de qui dépendent ces sortes de grâces si éloignés de vous en faire; mais, pour vous éclaircir cette énigme, sachez que parmi une infinité d'affaires qui se traitent entre la France et l'Angleterre, cette dernière en aura, dans quelque temps, à Rome d'une telle conséquence, et pour lesquelles on sera si aise d'obliger le roi mon frère, que je suis assurée qu'on ne lui refusera rien [1], et j'ai pris mes avances auprès de lui, pour qu'il demandât, sans nommer pour qui, un chapeau de cardinal, lequel il m'a promis, et ce sera pour vous; ainsi vous pouvez compter là-dessus. Si j'avois pu obtenir votre retour, les mesures que nous aurions eu la commodité de prendre auroient assurément facilité la chose; mais quelque éloigné que vous soyez, il ne faut pas laisser d'y travailler, et de savoir vos pensées et la manière de faire agréer la chose en ce pays. Je remets à Mme de Saint-Chaumont à vous rendre compte du reste, et vous prierai seulement de croire que, comme j'ai entrepris ce dessein avec beaucoup de joie par les avantages que vous en pouvez retirer, je le soutiendrai avec toute la force nécessaire pour le faire réussir. »

Mme de Saint-Chaumont, par le même porteur, m'envoya une ample relation de l'état auquel étoient les affaires, et quoique cette résolution de Madame se

---

[1] Le Saint-Siége et Charles II étaient secrètement d'accord pour le rétablissement de la religion catholique en Angleterre; mais l'exécution de ce projet rencontrait des obstacles que la suite des événements rendit insurmontables.

présentât d'abord à mon imagination comme un emportement de bonté pour moi dont le succès étoit fort difficile, l'exécution n'en devoit pourtant pas sembler impossible à tout homme bien instruit de ce qui se traitoit. Car, quelque ambitieux qu'on m'ait cru dans le monde, je puis dire avec sincérité que ce qui me flattoit le plus dans cette lettre, c'étoit d'y voir l'augmentation de l'amitié de Madame. Ce fut, à vrai dire, ce seul honneur auquel je fus sensible; aussi répondis-je à Madame et à Mme de Saint-Chaumont, non-seulement avec modération, mais avec tant d'indifférence, que je reçus de toutes deux, plus d'une fois, de grands reproches. Comme j'avois envoyé un chiffre à Mme de Saint-Chaumont, elle ne manquoit pas un ordinaire, sans m'apprendre tout ce qui se passoit, et, par le progrès et par la suite des choses, elle me marquoit, de plus en plus, un succès infaillible.

Quelques jours après, elle trouva la commodité d'une personne sûre, et elle la chargea de cette seconde lettre de Madame pour moi.

A Saint-Cloud, le 19 septembre 1669.

« Je vois par votre lettre que vous êtes informé du procédé bizarre qu'on a eu pour moi, dans un État où il avoit passé jusqu'à présent pour constant qu'il y avoit du péril à fâcher les gens; mais les règles ordinaires ne sont pas faites pour telles personnes. Une marque convaincante de cette vérité, c'est que je les ai fait forcer[1], ... aise de dire d'abord que j'ai résisté à la chose, et qu'ils ont eu la même presse à

---

[1] Lacune d'une ligne dans le manuscrit.

désavouer leur dessein, qu'ils avoient eue à le conclure. Ce seroit une assez grande vengeance pour moi, et qui me devroit faire assez de plaisir, si j'en pouvois recevoir d'une chose dans laquelle Monsieur se trouve toujours un peu barbouillé; mais, en vérité, cette considération m'est aussi sensible que le premier jour, et je ne m'accoutume point à lui voir faire des fautes, quoique le nombre en est assez grand pour que je la dusse être. Quant à l'affaire dont je vous ai déjà parlé, c'est-à-dire celle du chapeau, elle va comme je le puis souhaiter. J'ai des confirmations de la parole de la personne de qui cela dépend, et je ne vois plus rien qui puisse l'empêcher, que votre malheur; mais je ne le puis croire assez grand, pour faire manquer de parole à un homme tel que celui qui me l'a donnée. Pour vous, je souhaiterois qu'il ne fût pas plus difficile de vous faire venir à l'Assemblée du Clergé. Vos amis et moi croyons que, jusqu'à ce temps-là, il n'est pas à propos que je fasse de nouvelles tentatives pour votre retour. Cependant je n'ai pas laissé de prier M. le coadjuteur de Reims d'obliger son père à sonder le roi là-dessus; il m'avoit promis une réponse; mais la mort de la reine, ma mère[1], l'a empêché de me la donner.

---

[1] Le *Recueil des Gazettes*, à la date du 10 septembre 1669, annonce en ces termes la mort de la reine d'Angleterre :

« Marie-Henriette, reine d'Angleterre, troisième et dernière fille de
« Henri le Grand, décéda sur les quatre heures du matin, en sa maison
« de Colombes, à quatre lieues de Paris, en sa soixantième année, d'une
« langueur qui lui restoit d'une pleurésie dont elle avoit été attaquée, il
« y avoit environ six mois. Cette princesse étoit depuis longtemps prépa-
« rée à sa dernière heure par sa piété, qui ne la faisoit pas moins admirer
« que la constance héroïque avec laquelle elle a soutenu les derniers ou-
« trages de la fortune dans les révolutions d'Angleterre. Madame étoit
« alors à Saint-Cloud; aussitôt Leurs Majestés vinrent auprès d'elle pour

Celle de votre frère[1] m'a été très-sensible, sachant combien elle vous a touché, et vous me trouverez toujours, dans toutes les occasions, telle que je la dois être. »

Mme de Saint-Chaumont joignit à cette lettre une des siennes, dans laquelle elle s'étendoit fort sur toutes les circonstances qu'il m'importoit de savoir. A les considérer attentivement, à mettre ensemble les motifs et les engagements pressants, les divers intérêts, les mesures particulières qu'on avoit avec le roi d'Angleterre, il sembloit qu'il y avoit de l'opiniâtreté à ne pas se rendre à ce que disoit Madame, surtout connoissant la fermeté du roi d'Angleterre, et à quel point sa parole étoit inviolable. J'écrivis donc enfin à Madame que, puisqu'elle le vouloit absolument, je cessois d'être incrédule ; mais que, dans le dessein qu'elle avoit, elle ne devoit pas laisser passer la moindre occasion pour vaincre les obstacles qui pouvoient m'arriver de la part du roi ; que toute sa complaisance, ses soins, son adresse, étoient nécessaires pour le rendre favorable.

Je commençai de mon côté à songer à la députation. Il y avoit encore un an jusqu'à la convocation de l'Assemblée ; mais il me falloit prendre des mesures avec M. l'archevêque de Vienne[2] pour me ménager sa

« témoigner leur part à sa douleur, et Monsieur fut à Colombes pour lui
« rendre les derniers devoirs. »

[1] Clément de Cosnac qui n'avait jamais pu parvenir à se remettre complétement de la dangereuse blessure reçue au combat de Solsonne. Voir la note pag. 3. Il ne laissait point d'enfants de son mariage avec Mlle Turpin de Crissé.

[2] Armand de Mouchy d'Hocquincourt, archevêque de Vienne depuis le 6 mai 1668 jusqu'au 29 octobre 1679.

voix, laquelle, avec les deux de mes diocèses, rendoient ma nomination infaillible. Cette voie me paroissoit assez naturelle pour saluer Sa Majesté, obtenir d'elle une conférence, et par là détruire les fâcheuses impressions qu'on lui avoit données de moi. J'avois à craindre à la vérité que mes ennemis ne me fissent donner l'exclusion, malgré ma nomination; mais outre que, dans le fond, j'étois assuré de mon innocence, c'étoit une chose dont on n'avoit jamais vu d'exemple. Je ne me vis point trompé dans mon espérance que j'avois fondée sur ma province. Non-seulement M. de Vienne m'offroit sa voix, mais M. de Viviers[1], seul concurrent que je pusse craindre, abandonna ses prétentions en ma faveur, et me fit dire qu'il n'avoit garde de me priver de la seule voie qui me restoit pour me mettre bien à la cour.

Sa générosité fut de peu de durée, soit que cela vînt de lui, soit que cela lui fût inspiré par sa famille, qui crut que la députation lui pourroit faire obtenir la coadjutorerie de Viviers pour son neveu. Il me l'envoya pour me demander mes deux voix. Quoique ma surprise fût fort grande, je ne la lui fis point connoître; je me contentai de lui dire que, dans le temps de l'Assemblée, on verroit ce qui se pourroit faire pour le service de son oncle. Cependant, comme il m'étoit fort aisé de me passer de lui, ayant pour moi M. de Vienne, je ne songeai plus qu'à me précautionner contre les empêchements que j'avois à craindre du côté de la cour, et qui m'étoient bien plus redoutables que les siens. Dans

[1] **Louis-François** de La Baume de Suze, évêque de Viviers depuis le 6 avril 1621 jusqu'au 5 septembre 1690.

cette vue, j'avertissois souvent Mme de Saint-Chaumont dans mes lettres, qu'elle fît souvenir à Madame dans toutes les occasions, de me ménager M. de Louvois et M. le coadjuteur de Reims. J'écrivis à ce dernier sur le sujet des aumônes de mon diocèse pour le secours de Candie[1] que je lui envoyois, et j'y mêlai même des compliments pour lui assez engageants. Il m'y répondit fort civilement, et Mme de Saint-Chaumont me manda que tous ces messieurs avoient assez bien reçu les avances auxquelles Madame étoit descendue envers eux, pour me les rendre utiles. M. l'abbé de Gémadeuc, depuis évêque de Saint-Malo, les avoit aussi très-souvent en-

[1] En 1669, toute la France était attentive aux diverses phases du siége de Candie par les Turcs. Bien que cette île fût une possession de la république de Venise, la chrétienté tout entière s'intéressait au soutien de la lutte contre les infidèles. Le siége était commencé depuis l'année 1667, et la ville résistait encore. Des quêtes furent faites dans tous les diocèses. Une troupe de volontaires français était partie sous les ordres du comte de Saint-Paul et du duc de Roannais; Louis XIV, voulant à son tour accorder un secours direct aux assiégés, envoya un détachement de la première compagnie de mousquetaires sous les ordres de M. de Maupertuis, un détachement de la seconde sous ceux de M. de Montbron, une partie du régiment des gardes et quelques autres troupes commandées par le duc de Navailles. La flotte mit à la voile du port de Toulon sous les ordres du duc de Beaufort, qui reçut, avant l'embarquement, un étendard béni aux armes du Saint-Siége, et un bref du pape le déclarant généralissime des troupes pontificales. Le duc de Beaufort, arrivé à Candie, disparut au milieu du désordre causé par l'explosion terrible d'un magasin à poudre renfermé dans une grotte. Comme son corps ne fut pas retrouvé, quelques-uns de ceux qui ont cherché à pénétrer le mystère de l'homme au masque de fer enfermé à l'île Sainte-Marguerite, ont prétendu que le duc de Beaufort, secrètement enlevé à Candie, était ce prisonnier. On comprend peu l'intérêt que Louis XIV aurait eu à le faire disparaître; on était loin du temps, et plus encore des idées de la Fronde, au commencement de laquelle le duc de Beaufort avait joué un rôle en se mettant à la tête de la cabale, dite des Importants. Candie capitula honorablement le 19 septembre 1669.

tretenus de l'estime que j'avois pour eux. Enfin j'avois, ce me sembloit, quelque lieu d'espérer qu'ils ne me rendroient pas de mauvais offices.

J'appris, peu de jours après, que M. le coadjuteur de Reims devoit passer à Valence, pour aller voir M. le cardinal Antoine[1], qui attendoit auprès d'Aix la fin des chaleurs, dans le dessein d'aller en Italie. Je le reçus, je l'ose dire, avec toute la magnificence avec laquelle j'aurois pu recevoir un premier ministre. Il souffrit tous ces honneurs en grand homme, comme chose qui lui étoit due. Peut-être eut-il la bonté d'avouer en son âme que je faisois mon devoir, mais il ne s'abaissa jamais jusqu'à me le témoigner par la moindre parole. Il repassa quinze jours après. J'ajoutai à tous mes soins et à toute ma dépense des paroles encore plus civiles que les premières, et, si je le puis dire, à la honte d'une fierté qui m'est assez naturelle, j'y en mêlai même de flatteuses. Il reçut tout cela avec quelques civilités, mais toujours avec cette gravité dont usent les grands ministres envers ceux qui ont besoin d'eux. Je connus qu'il réservoit toute sa bonne fortune pour lui seul, et j'eus alors quelque dépit d'avoir affaire d'un tel homme. Je ne laissai pas d'espérer que, si ma façon d'agir ne pouvoit rien sur lui, l'envie d'obliger Madame le mettroit dans mes intérêts, et peut-être la chose se seroit ainsi passée; mais ma députation fut empêchée par des malheurs où il n'eut point de part.

Mon frère, en mourant, m'ayant laissé son bien, m'avoit aussi laissé quelques affaires. Elles m'obligèrent

---

[1] Antonio Barberini.

de faire un voyage en Auvergne; j'y demeurai cinq semaines. J'y reçus plusieurs lettres de Madame, par lesquelles elle me faisoit connoître qu'il étoit impossible de prendre de si loin les mesures nécessaires pour l'affaire du cardinalat, et pour rendre ma députation infaillible. Elle ajoutoit que, d'ailleurs, on étoit averti que souvent ses lettres étoient ouvertes; mais, puisqu'en allant à mon abbaye[1], je passois à Orléans, il m'étoit aisé de m'avancer jusqu'en quelque lieu près de Paris, où, dans deux ou trois conférences, on pourroit régler et conclure toutes choses. Il n'y a point de prudence humaine qui eût pu prévoir que ce dessein dût avoir des suites funestes; car, par la lettre de M. l'archevêque de Paris, j'avois la liberté d'aller par tout le royaume, hors Paris et à la cour. Je partis d'Auvergne le second de novembre. J'avois compté, pour être moins connu, de passer par le Berry; mais dès la première couchée, deux marchands nous avertirent que cette province étoit infectée d'une dyssenterie si mortelle, qu'elle passoit pour contagion. Je repris donc le grand chemin, et sans avoir trouvé personne de connoissance, j'arrivai à Milly[2], où je passai la nuit, mais très-mal. La fièvre m'y prit, et sur le point du jour redoubla.

La résolution étoit de me rendre à Saint-Denis, où Madame devoit aller faire faire un service pour la reine d'Angleterre, et là, de conférer avec elle, sans être connu ni vu de personne de sa suite, hors de Mme de Saint-Chaumont, qui, sous quelque prétexte, la feroit

---

[1] L'abbaye de Saint-Taurin d'Évreux.
[2] Petite ville du Gâtinais à cinq lieues Est d'Étampes.

passer dans une chambre où je serois. De Milly jusqu'à Saint-Denis, je n'avois qu'une journée à faire; cependant mon mal devint si violent, que quand j'eus gagné Villejuif, pressé par sa violence, je me forçai de déférer aux conseils d'un gentilhomme de mes parents[1] en qui j'avois beaucoup de créance, et j'entrai dans Paris à deux heures de nuit, espérant y trouver, et plus de secours, et plus de facilité à me cacher que dans un malheureux village.

J'allai descendre dans la rue aux Ours, chez un maître tireur d'or, de la fidélité duquel il me répondit. Le lendemain, mon hôte me fit venir M. Akakia, son médecin. Je donnai avis à Mme de Saint-Chaumont de mon arrivée et de l'état où j'étois. J'ai toujours eu quelques pensées que ce médecin, ou par mon inquiétude, ou par l'embarras qu'il remarquoit dans l'esprit de mes gens, ou peut-être par la connoissance qu'il eut de mon visage, se douta de quelque chose, et qu'il n'alla à Saint-Germain, comme il me le disoit, pour voir des malades, mais pour avertir M. de Louvois du lieu de ma demeure. J'ai su depuis, par M. de Roquépine, qui l'avoit appris de M. Le Tellier, que mes soupçons contre ce médecin étoient bien fondés, et que ce fut lui qui me trahit.

Le lendemain de son second voyage, qui fut le

---

[1] Ce gentilhomme était Claude de Cosnac, de la branche cadette de La Marque ou La Mark, cousin germain de l'évêque de Valence; il fut tué quelques années après, à la journée de Saverne, où il remplissait les fonctions d'aide de camp du maréchal de Turenne, son parent. Le bulletin de cette journée insérée dans le *Recueil des Gazettes* de 1674, porte : « ..... Canaye, escuyer du vicomte de Turenne, et La Mark, son ayde de camp, ont été plus ou moins blessés en donnant tous les témoignages d'un grand courage. »

neuvième de mon séjour, et le dixième de ma maladie, l'exempt des gardes, dès huit heures du matin, vint à mon logis, accompagné de dix-huit ou vingt archers, se saisit des avenues, monta et frappa à la porte de ma chambre, où j'étois couché, n'ayant dans ma chambre que M. de La Marque, mon parent, et mon valet de chambre, qui m'avoit veillé toute la nuit. J'avois une fièvre violente; l'exempt s'étant approché de mon lit, commença par dire : « *C'est lui que je cherche;* » et ensuite il me déclara qu'il m'arrêtoit en vertu d'un arrêt du Parlement, et lui ayant demandé sa commission, il me dit qu'il feroit voir ses ordres quand il seroit temps. Je compris par son discours qu'il avoit envoyé avertir la cour. Il me garda toujours à vue; mais malgré son exactitude à m'observer, et malgré celle de trois ou quatre de ses gens qui étoient entrés dans ma chambre, je trouvai le moyen de me défaire des chiffres des deux dernières lettres de Madame et de Mme de Saint-Chaumont, sous prétexte d'un remède que j'avois pris. J'aurois été sensiblement affligé que ces deux lettres eussent été vues, parce qu'elles auroient fait connoître que j'avois entrepris ce voyage par l'ordre de Madame, ce qu'elle avoit grand intérêt de cacher.

Sur les trois heures, l'homme que l'exempt de la maréchaussée avoit envoyé à Saint-Germain étant de retour, il me dit qu'il falloit me lever et qu'il venoit de recevoir l'ordre de me conduire au For-l'Évêque. Je lui représentai l'état où il me voyoit, et, dans la vérité, j'étois si malade et si foible, qu'on ne pouvoit m'exposer à sortir du lit et de la chambre, sans danger de la vie. Cet homme me répondit qu'il falloit obéir, et que ses gens me porteroient dans un carrosse qui étoit préparé pour moi dans la rue; et en effet il se mit en état de me faire lever par force. Je pris donc ma robe de chambre. Cet homme se saisit de mes habits, et ayant visité mes poches, il y trouva un billet de Mme de Saint-Chaumont que j'avois oublié, ayant cru qu'il étoit avec les autres dont je m'étois défait. Je voulus m'en saisir; mais il me prévint. Quoiqu'il fût en chiffre, il ne contenoit que des offres de services. Il demanda ensuite ma cassette qui lui fut remise entre les mains, et dans laquelle il trouva plusieurs papiers qui ne concernoient que les affaires de mes revenus, et environ trois cents louis d'or dont il se chargea.

J'eus bien de la peine de me conduire au For-l'Évêque, m'étant évanoui deux fois. Ce gentilhomme et mon valet de chambre y furent aussi menés. Je ne parlerai point du traitement que j'y reçus; l'infection du lieu où je fus logé étoit si grande, que ce médecin, dont je ne soupçonnois point la trahison, m'étant venu voir, ne put la supporter et en sortit un moment après y être entré. Sur les sept heures du soir, le prévôt vint me dire qu'il étoit là pour m'interroger; il me demanda mon nom avec insolence, faisant semblant d'ignorer qui j'étois. Comme je ne daignois pas répondre, il me menaça de me faire mon procès comme à un muet volontaire. Après que je lui eus fait connoître que j'avois pitié de ceux qui l'obligeoient de me traiter avec tant d'indignité, il se retira et me fit garder à vue par trois archers qui fumèrent, burent et chantèrent toute la nuit dans la même chambre où j'étois. Le lendemain, sur les neuf heures du matin, l'exempt revint dans ma chambre, et après avoir contrefait l'affligé et m'avoir fait de grandes excuses de ne m'avoir pas connu, il me dit que le roi l'avoit fort grondé de s'être mépris et de m'avoir arrêté; en même temps me rendit une partie de mes louis d'or, et donna ordre au concierge de me laisser en pleine liberté.

La maladie et le mauvais traitement que j'avois reçu m'avoient mis dans un état où je ne croyois pas jouir longtemps de cette grâce. Comme je n'avois rien fait qui pût autoriser une telle violence, je balançai quelque temps sur la résolution de demeurer dans cette prison, afin de supplier Sa Majesté de me faire faire mon procès, si j'étois coupable, ou de châtier ceux qui avoient attenté sur ma personne, si je ne l'étois pas. Je ne pouvois m'imaginer qu'on pût faire passer pour un crime mon entrée dans Paris, dans une occasion si pressante que celle de ma maladie. Je fis écrire au roi que je lui demandois cette justice, et ma lettre ayant été remise entre les mains de M. de Louvois, qui se trouva à Paris, il crut sans doute que la résolution que j'avois prise feroit trop d'éclat, et que le mauvais traitement que j'avois reçu paroîtroit un peu trop fort pour une faute si légère. Ainsi, ce fut par son ordre que les agents du clergé vinrent me solliciter de sortir de ce lieu, et par son ordre aussi que le médecin m'étoit venu dire que si je passois encore une nuit, c'étoit fait de ma vie. Je donnai dans ce piége, et la crainte que j'eus que, venant à mourir dans la prison, le monde ne s'imaginât que j'avois commis quelque grand crime, m'obligea d'en sortir sur les cinq heures du soir, et de m'aller remettre dans le même lit où j'avois été arrêté.

Le lendemain, je reçus une lettre du roi qui me fut rendue par M. de Lafond, gentilhomme ordinaire de sa maison, par laquelle il m'étoit ordonné de partir incessamment de Paris, pour me rendre à l'Ile-Jourdain[1], jusqu'à nouvel ordre. Je me mis en chemin; mais M. de Lafond eut une si grande pitié de l'état où j'étois, qu'il eut la charité d'envoyer de lui-même un courrier à M. de Louvois, dès le premier jour, pour lui mander qu'il étoit impossible que je pusse continuer longtemps ce voyage. M. de Louvois lui fit réponse qu'il me conduisît jusqu'à Amboise et que là on me donnât le temps de rétablir ma santé. Je me traînai jusqu'à l'Ile-Jourdain, malgré cette permission, et j'y arrivai le vingt-deuxième jour après mon départ de Paris.

J'appris sur le chemin qu'on avoit obligé le prévôt à faire un verbal contre moi, qui contenoit des faussetés si grossières, que je ne pus assez m'étonner comment mes ennemis avoient voulu se servir de voies si basses et si indignes d'eux et de moi. Il exposoit qu'il m'avoit vu déguisé avec un justaucorps d'écarlate, une perruque et une épée. J'avois une soutanelle de drap fort obscur, doublée de rouge à la vérité, comme ont tous les évêques qui vont par la campagne, et la même qui m'avoit servi durant tout le temps de la visite de mon diocèse. La perruque étoit au gentilhomme qui étoit avec moi lorsqu'on m'arrêta, et l'épée étoit à mon valet de chambre. J'étois, non-seulement actuellement dans le lit, mais de plus affligé d'une cruelle maladie, qui dura encore avec violence plus de quatre mois après mon arrivée à l'Ile-Jourdain.

---

[1] L'Ile-Jourdain, petite ville de l'ancien Armagnac, aujourd'hui chef-lieu de canton du département du Gers.

J'appris bientôt après, avec un extrême déplaisir, que les ennemis de Mme de Saint-Chaumont s'étoient servis de ce billet qu'elle m'avoit écrit, pour lui rendre de mauvais offices; qu'on lui avoit fait un crime de la charité qu'elle avoit eue pour moi, et qu'elle avoit été obligée de se retirer de la maison de Monsieur, et même de Paris[1].

Les calomnies que l'on avoit inventées contre moi, et l'injuste traitement que l'on avoit fait à Mme de Saint-Chaumont, me perçoient si vivement le cœur, qu'à peine faisois-je réflexion sur ma disgrâce et sur mon exil. Comme je ne pouvois réparer le tort que tout le monde, hors elle, vouloit que je lui eusse fait, je crus qu'au moins il falloit justifier ma conduite, et par là, indirectement la sienne. Dans cette vue, j'écrivis aux Agents; mais leur timidité les empêcha d'agir pour moi auprès de Sa Majesté. Je priai M. de La Marque d'aller à Paris dire la vérité à ceux qui voudroient l'entendre, et prendre attestation, en bonne forme, de mon hôte, du médecin et des chirurgiens.

M. de Louvois, qui craignit que ce procédé ne pût faire quelque mauvais effet contre lui-même, leur fit envisager le mauvais traitement que j'avois reçu comme une juste violence de sa part, ordonna au prévôt de faire une information nouvelle par laquelle on pût justifier, en quelque façon, l'injurieuse conduite

---

[1] La marquise de Saint-Chaumont conçut un vif chagrin de l'injustice dont elle étoit l'objet; après en avoir vainement poursuivi la réparation pendant quelque temps, dégoûtée du monde, elle se retira aux Carmélites de la rue du Bouloy, couvent affectionné de la reine, qui y allait faire ses dévotions; elle y prit le voile sous le nom de sœur Thérèse de Jésus. Mme de Saint-Chaumont fut remplacée dans sa charge de gouvernante des enfants de Monsieur par la maréchale de Clairembault.

qu'on avoit tenue avec moi. Il me fut facile d'y répondre; car, comme j'avois encore à Paris quelque ami véritable, elle me fut envoyée dès le lendemain que le prévôt l'eut fabriquée. Si je ne montre pas ici ma réfutation, c'est de peur d'ennuyer par des particularités ridicules. Par exemple, on relevoit, comme une circonstance fort grave, que je n'avois point de croix. Un évêque couché ne la met pas dans son lit, quand même il ne seroit pas malade; mais elle étoit sur la table, et la table étoit dans le milieu de la chambre. Je me contenterai seulement de dire en général que cette information, dans tous ses chefs, contenoit des choses si puériles, si peu prouvées, si fort contre le sens commun, que la vraisemblance même ne s'y trouvoit pas. Aussi, n'osa-t-on jamais la rendre publique, ce qu'on n'auroit pas oublié, dans l'intention qu'on avoit de me faire paroître coupable, si mes ennemis n'avoient appréhendé qu'il eût été facile de les convaincre de leurs impostures.

On dit qu'un homme heureux ne sauroit connoître s'il est véritablement aimé. J'en ai fait une fâcheuse expérience. Il ne me resta que deux amis. Il y eut un de ces déserteurs qui se signala sur tous les autres : je l'avois servi au delà de ce que son mérite et sa naissance pouvoient lui faire espérer; je puis dire qu'il me devoit tout ce qu'il étoit; cependant, il fit semblant de ne me connoître qu'à peine; il ne mérite pas d'être nommé. Je ne puis cependant m'empêcher d'en marquer un autre : c'est l'abbé de Bellébat. Il avoit fait l'empressé auprès de moi durant ma faveur, afin d'en profiter; et en effet, en plusieurs occasions, elle ne lui avoit pas été inutile. Il avoit même tâché de faire le généreux dans ma première disgrâce; mais quand il crut que, cette fois, j'étois maltraité de la part du roi, il fut le premier à m'insulter dans les compagnies, et même il ajouta beaucoup de méchantes plaisanteries aux fables qui coururent contre moi. S'il en étoit demeuré là, je ne me plaindrois pas de lui; mais je ne puis souffrir qu'il ait voulu abuser impunément du nom d'amitié, en faisant passer dans le monde son abandonnement et sa lâcheté pour une action d'un bon cœur, qui ne pouvoit souffrir que j'eusse manqué de confiance pour lui, en lui cachant mon voyage et mon séjour dans Paris. Il devoit, au contraire, me savoir gré de ce que je n'avois pas voulu hasarder de l'embarrasser dans ma mauvaise fortune. Je n'en dirai pas davantage : ceux qui l'ont connu savent bien si son procédé doit s'appeler délicatesse de cœur ou bassesse.

Le clergé ne fit pas mieux. Autrefois, une affaire de bien moindre éclat auroit obligé tout le corps d'aller demander à Sa Majesté, ou ma punition selon la sévérité des canons, si j'étois coupable, ou réparation de l'injure faite à moi et à mon caractère, si j'étois innocent; mais, dans cette occasion, on se conduisit avec plus de prudence : le corps demeura sans mouvement, et les particuliers supposèrent que j'étois criminel, afin de s'exempter des devoirs que la bienséance les obligeoit de me rendre. Je croyois avoir des amis parmi eux, et par les manières honnêtes dont j'en avois usé envers quelques particuliers en diverses rencontres, et par le zèle que j'avois témoigné assez utilement pour nos intérêts communs dans l'Assemblée. J'en fus pleinement désabusé. De cent treize évêques, je ne reçus des lettres que de huit, encore y en eut-il deux qui me demandoient des grâces : M. de Viviers me demandoit mes suffrages pour sa députation, et M. d'Usez[1] des démissions pour son neveu.

M. l'archevêque d'Auch[2] fut le premier qui dans mon exil me vint consoler, et de l'injure qu'on m'avoit faite, et de la manière si violente et si peu canonique dont on s'y étoit pris. M. de Lombez[3], depuis de Nîmes, dont l'évêché n'est qu'à trois lieues de l'Ile-Jourdain, fut le second. M. de Conserans[4] passa aussi chez moi en allant à l'assemblée d'Auch, et je n'ai point sujet de me plaindre ni de ses amitiés, ni de ses promesses. M. d'Aire[5] vint dîner chez moi en passant. Enfin, M. de Dax[6], allant prendre possession de son nouvel évêché de Lectoure, effaça de mon cœur avec assez de tendresse l'oubli dont je pouvois lui faire des reproches. Voilà tous les évêques qui me virent. M. du Puy[7] fit plusieurs voyages à Toulouse, et comme il ne manquoit pas une fois de me faire écrire qu'il me verroit dans deux jours, il crut sans doute

---

[1] Jacques-Adhémar de Monteil de Grignan, évêque d'Usez depuis le 18 février 1660 jusqu'en septembre 1674.

[2] Henri de La Motte-Houdancourt, archevêque d'Auch depuis l'année 1662 jusqu'en l'année 1684.

[3] Jean-Jacques Séguier de La Verrière, évêque de Lombez depuis le 6 août 1662 jusqu'en janvier 1671.

[4] Bernard de Marniesse, évêque de Conserans depuis l'année 1653 jusqu'en l'année 1680.

[5] Bernard de Sariac, évêque d'Aire depuis l'année 1657 jusqu'en l'année 1672.

[6] Hugues de Bar, évêque de Dax depuis l'année 1666 jusqu'au 8 janvier 1671.

[7] Armand de Béthune, évêque du Puy, depuis le 12 juillet 1665 jusqu'au 10 décembre 1703.

que plusieurs promesses de me voir valoient une visite. MM. de Vienne, d'Arles[1], de Mende[2], de Marseille[3], de Montauban[4] m'écrivirent. Voilà tous ceux qui m'ont donné des marques de leur souvenir.

Il seroit à souhaiter pour moi que tous les autres s'en fussent tenus au silence et à l'oubli. Il s'en trouva quelques-uns qui se faisoient un saint zèle de leur mauvaise volonté et de leur lâche colère, et qui, le même jour qu'on me porta en prison si malade, allèrent chez M. Le Tellier lui dire qu'il falloit faire un exemple en ma personne. Je leur ai fait demander depuis quel crime j'avois commis ; j'ai su qu'ils n'en étoient pas mieux informés que moi. Il y en eut un qui, passant devant le lieu de mon exil, qui est sur le grand chemin, eut la prudence de se cacher ; je le reconnus, et j'ai eu de sa foiblesse la pitié qu'il devoit avoir de mon malheur. Si j'avois un esprit de vengeance, je nommerois tous ces héros en malhonnêteté ; mais il sembleroit que j'aurois compté leur amitié ou leur inimitié pour quelque chose. Grâce à Dieu, j'avois le cœur trop plein de la joie qui me restoit par l'estime, l'affection et la tendresse, si je l'ose dire, d'une illustre personne, qui m'eût racquitté de la perte et de l'oubli de toute la terre. Je l'avoue, le redoublement des bontés de Madame m'aida, non-seulement à suppor-

[1] François-Adhémar de Monteil de Grignan, archevêque d'Arles depuis l'année 1643 jusqu'en l'année 1689.

[2] Hyacinthe Serroni, évêque de Mende, depuis l'année 1661 jusqu'en l'année 1676.

[3] Toussaint de Forbin-Janson, évêque de Marseille depuis l'année 1668 jusqu'en l'année 1679.

[4] Pierre de Berthier, évêque de Montauban depuis le 8 septembre 1652 jusqu'au 28 juin 1674.

ter ma disgrâce, mais même me donnoit une satisfaction intérieure, qui me faisoit croire que je n'achetois pas trop cher la perte d'une haute fortune.

Lettre de Madame.

« Si je n'avois reçu de vos nouvelles par de vos amis, qui m'ont dit que vous leur aviez écrit, je serois fort en peine, et je craindrois que l'incommodité du voyage n'en eût apporté à votre santé; mais en apprenant qu'elle n'avoit pas été mauvaise depuis votre départ, je vois, par l'expérience que j'en ai faite moi-même, que la bonne disposition du corps ne dépend pas du contentement de l'esprit, et que l'un peut être sans l'autre. Si cela n'étoit, je ne me trouverois pas comme je suis, après avoir eu la sensible douleur de vous avoir perdu, et vos forces n'auroient pas résisté comme elles ont fait aux fatigues de la saison la plus rude, et au chagrin de me quitter. Mme de Fienne a montré votre lettre à Monsieur, et quoiqu'elle dût l'attendrir, je ne puis répondre qu'elle l'ait fait; il y a déjà longtemps qu'il n'entend plus le françois et que sa langue est réduite à suivre aveuglément les intentions du chevalier de Lorraine; et le pis que j'y trouve, c'est qu'il y a peu d'apparence qu'il se reconnoisse: pour moi, je ne l'espère plus. Vous croirez aisément combien cette espèce de certitude me rend heureuse, et les bonnes heures que je passe, quand, en dépit de moi, je fais toutes les réflexions qui se peuvent faire en pareilles rencontres. Si le roi me tient les paroles qu'il me donne journellement, j'aurai moins de chagrin à l'avenir; mais vous savez le cas que je fais de semblables paroles, surtout d'une personne qui a tant d'éloignement pour votre accommodement, et qui peut ce qu'il veut. Pour le bon P. Zoccoli, il n'y a jour qu'il ne me presse de bien traiter le chevalier de Lorraine, et qu'il ne trouve que j'ai tous les torts du monde de ne pas recevoir les avances inutiles et peu sincères qu'il me fait. Je l'assure que, pour m'obliger à aimer un homme qui est la cause de mes chagrins passés et présents, il faudroit que j'eusse pour lui, ou de l'estime, ou de l'obligation; que pour le premier, il ne pouvoit jamais être, et le dernier étoit quasi aussi difficile, vu sa conduite passée. Monsieur, cependant, n'a pas voulu communier à Noël, que je ne lui eusse renouvelé la promesse de ne le pas faire chasser; je le fis, parce que le contraire ne servoit à rien; mais j'eus le plaisir, en même temps, de lui dire tout ce qui se pouvoit sur le tort que cette amitié lui faisoit, et le chagrin de voir mes paroles comptées pour moins que rien. Adieu. Rien n'a pu diminuer l'estime que j'ai pour vous. »

Madame m'écrivit cette lettre le 28 décembre[1].

Mme de Saint-Chaumont m'écrivit aussi, et au lieu de m'accuser de l'effroyable chute que je pouvois lui avoir causée, elle me témoignoit n'être sensible qu'à la manière indigne dont on m'avoit traité, et que bien loin de s'en prendre à moi, elle vouloit persuader tout le monde, et soi-même, que c'étoit elle seule qui m'avoit attiré tous mes malheurs, puisqu'elle seule m'avoit si fortement engagé dans les intérêts de Madame. Elle avoit ordre de me faire part de toutes les

---

[1] De l'année 1669.

lettres qu'elle recevroit de cette princesse dont j'ai retenu des copies. Elles me servoient à adoucir les peines d'un exil assez rude, et me faisoient connoître l'état auquel les affaires de Madame et de Mme de Saint-Chaumont étoient à la cour, auxquelles je prenois grand intérêt. Je crois qu'il ne sera pas inutile d'en mettre ici quelques-unes.

Peu de temps après, j'appris que la faveur du chevalier de Lorraine auprès de Monsieur étoit montée au plus haut point qu'elle pouvoit être depuis la retraite de Mme de Saint-Chaumont, et l'avoit tellement ébloui que, non-seulement il ne gardoit aucune mesure avec Madame, avec laquelle il continua de vivre insolemment; mais encore qu'il donnoit à Monsieur des conseils dont le roi n'étoit pas satisfait, et qui l'obligèrent à le faire arrêter et à le faire conduire ensuite dans le château de Pierre-Encise[1]. Monsieur fut sensible à cette disgrâce de son favori, autant qu'il étoit capable de l'être. Il témoigna son ressentiment par sa retraite à Villers-Coterets, et par les manières dont il en usa avec Madame, qu'il prétendoit toujours être l'unique cause de cette disgrâce, quoique, dans la vérité, ce fût la mauvaise conduite de ce chevalier envers le roi qui en fût le principal motif. Voici ce que Madame écrivit à Mme de Saint-Chaumont sur ce sujet :

[1] Le chevalier de Lorraine fut arrêté par le comte d'Ayen, capitaine des gardes. Sa captivité dans le château de Pierre-Encise, près de Lyon, fut bientôt changée en une réclusion plus sévère au château d'If, dans une île voisine de Marseille ; mais il ne tarda pas à être rendu à la liberté, avec défense seulement de reparaître à la cour. Il se retira à Rome où il se fixa quelque temps ; il fut rappelé à la cour en 1670, immédiatement après la mort de Madame.

De Paris, le 3 janvier 1670.

« Vous avez besoin de toute votre dévotion, pour résister à la tentation que la prison du chevalier vous offre pour être aise du mal de votre prochain. Vous saurez par tout le monde le parti violent que Monsieur prend, et je suis persuadée que vous le plaindrez, malgré les mauvais traitements que vous en avez reçus; mais, quand j'aurois le temps de vous conter tout ce qui se passe, je le laisserois pour vous parler de l'injustice que vous me faites. Je vous aime, et vous devez, ce me semble, en être persuadée; je n'ai rien fait pour les autres, en comparaison de ce que j'ai fait pour vous; et toutes fois et quand vous le voudrez, je suis prête à déclarer que je vous préfère à tout le reste. Après cela, ne jugez pas de ce que je ferai par ce que je fais, et croyez que mes souhaits sont tels que vous le pouvez désirer; le temps vous le fera connoître, et que rien ne peut jamais changer les sentiments de tendresse que j'ai pour vous. »

Mme de Saint-Chaumont m'écrivit là-dessus, et me donna quelque espérance d'une meilleure fortune. Elle me flattoit et se flattoit elle-même, avec quelque raison, qu'il y alloit de l'honneur de Madame de nous rétablir, et il se passoit aussi fort peu de courriers qu'elle n'en reçût de nouvelles assurances de la part de Madame, et pour l'un et pour l'autre.

Cependant Monsieur s'ennuya de la solitude de Villers-Coterets; il obtint que la prison du chevalier de Lorraine fût changée en liberté de sortir du royaume et d'aller voyager dans l'Italie, et revint à la cour. Les lettres que Madame écrivit sur ce sujet à Mme de Saint-Chaumont étoient pour elle et pour moi, et faisoient connoître l'état où étoient lors les affaires. Celle du 10 mars, écrite de Paris à Mme de Saint-Chaumont, étoit en ces termes :

« Je ne vous ai point écrit de Villers-Coterets, parce que les voies sûres étoient rares, et la poste trop périlleuse, pour y commettre plus qu'un compliment qu'on veut bien qui soit perdu. J'y ai reçu la réponse de celle où je vous mandois la disgrâce du chevalier de Lorraine, et ne m'étonne nullement de vous voir recevoir avec tant d'indifférence une vengeance que le bon Dieu vous a si promptement faite. Monsieur continue toujours à croire que j'y ai part, et que c'est l'effet des promesses que je vous ai faites. C'est un honneur que je ne mérite pas, et il n'y a rien de coupable en moi (si c'étoit l'être que de travailler à la ruine d'un homme qui a causé tous mes malheurs), que les souhaits. Votre dévotion a retranché même les pensées de vengeance; je vous avoue que je ne suis pas dans une pareille perfection, et que je vois avec plaisir qu'on a rendu justice à un homme qui n'en avoit jamais fait à personne. Les mauvaises impressions qu'il a laissées dans l'esprit de Monsieur font qu'il me voit toujours avec chagrin. Le roi nous a raccommodés ; mais, voyant qu'il ne peut encore, de quelque temps, donner les pensions qu'il a destinées au chevalier, il m'en fait la mine, et veut, par des traitements rudes, me faire souhaiter le retour du chevalier. J'ai pris la liberté de lui faire connoître que sa politique n'étoit pas bonne, ou du moins qu'elle ne l'étoit pas à mon égard. Il me répond avec des airs que vous aurez pu retenir des derniers temps que vous avez été dans ce pays. Il me paroît toujours de l'aigreur contre vous dans l'esprit du roi; il faut espérer qu'il reconnoîtra votre innocence, et qu'il se repentira du traitement qu'il vous a fait; mais, hélas! il ne sera plus temps, votre place est remplie; et Monsieur est si honteux et si offensé de vous avoir fait une injustice, qu'il ne vous le pardonnera jamais. Je vous répondrai une autre fois à la lettre que vous m'avez écrite avant la dernière, et je vous reprocherai seulement de m'avoir soupçonnée d'avoir oublié à vous justifier; je n'oublie rien de ce qui vous regarde, et vous trouverez en moi la plus constante et la plus tendre amie qui ait jamais été. »

Cette lettre fut suivie d'une autre écrite le 26 mars à Saint-Germain, dont voici la copie :

« Il me semble que toute la tranquillité de ma vie soit partie avec vous, et que l'injustice qu'on vous a faite, ne laisse ni paix ni repos à ceux qui en sont la cause. Il est vrai que j'en souffre, quoique personne ne le dût moins faire par cette raison; mais il est vrai encore que tout ce que fait Monsieur me touche de si près, qu'il n'est pas possible que ses chagrins ne retombent sur moi. Il en a eu de fort grands de ce que le roi, mon frère, avoit envie que je l'allasse voir. Ces chagrins même l'ont porté à une extrémité où vous ne l'avez jamais vu; car, sans craindre les bruits du monde, pour autoriser ses plaintes contre moi, il a dit que je l'avois traité de misérable, que je lui avois reproché la vie qu'il fait avec le chevalier, et beaucoup de choses de cette sorte, qui ont fort diverti le prochain charitable. Le roi a fort travaillé pour lui faire entendre raison; mais jusqu'à présent fort inutilement, parce que son but est de me faire obtenir des grâces pour le chevalier, en me traitant de la sorte, et que le mien est de ne me rendre pas aux coups de bâton. Ces avis différents n'ont point encore permis de raccommodement, et Monsieur ne vient plus chez moi, et ne me parle plus, ce qui ne m'étoit jamais arrivé jusqu'à présent, quelque démêlé que nous eussions eu. Cependant un reste d'apanage que le roi lui a donné a un peu adouci sa colère, et j'espère que devant Pâques tout ira bien. Je vous dirai, en général, que je suis contente du roi autant qu'on le peut être ; que je prévois qu'il naîtra du reste de la faveur de M. le chevalier, ainsi que des cendres du dragon, beaucoup de matière à me rendre malheureuse. Monsieur croit le petit Marsan[1] et le chevalier de Beuvron, sans compter la fausse capacité du marquis de Villeroy[2], qui se fait gloire d'être son ami et place cela où il peut, sans ménager, ni les intérêts de Monsieur, ni même ceux du chevalier. Pour moi, je suis résolue à travailler toute ma vie à raccommoder ce que ces messieurs auront gâté, sans espérance de raccommoder le fond. Par là, vous pouvez bien croire qu'il m'est nécessaire de beaucoup de

---

[1] D'une branche cadette de la maison de Lorraine.

[2] Madame juge dans cette lettre, avec un tact admirable le marquis de Villeroy (François de Neufville, fils de Nicolas de Neufville, duc et maréchal de Villeroy) ; il ne dut qu'à l'amitié du roi contractée dès l'enfance les hautes charges dont il fut revêtu ; nommé comme son père duc et maréchal de France, il ne se signala que par ses fautes, et perdit en 1706 la bataille de Romilies, ce qui lui fit enlever enfin le commandement des armées. Louis XIV le choisit néanmoins pour gouverneur de Louis XV. Il mourut disgracié sous la régence.

patience; aussi suis-je tout étonnée d'en trouver : car, à vous dire la vérité, les matières sont sensibles. Pour mon voyage d'Angleterre, je ne désespère pas de le faire, ce qui me sera fort agréable. Toutes ces affaires m'ont empêchée de parler des vôtres, quoiqu'elles ne m'aient pas empêchée d'y penser, et que rien au monde ne me peut divertir du dessein que j'ai de vous donner des marques de mon souvenir et de ma tendresse; mais vous savez qu'il y a des conjonctures qui peuvent tout gâter et qu'il faut laisser passer. Cela seul est cause que je ne vous dirai rien de ce qui vous regarde; mais comme je vous l'ai déjà dit, on ne peut vous aimer plus tendrement que je le fais. »

Le 6 avril, Madame écrivit cette autre lettre à Mme de Saint-Chaumont. Je la place ici, parce qu'elle conte la suite de cette histoire mieux que je ne pourrois faire.

« Pour le raccommodement qui s'est fait entre Monsieur et moi, vous verrez que les conditions pour mon voyage qu'on vous avoit mandées sont de ces jugements favorables dont le monde m'honore de temps en temps, sans que je puisse seulement me douter qu'on m'accuse de pareilles choses, pour le peu de fondement qu'il y a. J'ai souhaité, il est vrai, de voir le roi mon frère; mais, dans les oppositions que Monsieur y a faites, il n'a jamais été question du retour du chevalier; il m'a seulement déclaré qu'il ne pouvoit aimer, que son favori ne fût en tiers; et depuis, lui ayant fait voir combien, quand je pourrois désirer son retour, il me seroit impossible de l'obtenir, il n'y a plus pensé, et a cru, sans qu'il y eût d'autres raisons, qu'en faisant du bruit sur mon voyage d'Angleterre, il feroit voir au monde qu'il veut être le maître, et qu'il me traitoit aussi mal pendant l'absence du chevalier, que lorsqu'il étoit avec lui. Cette politique lui a fait prendre la chose où elle n'a jamais été; il parloit fort haut de notre mésintelligence, ne venoit plus chez moi, et prétendant par une telle conduite faire aussi connoître que, s'il y a eu des choses qu'il a ignorées, comme on s'est imaginé, qu'il sait se venger d'un pareil traitement, en me faisant pâtir des fautes des deux rois, si telle chose étoit.

« Cependant, après tout ce fracas, il a trouvé bon de se rapaiser pourvu que je fisse les premiers pas ; je les ai faits avec beaucoup de joie par le moyen de la princesse Palatine[1]. Il m'avoit accusé de lui avoir dit mille extravagances. Je l'assurai que cela n'étoit pas ; qu'il auroit fallu que j'eusse été folle, et que je serois au désespoir qu'il eût mal entendu ; que sans avoir rien dit, je voulois bien lui demander pardon. Toutes ces choses l'apaisèrent, et dans le raccommodement, après de grandes promesses d'oublier le passé et de bien vivre à l'avenir, sans nommer le chevalier, non plus que s'il n'eût pas été au monde, il convint que non-seulement j'irois en Angleterre, mais qu'il iroit

---

[1] Cette princesse, connue par ses aventures galantes et par la dévotion qui les expia, était en son nom Anne de Gonzague, fille du duc de Nevers, établi par les armes de France dans le duché de Mantoue. Elle fut destinée d'abord à la vie monastique ; mais ayant été vue au couvent par le duc de Guise, alors nommé à l'archevêché de Reims, celui-ci l'enleva et l'épousa, dit-on, secrètement. Quoi qu'il en soit, le duc de Guise ayant épousé ensuite Honorée de Glymes, veuve du comte de Bossu, Anne de Gonzague se maria, de son côté, avec Édouard de Bavière, fils de l'électeur Palatin, roi de Bohême.

aussi. J'en écrivis dans le moment au roi mon frère ; je n'ai point encore eu de réponse, et l'on ne dit rien encore de tout ceci. Chacun raisonne de sa tête. Tout le monde croit assez que j'irai ; mais personne ne se doute que Monsieur veuille être de la partie, après tout ce qu'il a dit contre le roi mon frère, en déclarant qu'il lui vouloit faire le dépit de ne me pas laisser aller, pour se venger de lui. Avouez, après cette relation, que celle qu'on vous a faite en l'air est bien opposée à ce qui en est ; et, une fois pour toutes, croyez que je ne ferai point des choses absolument extravagantes, comme seroit celle de m'offrir à faire revenir le chevalier, quand son retour dépendroit de moi, ce qui n'est pas. Pour ce qui vous regarde, il y a huit jours que je suis à Paris ; je n'ai encore pu, par cette raison, parler au roi. Ne pensez pas, quand je vous dis cela, que je prétende que votre séjour à trois journées de Paris soit une grâce, je la demanderai parce que vous voulez rendre ce respect au roi ; mais comme une chose qui ne peut être refusée, puisqu'elle vous étoit promise quand vous partîtes ; et il seroit bien extraordinaire que vous ne puissiez aller présentement, où on vous permettoit d'être au commencement. J'espère même qu'après ce premier pas, on voudra bien ne vous honorer plus de la qualité de dangereuse personne, et que vous pourrez être où vous désirez, tant pour vos affaires que pour votre santé. Enfin, vous pouvez compter que j'ai sur tout cela pensé les mêmes choses que vous, et que je ferai tout ce que je pourrai. Vous savez que ce n'est pas toujours ce que je veux, et je vous avancerai à mon grand regret que, quelque belles que soient les apparences pour moi, je ne vois pas toute la bonté sur les grâces que je pourrois espérer, et que, dans les occasions où il a semblé que je dusse être la plus contente, je n'ai pas laissé d'avoir des dégoûts terribles dont je ne me suis vantée à personne du monde, parce que je n'aime pas à me plaindre, et encore parce que je ne saurois à qui parler. Je vous ai, dans ce temps, souhaité mille fois la journée, et quoique vous me reprochiez toujours autrefois que je ne pouvois parler, il me paroît que je l'aurois bien fait, si je vous eusse eue. Mais hélas! c'est un plaisir sur lequel je puis peu me flatter. Croyez, au moins, que j'en sens la perte, et que je n'oublierai jamais ce que vous souffrez pour l'amour de moi, et ce que je dois à l'amitié que je vous ai promise. »

Pour moi, je n'écrivois plus à Madame, de peur de l'embarrasser; mais j'avois toujours mon parent à Paris qui l'informoit de ce que je croyois nécessaire qu'elle sût; je reçus cette lettre de sa part, le 8 avril[1].

Mme de Saint-Chaumont en reçut une autre, datée de Saint-Germain le 14 avril, en ces termes :

« Dans le temps que je pensois parler de vos intérêts au roi, et des raisons que vous avez pour être bien aise d'avoir la liberté d'aller où vous voudrez, on a prévu mes bonnes intentions par de ces bons offices, lesquels votre malheur empêche qu'on approfondisse. Le roi appela votre frère[2] et lui dit qu'on l'avoit assuré que vous aviez été à Paris déguisée, et qu'il savoit que

---

[1] Le texte de cette lettre, qui devait suivre immédiatement ces dernières lignes ne se trouve point copié dans le manuscrit.

[2] Le maréchal de Gramont.

je voulois parler pour vous, qu'il le prioit de m'en empêcher, parce qu'il n'aimoit pas à me refuser. Votre frère lui répondit, avec toute la force imaginable, que c'étoit encore de ces impostures qui méritoient les punitions qui retomboient sur les innocents; mais qu'il ne manqueroit pas de me prier de ne penser pas à lui parler de vous, de sorte que, voyant que ce seroit plutôt vous faire du mal que du bien, je n'ai pas cru qu'il falloit vous nommer; car il est plus difficile de venir après un refus, que quand il n'a été question de rien. Ce qui m'afflige, c'est de n'avoir encore rien fait pour vous; croyez, je vous prie, que je compte cela au nombre de mes plus grands maux, et que je ne puis être tout à fait contente, quand vous ne serez pas en liberté, et que je ne verrai point d'apparence de vous avoir auprès de moi.

« La maréchale[1] a été malade; jamais je n'ai tant souhaité la guérison de personne que j'ai fait la sienne, et je ne doute pas que Monsieur ne m'eût encore parlé pour sa belle-fille[2] et cela auroit recommencé le vacarme qu'il y avoit eu à Saint-Cloud là-dessus; mais, Dieu merci, elle est guérie, et je puis toujours me flatter de l'espérance que vous aurez quelque jour sa place, quoique la comtesse soit sa favorite, et qu'elle soit des honnêtes respectueuses que Monsieur envie tant de me donner.

« Je ne vous ai point encore mandé l'état où sont les choses, parce que, quoiqu'on me promît des voies

---

[1] La maréchale de Clairembault qui avait remplacé la marquise de Saint-Chaumont dans sa charge.

[2] Afin de lui faire donner, après la mort de la maréchale, la charge de gouvernante des enfants de Monsieur.

sûres, elles étoient toujours par la poste, et tous les courriers sont à M. de Louvois. De plus, vous savez que la connoissance des affaires est le seul endroit par où Monsieur se plaint de vous. J'ai toujours attendu à répondre à la lettre que j'ai reçue de vous à Villers-Coterets, que quelque homme exprès vous allât trouver. Celui de M. de Valence me donnant toute la liberté que je puis désirer, je vous dirai que tout est fini et d'accord entre les deux rois, qu'il reste très-peu de chose à faire que je pourrai achever dans le voyage. Personne qui sauroit cela ne pourroit douter que je ne fusse en état de faire ce que je voudrois. Cependant, quoique le roi, de lui à moi, soit très-bien disposé, je le trouve, en mille endroits, insupportable, faisant des fautes et des imprudences incroyables, sans en avoir l'intention. Pour vous expliquer cela, je l'avois pressé d'accorder à Monsieur la permission de donner des pensions au chevalier, comme une chose qui me faisoit un mérite auprès de lui et qui le remettroit de bonne humeur; il me refusa, disant que c'étoit l'envie d'aller en Angleterre, et que je ne me misse pas en peine, que j'irois sans cela, parce que je lui étois nécessaire. Il en parla à Monsieur, qui saute aux nues, et fait tout le vacarme dont vous avez ouï parler, pendant lequel temps il me donna parole de ne rien donner au chevalier qu'à ma prière; de sorte que voulant apaiser Monsieur, il permet à son favori de voyager, ce qu'il ne devoit pas, parce que la crainte d'être mis en prison retenoit Monsieur des violences dont il se faisoit présentement honneur; donne le surplus de l'apanage, et promet les pensions au retour du voyage, pourvu que j'y consente, et tout cela sans songer à me raccommoder, après avoir promis d'agir de concert. Avouez qu'un esprit un peu droit est bien étonné d'une pareille conduite, et qu'il est difficile de faire les choses aussi bien qu'on le pourroit, si on étoit cru.

« J'avois encore assuré le roi que s'il me permettoit de promettre les pensions que je remettrois à Monsieur[1].....; il ne veut pas me l'accorder, de peur que je commette sa gloire, en laissant croire au monde que les gronderies de Monsieur attirent des grâces; et deux jours après, il donne plus qu'on ne lui demande, et permet que Monsieur aille en Angleterre lui-même, sans songer à l'embarras que ce seroit au roi mon frère, qui ne lui voudroit dire les affaires que jusqu'à un certain point. Aussi, quand la proposition lui en a été faite, il l'a refusé tout net, disant que mon frère le duc d'York ne pourroit venir à Calais, pendant que Monsieur seroit à Douvres, et qu'il ne vouloit pas que les choses se passassent sans l'égalité. Ce refus a aigri Monsieur contre moi de nouveau, de sorte qu'il a la douleur que l'honneur m'en demeure, et pour se venger de moi, il consent à mon voyage de mauvaise grâce.

« Ses amis et son conseil présent est M. de Marsan, le marquis de Villeroy et le chevalier de Beuvron. Le marquis d'Effiat[2], est seul de sa troupe un peu moins fripon que les autres, mais pas assez habile pour redresser Monsieur; tellement que les trois premiers ont tout le crédit parce qu'ils conseillent de mal vivre

---

[1] La phrase n'est pas complète.
[2] Petit-fils du maréchal d'Effiat qui avait été chargé en 1624 de la mission de négocier le mariage de Henriette de France avec Charles Ier.

avec moi pour faire revenir le chevalier, et Monsieur, dans tous ses radoucissements, me dit qu'il faut que je le convainque de mon amitié pour lui, m'assure qu'il n'y a qu'un moyen ; or, à vous dire la vérité, ce seroit de ces remèdes qui d'abord paroissent bons, mais qui sont suivis d'une mort assurée. Aussi on a parole du roi que de huit ans il ne le fera revenir. Il faut espérer qu'avant ce temps Monsieur sera guéri ou éclairé. L'un ou l'autre lui fera voir les fautes que cet homme lui a fait faire, et il ne peut s'en apercevoir sans le haïr autant qu'il l'a aimé. C'est toute mon espérance ; quoique, quand cela seroit, je ne puis me flatter d'un bonheur. Partant, le naturel jaloux de Monsieur et la peur qu'il a qu'on ne m'aime et qu'on ne m'estime, me donnera toute ma vie des affaires ; et le roi n'est point de ces gens à rendre heureux ceux qu'il veut le mieux traiter. Ses maîtresses, à ce que nous voyons, ont plus de trois dégoûts la semaine. Voyez à quoi ses amis se doivent attendre.

« La comtesse de Gramont viendra avec moi à Douvres et M. d'Hamilton[1]. Tout ce que vous connoissez en France vouloit suivre ; mais le roi mon frère n'a pas voulu, et Monsieur en a été ravi, pour que je n'eusse personne avec moi, croyant cela moins honorable[2]. Je verrai dans mon voyage ce qu'il y aura

[1] Antoine, comte d'Hamilton, d'une illustre famille écossaise, resté toujours fidèle à la cause des Stuarts ; écrivain spirituel, il a laissé plusieurs ouvrages dont le plus connu est celui qu'il publia sous le titre de *Mémoires du comte de Gramont*. Le comte de Gramont avait épousé sa sœur.

[2] Comme il entrait dans les vues de Louis XIV de divulguer le moins possible le projet de voyage de Madame en Angleterre, toute la cour partit de Saint-Germain sous le prétexte d'aller visiter la Flandre. Le roi, la

à faire pour le pauvre M. de Valence, sur le cardinalat, et je vous assure que j'ai plus d'envie de le servir que jamais. Je dois parler aujourd'hui au roi pour qu'il lui permette de retourner chez lui ; je ne sais si je réussirai. Celui qui vous portera cette lettre vous en instruira, car peut-être n'aurai-je pas le temps de vous en instruire moi-même. Je ne sais comment j'ai trouvé celui de faire une si longue lettre. Je la finirai après vous avoir assuré que je ne me console point de votre absence, qu'en toutes les occasions je vous trouve à redire, et, comme je vous l'ai déjà dit, je ne puis être heureuse que vous ne soyez avec moi. »

Madame lui écrivit encore cette lettre le 28 avril :

« Je ne croirois pas que mon voyage pût être heureux, si je le commençois sans vous dire adieu. Jamais rien n'a été plus traversé, et, à l'heure qu'il est, Monsieur veut que je ne demeure que trois jours avec le roi mon frère. Ce terme vaut toujours mieux que rien ; mais il n'est pas suffisant pour toutes les choses que deux personnes qui s'aiment autant que lui et moi avons à nous dire. Monsieur est toujours trop aigri sur mon sujet, et je dois m'attendre à bien des chagrins au retour de ce voyage. Vous croirez aisément

---

reine, le dauphin, Monsieur et Madame, Mlle de Montpensier étaient du voyage ; on marchait à petites journées sous la brillante escorte de la maison militaire, commandée par le duc de Lauzun. A Dunkerque, Madame s'embarqua pour Douvres, le 2 juin 1670, sur un vaisseau commandé par le comte de Sandwich. La suite de Madame se composait, outre les personnes dont elle parle dans sa lettre, du comte d'Albons, son chevalier d'honneur, de M. de Rocheplate, lieutenant des gardes de Monsieur, des comtesses d'Albons et du Plessis, et de ses filles d'honneur, parmi lesquelles se trouvait Mlle de Kérouaille ou Kérouet qui devait devenir la célèbre duchesse de Portsmouth.

ce que je vous dirai là-dessus, quand vous vous souviendrez que je prévis tout ce qui arriveroit après ma couche, quoiqu'il fût impossible de l'éviter. Il en est de même à présent. Monsieur veut que je fasse revenir le chevalier, ou bien me traiter comme la dernière des créatures. Avant qu'il fût chassé, il dit à Monsieur qu'il falloit trouver des moyens pour nous séparer. J'en avertis le roi qui se moqua de moi; mais depuis il a trouvé cela vrai, Monsieur le lui ayant proposé. Ainsi je lui dis qu'il voyoit la nécessité de ne laisser jamais revenir cet homme qui feroit bien pis encore à l'avenir. Je n'ai point le temps de vous en dire davantage; je n'ai que celui de vous assurer que rien n'est capable de diminuer la tendresse que j'ai pour vous. »

Cette lettre fut suivie d'une autre du 26 juin, et ce fut la dernière que cette Princesse lui écrivit; elle est datée de Saint-Cloud.

« Je ne suis pas surprise de la joie que vous me témoignez avoir de mon voyage d'Angleterre; il m'a été très-agréable, et quelque persuadée que je fusse de l'amitié du roi, mon frère, je l'ai trouvée encore plus grande que je ne l'espérois; aussi ai-je trouvé dans toutes les choses qui dépendoient de lui tout l'agrément que je pouvois désirer. Le roi même, à mon retour, m'a témoigné beaucoup de bonté; mais pour Monsieur, rien n'est égal à son acharnement pour trouver moyen de se plaindre. Il me fit l'honneur de me dire que je suis toute-puissante, et que je puis ce que je veux; que, par conséquent, si je ne fais pas revenir le chevalier, je ne me soucie pas de lui plaire, et joint ensuite des menaces pour le temps à venir. Je lui ai représenté combien peu ce retour dépendoit de moi, et combien peu je faisois ce que je voulois, puisque vous étiez où vous êtes. Au lieu de voir la vérité et de s'adoucir par là, il a pris cette occasion de vous faire du mal auprès du roi, et de tâcher à m'y rendre de mauvais offices. Cela, avec la lettre que vous avez écrite à ma fille, que l'on conte qui a été donnée mystérieusement, et qui marque le dessein que vous avez de revenir, font, avec le peu de dispositions favorables qui se rencontrent dans l'esprit du roi, un très-méchant effet. Je n'ai pas eu le loisir de vous justifier; mais fiez-vous-en à moi, je le ferai avec tout le soin que mérite l'amitié que vous m'avez témoignée en tant de rencontres; et si je ne détruis l'aversion naturelle, je tâcherai à faire voir que les sujets en sont faux. Je vous ai plusieurs fois blâmée de la tendresse que vous avez pour ma fille. Au nom de Dieu, défaites-vous-en. C'est un enfant incapable de sentir là-dessus ce qu'elle doit, et nourrie présentement à me haïr. Contentez-vous d'aimer les personnes qui en sont aussi reconnoissantes que je la suis, et qui ressentent aussi vivement que je fais la douleur de ne se pas voir en état de vous tirer de celui où vous êtes. J'espère que vous lui ferez bien la justice d'en être persuadée, et que vous croirez, comme vous devez, que je ne perdrai jamais les occasions favorables de vous servir et de vous montrer ma tendresse. Depuis mon retour d'Angleterre, le roi est allé à Versailles, où Monsieur n'a pas voulu aller, de peur que je n'eusse le plaisir d'être auprès de lui. »

Madame, dans le même temps, me fit écrire par

M. de Saint-Laurens, introducteur des ambassadeurs chez Monsieur, qu'elle avoit heureusement réussi dans son voyage, et me fit l'honneur de compter, entre ses sujets de contentement, la parole que le roi son frère lui avoit encore donnée touchant ma grande affaire[1], et l'espérance très-sûre qu'elle avoit de nous revoir bientôt, Mme de Saint-Chaumont et moi, auprès d'elle ; mais à peine eus-je le temps de faire réflexion sur tant de choses agréables, que j'appris la nouvelle de sa mort. Le 29 juin, sur le soir, elle demanda un verre d'eau de chicorée à la glace ; elle le prit, et dix heures après, elle expira dans toutes les douleurs de la plus violente colique[2]. Je n'entreprendrai pas d'exprimer l'état où je me trouvai. Puisqu'il y a eu des personnes qui sont mortes de douleur, il m'est honteux d'avoir pu survivre à la mienne. Tout ce que le respect, l'estime, la reconnoissance, l'ambition, l'intérêt peuvent inspirer de réflexions affreuses, me passa mille fois dans l'esprit. Mon tempérament y résista, je n'en fus pas même malade ; mais ma vie devint si chagrine et si languissante, qu'elle ne valoit guère mieux que la mort. Pour la perte de ma fortune, je n'y fus pas trop sensible ; je n'avois jamais pu me persuader que les

---

[1] Le chapeau de cardinal.

[2] Madame mourut le 30 juin 1670, âgée de vingt-six ans, laissant, de son mariage avec le duc d'Orléans, deux filles : la princesse Marie-Louise, qui a épousé Charles II, roi d'Espagne, et la princesse Anne-Marie, mariée à Victor-Amédée II, roi de Sardaigne.

Le duc d'Orléans se remaria l'année qui suivit la mort d'Henriette d'Angleterre avec la princesse Charlotte, fille de l'électeur Palatin. Cette princesse abjura le luthéranisme pour épouser ce prince, auquel elle donna deux enfants : Philippe d'Orléans, régent du royaume pendant la minorité de Louis XV, et la princesse Élisabeth, mariée au duc de Lorraine.

espérances que l'on me donnoit fussent solides, quoiqu'à juger par toutes les apparences, le succès en fût indubitable; mais perdre une si grande, si parfaite, si bonne princesse, une princesse qui pouvoit réparer le tort que ma chute m'avoit fait; non, si j'avois eu le cœur véritablement délicat et sensible, il m'en devoit coûter la vie. Il faut, pour justifier mon dévouement à cette princesse, et pour ma consolation, que je trace une légère idée de ses vertus.

Madame avoit l'esprit solide et délicat, du bon sens, connoissant les choses fines, l'âme grande et juste, éclairée sur tout ce qu'il faudroit faire, mais quelquefois ne le faisant pas, ou par une paresse naturelle, ou par une certaine hauteur d'âme qui se ressentoit de son origine, et qui lui faisoit envisager un devoir comme une bassesse. Elle mêloit dans toute sa conversation une douceur qu'on ne trouvoit point dans toutes les autres personnes royales. Ce n'est pas qu'elle eût moins de majesté; mais elle en savoit user d'une manière plus facile et plus touchante; de sorte qu'avec tant de qualités toutes divines, elle ne laissoit pas d'être la plus humaine du monde. On eût dit qu'elle s'approprioit les cœurs, au lieu de les laisser en commun, et c'est ce qui a aisément donné sujet de croire qu'elle étoit bien aise de plaire à tout le monde, et d'engager toutes sortes de personnes.

Pour les traits de son visage, on n'en voit pas de si achevés; elle avoit les yeux vifs sans être rudes, la bouche admirable, le nez parfait, chose rare! car la nature, au contraire de l'art, fait bien presque tous les yeux, et mal presque tous les nez. Son teint étoit blanc et uni au delà de toute expression, sa taille médiocre, mais fine; on eût dit qu'aussi bien que son âme, son esprit animoit tout son corps. Elle en avoit jusqu'aux pieds, et dansoit mieux que femme du monde.

Pour ce je ne sais quoi tant rebattu, donné si souvent en pur don à tant de personnes indignes, ce je ne sais quoi qui descendoit d'abord jusqu'au fond des cœurs, les délicats convenoient que chez les autres il étoit copie, qu'il n'étoit original qu'en Madame; enfin, quiconque l'approchoit demeuroit d'accord qu'on ne voyoit rien de plus parfait qu'elle[1].

Je n'ai plus rien à dire de cette princesse, sinon qu'elle auroit été la gloire et l'honneur de son siècle, et que son siècle l'auroit adorée, s'il avoit été digne d'elle.

Avec cette princesse, je perdis l'envie et l'espérance de mon retour, et pleinement dégoûté du monde, je tournai toutes mes vues du côté de mon ministère.

Cependant, M. l'archevêque d'Auch, par l'amour qu'il avoit pour l'épiscopat, obligea sa province de charger M. de Conscrans, député, de faire intéresser toute l'Assemblée du Clergé dans la réparation de mon injure. La province de Narbonne chargea M. d'Usez de la même chose. M. d'Agde[2] eut la même commission de ma province de Vienne, qui crut avec honneur

---

[1] Ce portrait de Madame se trouve reproduit, presque en entier, dans l'*Abrégé chronologique de l'histoire de France,* du président Hénault, avec cette indication entre parenthèses : *Manus. de C.*

[2] Louis Fouquet, évêque depuis le 28 juin 1658 jusqu'au 4 février 1702.

ne pouvoir pas se dispenser de suivre ces deux exemples ; mais tout cela n'eut point d'effet. L'Assemblée commença, continua, finit, sans qu'on trouvât à propos de faire aucune mention de nous; chacun, à ce qu'il disoit, avoit peur d'aigrir Sa Majesté contre M. d'Agde et contre moi; mais la vérité, c'est que personne ne voulut hasarder de nuire à ses propres intérêts.

Il m'étoit resté deux amis qui avoient plus de mérite et de bonne volonté que de pouvoir : M. de Saint-Laurens, introducteur des ambassadeurs de Monsieur, et M. Mérille, le premier valet de chambre. Ce dernier avoit souvent des intrigues avec M. de Louvois, et se trouvant, tous les jours, en état de lui rendre quelques services, il lui parla de moi, et l'engagea, ce lui sembloit, dans mes intérêts. M. de Louvois lui promit de me servir auprès du roi, si l'occasion s'en présentoit, et lui dit qu'il n'oseroit en parler le premier, craignant la délicatesse du roi ; mais que si on pouvoit obliger quelque personne de rompre la glace, il feroit son devoir. Il insinua même qu'on pouvoit se servir du P. Ferrier, qui, par sa qualité de confesseur, pourroit, plus naturellement qu'aucun autre, demander qu'un évêque fût remis dans les fonctions de son emploi. Mérille rendit compte de cette conversation à un homme à moi qui se trouva dans Paris, et qui savoit que M. l'archevêque avoit des liaisons avec le P. Ferrier. Ils concertèrent ensemble que cet homme supplieroit M. de Vienne de vouloir obliger le P. Ferrier de demander au roi mon retour dans mon diocèse, sous prétexte des désordres qui y étoient arrivés depuis mon absence. M. de Vienne écrivit au

P. Ferrier, qui s'engagea d'en parler au roi; mais lorsqu'il voulut lui en faire la proposition, Sa Majesté l'arrêta dès le premier mot, et lui dit : « Monsieur, je sais tout ce que vous avez à me représenter, » et lui répéta, mot à mot, la lettre de M. de Vienne, ajoutant qu'il ne devoit pas se mêler d'une telle négociation.

Tout cela fut fait avant que j'en eusse connoissance; peut-être que si j'en avois été averti, j'aurois mieux disposé la chose; mais enfin, soit que M. de Louvois eût vu la lettre de M. de Vienne, comme on disoit en ce temps-là qu'il voyoit toutes les lettres qu'on écrivoit, et qu'il en eût informé le roi; soit, comme je le crois plus vraisemblable, que M. de Vienne en eût envoyé une copie à M. le marquis de Villars, son frère, qui étoit à Paris, et qu'il eût voulu faire sa cour en la montrant au roi, cette voie innocente passa pour une cabale, rendit mon exil encore plus long, et me mit en état de n'en pouvoir espérer la fin par de bons offices.

Il y avoit déjà quelque temps que j'avois été obligé, pour empêcher la dissipation des biens de ma famille, d'en prendre soin. Mon frère[1], qui étoit d'une humeur fort facile, avoit ses affaires en désordre; je me piquai d'honneur de les rétablir, ce que je fis avec beaucoup d'application et d'argent, et ayant trouvé dans la personne de mon neveu[2], son fils aîné, les inclinations

---

[1] Armand, marquis de Cosnac, frère aîné de l'auteur des *Mémoires;* il mourut à Paris en 1692.

[2] François, marquis de Cosnac, capitaine de cavalerie au régiment d'Albret, père de la princesse d'Egmont dont il est longuement question dans la seconde version des *Mémoires.*

d'un honnête homme, je me fis le plaisir de le faire bien élever.

Comme je ne pouvois pas prendre toutes les mesures nécessaires à ces vues sans sortir de mon exil, et que les mouvements que demandent les affaires veulent la présence d'un homme libre, je résolus d'écrire à M. Le Tellier, de qui j'étois plus connu que des autres ministres, et qui en avoit toujours usé assez honnêtement avec moi, pour le supplier de m'obtenir de la bonté du roi, ou des lettres d'état pour surseoir mes affaires, ou une évocation générale dans un tribunal où j'eusse la liberté de m'aller défendre des poursuites que me faisoient une infinité de personnes, qui vouloient profiter de ma disgrâce. Sa Majesté, sur ma supplication, m'accorda une évocation de toutes mes causes au sénéchal de Toulouse et, par appel, au Parlement de la même ville, avec la liberté d'y aller faire mon séjour.

Trois mois après, je fus rappelé. J'allai saluer le roi, qui me reçut d'une manière si tendre et si obligeante, que ce seroit une grossière ingratitude à moi de ne conserver pas le souvenir d'une obligation à laquelle je fus fort sensible. Je remerciai Sa Majesté d'une manière fort respectueuse; mais quelques-uns trouvèrent que je lui parlai trop audacieusement, lui disant que si, outre mon entrée dans Paris causée par ma maladie, j'avois encore fait quelque chose qui lui pût déplaire, je n'avois pas été assez puni de deux ans d'exil, parce que je ne me repentois de rien, et que, si j'étois dans les mêmes occasions je ne ferois que ce que j'avois fait; mais que j'osois lui dire avec confiance que mes plus grands ennemis n'auroient pas la hardiesse de m'accuser de rien. Après cela, ayant passé dans les terres de ma maison, je me retirai daus mon diocèse [1].

M. l'évêque de Conserans, Marmiesse, m'écrivit, étant dans l'Assemblée générale du Clergé, qu'il étoit bien mortifié de ne trouver aucun moyen pour me retirer de l'exil où j'étois; je lui répondis que je lui étois sensiblement obligé; mais que je n'étois pas si sensible à mon malheur, que je n'eusse une consolation, qui étoit que, si j'avois pu rendre quelques grands services à Sa Majesté et même à l'État, je ne pourrois pas désirer une plus grande récompense que d'avoir deux évêchés à simple tonsure, n'étant pas en pouvoir de faire aucune fonction d'évèque [2].

Je ne manquai pas d'occupation pour rétablir beaucoup de désordres qui s'étoient introduits pendant mon absence, surtout je m'appliquai à faire les conversions par des missions et par beaucoup de soins que je pris pour remettre dans la voie les malheureux qui s'en étoient écartés, ce qui me réussit. J'eus même l'avantage de faire abattre dans mes diocèses, avant même la révocation de l'édit de Nantes, et le plus souvent à mes dépens, les temples qui avoient été établis contre les ordonnances.

Je passois tranquillement mes jours dans ces occupations, jusqu'à ce que j'en fus détourné par une let-

[1] Ce fut pendant le long séjour que Daniel de Cosnac fit dans son diocèse à partir de cette époque, qu'il reçut Mme de Sévigné, ainsi qu'elle nous l'apprend par sa lettre à sa fille, datée de Valence, le 6 octobre 1673.

[2] Cet alinéa est mis hors de sa place : il semble qu'on devrait le reporter à la p. 423, avant ces mots : *Il y avoit déjà quelque temps...*; ou bien, à la p. 422, avant ces mots : *Il m'étoit resté deux amis.*

tre du roi que je reçus, par laquelle, sans l'avoir demandé ni désiré, j'eus la liberté d'aller à la cour et à Paris. Comme je n'avois employé pas un de mes amis pour obtenir cette grâce, j'en attribuai l'effet à ce qui arriva peu de temps après, qui fut un ordre à tous les prélats du royaume de députer à l'Assemblée que le roi avoit permis de tenir à Paris, touchant les différends qui étoient arrivés entre le pape et le roi sur l'extension de la régale, et les plaintes de M. l'évêque de Pamiers[1] contre M. de Toulouse[2], son archevêque. Il fallut députer, dans chaque province, deux du premier ordre et deux du second. Notre province de Vienne n'étoit composée que de M. l'archevêque, de M. l'évêque de Viviers, de M. de Grenoble et de moi. M. de Vienne refusa cette députation : il avoit assisté à l'Assemblée tenue en 1680, où il s'étoit passé des choses qui lui persuadèrent qu'il ne seroit pas agréable à la cour. M. de Viviers étoit dans un âge qui ne pouvoit pas trop lui permettre d'être en état d'y assister. M. de Grenoble[3], qui commençoit dès lors à prendre des mesures pour son élévation du côté de Rome, témoignoit qu'il ne seroit pas si favorable à la cour de France qu'on l'auroit souhaité, de sorte qu'il étoit de nécessité que je fusse député, et en effet je le fus seul; M. de Viviers ne fut

---

[1] François-Etienne de Caulet, évêque de 1644 à 1680. Ses différends avec l'archevêque de Toulouse, son métropolitain, ne furent soumis qu'après sa mort à l'assemblée *dite* de 1682, qui se réunit à Paris le 1ᵉʳ octobre 1681.

[2] Joseph de Montpezat de Corbon, archevêque du 17 août 1674 au 27 juin 1687.

[3] Étienne Le Camus, depuis cardinal, évêque du 24 août 1671 au 12 septembre 1707.

nommé que pour faire le nombre de deux, et n'assista point, n'étant plus en état de se rendre à l'Assemblée.

Passant par Fontainebleau, où Sa Majesté étoit, je priai M. de Reims, qui y étoit aussi, de vouloir bien me faire la grâce de dire à Sa Majesté que j'étois arrivé, et de savoir quand elle voudroit bien que j'eusse l'honneur de la saluer. Le roi lui dit que je vinsse à son lever, et après, il lui dit que cela peut-être me feroit de la peine de me présenter devant lui, en présence de tout le monde. Sa Majesté ordonna qu'on m'ouvrît la porte de son cabinet, et, quand je serois arrivé, qu'elle me verroit à son particulier. Je saluai le roi avec tout le respect que je devois, dans son cabinet, et après un compliment fort court, Sa Majesté eut la bonté de me dire qu'elle n'avoit eu aucune part aux choses désagréables qui m'étoient arrivées, que de l'avoir souffert, n'ayant pas pu le refuser à Monsieur. Elle me demanda si je ne verrois pas Monsieur. Je lui répondis qu'ayant l'honneur d'être son frère, je satisferois au respect que je lui devois.

Le lendemain, Sa Majesté étant sur son départ pour se rendre à la tête de son armée, un nombre infini de personnes étant dans sa chambre, elle m'appela, et dans une embrasure de fenêtre, elle me dit qu'elle croyoit bien que j'étois persuadé que je n'avois aucun sujet de me plaindre d'elle; que je savois bien aussi qu'il ne s'étoit rien passé dont elle eût sujet d'être mal satisfaite de ma conduite, et qu'elle espéroit bien que, dans l'Assemblée du Clergé, je ferois mon devoir en tout ce qui la regarderoit, et ajouta que je lui ferois plaisir de me conformer aux sentiments de M. l'archevêque de Paris¹. Les courtisans et un assez grand nombre d'évêques qui étoient présents furent assez surpris de la manière favorable dont Sa Majesté avoit paru me parler. Je ne trouvai pas à propos de leur en faire confidence.

Je fus dans l'appartement de Monsieur, et après l'avoir salué, il jugea bien qu'un entretien public ne seroit pas convenable; il entra dans son cabinet, me dit de le suivre et ferma la porte. Il me témoigna assez obligeamment qu'il étoit bien aise de mon retour à la cour, et qu'il l'avoit ainsi témoigné, lorsque le roi lui en avoit fait la proposition, et dit qu'il seroit bien aise de trouver occasion de me faire plaisir. Je pris la liberté de lui répondre que je n'avois qu'une seule grâce à lui demander, après avoir passé onze années à son service avec tout l'attachement qu'il m'avoit été possible, qui consistoit à savoir quel sujet Son Altesse Royale avoit eu de se plaindre de moi, et par où j'avois mérité sa disgrâce. Il me répondit que j'avois été dans les intérêts de feu Madame plus que dans les siens; que c'étoit moi qui lui avois donné le conseil de faire enlever la cassette de Mlle de Fienne, ce qui lui avoit attiré beaucoup d'embarras; qu'on lui avoit fait connoître qu'il ne devoit pas se fier à moi. J'avoue que je ne pus m'empêcher de lui dire que je trouvois ce conseil fort bon, et que j'étois si malheureux que je ne l'avois pas donné; que c'étoit Mme de La Baume². Cette repartie le toucha, et avec

---

¹ François de Harlay de Chanvalon.

² La marquise de La Baume, belle-sœur de la trop célèbre marquise de Courcelles, est mère du maréchal de Tallard, est connue par sa liaison avec le beau duc de Candale, et par nombre d'autres attachements qui

raison, j'avoue mon tort. Il ouvrit la porte de son cabinet, se retira dans un endroit de son appartement; mais, comme peu de temps après m'avoir fait donner ordre de me retirer de sa maison, il avoit su que je n'avois pas eu de part à l'enlèvement de cette cassette, et qu'il en avoit témoigné son ressentiment à Mme de La Baume, à laquelle il avoit fait défense d'entrer chez lui, je pouvois m'assurer du retour de ses bonnes grâces.

L'Assemblée étant convoquée, je fus nommé par elle pour faire la relation des sept brefs que le pape avoit fait signifier à l'occasion de la régale, qui étoit la commission la plus importante et la plus difficile, et je crois que je défendis nos droits avec quelque succès, et peut-être qu'on en conviendroit par le rapport que je fis, dont je mets ici la relation [1]. Sa Majesté en parut satisfaite ; mais comme il s'étoit passé beaucoup de choses dans lesquelles on s'étoit engagé plus avant qu'on ne devoit, cette Assemblée fut révoquée, et il n'y eut point de verbal, ayant été le tout retiré et remis à Sa Majesté [2].

aboutirent à la faire enfermer dans un couvent en vertu d'une lettre de cachet sollicitée par son mari. On sait que son indiscrétion livra à la publicité, contre le gré de son auteur, l'*Histoire amoureuse des Gaules*, par Bussy-Rabutin, qui contenait le récit transparent, sous des noms empruntés, de tous les scandales du temps.

[1] Ce rapport n'est point transcrit à la suite des Mémoires, mais se trouve dans un volume de pièces détachées, dont un grand nombre sont également relatives à la célèbre assemblée de 1682. On trouvera ces diverses pièces dans le second volume.

[2] Le 9 mai 1682, le président de l'Assemblée lui donna connaissance d'un bref du pape, du 11 avril, qui cassait tout ce qui avait été arrêté par elle au sujet de la régale. Depuis ce jour, l'Assemblée interrompit ses séances jusqu'au 23 juin, où il lui fut donné lecture d'une lettre du roi qui l'ajour-

En l'année 1685 je fus encore député à l'Assemblée générale du Clergé. Ce fut dans cette Assemblée que Sa Majesté prit la résolution de révoquer l'édit de Nantes, qui étoit si pernicieux à l'Église[1]. Je crois que je puis dire que je n'épargnai ni mes soins, ni mes biens, pour profiter de la bonne disposition du roi pour le maintien de la religion. Quand je fus nommé évêque de Valence et de Die, j'avois agi pour inquiéter les huguenots, qui avoient pendant plusieurs années rendu leur religion prétendue bien plus considérable et plus avantageuse que l'édit de Nantes ne l'avoit souffert. Je m'y appliquai avec tant de succès, par le secours de Sa Majesté, qu'avant que l'édit de Nantes fût révoqué, j'avois entièrement fait détruire leurs prêches et fait faire des conversions par plus de trente mille hommes, dont plus de la moitié a heureusement persévéré dans la religion. . . . .
. . . .

Dès ma première entrée dans les États[2], je trouvai de

nait au mois de novembre de la même année; mais les différends avec la cour de Rome ayant continué, cette deuxième convocation n'eut pas lieu. Le procès-verbal ne fut point supprimé à la lettre, comme l'auteur semblerait le donner à entendre; seulement, en raison de la révocation de l'Assemblée, il ne fut point déposé aux archives du Clergé, suivant l'usage ordinaire. Il fut conservé par M. Le Tellier, archevêque de Reims, un des présidents de l'Assemblée; mais après sa mort, en 1710, ce procès-verbal fut remis aux archives par l'abbé de Louvois, son neveu, et par M. de Chauvelin, son exécuteur testamentaire.

[1] La harangue de clôture de l'Assemblée de 1685 fut adressée au roi par l'évêque de Valence, le 14 juillet; on peut la lire à la fin des *Mémoires*.

[2] On s'aperçoit qu'il existe ici une lacune dans le récit. L'auteur devait naturellement donner des détails sur sa promotion à l'archevêché d'Aix, avant de parler des difficultés qu'il rencontra dans son nouveau diocèse. Cette lacune est du reste comblée par la deuxième version des *Mémoires*.

grands obstacles. M. l'archevêque d'Arles, frère de M. le comte de Grignan, s'opposoit à ne pas me donner une place que mes prédécesseurs avoient eue. Son mérite et son crédit, ajouté à celui de M. son frère, qui avoit l'autorité du roi sur les députés des communautés, me rendoient non-seulement inutile, mais méprisable. Il ne me restoit que l'unique ressource de porter mes plaintes à Sa Majesté, et de la supplier de régler les différends que ces messieurs me faisoient.

Le roi en prit connoissance, et dans son Conseil d'État, après un examen fort exact, Sa Majesté me rétablit dans la place que mes prédécesseurs avoient occupée, ce qui obligea M. l'archevêque d'Arles de se retirer des Assemblées et de me laisser les fonctions de mon emploi, avec le même pouvoir et la même autorité qui m'étoient dus. Je puis dire sans vanité que cela fut avantageux pour l'autorité de Sa Majesté, m'étant fort appliqué, et avec succès jusqu'à présent, à réussir à ce qu'elle et MM. ses ministres ont demandé et désiré, et surtout avec un si grand désintéressement, que depuis vingt-quatre ans que je suis archevêque d'Aix, je n'ai pris ni reçu aucun présent ni aucune restitution des grandes dépenses que j'ai faites, uniquement pour le bien de la province et pour son unique intérêt, quoique mes prédécesseurs fussent en usage de prendre des gratifications et des payements pour les dépenses qu'ils avoient faites pour leurs voyages à la cour ou dans la province, lorsqu'il y avoit de justes raisons de leur être utile ou nécessaire, et que tous les présidents des autres Assemblées des États eussent de grandes sommes pour y satisfaire.

Le roi m'offrit d'obliger les États de me donner une pension pour me dédommager, comme il se pratique en Languedoc, en Bretagne et en Bourgogne ; mais je suppliai Sa Majesté de me permettre de ne rien prendre de la province, afin d'être plus en état d'empêcher que ceux qui étoient employés ne prissent plus que ce qui leur étoit justement dû, ce qui a réussi comme je le pouvois désirer, ayant épargné à la province des sommes excessives et considérables, par l'application que j'avois à arrêter les grandes dépenses par les Procureurs du pays[1], et ce fut un grand avantage pour moi d'en avoir usé de la sorte, Sa Majesté ayant eu la bonté de me donner, pour cette considération et ce désintéressement, une abbaye[2] qui me mit en état de me passer du bien de la province, et de soutenir mon emploi avec honneur.

Je ne fus pas heureusement sorti de cette affaire, que je fus obligé de me défendre contre un nombre de personnes qui s'étoient proposé de gouverner comme elles avoient fait par le passé[3]. . . . .
. . . .
. . . .
ma qualité de chancelier de l'université d'Aix, qui avoit été, dans son principe, seule autorisée pour présider, et attachée à la qualité d'archevêque. C'étoit un président du Parlement, marié, qui s'étoit mis à la tête de ce corps composé de tout ce qu'il y avoit de gens de justice et avocats, qui me disputoient

[1] On appelait Procureurs du pays les représentants des communes ou communautés à l'Assemblée des États qui se tenait chaque année.
[2] L'abbaye de Saint-Riquier, diocèse d'Amiens.
[3] Lacune de quelques lignes dans le manuscrit.

les honneurs attachés dans tout le royaume à la qualité de chancelier. Il fallut s'adresser à l'autorité du roi, qui me fut toujours également favorable. J'obtins tout ce que je pouvois raisonnablement désirer, et fus maintenu, sans pouvoir pourtant rendre ce corps raisonnable. Ce n'étoit pas par l'intérêt qui m'en pouvoit revenir, n'ayant rien retiré des émoluments qui m'étoient dus, et ayant, autant qu'il m'avoit été possible, rendu tous les bons offices que les intéressés pouvoient attendre.

Parmi les grandes occupations que j'avois à remplir, mes devoirs envers le roi et la province, je n'oubliai pas la visite de mon diocèse, qui, n'ayant été faite depuis longtemps, m'engageoit à ne pas la retarder davantage. Je tâchai de mettre dans les paroisses tout le meilleur ordre qui me fut possible, d'y établir en plusieurs lieux de nouvelles églises paroissiales qui en avoient besoin, et mis, par mes ordonnances[1], et les prêtres et les séculiers dans un état de satisfaire à leurs devoirs, en tâchant de rompre tous les obstacles que je trouvois dans leur doctrine et dans leur mauvaise conduite. Je trouvai, en quelques endroits, les religieux peu appliqués à l'observance de leurs règles, et beaucoup d'autres désordres dans leurs maisons, qui alloient jusqu'à de terribles scandales. Je pris la résolution de visiter les églises des Réguliers qui n'avoient pas profité des avis que je leur avois donnés. Je ne trouvai point de difficulté dans les monastères de la

---

[1] L'auteur publia un Recueil d'ordonnances synodales dans son premier synode diocésain, le 13 octobre 1694 (à Aix, par la veuve de Charles David et Antoine David, imprimeurs du roi, du clergé et de la ville, 1694, petit in-4° de 73 pages).

campagne, dont je n'avois pas tant sujet de me plaindre que des maisons religieuses de la ville d'Aix, où je voyois qu'il ne m'étoit pas facile de remédier à des plaintes qui m'avoient été souvent portées, et dont je ne pouvois pas me dispenser d'arrêter les scandales qui se commettoient, et les abominations dont on m'avoit non-seulement donné connoissance, mais même prouvé par des preuves et témoins dignes de foi. Comme c'étoit une affaire très-difficile, à laquelle je devois m'attendre de trouver de grands obstacles, je n'oubliai rien pour tâcher de faire connoître à ceux qui étoient coupables de vouloir prendre eux-mêmes la résolution de faire cesser le mal, ou s'attendre que je ne pouvois pas me dispenser de remplir mes devoirs, et faire, par moi-même, ce qui m'étoit ordonné par les lois de l'Église.

Je commençai par assurer les religieux et religieuses de la ville d'Aix que mon intention n'étoit point de vouloir rien entreprendre qui pût porter aucun préjudice aux exemptions que les souverains pontifes et les déclarations du roi leur avoient accordées. J'offris de leur en donner des assurances publiques, et que mon unique dessein étoit de m'informer de la manière dont les personnes se comportoient dans les églises, ayant été informé de beaucoup de scandales qui se commettoient, et dont quelques religieux mêmes étoient les complices. Je commençai par les religieux de Saint-Dominique, qui étoient les plus anciens qui eussent été établis dans la ville d'Aix. Je donnai un mémoire à leur supérieur de mon ordonnance qu'ils envoyèrent à leur procureur, qui ne trouva point de raisons pour s'y opposer, comme il me le témoigna par sa lettre; ils eurent tout le temps qu'il leur plut d'examiner ma demande et recevoir l'agrément de leur provincial. Ensuite, ils me rendirent réponse par écrit, qu'après avoir consulté mon mémoire, ils n'apporteroient aucune difficulté à ma visite. Je pris encore aussi la précaution de leur demander si je trouverois des oppositions à deux maisons religieuses de leur ordre qui étoient conduites par eux. Le prieur de la ville d'Aix dit que le provincial ayant donné son consentement à ma prière, je n'y trouverois point d'opposition. Je fus dans le jour marqué, accompagné de trois ecclésiastiques en habits d'église, revêtu de mon camail, précédé par ma croix archiépiscopale, à l'église des Jacobins. Le couvent est près de la place la plus peuplée et la plus nombreuse de la ville.

Le prieur me reçut à l'entrée de l'église, et commença par me faire un discours auquel je ne devois pas, ce me semble, m'être attendu. Il me traita d'une manière à vouloir exciter le peuple à m'empêcher d'entrer dans leur église; il me menaça des anathèmes donnés par les souverains pontifes contre ceux qui vouloient entreprendre sur leurs priviléges; et après une assez longue et mauvaise harangue, il se retira, n'ayant été accompagné que d'un frère lai, tous les autres religieux n'ayant point paru en public. Je ne fus point surpris d'une action aussi mal conçue et exécutée[1]....

. . . .

de leur faire autre réponse que de continuer d'aller à l'autel, de faire apporter des cierges qu'il fallut aller prendre à la paroisse la plus proche, d'y faire les

---

[1] Lacune d'une ligne dans le manuscrit.

prières accoutumées en semblables occasions, et faire la visite dans l'église et dans les chapelles qui étoient toutes indécentes. Je donnai la bénédiction aux peuples qui furent présents. Je devois être étonné d'une réception si extraordinaire, après les précautions que j'avois prises, et que j'aurois assurément exécutées de la manière que les Jacobins étoient convenus, par écrit, avec moi. Je me contentai, au lieu d'interdire l'église et les religieux, qui, par leur absence, avoient contribué à faire un si grand scandale, d'interdire le prieur, qui avoit si maltraité mon caractère, et pour la confession et pour la prédication. Je n'eus pas de peine à me persuader que je trouverois des difficultés encore plus grandes dans la continuation de ma visite que j'avois affichée, et que j'avois expliquée par mon ordonnance; mais comme j'avois à craindre que l'interruption ne fît un grand dommage à mon ministère, et ne diminuât beaucoup, même envers les peuples, le respect qui est dû à mon caractère, je crus qu'il falloit continuer mon dessein et y satisfaire, pour arrêter de continuels désordres, que je ne pouvois pas sans crime laisser continuer; surtout, je ne pouvois plus retarder de faire cesser les continuelles pratiques dont on peut dire que le public étoit informé, et où tous les remèdes que j'avois employés n'avoient pu réussir, et qui, bien loin de s'arrêter par les conseils et les menaces, augmentoient bien plutôt que de les faire cesser.

Ce fut ce qui m'obligea, dans une conjoncture si pressante, de continuer la visite dans l'église des religieuses de Saint-Dominique, qu'on appelle le prieuré de Saint-Barthélemy, quoique je fusse bien assuré d'y trouver tout ce qu'on peut attendre de personnes qui mènent une vie entièrement opposée à leur état, et aux intentions de Sa Majesté, qui y a envoyé les deux sœurs supérieures pour y rétablir la réforme. J'avois été averti de leur mauvaise entreprise contre moi, et même qu'elles avoient cabalé dans toutes les maisons régulières pour ne pas me recevoir. La prieure se mit en tête de former un parti pour m'empêcher de remplir ma fonction; elle croyoit être bien appuyée à la cour, dans la ville, dans la province, à Paris et ailleurs, par les appuis qu'elles avoient par leurs parents, et en beaucoup d'autres endroits où elle se flattoit de trouver toute la protection nécessaire[1].

[1] Ce récit de la visite de l'archevêque dans les couvents de la ville d'Aix est incomplet; on trouvera plus de détails dans la seconde version des Mémoires. Le manuscrit des pièces détachées renferme les lettres diverses et le bref du pape qui furent échangés à l'occasion de ces différends.

*Mémoire des grâces qu'il a plu à Sa Majesté de faire
à l'archevêque d'Aix, et par quels moyens il a tâché
et passionnément souhaité de les mériter.*

1° Sa Majesté lui donna le brevet des évêchés de
Valence et Die (unis depuis le concile général de
Vienne en Dauphiné), à Rethel en 1654, après le sacre
de Sa Majesté.

Monsieur le prince de Conti avoit commandé dans
la ville de Bordeaux, dans la Guyenne, contre le service de Sa Majesté : ce fut l'abbé de Cosnac, maître de
chambre de ce prince, qui lui inspira le premier de se
remettre dans l'obéissance de son souverain; ce fut
lui seul qui eut le secret des négociations jusqu'à ce
que l'amnistie fût accordée, et il fut souvent exposé
à perdre la vie sur les soupçons que les rebelles avoient
pris contre lui.

Ce fut lui qui fut envoyé à M. le duc de Vendôme
qui commandoit l'armée navale de Sa Majesté, et qui
convint des articles de paix qui furent signés et envoyés à M. de Candale, qui commandoit les troupes de
terre, qui les ratifia. Il a encore et les preuves et l'original du traité. Ce fut là sans doute le motif qui
porta Sa Majesté à lui donner les évêchés de Valence
et Die.

2° M. le cardinal Mazarin lui ordonna de la part de
Sa Majesté d'aller au siége de Palamos en Catalogne,
pour informer d'où venoit la longueur de ce siége : si
c'étoit par la faute des troupes de terre que M. le prince
de Conti commandoit, ou si c'étoit celle des troupes

de mer qui étoient sous les ordres de M. de Vendôme.

Ce fut à l'occasion de ce voyage, qui avoit été très-long et de quelque considérable dépense, que Sa Majesté lui donna des lettres patentes pour l'augmentation d'un péage à Valence; elles furent enregistrées au Parlement de Grenoble et dans la cour des aides de Vienne, à ses frais, sans en avoir pu jouir, et sans avoir reçu aucun dédommagement de la dépense qu'il avoit faite. Il en a les preuves.

3° En 1657 il eut une autre commission de Sa Majesté pour se rendre à Grenoble à l'occasion des désordres et des divisions qui étoient entre le Parlement et M. Pellot, pour lors intendant du Dauphiné, touchant la subsistance des troupes de Sa Majesté, qu'on demandoit à cette province, et qu'elle avoit refusée, ce qui avoit obligé le roi de donner des ordres au sieur président de Saint-Julien et aux sieurs conseillers de Bressac et de Pisanson, de se rendre à la suite de la cour pour rendre compte de leur conduite.

Cette affaire fut terminée par sa médiation, il ne demanda point les frais qu'il avoit faits pendant un long séjour qu'il lui fallut faire à Grenoble et dans une maladie qu'il y contracta.

Mais Sa Majesté lui accorda une pension de quatre mille livres à prendre pendant sa vie sur les tailles de Dauphiné, dont il fut payé la première année; mais M. Pellot ayant été envoyé dans une autre intendance, il n'a jamais rien reçu que cette somme. Il en a les preuves bien vérifiées.

4° Sa Majesté lui donna seize mille livres à prendre sur la province de Dauphiné, pour rétablir l'église cathédrale de Die, qui avoit été démolie entièrement dans le temps des troubles des huguenots.

Il y a ajouté plus de vingt-quatre mille livres de ses revenus, et elle est à présent, par ce secours, plus belle et plus magnifique qu'elle n'avoit jamais été.

Les quittances, le devis, le marché et le payement des maçons et des architectes, font preuve de l'emploi de ces vingt-quatre mille livres.

5° M. le cardinal Mazarin se trouvant pressé de satisfaire à beaucoup d'engagements et de promesses qu'il avoit faites pendant la tenue de l'Assemblée générale du clergé, lui fit demander de la part de Sa Majesté de lui résigner le prieuré de Maza; non-seulement il lui accorda ce bénéfice, mais il lui offrit encore un autre prieuré qu'il avoit et qu'il accepta. Le prieuré de Maza fut donné à M. l'abbé de Besmaux, et celui de Saint-Severin à M. l'abbé Valot, qui est encore vivant évêque de Nevers. Le Cardinal, à sa mort, témoigna qu'il étoit fâché de n'avoir pas reconnu cette honnêteté. M. le cardinal de Coislin étoit présent, et la reine mère ayant été présente quand il donna la démission de ces deux bénéfices à la Fère en Tardenois, elle en donna connoissance à Sa Majesté. Ce fut par ce motif que le roi lui donna à Fontainebleau l'abbaye d'Orbestier. Il avoit été privé pendant deux ou trois ans du revenu de ces prieurés, et les revenus de l'abbaye étoient moins considérables; cependant il se trouva très-obligé à Sa Majesté de la grâce qu'il lui avoit plu de lui faire.

6° Dans le temps de la révocation de l'Édit de

Nantes, Sa Majesté lui fit donner une somme d'argent pour distribuer aux nouveaux convertis, et pour rétablir quelques églises de l'évêché de Valence et de Die.

M. Le Bret, alors intendant de Dauphiné, et messieurs les commandants des troupes de Sa Majesté dans le Dauphiné et dans le Languedoc, pourront peut-être se souvenir que dans cette occasion il n'épargna ni ses soins, ni ses biens, ayant fait raser les prêches des huguenots avant la révocation de l'Édit de Nantes, à ses dépens.

7° Sa Majesté ayant désiré de séparer les deux évêchés de Valence et Die pour le bien et l'intérêt de la religion, le nomma à l'archevêché d'Aix en Provence; l'obéissance qu'il a toujours rendue à Sa Majesté, en toute occasion, l'obligea de l'accepter contre son inclination et son intérêt.

Sa Majesté ayant été informée que, par ce changement, il avoit beaucoup plus de dépense à soutenir et bien moins de revenu, lui donna l'abbaye de Saint-Taurin d'Evreux, sans l'avoir demandée.

8° Mais comme cette abbaye ne se trouva pas capable de fournir aux frais des Assemblées, ni de satisfaire aux frais des voyages qu'il étoit souvent obligé de faire pour les intérêts du roi et de sa province, dont il n'avoit jamais retiré aucun denier, ni pris aucun présent, espérant que ce désintéressement le mettroit mieux en état, et lui donneroit plus de crédit d'arrêter et de modérer les excessives dépenses qui se faisoient contre les intérêts du roi et de la province, Sa Majesté retira l'abbaye de Saint-Taurin et lui donna celle de Saint-Riquier qui lui a donné le moyen de s'acquitter de ses dettes, de secourir avec plus de facilité les pauvres, et d'animer les peuples à contribuer aux besoins de l'État.

9° Sa Majesté le rétablit par des arrêts de son Conseil dans les droits qu'on avoit usurpés pendant le temps de ses prédécesseurs; elle l'honora de la présidence et de la préséance sur tous les corps de la province, même sur le Parlement, à l'exception du temps que cette compagnie étoit dans le palais pour rendre justice.

L'archevêque n'en a point abusé; il crut qu'il convenoit mieux d'éviter les occasions d'avoir des différends et des contestations avec des personnes qu'il étoit souvent nécessaire de ménager pour l'intérêt du roi et du public, et cela sans avoir rien cédé des droits de Sa Majesté, ni de son caractère.

Depuis son arrivée dans la Provence, Sa Majesté n'a jamais rien demandé, ni désiré, ni MM. ses ministres par ses ordres, que ses volontés n'aient été exécutées entièrement et sans retardement. Cette province, qui passoit pour la plus fougueuse du royaume, est à présent la plus soumise et la plus obéissante; il ne prétend, ni ne doit pas s'en faire honneur; il n'a été que le truchement de leurs vœux, et le premier principe de leur soumission est dans la vénération et dans l'amour que Sa Majesté s'est attirée par ses travaux, ses soins et son application infatigable au bonheur de ses peuples.

10° Il ne peut, ni ne doit pas même oublier les grâces que Sa Majesté a accordées à ses parents, puisqu'il se flatte d'y avoir eu quelque part. Sa Majesté a donné à son neveu[1] la prévôté de l'église d'Aix, et par démission l'abbaye d'Orbestier et à même temps l'évêché de Die. Encore que ce soit un effet de la pure bonté du roi, il lui est bien permis de dire qu'il est persuadé que son neveu n'aura jamais de plus ardents désirs que de tâcher de bien remplir ses devoirs envers Dieu et envers Sa Majesté.

11° Le consentement qu'il a plu à Sa Majesté de donner au mariage de sa petite-nièce[2] avec M. le comte d'Egmont, et la grâce et la justice qu'elle lui a faite de lui faire restituer soixante mille livres qu'on lui avoit enlevées dans le temps qu'il étoit sous la domination du roi, les arrêts que Sa Majesté a donnés pour lui faciliter le payement des dettes que ses auteurs avoient contractées contre les lois, et d'avoir eu la bonté de demander et d'obtenir du roi d'Espagne le commandement de la cavalerie des Pays-Bas, sont des engagements qui l'obligeront, lui et ses descendants (s'il en a), à être toujours très-soumis et très-fidèles sujets de Sa Majesté, et d'employer tout ce qu'il a de bien et de vie pour son service et de sa royale postérité.

12° Il n'y a point d'expression ni d'exagération qui puisse faire connoître combien il est redevable et sensible à la grâce que le roi lui a accordée, en l'honorant du titre de commandeur de ses Ordres, de son propre

---

[1] Gabriel de Cosnac, nommé agent général du clergé de France à l'Assemblée de 1700, promu à l'évêché de Die en 1702.

[2] Marie-Angélique de Cosnac.

mouvement; il ne se passera jamais de jour, ni de moment, qu'il ne souhaite d'avoir des occasions de lui obéir et de lui plaire, et qu'il ne fasse des vœux au ciel pour la conservation de sa vie, d'où dépend toute sa joie, tout son bonheur et tout celui de ses peuples.

Ce qui a obligé l'archevêque de laisser ce mémoire à ses parents et à ses amis, ce n'a point assurément été par aucun motif d'intérêt d'obtenir de Sa Majesté de nouveaux bienfaits; il convient de très-bonne foi que, par la grâce de Dieu et du roi, il a du revenu autant qu'il lui en faut, et beaucoup plus qu'il ne mérite; il ne demande, il ne désire plus aucuns biens, ni aucuns autres honneurs. L'unique motif qui l'oblige de laisser ce mémoire, c'est que n'ayant ni pouvoir, ni occasion de témoigner sa respectueuse reconnoissance par des services qui soient proportionnés à tant de bienfaits qu'il a reçus du roi, il étoit de son obligation, ne pouvant pas y satisfaire lui-même, de faire connoître à ses parents qu'ils étoient obligés par leurs services et leur fidélité d'y suppléer, surtout ceux qui en ont profité.

Ceux qui ont vécu dans ce temps ont tâché de remplir leurs devoirs. De deux frères qu'il avoit, l'aîné[1] fit un régiment d'infanterie qui fut envoyé en Italie à la prise de Valence, dans lequel il fit des dépenses dont il a été incommodé pendant sa vie; ce régiment fut réformé après la paix des Pyrénées, parce qu'il se trouva le dernier régiment, quoiqu'il fût en très-bon état.

Son second frère[2] mourut d'une blessure qu'il reçut

---

[1] Voy. p. 3 et la note, p. 258 et la note, p. 423 et la note.
[2] Voy. p. 3 et la note, p. 386 et la note, p. 389.

dans le combat de Solsonne en Catalogne, commandant la compagnie des gensdarmes de feu M. le prince de Conti.

Le fils aîné de son frère[1] mourut à Perpignan d'une maladie qu'il avoit contractée commandant une compagnie de cavalerie dans le régiment de M. le maréchal d'Albret, qu'il avoit faite à ses dépens, et servi pendant toute la campagne.

Un cousin germain de son nom et de sa famille fut tué dans une bataille que donna M. de Turenne quelque temps avant sa mort, étant son aide de camp[2].

Un autre cousin germain du même nom et même famille fut tué à la bataille de la Marsale en Italie, capitaine d'une compagnie de dragons qu'il avoit faite dans le régiment de Fimarcon, et à ses dépens[3].

De sorte qu'il n'est resté de la branche des aînés que l'archevêque d'Aix, l'évêque de Die et la comtesse d'Egmont[4]. Ce ne sera point par une fausse vanité qu'il instruira deux cadets[5] qui restent de ce même nom et même famille :

---

[1] Voy. p. 423 et la note.

[2] Voy. p. 391 et la note.

[3] Daniel de Cosnac, de la branche d'Espeyruc. — L'auteur oublie dans son énumération le frère aîné de ce dernier : François de Cosnac, capitaine de cavalerie, tué à Charlemont en 1673, sans alliance.

[4] Elle mourut à Paris au mois d'avril 1717, sans postérité, après avoir fait, le 11 du même mois, son testament, par lequel elle donnait l'usufruit des terres de Cosnac, Damniac, Enval, la Guesle, le Chariol, à son oncle Gabriel de Cosnac, évêque de Die, à la charge de les remettre à Jean de Cosnac frère des deux précédents.

[5] Les deux cadets de deux branches distinctes de la maison de Cosnac dont veut parler l'auteur, étaient :

1° Jean, marquis de Cosnac, de la branche des seigneurs d'Espeyruc devenue branche aînée par l'extinction de celle de l'archevêque d'Aix. Il

Qu'ils sont d'une ancienne maison de noblesse depuis l'an mil quarante-sept.

Qu'ils n'ont jamais changé de nom, d'armoiries, ni de terres.

Que les aînés de cette maison n'ont jamais épousé de femme qui ne fût noble.

Qu'ils ont toujours fait profession de la religion catholique, apostolique et romaine.

Qu'ils n'ont jamais porté les armes contre leur souverain.

Qu'il n'y a point d'exemple qu'aucun de cette maison ait été repris en justice.

Et qu'on a des preuves par mariages, testaments et autres actes très-authentiques et nullement suspects de tout ce dessus.

Depuis l'an mil quarante-sept jusques à l'an mil deux cent, on a des preuves que la maison de Cosnac étoit qualifiée noble par des actes et des dons faits à l'abbaye d'Uzerche, en Limosin, à trois lieues de Cosnac, et à l'abbaye de Saint-Martial de Limoges. Et comme il n'y a jamais eu personne qui ait porté le même nom, ni les mêmes armes, ni qui ait possédé les mêmes terres dans le Limosin, ni même dans le royaume, on ne peut pas douter raisonnable-

---

eut neuf enfants de son mariage avec Marie-Gabrielle-Thérèse de la Jugie-Faulcon; l'un d'eux, Daniel Joseph de Cosnac, successivement vicaire général de Die, d'Aix et de Paris, doyen de Saint-Germain-l'Auxerrois et maître de l'Oratoire du roi, succéda en 1734 à Gabriel de Cosnac sur le siége épiscopal de Die.

2° Gabriel Anne de Cosnac, seigneur de la Marque, qui ne laissa de son mariage avec Marie de Hautefort qu'une fille, mariée le 22 février 1715 à Gabriel-Honoré, comte de Cosnac, reçu page de Louis XIV en 1708, fils aîné du précédent.

ment que ce ne soit la même maison dont on prouve par des mariages, testaments et autres actes, depuis l'an mil quarante-sept jusqu'à présent, surtout étant très-difficile de pouvoir prouver par testaments et mariages dans les maisons les plus qualifiées avant l'an mil deux cent.

FIN DE LA PREMIÈRE VERSION ET DU PREMIER VOLUME.

ERRATA.

Pag. 217, lig. 5 de la note. *Au lieu de* Castelon d'Ampurias, *lisez :* Castellon d'Ampurias.
Pag. 400, note 4. *Au lieu de* Pierre de Berthiet, *lisez :* Pierre de Berthier.

TABLE DES MATIÈRES

DU PREMIER VOLUME.

Notice.. Page   i

Première version................................... 1

Mémoire des grâces qu'il a plu à Sa Majesté de faire à l'archevêque d'Aix, et par quels moyens il a tâché et passionnément souhaité de les mériter....................... 438

FIN DE LA TABLE.

ERRATA.

Page 217, ligne 5 de la note, *au lieu de :* Castelon d'Ampurias, *lisez :* Castellon d'Ampurias.

Page 386, note 2, *au lieu de :* Armand de Mouchy d'Hocquincourt, *lisez:* Henri de Villars, archevêque de Vienne de 1662 à 1692.

Page 396, note 1, *au lieu de :* l'abbaye de Saint-Taurin d'Évreux, *lisez :* de Saint-Jean d'Orbestier.

Page 400, note 4, *au lieu de :* Pierre de Berthiet, *lisez :* Pierre de Berthier.

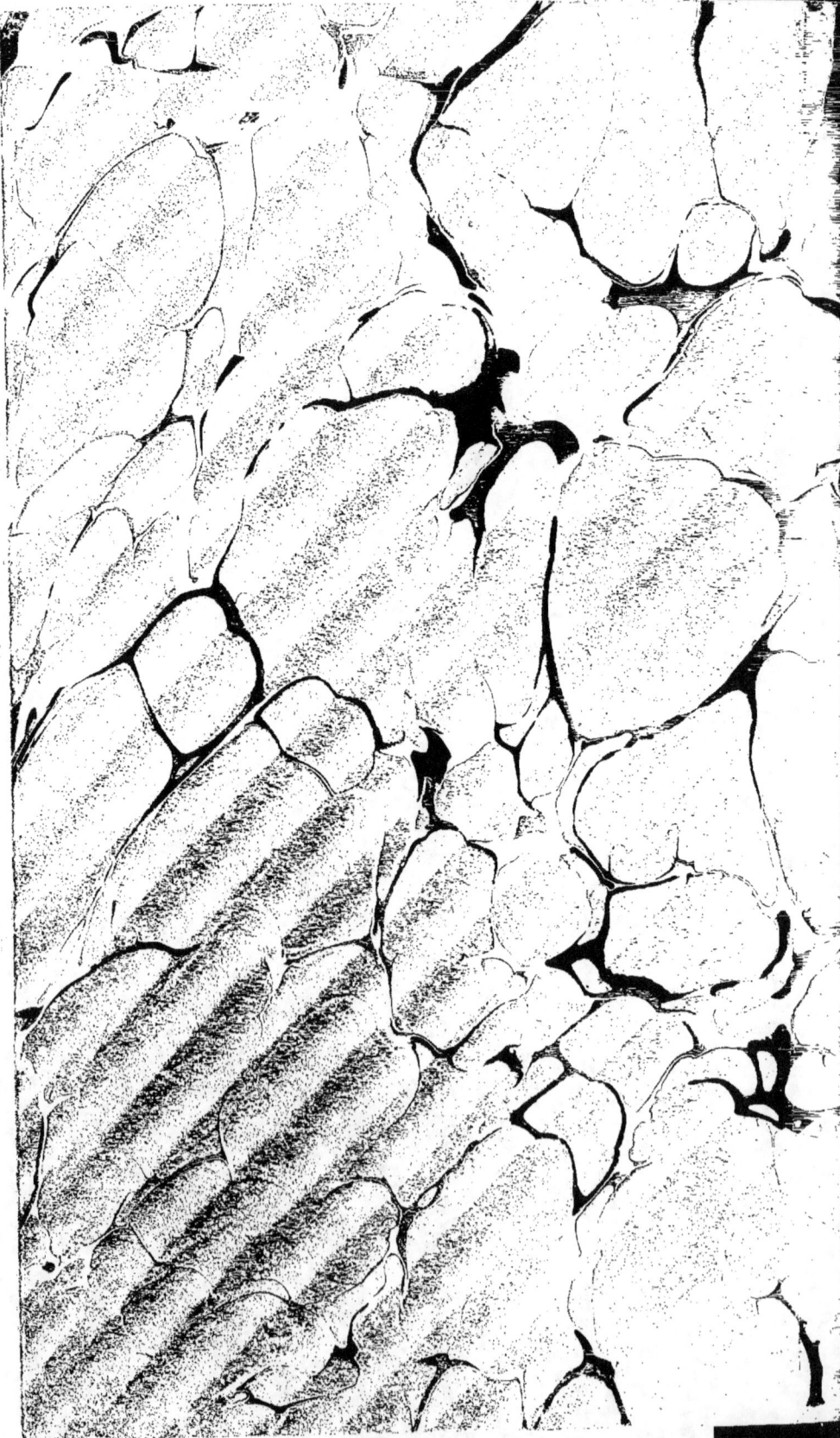

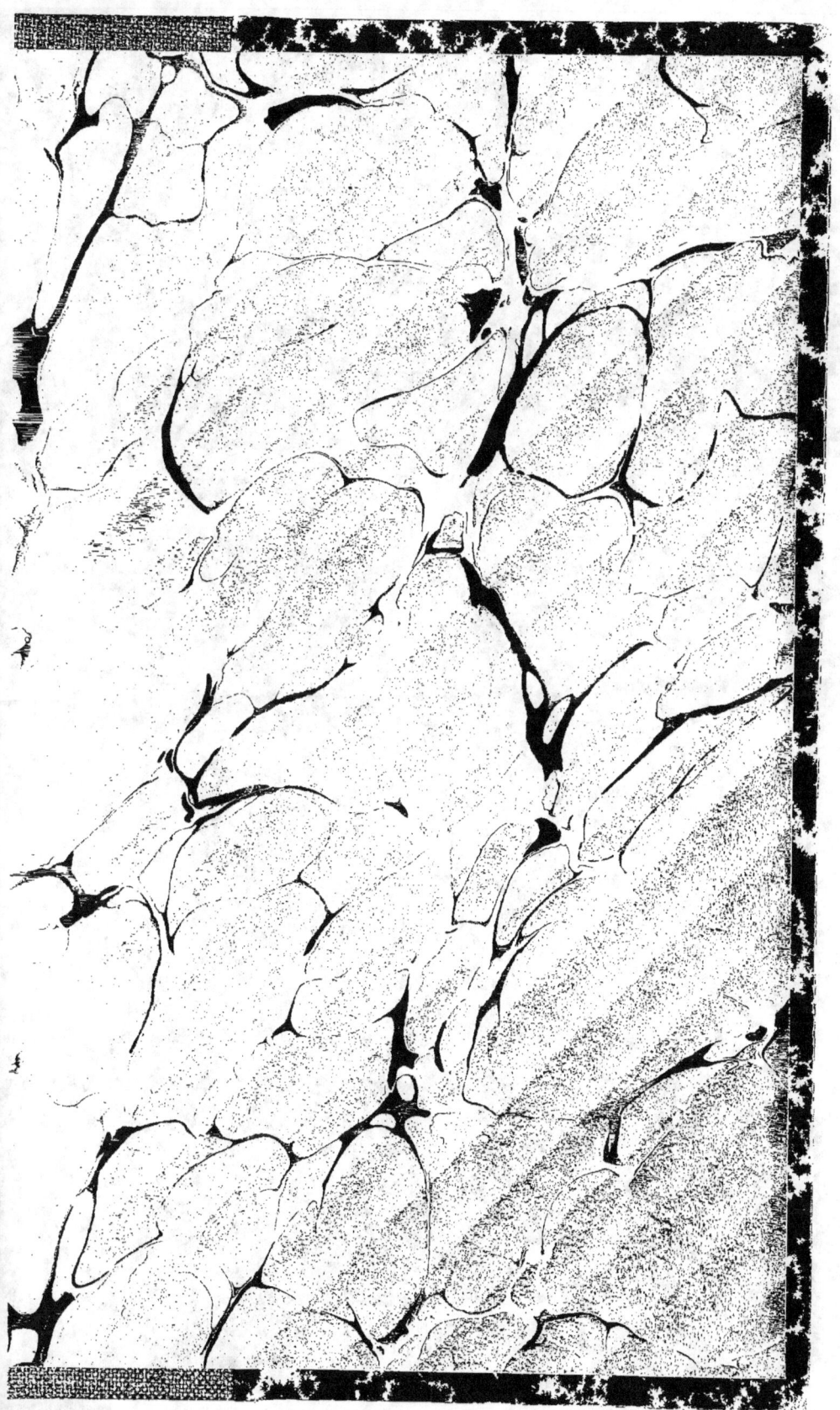

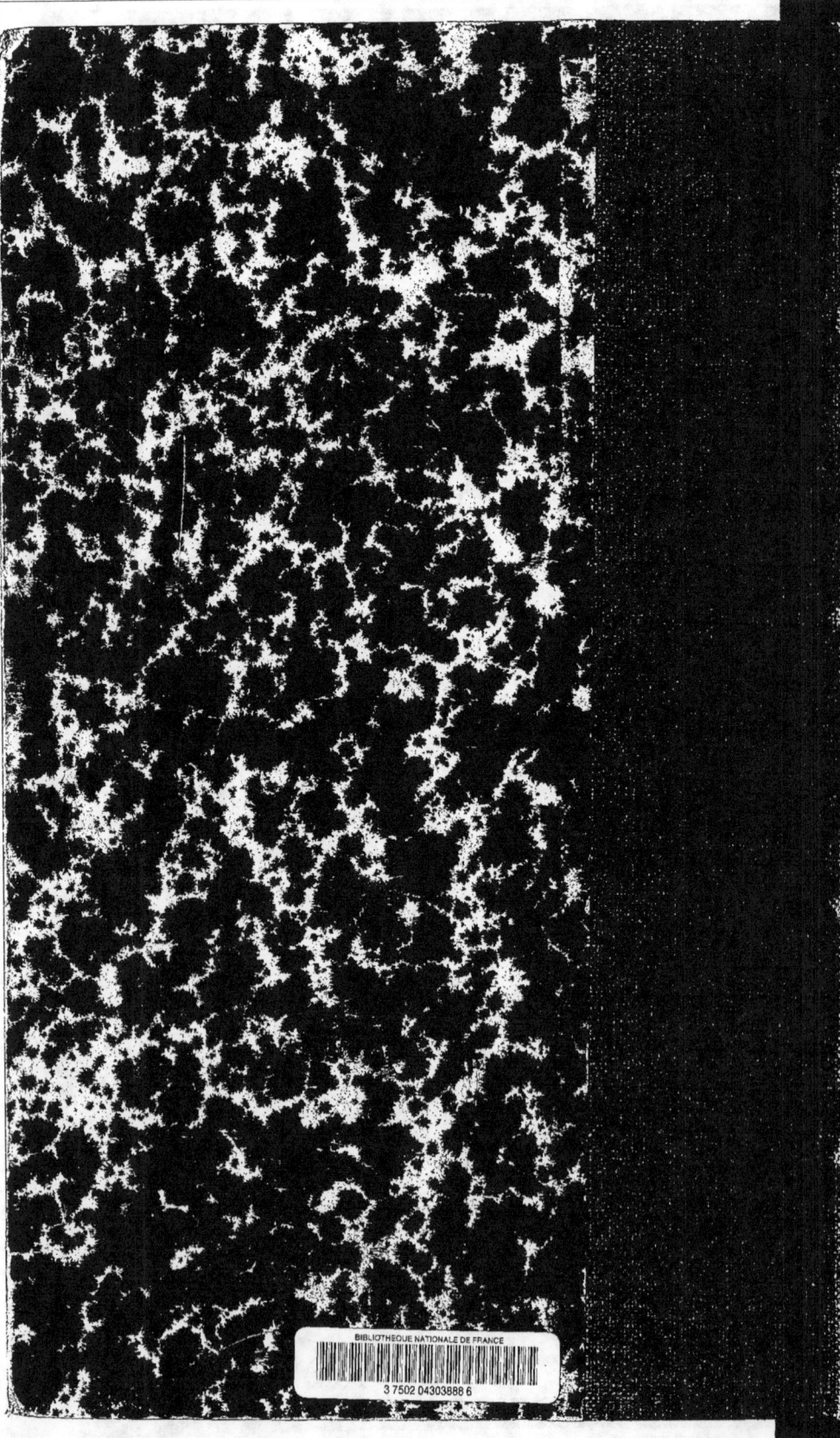

www.ingramcontent.com/pod-product-compliance
Lightning Source LLC
Chambersburg PA
CBHW070406230426
43665CB00012B/1260